Gegenstand dieses Buches ist das intensive philosophische Gespräch, das die beiden jungen Philosophen Josef König und Helmuth Plessner in dem Jahrzehnt zwischen 1923 und 1933 führten. Im Mittelpunkt der Korrespondenz steht die Diskussion philosophischer Sachfragen, und hier besonders die Auseinandersetzung um Plessners Konzept einer „Ästhesiologie des Geistes", das er in einem 1923 veröffentlichten Buch „Die Einheit der Sinne" in seinen Grundzügen entwickelt hatte. Königs breite, tiefdringende Diskussion von Plessners Buch und die sich daran anschließende Entwicklung eigener philosophischer Überlegungen bilden den systematischen Schwerpunkt des Briefwechsels. Wichtig ist außerdem die Auseinandersetzung mit Heidegger. Die Korrespondenz enthält aufschlußreiche Berichte Königs über eine Marburger Vorlesung von Heidegger und eindringliche Analysen zentraler Thesen und Begriffe von dessen Philosophie. Zur Sprache kommen im Briefwechsel außerdem die politischen, wirtschaftlichen und gesellschaftlichen Entwicklungen in der Weimarer Republik von den frühen Krisenjahren bis zur Machtübernahme der Nationalsozialisten. Er bietet Einblicke in das deutsche Universitätsleben dieser Zeit; so enthalten die Briefe farbige Porträts der Hauptrepräsentanten der deutschen Philosophie jener Jahre: Scheler, Misch, Heidegger, Hartmann.

Josef König / Helmuth Plessner
Briefwechsel 1923–1933

Josef König
Helmuth Plessner

Briefwechsel
1923 – 1933

Mit einem Briefessay von Josef König
über Helmuth Plessners „Die Einheit der Sinne"

Herausgegeben von
Hans-Ulrich Lessing und Almut Mutzenbecher

Verlag Karl Alber Freiburg/München

Die Deutsche Bibliothek – CIP-Einheitsaufnahme

König, Josef:
Briefwechsel 1923–1933/Josef König; Helmuth Pless-
ner. Mit einem Briefessay über Helmuth Plessners „Die
Einheit der Sinne"/von Josef König. Hrsg. von Hans-
Ulrich Lessing und Almut Mutzenbecher. – Freiburg
(Breisgau); München: Alber, 1994
    ISBN 3-495-47778-0
NE: Plessner, Helmuth; Lessing, Hans-Ulrich [Hrsg.];
    König, Josef [Sammlung]; Plessner, Helmuth [Samm-
    lung]; König Josef: Briefessay über Helmuth Pless-
    ners „Die Einheit der Sinne"

Inhalt

Anhang

10

Vorwort

Die Freundschaft zwischen Helmuth Plessner und dem ein halbes Jahr jüngeren Josef König gehört nicht zu jenen sprichwörtlich gewordenen Philosophenfreundschaften, die sich im Zusammenwirken als „Schule", durch ein gemeinsames Werk, eine Zeitschrift, ein Institut auch nach außen manifestieren. Als beide von 1953 ab in Göttingen nebeneinander wirkten – Plessner als Soziologe, König als Nachfolger von Nicolai Hartmann – hat man sie in der philosophischen Öffentlichkeit nicht, wie Adorno und Horkheimer, in einem Atemzug genannt. Sie haben zwar gemeinsam das geistige Klima im Göttingen jener Jahre mitbestimmt und eine inzwischen durch große Namen ausgezeichnete Generation von Schülern herangebildet. Aber der Briefwechsel, der uns jetzt zugänglich ist, zeigt nicht ein seine Kräfte vereinendes „Team", sondern zwei extrem ausgeprägte Individualisten und Einzelgänger, die in den Jahren des neuen philosophischen Aufbruchs nach dem Ersten Weltkrieg ihre eigenen Wege erst suchen mußten.

Die beiden jungen Philosophen, die sich da 1923 begegneten und eine fünfzig Jahre während Freundschaft schlossen, waren nach Charakter und Lebenssituation sehr verschiedene Menschen. Plessner ist der betriebsame, zum „Durchbruch" drängende Privatdozent, als Autor und Herausgeber in der Fachwelt bereits bekannt und im Begriff stehend, in rascher Folge eine Reihe weiterer Bücher zu veröffentlichen, die ihn dann neben Scheler zum Begründer der philosophischen Anthropologie machen sollten. König dagegen ist 1923 noch nicht einmal promoviert und weit davon entfernt, eine akademische Karriere zu planen. Seine Briefe sind die eines Privatgelehrten, der sich die Zeit nehmen kann, in Ruhe und Eindringlichkeit bei einem Problem zu verweilen, und der sich dann auch einmal auf hundert Seiten mit dem Buch seines Freundes auseinandersetzt. Es spricht für die Intensität der Freundschaft, daß König gewisse Vor-

11

behalte dem „Amerikanismus" des fast schon Arrivierten gegenüber offen aussprechen konnte und Plessner zu der Äußerung veranlaßte: „Alles, dies Tempo, diese Vielfalt, dieses Nach Außen Gehen darf Sie nicht stören, darf Ihnen – ich bitte darum – keine Resignation aufzwingen." (Br. 4) Im Gegenzug dazu ist es an König, sich für seine Zurückhaltung als möglicher Mitarbeiter von Plessners Zeitschrift zu entschuldigen: „Meine ganze Art zu denken; dieses Herkommen aus einem Punkt, den ich selbst nicht kenne; dann der gerade Bezug auf die Direktheit des Sagens aus dieser fernen Indirektheit heraus: das alles ist ein ziemliches Wagnis." (Br. 14) Er konstatiert in sich „ein sonderbares Stagnieren, dessen tiefe Begründetheit ich ahne, fühle, zuweilen auch in gewissen Hinsichten formulieren kann, das aber als Ganzes einfach da ist" (Br. 33).

Wenn König in jenen Jahren einmal an Heidegger kritisierte, seine Art, Einwände entgegenzunehmen, entbehre „jeder Freiheit, Heiterkeit, Sorglosigkeit um sich selbst" (Br. 33), so ist mit dieser Abgrenzung die vielleicht treffendste Selbstcharakterisierung vorgenommen. Denn bei allem Sinnieren über innere Hemmnisse und Blockaden spricht sich doch fast in jedem von Königs Briefen diese „Sorglosigkeit um sich selbst" aus, wenn man darunter die Offenheit für den Anderen und die Bereitschaft zu ungeschütztem Sich-eröffnen versteht – vielleicht auch die jeder Karriere-Logik widersprechende Großzügigkeit im Verfügen über Jahre der eigenen Selbstklärung.

Zu dieser Souveränität des äußerlich noch so Erfolglosen mag auch beigetragen haben, daß König in Göttingen eine Art akademischer Heimat hatte und sich auf die Geduld seines Lehrers Georg Misch verlassen konnte. Er hat in die Freundschaft mit Plessner diese Beziehung eingebracht. Noch im Rückblick nach fünfzig Jahren hat es Plessner so gesehen: „1923 hast Du mich in Köln in der Volksgartenstraße besucht, ein Bote aus der Göttinger Welt mit der noblen Dilthey-Misch-Tradition, für die Scheler kein Verständnis hatte." (Br. 6) Darin klingt noch etwas nach von dem in den frühen Briefen Plessners erkennbaren Bedürfnis, wenigstens von dem Göttinger Kreis um Georg Misch verstanden zu werden. Begegnungen mit Misch, Hans Lipps und Bernhard Groethuysen werden in geradezu überschwenglicher Weise geschildert (Br. 11, 22 u.ö.). König war der Vermittler zwischen dieser Welt und dem in Köln ziemlich isolierten und auch von Scheler sich entfremdenden Plessner. Dies war nicht einfach eine Karriere-Beziehung zu dem damals sehr einflußreichen Misch, wenngleich es da auch Mißverständnisse geben konnte (vgl. Br. 27, 28 u. 32). Man muß es wohl eher so sehen, daß Plessner in der ganzen Unrast seiner Produktivität eine Art Gegenpol in den „Göttingern" spürte, eine Kultur eben jener „Sorglosigkeit um sich selbst" oder – wie Hofmannsthal es einmal von Dilthey gesagt hat – der „Vernachlässigung des eigenen Ruhms". Denn auch Georg Misch war ja keineswegs ein Erfolgsautor, und noch weniger waren das der gelegentlich von Paris oder Berlin herüberkommende Bernhard Groethuysen oder der in seinem Einzelgängertum Josef König in nichts nachstehende Hans Lipps.

Zu der Verschiedenheit der beiden Freunde gehört auch die äußere Lebenssituation, die sich schon in den Adressen der Briefschreiber kundgibt. Plessners Briefe sind fast ausschließlich in Köln oder Wiesbaden geschrieben. Dies steht für die Tatsache, daß er sich zwar schon mit 28 Jahren in Köln habilitieren konnte, als Privatdozent jedoch wirtschaftlich auf die Hilfe des Elternhauses angewiesen war, in dem er sich offenbar häufig und gern aufhielt und von dem auch in der Korrespondenz immer wieder die Rede ist. Im Gegensatz dazu war König, dessen Eltern früh gestorben waren, durch bescheidene Erträge aus dem geerbten Vermögen in die Lage versetzt, nach seiner Göttinger Promotion ein sehr unabhängiges Leben in Muße und Zurückgezogenheit zu führen. Es darf also nicht überraschen, wenn in den Briefen Plessners die Hoffnungen und Enttäuschungen im Hinblick auf eine Beendigung des leidigen Privatdozenten-Daseins eine große Rolle spielen (und uns dabei Einblick geben in die Schattenseiten des deutschen Berufungswesens mit seinem bei jeder Vakanz neu in Gang kommenden Besetzungskarussell). König begleitet diese Sorgen und Hoffnungen des Freundes mit großer Sympathie, aber doch sichtlich ohne eigenes Interesse – seine Habilitation erfolgte erst 1935. So muß man gleichsam als Rückseite der Korrespondenz im Auge behalten, daß Plessner sich durch seine Bücher mitteilen konnte, während König stärker auf die briefliche Artikulation seiner Gedanken angewiesen war.

Dieses Ungleichgewicht im Briefwechsel findet seinen markantesten Ausdruck in der Art, wie König im Sommer 1927 auf Plessners Buch „Die Stufen des Organischen und der Mensch" reagierte, das ihm damals durch Übersendung der Korrekturfahnen bekanntgemacht wurde. König unterbricht die eigene Arbeit an der ersten Konzeption seines späteren Buches „Sein und Denken", befaßt sich jedoch nach anfänglichem Lesen gar nicht weiter mit den Korrekturfahnen, sondern mit Plessners „Die Einheit der Sinne". Er glaubt, auf das neue Buch nur angemessen reagieren zu können, wenn er sich zuvor endgültige Klarheit darüber verschafft haben würde, was ihm in Plessners Denken „so hart auf den Leib rückt, was es früher – bei aller gefühlsmäßigen Nähe – eben doch nicht tat" (Anhang, S. 226). So entsteht jener große, äußerst kritische Brief vom Juli/August 1927, der Plessner sehr überraschen mußte, da er ja auf ein Gespräch über die „Stufen" und nicht über das frühere Buch eingestellt war. Der ganze Vorgang, auf dessen inhaltliche Seite hier nicht eingegangen werden kann, läßt eine untergründige Spannung vermuten, die sicher nicht nur mit gewissen Animositäten während eines Treffens in Florenz (vgl. Br. 51) zu tun hat. Vielmehr ist zu vermuten, daß König, der an sein eigenes Denken so extrem hohe Ansprüche der Stringenz stellte, den inneren Zusammenhang der beiden Bücher Plessners nicht deutlich genug dargestellt fand und sich und Plessner gleichsam dazu zwingen wollte, dies gemeinsam nachzuholen. Plessner hat auf diesen Brief nie geantwortet, und es muß auch bezweifelt werden, ob bei der gemeinsamen Griechenlandreise im Frühjahr 1928 davon die Rede war.

Zu dieser selbstauferlegten Erschwerung des Zugangs zu dem neuen Buch kam eine andere hinzu. Heideggers „Sein und Zeit" erschien wenige Monate vor den „Stufen" und schlug auch König, der sich schon während des Wintersemesters 1925/1926 in Marburg nach anfänglichem (und drastisch formuliertem) Widerstreben Heidegger angenähert hatte, in seinen Bann. Wer nach den Gründen des Mißerfolgs der „Stufen" fragt, findet in Königs Briefen vom Anfang des Jahres 1928 aus Athen eine indirekte Antwort: Wenn schon der engste Freund sich sichtlich zögernd von der Lektüre von „Sein und Zeit" weglocken ließ, um sich zu den „Stufen" zu äußern, wie sollte dann eine breitere philosophische Öffentlichkeit auf dieses im Schatten Heideggers stehende Buch aufmerksam werden?

Die Herausgeber haben mit Recht die Briefsammlung mit dem Jahre 1933 enden lassen. Sie unterstreichen damit eine doppelte Zäsur: zum einen scheint die große innere Dynamik der Jahre 1926–1928 mit der Rückkehr Königs nach Göttingen gemindert und das beiderseitige Bedürfnis nach Kommunikation geringer geworden zu sein; mit der Emigration Plessners kam dann dieses Jahrzehnt eines hoffnungsfrohen und – bei aller materiellen Beengung – unbeschwerten gemeinsamen Aufbruchs definitiv zu einem Ende. Die beiden Freunde – der eine im Exil, der andere als politisch „unzuverlässig" isoliert – mußten sich offenbar auf den Austausch spärlicher und unverfänglicher Neuigkeiten und Grüße beschränken.

Frithjof Rodi

Vorbericht der Herausgeber

Vereinsamung hat die Philosophen Josef König und Helmuth Plessner zueinander geführt, als sie beide 30 Jahre alt waren. Sie waren verschiedene Wege gegangen, bis König eines Tages im Jahre 1923 Plessner in Köln aufsuchte.

König[1] hatte vor dem Ersten Weltkrieg sein Studium der Philosophie, der klassischen Philologie und der experimentellen Psychologie mit je einem Semester in Heidelberg, Marburg, München und Zürich begonnen. Er mußte es abbrechen, um vom ersten Tage des Krieges an 4½ Jahre lang Wehrdienst zu leisten. Anfang 1919 nahm er bei Georg Misch, dem Begründer der Göttinger Dilthey-Schule, das Studium wieder auf, mußte es jedoch erneut unterbrechen, um seiner Mutter während der Inflation bei der Führung ihres Geschäftes in Remscheid beizustehen und es nach ihrem Tode im März 1923 bis zur Liquidation im Herbst 1924 selbständig zu führen. Abgeschnitten von den Anregungen einer akademischen Umgebung schrieb König in dieser Zeit seine Doktorarbeit „Der Begriff der Intuition", mit der er im März 1924 bei Misch in Göttingen promovierte.

Helmuth Plessner hatte in Freiburg, Heidelberg und Göttingen bei Driesch, Windelband und Husserl Zoologie und Philosophie studiert und 1916 bei dem Windelband-Schüler Paul Hensel in Erlangen mit der philosophischen Dissertation „Vom Anfang als Prinzip transzendentaler Wahrheit" promoviert. 1917 wurde er zum zivilen Hilfsdienst eingezogen und als Volontärassistent am Germanischen Museum in Nürnberg angestellt. 1920 habilitierte er sich in Köln mit den „Untersuchungen zu einer Kritik der philosophischen Urteilskraft" und erhielt dort einen Lehrauftrag. Schon während des Studiums hatte Plessner zu publizieren begonnen. Als König ihn zum er-

---

[1] Biographische Daten finden sich in den Zeittafeln am Ende des Bandes.

17

sten Mal besuchte, war gerade „Die Einheit der Sinne" erschienen, Plessners erstes großes philosophisches Werk, und er war dabei, die Herausgabe des „Philosophischen Anzeigers" vorzubereiten. Plessner stand also mitten im akademischen Leben mit allen seinen Anforderungen. Doch litt er darunter, keine Resonanz zu finden (Br. 5). Er war sich eines unüberbrückbaren Abstandes zu anderen Menschen bewußt (Br. 29) und fühlte sich unverstanden. Daher war er vereinsamt wie König, wenn auch aus anderen Gründen.

Das Bedürfnis der beiden nach Austausch war groß. Es führte, solange sie noch in erreichbarer Nähe voneinander lebten, sowie später, wenn Plessner König in Italien besuchte, zu langen philosophischen Gesprächen, auf welche sie in ihren Briefen zurückkamen. Der bald nach der ersten Begegnung einsetzende Briefwechsel gewann seine Intensität dadurch, daß König ab Herbst 1924 vier nur durch ein Semester in Marburg unterbrochene Jahre ganz im Süden lebte. Erst nach seiner endgültigen Rückkehr nach Göttingen im Herbst 1928 ebbte der Briefwechsel langsam ab.

Die zehn Jahre des brieflichen Austausches waren anfangs noch durch die Nachwirkungen des Krieges geprägt, wie Plessners Freude über eine Einladung nach ‚Neutralien', d. h. nach Holland (Br. 2), und Königs Stoßseufzer über die lange für sein Studium verlorene Zeit (Br. 10) erkennen lassen. Darauf folgen Jahre des Wiederaufblühens der deutschen Universitäten, was Plessners Berichte über seine ausgebreitete Tätigkeit vor Augen führen. 1933 wirkte sich Hitlers Machtergreifung sogleich auf die Universitäten aus. Dafür legen die beiden letzten Briefe der Sammlung beredtes Zeugnis ab. Plessner war als ‚Halbarier' entlassen worden. Nach einem vergeblichen Versuch, als Dozent in der Türkei unterzukommen (Br. 71 und 72), nahm er eine Einladung des niederländischen Physiologen F. J. J. Buytendijk an, mit einem Stipendium für nichtarische Intellektuelle an seinem Institut in Groningen zu arbeiten (Br. 72). König war durch seine Promotion bei dem Juden Georg Misch in Mißkredit geraten. Das stellte seiner Habilitation in Göttingen Schwierigkeiten entgegen und verhinderte einen Ruf auf Cassirers Lehrstuhl in Hamburg (Br. 71 und 72).

Das Hauptthema der Briefe ist die Philosophie. Ausführlich berichten König und Plessner über ihre eigenen Arbeiten und Beschäftigungen. Zur Sprache kommt auch der starke Eindruck, den Martin

Heideggers Persönlichkeit und Philosophie auf sie beide gemacht hatte.

König war in den Süden gegangen, um dort in aller Ruhe das nachzuholen, wozu ihn der Krieg nicht hatte kommen lassen. Es schien ihm unerläßlich, sich für die spätere Zeit seines Wirkens eine breite Grundlage zu schaffen. Er las viel. Dabei führte ihn sein Hauptanliegen, Logik und Sprache, zu einer hartnäckigen Auseinandersetzung mit Hegel (Br. 10, 14, 40, 43, 44), womit er sich eine Voraussetzung für seine spätere Habilitationsschrift „Sein und Denken" schuf (Br. 48).

Plessner arbeitete zielstrebig an Veröffentlichungen. Eingehend berichtet er König über die Arbeit an seinem Buch „Die Stufen des Organischen und der Mensch", über Aufsätze – teils in Zusammenarbeit mit Buytendijk –, über Vorträge, Vorlesungen und Seminare. An all diesen Tätigkeiten nahm König lebhaften Anteil. Das Korrekturlesen der „Stufen" veranlaßte ihn dazu, Plessners früheres Werk, „Die Einheit der Sinne", in Konfrontation mit seinem eigenen Denken erneut zu studieren. So kam es dazu, daß er Plessner Fragen, Kritik und die Exposition eigener Ansichten in einem 100 Seiten langen Brief darlegte.[2] Dieser Briefessay enthält die bislang eingehendste Auseinandersetzung mit Plessners komplexem und schwierigem Buch.

Heidegger begegnet erstmals in einem Brief von Plessner, der, nachdem er mit jenem bei Nicolai Hartmann in Marburg zusammengetroffen war, König eine prägnante Schilderung von dessen Person gab (Br. 11). Bald darauf berichtet Plessner wieder über Heidegger, als dieser anläßlich eines Vortrags über Aristoteles nach Köln gekommen war (Br. 16). Zu einem zentralen Gesprächsstoff wird Heidegger jedoch erst, als König in Marburg im Wintersemester 1925/1926 dessen großes Logik-Kolleg hörte. Sowohl über Heideggers Person als auch über die Vorlesung berichtet König in aller Breite. Anfänglich erkannte er nicht, worauf Heidegger hinauswollte, und verhielt sich ablehnend. Doch als er nach der letzten Kollegstunde Heideggers philosophische Intention verstanden zu haben meinte, bezeichnete er ihn unumwunden als „eine philosophische Denkkraft ersten Ranges" (Br. 36). Auf diese Berichte geht Plessner ein und gibt

---

[2] Abgedruckt im Anhang.

auch Hartmanns Ansicht über Heidegger wieder. Als dann im Jahr darauf Heideggers Werk „Sein und Zeit" erschien, war besonders König stark davon beeindruckt. So überrascht es nicht, daß in den folgenden Briefen von diesem Werk immer wieder die Rede ist.

Ein weiteres in Plessners Briefen häufig behandeltes Thema ist das akademische Leben an deutschen Universitäten. Plessner zeichnet lebendige Porträts von Hartmann und Heidegger, von Misch und dem Göttinger Kreis sowie von anderen Gelehrten, die er auf seinen Reisen zur Gewinnung von Mitarbeitern für den „Philosophischen Anzeiger" kennenlernte. Mit Witz und Ironie berichtet er über Kongresse und deren Teilnehmer, über seine Verhandlung mit Verlegern und seine Tätigkeit in Kommissionen der Universität Köln. Ausführlich geht Plessner auch auf Berufungsmöglichkeiten auf philosophische Lehrstühle ein und gibt dabei Einblick in das, was hinter den Kulissen gespielt wird – bis in die Politik hinein.

Hinter diesen Themen tritt Persönliches weitgehend zurück, wird meist nur beiläufig erwähnt. Mitteilsamer über seine Erlebnisse wird Plessner in seinen Briefen über die aus beruflichen Gründen unternommenen Reisen nach Holland und Istanbul. Königs launige Schilderung der Familie, bei der er in Rom zunächst wohnte, bildet eine Ausnahme, die Plessner durch eine diesbezügliche Frage provoziert hatte.

Biographisch ergeben die Briefe für König wenig. Bei Plessner verhält es sich anders. Seine Biographie kann durch eine Reihe von bisher nicht bekannten Daten seines akademischen Lebens – wie etwa seiner Teilnahme an Kongressen, seiner Lehr- und Vortragstätigkeit sowie besonders seiner Arbeit als Herausgeber des „Philosophischen Anzeigers" – erweitert werden. Zu seiner Bibliographie kommen teils mit ihren Titeln benannte, teils nur durch die damit zusammenhängenden Gelegenheiten gekennzeichnete Vorträge und Aufsätze neu hinzu.

Zur vorliegenden Ausgabe

Von dem Briefwechsel zwischen Josef König und Helmuth Plessner werden die Originale von Königs Briefen im Plessner-Archiv der Universiteitsbibliotheek Groningen, die von Plessners Briefen im Nachlaß Josef König in der Handschriftenabteilung der Niedersächsischen Staats- und Universitätsbibliothek Göttingen verwahrt. Die gesamte Korrespondenz umfaßt 114 Briefe aus den Jahren von 1923 bis 1973. Davon sind hier nur die 73 Briefe von 1923 bis 1933 ediert worden, da sie ihrer Art nach eine Einheit bilden. Die 41 Briefe der späteren Jahre haben mit ihren mehr privaten Mitteilungen einen anderen Charakter. Drei dieser späten Briefe – aus den Jahren 1972 und 1973 – wurden der Ausgabe als Einführung vorangestellt.

Die Korrespondenz von 1923 bis 1933 ist annähernd vollständig erhalten. Verweise darin lassen jedoch auf Verlorenes schließen: auf mindestens acht Briefe und neun Karten von König sowie fünf Briefe und acht Karten von Plessner. Die erhaltenen Briefe sind hier ungekürzt in chronologischer Reihenfolge wiedergegeben. Eine Ausnahme bildet Königs Briefessay über Plessners „Die Einheit der Sinne". Da er seines Umfangs und seines Gehaltes wegen das Genus des Briefes überschreitet, ist er aus dem Corpus herausgenommen und als Anhang gedruckt worden. Die Briefe sind in zumeist gut leserlicher lateinischer Schrift geschrieben. Schwer zu entziffern sind eigentlich nur Königs auf durchscheinendem Papier doppelseitig beschriebene Briefe – darunter der Essay – sowie die von Plessner in enger, kleiner Schrift an den Rand einiger seiner Briefe geschriebenen Wörter. Bei König lassen sich außerdem Majuskeln nicht immer von Minuskeln unterscheiden, besonders bei D und K.

Abgesehen von der Orthographie, die behutsam dem heutigen Brauch angepaßt wurde, sind die Briefe weitgehend so wiedergegeben, wie sie geschrieben wurden; bewußt beibehalten sind heute ungewöhnliche Wortverbindungen und -trennungen und die für Briefe typischen Inkonzinnitäten. Großschreibung dient häufig der Her-

21

vorhebung eines Wortes, was besonders in den philosophischen Partien von Bedeutung ist. Die Interpunktion, die sich nicht streng nach den Regeln richtet, blieb unangetastet, weil sie der Gliederung des Gedankenganges dient. Anführungsstriche bezeichnen Titel von Werken, heben aber gelegentlich auch nur ein Wort hervor. Demselben Zweck dienen die Unterstreichungen, wobei König durch ein-, zwei- und dreifache Striche nuanciert.

Die Redaktion der Herausgeber beschränkte sich auf folgendes:

1) im Text nicht gekennzeichnete Änderungen:
   Unterteilung längerer Abschnitte durch Absätze;
   Auflösung eindeutiger Abkürzungen;
   kursiver Druck von Wörtern, die im Manuskript einfach, zweifach oder dreifach unterstrichen sind;
   Hinzufügung von Anführungszeichen zu unbezeichneten Titeln von Werken;
   Ersetzung von eckigen und Winkelklammern des Manuskripts durch runde Klammern;
   als Interpunktion sind nur ausnahmsweise, wenn dadurch ein Mißverständnis ausgeschlossen oder das Verständnis erleichtert werden konnte, aus Flüchtigkeit ausgelassene Kommata oder Punkte hinzugesetzt worden – z. B. ein Komma am Ende eines am Anfang durch ein Komma bezeichneten Relativsatzes oder ein Punkt am Satzende, das im Original gelegentlich nur durch das Zeilenende oder einfach durch einen größeren Wortabstand bezeichnet ist;
   Verbesserung offensichtlicher Verschreibungen und Flüchtigkeitsfehler;
   Korrekturen orthographischer oder sachlicher Fehler durch die Briefschreiber selbst sind in den Text aufgenommen ohne Angabe der ursprünglichen Lesart.

2) gekennzeichnete Änderungen:
   Ergänzungen, z. B. bei Datenangaben;
   Verbesserung von Fehlern.

3) im Text verwendete Zeichen:
   [...] bezeichnen unentzifferte Wörter bzw. Buchstaben;
   [   ] Ergänzungen der Herausgeber.

22

Die Anmerkungen sollen dem Leser das sachliche Verständnis erleichtern, sind jedoch kein fortlaufender Kommentar. Die Verzeichnisse am Ende des Bandes dienen der Erschließung des Textes. Wegen der zeit- und wissenschaftsgeschichtlichen Bedeutung von Plessners Mitteilungen über die deutschen Universitäten sind im Personenverzeichnis mehr Daten von Professoren und Dozenten als von anderen Personen angegeben. Bei den in der Korrespondenz am häufigsten Genannten sind außerdem die im Briefwechsel erwähnten Werke angeführt. Im Ortsverzeichnis sind die Namen derjenigen Städte, über deren Universitäten etwas mitgeteilt wird, durch Kursivdruck hervorgehoben.

Unser Dank gebührt an erster Stelle Frau Dr. Monika Plessner (Göttingen), die nicht nur bereitwillig ihr Einverständnis zur Edition des Briefwechsels gab, sondern auch mit großem Einsatz bei Entzifferungsproblemen und bei der Aufklärung zahlreicher Anspielungen half. Weiter danken wir Herrn Dr. J. Kingma (Bibliotheek der Rijksuniversiteit Groningen) und Herrn Dr. Helmut Rohlfing (Leiter der Handschriftenabteilung der Niedersächsischen Staats- und Universitätsbibliothek Göttingen) für ihre Genehmigung zur Veröffentlichung der von ihnen betreuten Briefe. Besonderer Dank gilt Herrn Professor Dr. Frithjof Rodi (Bochum), der durch seine Initiative die Edition der Korrespondenz in Gang brachte und durch stetes Interesse und praktische Förderung viel zum Zustandekommen der Ausgabe beigetragen hat. Außerdem unterstützte uns eine Anzahl von Freunden und Kollegen durch vielfältige Hilfestellungen, so u. a. Herr Günther Dahms (Hamburg), Herr Professor Dr. Friedrich-Wilhelm von Herrmann (Freiburg i. Br.), Herr Professor Dr. Burkhard Mojsisch (Bochum) sowie Herr Dr. Henk Struyker Boudier (Nijmegen), der viele Fragen zur Beziehung Plessner – Buytendijk beantworten konnte. Lebhaften Dank sagen wir der VG-Wort (München), die durch einen großzügig gewährten Druckkostenzuschuß das Erscheinen der Ausgabe ermöglicht hat.

Helmuth Plessner

Josef König

Zur Einführung drei Altersbriefe

a   Plessner an König

Erlenbach, 9. September [1972][1]

Lieber Jupp! Von Herzen Dank für Deine erinnerungsvollen Wünsche[2] und das schöne Weingeschenk aus Bremers Keller,[3] dem auch wir die Treue halten, bei aller Liebe zu Schweizer Weinen! Wie lange kennen wir uns schon? Seit der „Einheit der Sinne" 1923,[4] als Du in meine Bude in der Volksgartenstraße[5] 8 kamst, Beginn einer bald fünfzigjährigen Freundschaft. Dann 1924 als Logierbesuch in Deinem Haus in Remscheid,[6] wo ich das halbe Sommersemester nach Köln fuhr und Du das Geschäft Deiner Mutter liquidiertest! Dann Anzio und Rom,[7] dann die griechische Reise,[8] die ich mit dem Honorar der „Stufen" '28[9] bestritt.

Erst durch Bubser[10] erfuhr ich von Deiner Operation und Deiner Erkrankung. Wie schön, daß Ihr doch reisen könnt! Ende September wollen wir unter Horns Führung mit der akademischen Reisegesellschaft ebenfalls nach Kreta.

Das Geburtstagsfest[11] brachte mir als größte Überraschung den Zürcher Ehrendoktor und ein Ehrengeschenk der Stadt Wiesbaden.

---

[1] 1972 wegen der Erwähnung des Zürcher Ehrendoktors zum 80. Geburtstag.
[2] Ks Brief ist nicht erhalten.
[3] Alte Weinhandlung in Göttingen.
[4] Ein Buch von P.
[5] In Köln.
[6] Vgl. Br. 5–8.
[7] Vgl. Br. 22–27.
[8] Vgl. Br. 55–59.
[9] Ein Buch von P.
[10] Enger philosophischer Schüler Ps in Göttingen.
[11] Ps 80. Geburtstag am 4. September 1972.

Essen mit 57 Personen, Kollegen und Schülern aus aller Welt und am folgenden Tag bei strahlendem Wetter ein Ausflug zur Ufenau verliefen glücklich!

Dir und Elke von uns beiden tausend Grüße. Immer Dein

Helmuth

b Plessner an König

Erlenbach, 20. Februar 73

Lieber, nur um ein halbes Jahr jüngerer Kollege Jupp!

In 4 Tagen, vom heutigen Datum an gerechnet, wirst Du die Altersschwelle überschreiten, bei deren Nennung die Hörer die Augenbrauen hochziehen und zu sagen pflegen, man sähe diese Greisenmarke einem wirklich nicht an. Das wünsche ich Dir von Herzen. Die Kretareise, bei der Euch leider nur Frau v. Allesch[1] zu Gesicht bekommen hat, ist ein gutes Zeichen dafür, daß Du wieder wohlauf bist, auch wenn Du den Symposionplan Patzigs[2] abgewinkt hast. Was ich übrigens gut verstehe. An meinem 75. haben meine Schüler in Weggis so etwas unternommen. 5 Jahre später habe ich mich nur noch feiern lassen.

In diesem Jahr wird unsere Freundschaft 50 Jahre alt! 1923 hast Du mich in Köln in der Volksgartenstraße besucht, ein Bote aus der Göttinger Welt mit der noblen Dilthey-Misch-Tradition,[3] für die Scheler[4] kein Verständnis hatte. Dann kam die Einladung nach Amsterdam 1924[5] mit den „Grenzen der Gemeinschaft"[6] und der Ausklang des Sommersemesters bei Dir in Remscheid.[7] 1928 legte ich das

---

[1] Frau des Göttinger Professors für Psychologie, Johannes von Allesch.
[2] Ks Nachfolger in Göttingen.
[3] Dilthey: Begründer einer hermeneutisch-geschichtlichen Lebensphilosophie sowie einer Theorie der Geisteswissenschaften. Misch: Schüler und Schwiegersohn Diltheys, Mitinitiator und -herausgeber von Diltheys Gesammelten Schriften.
[4] Er war von 1919–1928 zusammen mit P an der Universität Köln.
[5] Vgl. Br. 2–6.
[6] Ein Buch von P.
[7] Vgl. Br. 5–8.

Honorar für die „Stufen" in unserer Hellasfahrt[8] an. Aber vorher war schon Anzio gewesen und Rom[9] mit Snell.[10] Damals studiertest Du Hegel. Ich wohnte im Hassler,[11] den man heute nicht mehr bezahlen kann. Ich sehe noch das Zimmer vor mir, wie wir uns zum ersten Mal über Sprache unterhielten. Dann entschwandest [?] Du nach Marburg[12] und Göttingen.[13] „Der Begriff der Intuition"[14] erschien und „Denken und Sein"[15] und dann verlor uns die Zeit aus den Augen, aber ich darf wohl sagen: nicht aus den Herzen. Sicher habe ich Dich noch in der „Badeanstalt"[16] besucht und Du mich in Wiesbaden 33, vor oder nach meinem ersten Kreuzzug nach Istanbul.[17] Nach 45 haben wir uns erst in Hamburg,[18] wo Du zum schwarzen Markt mußtest. Dein Nachfolger bin ich aber nicht geworden, unser Haus[19] hielt mich fest.

Ich habe in diesem Semester mit dem hiesigen Musikwissenschafter[20] ein Seminar über die Ästhetik Adornos gehalten anhand der „Philosophie der neuen Musik".[21] Geplant ist auch wieder ein Zwei-

---

[8] Vgl. Br. 55–59.
[9] Vgl. Br. 22–27.
[10] Freund von K, der dem Kreis um Misch angehörte.
[11] Neben S. Trinità in Monte, heute eines der besten Hotels in Rom.
[12] Wintersemester 1925/1926.
[13] Herbst 1928.
[14] Ks Dissertation.
[15] Sein und Denken, die überarbeitete Fassung von Ks Habilitationsschrift.
[16] Ein älteres, jetzt abgerissenes Gebäude, in dem außer K auch noch andere Mitglieder des philosophischen Seminars wohnten.
[17] Vgl. Br. 71–72.
[18] In Hamburg war K am 1. April 1946 Ordinarius für Philosophie geworden. Das Wiedersehen fand anläßlich einer wissenschaftlichen Tagung in Hamburg zum 300. Geburtstag von Leibniz (geb. 1. Juli 1646) statt. K hielt einen Vortrag Das System von Leibniz (jetzt in: J. König: Vorträge und Aufsätze, hg. von G. Patzig, Freiburg/München 1978, S. 27–61); P sprach über Mensch und Tier (jetzt in: Ges. Schr. VIII, S. 52–65). Zuerst erschienen beide Vorträge in dem Tagungsbericht Gottfried Wilhelm Leibniz. Vorträge der aus Anlaß seines 300. Geburtstages in Hamburg abgehaltenen wissenschaftlichen Tagung, hg. von der Redaktion der Hamburger Akademischen Rundschau, Hamburg 1946, S. 17–45 und 302–317.
[19] P hatte sich nach dem Kriege in Göttingen ein Haus an der Herzberger Landstraße gebaut.
[20] Kurt von Fischer, Zürich WS 1972/1973.
[21] Erschienen Tübingen 1949; jetzt in: Ges. Schr. XII, hg. von R. Tiedemann, Frankfurt a. M. 1975.

31

wochen-Besuch an der TH Enschede in Holland.[22] Auf der Rückreise wollen wir über Göttingen. Hoffentlich sehen wir uns dann. Dir und Elke die herzlichsten Glückwünsche für den großen Tag und die kommenden Jahre. Smend[23] sei unser Vorbild.

	Immer Dein Helmuth
[Darunter von Frau	und Deine, Eure
Plessners Hand]	Monika

c *König an Plessner*

Hetjershausen, den 30. März 1973

Lieber Helmuth. Ich danke Dir von Herzen für Deinen lieben Brief vom 20. Februar und für Monikas und Deine Glückwünsche zu dem nun auch von mir vollbrachten Überschreiten des 80. Lebensjahres. Elke dankt Euch mit mir.

Von dem Geburtstag selber ist nichts Berichtenswertes zu berichten. Es war das im allgemeinen Übliche eines Geburtstages: anstrengend und freundlich.

Mir geht es nicht sonderlich, so daß mir die Kraft zu richtigem Arbeiten fehlt. Daß Du diese Kraft noch hast, wie Deine Separata[1] beweisen, bewundere ich. Ob es bei mir in der kommenden Zeit noch mal ein kleines bißchen aufwärts gehen wird, ahne ich nicht. Hoffentlich können wir (Elke und ich) im Herbst wieder eine Reise unternehmen. Elke liebäugelt mit Korfu und Apulien. Es geht ihr, allerdings abgesehen von einem Hexenschuß neulich, ganz leidlich. Im Augenblick leider ist sie in Hamburg, zur Beerdigung ihres verstorbenen Onkels (eines Bruders ihrer Mutter).

---

[22] Dort hatte P einen Lehrauftrag.
[23] Rudolf Smend war damals über 90 Jahre alt.
[1] Nicht mehr genau festzustellen, worum es sich dabei handelt, vermutlich um Ps Aufsätze: Die Musikalisierung der Sinne. Zur Geschichte eines modernen Phänomens, in: Merkur 26 (1972) S. 837–845 (jetzt in: Ges. Schr. VII, S. 479–492) und Zum Verständnis der ästhetischen Theorie Adornos, in: Philosophische Perspektiven 4 (1972) S. 126–136.

32

In Deinem lieben Briefe schreibst Du an einer Stelle: „und dann verlor uns die Zeit aus den Augen, aber, ich darf wohl sagen: nicht aus den Herzen." Ja! das habe ich mit Freuden gelesen. Es ist wahr: die Zeit hat uns damals eine Weile aus den Augen verloren. Aber dennoch war ich Dir mit Bewunderung und Dankbarkeit auch in dieser Zeit verbunden.

Habe nun auch vielen Dank für Dein Separatum über Adornos Ästhetik. Ich will nicht einmal anfangen, über die von Dir trefflich angedeuteten Gedankenreihen Adornos etwas zu sagen. Adorno ist eben – Adorno. Hätte ich mehr Kraft, würde ich gern mal wieder einen Blick in seine Sachen hineinwerfen. Aber ich befürchte, daß es nicht dazu kommt.

Lieber Helmuth. Nochmals von Herzen Dank. Wir hier grüßen Euch am Zürcher See vielmals und mit allen guten Wünschen,

Dein, Euer Josef

Der Briefwechsel 1923–1933

1 Plessner an König[1]

Wiesbaden Sylvester 1923

Lieber Herr König!
Ihre Zeilen[2] erreichten mich schon hier. Seien Sie herzlich für Ihre Wünsche bedankt, die ich aufrichtig erwidere. Wie gern folge ich einmal wieder Ihrer Einladung nach Remscheid, wenn das Semester wieder eingesetzt hat; ich denke noch so gern an damals zurück. Wie war Göttingen, Sie müssen mir erzählen; wenn irgend möglich, begleite ich Sie zu Ihrer Doktorfahrt.[3] Das Manuskript „Grenzen der Gemeinschaft" wird in diesen Tagen fertig und soll schon am 7. Januar dem Verleger[4] übergeben werden. Hoffentlich kommen dann bald Korrekturen, damit Sie es kennen lernen. Ich glaube nicht, daß die gewisse Schärfe, die es hat, Ihnen mißfallen wird. Als Motto hat es ein englisches Sprichwort: you must give the devil his due (dem Teufel sein Recht geben!) und auch sonst ist es bei Laune, bei calvinischer Laune, möchte ich sagen. Auf Ihre Dinge bin ich weiter sehr gespannt. Ebenso muß das Phänomen Fuhrmann[5] einer gründlichen Bearbeitung unterzogen werden. Wenn irgendwo magisches Denken überhaupt nachfühlbar wird, dann dort.
Nochmals für 1924 Ihnen von Herzen alles Gute und auf Wiedersehen am 7. Januar!
Ihr ergebenster

H. Plessner

---

[1] Postkarte, adressiert an: Herrn Josef König, Remscheid, Markt 8.
[2] Nicht erhalten.
[3] Ks Promotion bei Georg Misch in Göttingen fand am 10. März 1924 statt.
[4] Friedrich Cohen in Bonn.
[5] Ernst Fuhrmann, ein Bekannter Ks.

[Köln] Dienstag, 29. 1. 24

Lieber Freund,

vielen Dank für Ihre Zeilen! [^2] Gestern war ein merkwürdiger Tag: ich erhielt eine Einladung nach Amsterdam [^3] auf vier Wochen vom dortigen Universitätskomitee, um neben Vorträgen und Arbeiten im tierpsychologischen Laboratorium (bei Buytendijk) als Gast einer Familie die Annehmlichkeiten Neutraliens zu genießen (von Mitte Februar bis Mitte März) und gleichzeitig eine Unglücksbotschaft von zu Hause: mein Vater muß sich einer nicht unbedenklichen Operation kommenden Samstag unterziehen, meine Anwesenheit ist dort erforderlich; ich reise also schon morgen früh ab. Wenn alles gut verläuft, bin ich Montag zum Kolleg wieder zurück. – Quod dii bene vertant. [^4] – Ein günstiger Vertrag mit dem Verleger ist vorigen Donnerstag abgeschlossen, das Buch [^5] soll schon Ende Februar erscheinen.

Kommen Sie doch Montag jedenfalls um 2 Uhr, wenn möglich, einmal vorbei.

Auf hoffentlich gutes Wiedersehen –

herzlichst Ihr

Plessner

[^1]: Postkarte, adressiert wie die vorhergehende. Absender: Plessner, Köln, Volksgartenstr. 8.
[^2]: Nicht erhalten.
[^3]: Vgl. dazu Ps Selbstdarstellung in: Philosophie in Selbstdarstellungen, hg. von L. J. Pongratz, Band I, Hamburg 1975, S. 289; jetzt in: Ges. Schr. X, S. 324.
[^4]: Lateinisch: Was die Götter zum Guten wenden mögen!
[^5]: Gemeint sind die „Grenzen".

3 *Plessner an König*

Wiesbaden 28. 4. 24
Taunusstr. 2

Lieber Freund!

Wahrhaftig, ich bin kein Briefschreiber. Und wenn Sie die gedrängte Fülle der Wochen und der Zeit, da wir uns zuletzt sahen, sich vorstellen wollen, so werden Sie mir, darum bitte ich sehr, nicht wegen meines Schweigens gram sein. Vor allem: herzliche Glückwünsche zu Ihrer wahrscheinlich längst gewesenen Promotion, die ja schon mehr den Charakter einer Ehrenpromotion annahm. Erzählen Sie mir davon genauer! Wo sind Sie augenblicklich? In Göttingen – dann grüßen Sie ja Misch bitte, dem – wie Ihnen an Ihre Remscheider Adresse – mein Buch[1] zuging.

Zunächst also will ich berichten. Ich fand damals Ende Februar meinen Vater auf gutem Wege der Besserung, er fing schon an, im Zimmer wieder umherzugehen. Nach den üblichen Paßschwierigkeiten reiste ich, einen Tag in Köln wegen des Unbedenklichkeitsvermerks des Finanzamtes überschlagend, am 7. März nach Amsterdam. Ich blieb die erste Nacht in Nimwegen, um mich mit einem Freunde, Privatdozent in Frankfurt für Physiologie,[2] der vor kurzem die Leitung einer chemischen Fabrik dort übernommen hat, zu treffen. Am nächsten Mittag fuhr ich dann nach Amsterdam weiter. Dort von einer Dame des Steuncomités[3] abgeholt, wurde ich zunächst bei einer Familie Feldmann (Tabak) einquartiert, zu der ich auch in der letzten Woche wieder zurückkehrte. In den beiden Zwischenwochen wohnte ich erst in einer Pension, dann bei dem Neffen van Goghs (dem Sohn des Kunsthändlers Theo van Gogh, bekannt aus dem Briefwechsel[4]). Gleich bei meiner Ankunft lernte ich den Leibarzt unseres ehemaligen Imperators in Doorn,[5] Dr. Haehner mit seiner Familie

---

[1] Die „Grenzen".
[2] Nicht zu ermitteln.
[3] Niederländisch: Hilfskomitee.
[4] V. van Gogh: Briefe an seinen Bruder. Ins Deutsche übertragen von L. Klein-Diepold, 2 Bände, Berlin 1914.
[5] Wilhelm II. hatte sich 1918 nach seiner Absetzung ins niederländische Exil nach Doorn zurückgezogen.

kennen und traf, damit auch der Gegenpol nicht fehle, am Abend im Deutschen Verein gleich Worringer, der mit mir gleichzeitig dort eingeladen war und mit dem ich nun täglich Ausflüge etc. unternahm. Ich kannte ihn von Köln schon, wir kamen sehr gut miteinander aus.

Ich sah Haarlem, Zandvoort am Meer, Leiden, Utrecht, die Gegend um Edam an der Zuidersee, die man wegen der alten Trachten (s. van Houten Cacao) besucht, den Haag, wo ich einer Familie empfohlen war, und von dort Delft, Scheveningen, Wassenaer. Teilweise war es für mich ein Wiedersehen mit Kindheitseindrücken. Herrlich war das Meer. Der wundertätige Einfluß, der von der Horizontlinie ausgeht, die zugleich über sich hinaus zieht und begrenzt, einem Sehnsucht und Ruhe in Einem gibt. Hier am Meer hat man die „natürliche" Weile, so viel Erde braucht der Mensch.

Die köstlichsten Kunsteindrücke gaben das Haarlemer Hals Museum (weniger der Hals selbst als die entzückenden Räume, die ursprünglich ein Altmännerhaus bildeten) und ein Besuch bei einem kleinen Antiquar Vecht in Amsterdam, der nur Orientalia sammelt und eine ganz erlesene Sammlung chinesischer Specksteinfiguren des 17./18. Jahrhunderts besitzt (die jetzt With – übrigens seit Auflösung des Folkwangs[6] dauernd in Amsterdam – katalogisiert und in einem Prachtband[7] herausgibt). Gegen diese Plastik hält sich kein okzidentales Produkt, selbst der edelsten Epoche.

Gesellschaftlich war sehr viel los, Einladungen, Tanzereien, Konzerte, Autofahrten. Haehners besuchte ich in Doorn und sah dort auch das Wohnhaus und die übrigen Annexgebäude des Kaisers von innen, die alle höchst geschmackvoll aus den verschiedenen Schlössern ihre Einrichtung bekommen haben. Und überall diese gigantischen Erinnerungen an Friedrich den Großen, die Kurfürstenzeit. Still, einfach, von höchster Vornehmheit, in riesigem Park, weiten Wiesen liegt das Schloß da. – In dem Institut für Physiologie, das Buytendijk, der Tierpsychologe, leitet, hielt ich einen Vortrag vor seinen Studenten über „Realität der Farben und Töne".[8] Er lud mich ein, Mai und Juni wieder nach Amsterdam zu kommen und bei ihm

---

[6] Das Museum Folkwang, 1902 in Hagen von K. E. Osthaus gegründet, wurde 1922 für Essen erworben.
[7] K. With: Chinesische Kleinbildnerei in Steatit, Oldenburg i. O. 1926.
[8] Dieser Vortrag blieb offensichtlich unpubliziert.

zu arbeiten; wir wollen gemeinsam über Ausdrucksbewegungen der Tiere (besonders der Anthropoiden) experimentieren. Ich bekomme für diese Zeit von seinem Etat Gehalt. Kann jedoch erst fahren, wenn die Fakultät meinen Urlaub bewilligt hat. – In der Zwischenzeit hatte mein Vater einen Rückfall durch Eiterung an der Wunde infolge eines Darmkatarrhs bekommen, der ihn wieder für vier Wochen im Bett hielt; nun aber erholt er sich sehr rasch, darf wieder aufstehen, so daß ich einigermaßen ruhig in die Zukunft sehe.

Aus unserem Palermoplan wird leider fürs Erste nichts werden, denn im Winter muß ich dann treu in Köln sitzen. Dazu sammeln sich allerhand neue Verpflichtungen, u. a. eine Aufforderung v. d. Leyens für ein Unternehmen des Verlages Bruckmann eine Philosophie der Gegenwart zu schreiben![9] Ich denke Ende der Woche nach Köln zu kommen und Dienstag nächster Woche, wenn inzwischen die Fakultät sich geäußert hat, über die Grenze zu gehen. Wann werden wir uns endlich wiedersehen? Schreiben Sie bald Ihrem getreuen Plessner, der Sie herzlichst grüßt und Ihrer stets gedenkt.

4   Plessner an König

Amsterdam 16. 5. 24
Valeriusplein 11
Physiologisch Laboratorium

„Mon cher ami", – nicht wahr, das schmeckt säuerlich –

ich habe sogleich, als ich Ihren Brief[1] hatte, Cohen vorsichtig wegen Ihres Buches[2] interpelliert und bei dem Geschäftsführer zunächst leichtes Interesse gefunden, untermischt mit den üblichen Bedenken. Eine Anfrage, ob Sie eventuell Zuschuß zu den Druckkosten

---

[9] Dieses Projekt wurde nicht realisiert. Die näheren Umstände des Vorgangs lassen sich nicht rekonstruieren, da wegen einer teilweisen Zerstörung des Verlagsarchivs keine Unterlagen aus der Mitte der zwanziger Jahre mehr vorhanden sind. (Auskunft des Verlages F. Bruckmann in München vom 19. Dezember 1990.)
[1] Nicht erhalten.
[2] Gemeint ist Ks Dissertation „Intuition".

leisten würden, habe ich kategorisch abgelehnt; habe aber den Eindruck, daß er das Buch nehmen wird, wenn Sie etwa für die erste Auflage auf Einnahmen verzichten bzw. sich erst nach Verkauf von ¼–½ der Auflage prozentual beteiligen lassen. Näher wurde natürlich von diesen Dingen *nicht* gesprochen, wie überhaupt ich die Sache nicht zu dringlich machte und erst in diesen Tagen die zweite Attakke unternahm. *Daß* Cohen das Buch nimmt, scheint mir aber schon heute außer Zweifel. Von dem rein wissenschaftlichen Charakter ist er informiert. Indem ich Sie als ständigen Mitarbeiter des „Philosophischen Anzeigers",[3] der nunmehr beschlossene Sache ist und im Oktober herauskommen wird, einführte, werden Sie bei den Verhandlungen einen günstigen Stand haben. Also: entweder schreibt Cohen in den kommenden 10–14 Tagen an Sie oder Sie kriegen von mir Nachricht. Immerhin können Sie *leicht* mit Niemeyer[4] drohen, wenn Sie den Zeitpunkt und die Lage für richtig halten.

Der „Philosophische Anzeiger" soll ca. alle zwei Monate im Umfang von 6–7½ Bogen, Format „Inselschiff"[5] des Inselverlags – also zwischen „Tagebuch"[6] oder „Zukunft"[7] und „Kantstudien"[8] in bester Antiqua zu je ein – zwei Originalien und 3–5 produktiven Rezensionen bzw. Überblicken über mehrere Sachen herauskommen, so daß auf jeden Fall 6 Hefte einen Jahresband bilden. Gewonnen für die Sache sind: Worringer Kunstwissenschaft (Bonn) Kurt Schneider Psychiatrie (Köln) André katholische Philosophie und Biologie (Köln) Buytendijk Physiologie und Tierpsychologie (Amsterdam). Ganz sicher sind uns: Baumgarten Basel und Grünbaum Amsterdam für Experimentelle Psychologie (er ist augenblicklich in Neapel!). Informiert sind in den letzten Tagen Misch, N. Hartmann und Weiz-

---

[3] Die von P begründete und herausgegebene Zeitschrift erschien bei Cohen in Bonn und wurde 1930 mit dem vierten Jahrgang aus finanziellen Gründen wieder eingestellt. – K hat nie einen Beitrag für den Anzeiger geleistet.
[4] Mit dem Plan, die Dissertation beim Max Niemeyer Verlag in Halle erscheinen zu lassen, was in der Tat auch geschah.
[5] Das Inselschiff. Eine Zweimonatsschrift für die Freunde des Insel-Verlages, Leipzig 1919/1942.
[6] Das Tagebuch. Kulturpolitische Wochenzeitschrift, hg. von S. Grossmann und L. Schwarzschild, Berlin 1920–1933.
[7] Die Zukunft. Kulturpolitische Wochenzeitschrift, hg. von M. Harden, Berlin 1892–1922.
[8] Kant-Studien. Philosophische Zeitschrift, begründet von H. Vaihinger, seit 1897.

säcker, der Mediziner in Heidelberg. Unsicher bin ich noch wegen des protestantischen Theologen und Religionsphilosophen. Ich neige am meisten zu Karl Heim Tübingen, am wenigsten zu Otto-Marburg und erwäge Titius Berlin, will auf jeden Fall noch Antworten von Misch und Hartmann abwarten und bitte auch sehr um Ihren Rat. Cohen will, daß ich vorderhand die Redaktionsgeschäfte allein führe und erst, wenn die Sache einschlägt, die Redaktion erweitere. „Leicht" muß die Sache unter allen Umständen bleiben bei Cohens spezifischem Gewicht.

Ich bin hier wieder seit dem 7. Mai nach knapp vier nicht sehr angenehmen Wochen in Wiesbaden. Meinem Vater ging es langsam – stetig besser und er war auch, als ich abfuhr, seit 8 Tagen teilweise außer Bett. Aber ich merkte – ohne Ablenkung gelassen – meine große Nervosität, die in den letzten Monaten und durch die finanzielle Unsicherheit[9] zugenommen hat. So stürze ich mich in Tätigkeiten, hoffe freilich, daß dies nicht allzu lang dauern wird. Hier wohne ich im Institut, in dieser Luft von Exaktheit, habe einen weißen Mantel an, frühstücke und lunche unter Titrierapparaten,[10] Affenkäfigen mit einem netten Holländer und ein paar unbeschreiblich unbeschriebenen Assistentgirls, photographiere und kinematographiere, d.h. ich mache mit Buytendijk eine Arbeit (lache Bajazzo) über Ausdrucksbewegungen und ihre Deutung. Versuchsreihen, Tests und dies alles nur, um unsere phänomenologische spekulative Radikalität im Schafspelz der Empirie einzuführen. „Bei die Schweineprofessoren", wie Buytendijk mit seigneuraler Geste und absolut ruhiger Stimme sagt. Buytendijk ist *radikaler* Phänomenologe, durchaus genial improvisierend und von großer Vielseitigkeit. So arbeitet er gleichzeitig über Methoden der Gewebezüchtung im Explantat,[11] Milchsäurebildung im Muskel, Chemotaxis[12] bei Pflanzen und schreibt einen reizenden phänomenologischen Aphorismus über den Wesensunterschied von männlich und weiblich.[13] Kürzlich war der Nobelpreis-

---

[9] Ein Privatdozent hatte damals einen Lehrauftrag ohne feste Besoldung.
[10] Apparate zur Bestimmung der quantitativen chemischen Analyse.
[11] Ein auf einen künstlichen Nährboden übertragenes Gewebe.
[12] Eine durch chemische Reize bewirkte Bewegung von Organismen auf die Reizquelle zu oder von ihr fort.
[13] Der Aphorismus blieb offensichtlich unveröffentlicht. – Am 28. Oktober 1931 hielt Buytendijk einen Rundfunk-Vortrag (Westdeutsche Funkstunde) mit dem Titel „Vom

mann Hill (London) hier und wir erwarten für Ende Mai seinen Assistenten Lapton samt einem Japaner. Studenten fehlen fast ganz, die calvinistische Universität hat eben außer Physiologie und Psychiatrie keine medizinische Fakultät. Außer vor Buytendijk, der meine Sachen, wenigstens die naturwissenschaftlichen und die „Ästhesiologie",[14] wie auch das neue,[15] genau kennt, bin ich hier *inkognito* – für zwei Monate höchst vergnüglich. In den letzten Tagen ist helles Wetter und warm, man projektiert Tulpenfelder bei Haarlem und Nordwijk aan Zee für Sonntag.

Wissen Sie, es tut gut, ohne die deutsche Schwere, Grämlichkeit und Feindseligkeit zu existieren. Am 27. Juni bin ich wieder in Köln und lese, d. h. Seminar 4stündig „Kritik der reinen Vernunft". Davon wollte die Fakultät nicht lassen wegen meines Lehrauftrags. Ich hätte sowieso, da Buytendijk Ende Juni in die Ferien geht, nicht länger hier bleiben können. Im Juli sind wir dann viel zusammen und müssen wegen gemeinsamer Ferien beratschlagen.

Ihr Brief hat mich hierher begleitet – aber, Lieber, wem sagten Sie das? Glauben Sie denn, ich fühle das nicht genau so und ist das nicht Grund genug, es schweigend ruhen zu lassen? Alles dies Tempo, diese Vielfalt, dieses Nach Außen Gehen darf Sie nicht stören, darf Ihnen – ich bitte darum – keine Resignation aufzwingen. Unsere Konkordanz, dieses weiß ich wie ich es vom ersten Moment an wußte, ist unzerstörbar – aber rufen Sie mich dann und wann einmal zur Ordnung, wenn ich in meinem „Amerikanismus", wie Worringer sagt, zu sehr an die Oberfläche treibe. Über Ihre philosophischen Dinge bin ich vielleicht besser orientiert, als Sie ahnen: durch mich selbst. Ich kenne diese Landschaften: Dialognatur der Philosophie[16] genau. Aber das weiß ich für mich: Philosophieren ist die Kunst die Dinge aus *ihrem* dialogischen Einverständnis zu verstehen – die Kunst, ohne Gott d. h. ohne die Kategorie der Schöpfung die reine Genesis

---

Ausdruck des Männlichen und Weiblichen in der Natur", der ebenfalls nicht publiziert wurde. Erst 1951 veröffentlichte er das Buch De vrouw, haar natuur, verschijning en bestaan. Een existentieel-psychologische studie (Utrecht–Brussel); eine deutsche Übersetzung erschien 1953 unter dem Titel Die Frau. Natur, Erscheinung, Dasein (Köln 1953). Briefliche Auskunft von Herrn Dr. Henk Struyker Boudier (Nijmegen).
[14] „Die Einheit der Sinne".
[15] Gemeint sind die „Grenzen".
[16] Von „Philosophie" bis zum Ende am Rand nachgetragen; vermutlich deshalb keine Unterschrift.

44

zu vollziehen. Nicht Weg zu Gott aber auch nicht Dialog mit Gott, sondern das Gleichgewicht der Dinge selbst ohne die Stabilität durch eine Verankerung im Festpunkt eines Absoluten, Dialektik ohne *das, was* Dialektik treibt. Über Hegel hinaus, wie auch Sie es in Ihrem Buch wollen, qualitative Weltgleichungen, in denen alles als Gegenwärtigkeit sich bedingend-bedingt durch-schaut. Entrealisierung als qualitativ durchgeführte, für die Kontemplation reale Methode der Einsicht in die Realität. Denn Realität ist eine rein religiöse Kategorie, ist Theophanie und „believe", Glaube. Was werden Sie zu meinem Buch[17] sagen? Wust hatte sich ein Exemplar aus dem Laden geholt, Cohen verschickte etwas spät.

N. B. Ich lese alles noch einmal durch – meinen Sie, ich finde mich selbst darein? Bester, Liebster, was wollen Sie, daß ich tun soll, daß ich Ihrer würdig bin? Ich weiß mir ja so wenig zu helfen!!!

5 *Plessner an König*

Amsterdam 28. 5. 24
Valeriusplein 11

Lieber Freund,

gestern abend erhielt ich Ihren Brief, für den Sie viele viele Male bedankt sein sollen wie auch für den großen vor einigen Tagen.[1] Was es für mich als Freudequelle, als Stärkung meiner Zuversicht bedeutet, von einem Menschen wie Sie verstanden zu werden, das könnten Sie nur ermessen, wenn Sie ein wenig hinter den Kulissen meiner Existenz zu Hause wären. Ich stehe nun seit 11 Jahren mit Arbeiten vor der Öffentlichkeit[2] und wenn das auch nach deren Maßstab eine

---

[17] Die „Grenzen".
[1] Beide Briefe haben sich nicht erhalten.
[2] P hatte seit 1913 publiziert; 1911 waren zwei kleinere Texte in einer Studentenzeitschrift erschienen. Bis 1924 hatte P neben Dissertation und Habilitation, die allerdings ungedruckt blieben und erst 1981 in Band II der Gesammelten Schriften publiziert wurden, zwei weitere Bücher, mehrere Abhandlungen sowie einige Zeitungsbeiträge veröffentlicht. Vgl. S. Giammusso: Bibliographie Helmuth Plessner, in: Dilthey-Jahrbuch für Philosophie und Geschichte der Geisteswissenschaften 7 (1990/1991) S. 323– 341.

verschwindend kleine Zeit ist, für einen Menschen wiegen solche Jahre, gerade in der Periode von 20 bis 30, schwer. Mit der „Einheit der Sinne" glaubte ich nun die Ebene der Verständlichkeit erreicht zu haben, aber es hält maßlos schwer. Die Menschen bilden ein kalloidales Milieu, die Faust schlägt durch, aber nichts bleibt zurück.

Nun hat mir Gott* in Ihnen doch auch mal freundlich zugenickt. Es heißt schon etwas, ohne Resonanz, ohne Echo auch nur eines kleinen Studentenkreises, ohne wirklich verständige Förderung durch einen Lehrer, ohne den Glauben irgend einer Seele gelassen, in die Nacht des Trotzes gestoßen Jahr um Jahr seiner Arbeit und seiner Zuversicht, eine Sendung, sei sie auch nicht allzu groß, in dieser Welt zu haben, überantwortet, zu leben, zu leben, zu leben. Ich gehöre zu jener massa perditionis,[3] deren Substanzen nicht überzeugen. Was bleibt mir also übrig, als die Götter zu stürzen, um wenigstens ein Mensch zu sein. – –

Entschuldigen Sie es diesmal, daß ich nicht sachlich auf Ihre wirklich in die *Tiefe zeigenden* Sätze eingehe. Ich habe zwei Dinge praktischer Art auf dem Herzen. Ich schrieb an Cohen vor vielleicht vier Tagen und machte es Ihretwegen dringend.[4] Sollte er an Sie schreiben, so sagen Sie ihm doch, wie sich die Dinge inzwischen verschoben haben.[5] Für den Anfang ist es ja immer gut, in einer größeren Sammlung zu erscheinen, deren Publikum einigermaßen fest steht. Dann freut es mich auch aus egoistischem Grunde. Die Analogie in der Deduktion von „Sprache" und „Gesellschaft" haben Sie *vollkommen* richtig gesehen. Und *sehr gut,* was Sie über den neuen „Zweck"begriff dabei sagen. Denn es ist gut, wenn die Hauptmitarbeiter des „Philosophischen Anzeigers" auch bei anderen Verlagen als Cohen herauskommen. Auf alle Fälle: herzlichen Glückwunsch.

Das zweite, was ich auf dem Herzen habe, ist folgendes: aus Mißverständnis über meine Absichten für dieses Sommersemester, in der Annahme also, ich ginge womöglich ganz von Köln weg, hat meine Wirtin unvorsichtigerweise mein Zimmer an jemand anderen vermie-

---

[3] Lateinisch: Verlorene Masse; ein von Augustin im Zusammenhang mit der Prädestination gebrauchter Ausdruck.
[4] Wegen der Publikation von Ks Dissertation.
[5] Inzwischen war das Erscheinen von Ks Dissertation im Max Niemeyer Verlag in der von E. Rothacker herausgegebenen Reihe „Philosophie und Geisteswissenschaften" vorgesehen. Ks Buch erschien dort 1926 als 2. Band der Buchreihe.

tet und zwar nicht nur wie ich ihr anbot für 2 Monate, sondern für dauernd. Was hilft mir das Wohnungsamt, wenn ich am 27. Juni wieder in Köln sein muß und in meinem Bett liegt schon einer. Da ich nicht weiß, ob meine Wirtin mich sonst noch aufnehmen kann bzw. will – solche Leute sind ja ganz eigenartig –, muß ich mich nach einem anderen Dach umsehen. Wäre da nicht eine Gelegenheit gegeben, aus der Not eine Tugend und einen Überfluß zu machen, wenn ich zu Ihnen nach Remscheid für den Juli käme, d. h. vom 26. Juni bis Ende des Semesters (also bis zu Beginn der letzten Juliwoche – und zwar als *paying guest* –)! Sie schreiben allerdings von einem baldigen Ortswechsel – ich kann heute nur sagen, wenn es möglich ist, daß Sie mich für so lange beherbergen, ich wäre Ihnen herzlich dankbar. Eine andere Möglichkeit wäre die – vorausgesetzt, daß Sie schon im Juni aus Remscheid ganz wegzögen – wir setzten uns gemeinsam nach Bonn; aber dort Zimmer finden! Und wie teuer wohl? Die letzte Möglichkeit für mich wäre die, gleich nach Wiesbaden zu gehen und nur alle 14 Tage, vielleicht an zwei Tagen in Köln Seminar zu halten und zu diesem Zwecke immer hin zu fahren. Das wäre also der traurige Auftakt zu unseren Ferienplänen!

Heute abend fange ich mit Buytendijk zu schreiben an: „Die Deutung des menschlichen Gesichtsausdrucks – Ein Beitrag zur Lehre vom Bewußtsein des fremden Ich".[6] Gestern war ich dafür in Zandvoort.

Von ganzem Herzen stets Ihr

H. Plessner

Misch hat mir auf meine Einladung zur Mitherausgeberschaft noch nicht geantwortet. Wollen Sie – Sie kennen ihn ja gut – ihm mal einen kleinen Stoß geben?

---

[6] Ursprünglicher Titel des Aufsatzes „Die Deutung des mimischen Ausdrucks".

Amsterdam Donnerstag
[5. oder 12. oder 19. 6. 1924][1]

Lieber Freund, •
haben Sie allerherzlichsten Dank für Ihre Gastfreundschaft![2] Sie
haben mir aus einer großen Verlegenheit geholfen. Nun, alles Nähere
besprechen wir noch. Ich habe mir hier bei mehreren Bekannten große Mühe wegen der Gulden gegeben, aber vergeblich. Zum Glück
macht es Ihnen ja nichts direkt aus. Man sagte mir, es würden bis zu
36% Zinsen gezahlt; aber die Leute wollten keinerlei derartige Ge-
schäfte machen, da ja Grundstücksbesitz zunächst unrealisierbar sei.
Auch das Vertrauen ist noch sehr schwach, daß der Deutsche in ein
paar Monaten seine Guldenschulden zurückbezahlen kann. – Es tut
mir wirklich leid, daß ich Ihnen hiermit keine Freude machen konnte. Ich fragte natürlich nur sehr solide Leute, die wahrscheinlich die
schwerfälligsten sind, andere, vielleicht spekulativere Kreise kenne
ich eben nicht. Ich wurde auch in Ihrem Interesse sehr gewarnt, da
hier sehr viele Deutsche in Schwierigkeiten gekommen seien.

Von Mischs Aufsatz[3] bin ich unmittelbar getroffen und entzückt.
Die Situation, erkenntnistheoretisch, ist so einfach und doch absolut
vom Mittelpunkt her gesehen, wie ich es noch nie bei einem anderen
– außer uns – gelesen habe. Sie können sich denken, wie mich die
paar Sätze über den Lebensgriff als Grundlegung des Historischen
und die Erweiterung der Logik zur allgemeinen Hermeneutik begeistert hat. Ich schreibe Misch in den nächsten Tagen. Der Aufsatz ist
etwas ganz besonderes.

---

[1] P muß den Brief nach demjenigen vom 28. Mai 1924 (Br. 5) mit der Bitte um Ks
Gastfreundschaft und vor dem 29. Juni 1924, seinem geplanten Abreisetag, geschrieben haben.
[2] Der Brief mit Ks Einladung zu diesem Besuch ist nicht erhalten.
[3] G. Misch: Die Idee der Lebensphilosophie in der Theorie der Geisteswissenschaften, in: Österreichische Rundschau 20. Jg., 5. Heft (Mai 1924) S. 359–372; leicht gekürzt wieder abgedruckt, in: Kant-Studien 31 (1926) S. 536–548; aufgenommen in:
G. Misch: Vom Lebens- und Gedankenkreis Wilhelm Diltheys, Frankfurt a. M. 1947,
S. 37–51; nachgedruckt in: F. Rodi/H.-U. Lessing (Hg.): Materialien zur Philosophie
Wilhelm Diltheys, Frankfurt a. M. 1984, S. 132–146.

Die Arbeit mit Buytendijk[4] ist zur Hälfte beendet. In Remscheid folgt dann der Schluß. Ich freue mich riesig auf unser Zusammensein und will am Sonntag 29. dieses [Monats] fahren. Mein Zug geht hier um Viertel nach 9 ab, ich bin Viertel nach eins mittag in Kleve und gehe dann immediat – um das Lieblingswort Buytendijks zu brauchen – nach Remscheid. Hoffe also am Spätnachmittag bei Ihnen zu sein. Nicolai Hartmann hat, ebenso wie Weizsäcker, definitiv zugesagt.

„Tot ziens"[5] am Sonntag nachmittag.

Ihr getreuer

Helmuth Plessner.

Bitte einen Vorgruß an Fräulein Maria.[6]

7 Plessner an König

Wiesbaden 31. 8. 24
Taunusstr. 2

Liebster Freund,

hier ist inzwischen alles im Begriff, ins schönste Geleise zu kommen: ich stehe um ½8 auf und – „was tu ich so früh in Potsdam?" – schreibe. Zunächst allerdings waren es Briefe in Sachen der Zeitschrift, u. a. auch an Reidemeister – Wien mit Hinweis auf Sie und Misch. Im selben Sinne informierte ich Misch. Der Gute wird seufzen, daß er sich so regen muß. Dankbar wäre ich Ihnen, wollten Sie ihn bei Gelegenheit auch für die Werbung geeigneter Leute scharf machen. Heimsoeth sagte gleich zu, ebenso, wenn auch noch mit Klauseln, E. R. Curtius. Ich werde wohl für einen Tag nach Heidelberg fahren, dann 1., 2. Oktober nach Köln, um Heimsoeth zu sprechen, dann über Marburg Nicolai Hartmann und Göttingen – Misch nach Berlin. Der Anglist in Königsberg, auf den ich's abgesehen

---

4 Die Deutung des mimischen Audrucks.
5 Niederländisch: Auf Wiedersehen.
6 Langjährige Haushilfe der Familie König.

habe, ist Hübener. Sein neuester Aufsatz in Rothackers Zeitschrift über Anglistik[1] wird Ihnen sicher gefallen. Ein neuer Ton. Überhaupt Königsberg: daneben noch Rudolf Unger, der Literarhistoriker – der kein verunglückter Lyriker ist! – Sonst: Richard Kroner ist nach Dresden berufen worden (nach 3jähriger Privatdozentur).

Die Annahme des Dawesplan[2] entspricht unseren Erwartungen und wird wohl auch sonst das Gemäße gewesen sein. Im übrigen lese ich Geschichtliches, Tirpitz Erinnerungen[3] und „Ära Bülow" von J. Haller[4] in Tübingen. Ich stelle fest: politische Geschichte wird allmählich das Einzige, wobei ich wirklich mit Spannung bleiben kann. Dieser Spielraum in der Deutbarkeit! Geschichte als „Sein" (retrospektiv) ist ebenso labil wie prospektiv als das zu lebende Leben. Das was eigentlich passiert ist, gehört gewissermaßen der unterhistorischen Sphäre an, sinkt zum Stoff herab, ist das Sterben, das Erledigte und *als* solches etwas, das keinen Gegenwarts- Zukunftsbezug mehr hat. Und *doch* und *gerade* die Lösung des Problems einer Situation. Also: diejenige Antwort auf eine Frage, ein Problem, welche ebensosehr die einzig mögliche als auch nicht die einzig mögliche, sondern eine von vielen möglichen ist, (oder anders gesagt) welche von der Frage mit-gesetzt und ebenso *nicht* mitgesetzt ist, heißt geschichtlich und ist nur als geschichtliche möglich. Man könnte auch sagen: die Antwort ist das Bedingende für die Frage – insofern ein merkwürdiger Widerschein des Ver-Gehens in der intelligiblen Sphäre. – Ob aber das Stehen in der Geschichte, außerdem daß es die höchste denkbare Komplexion für den Menschen bedeutet, Absolutheitswert hat?

Ich habe mich nun doch entschlossen, zuerst die „Philosophie der Gegenwart"[5] zu schreiben. Solche Verpflichtungen pflegen entsetzlich zu drücken, wenn man sich ihrer nicht sofort entledigt. Pläne habe ich, ich lese diesen Winter darüber.[6] Wenn ich erst einmal das

---

[1] G. Hübener: Neue Anglistik und ihre Methoden, in: Deutsche Vierteljahrsschrift für Literaturwissenschaft und Geistesgeschichte 2 (1924) S. 330–338.
[2] Ein in London am 16. August 1924 abgeschlossener internationaler Vertrag zur Regelung der deutschen Reparationen nach dem Ersten Weltkrieg.
[3] A. von Tirpitz: Erinnerungen, Leipzig 1919.
[4] J. Haller: Die Ära Bülow, Stuttgart/Berlin 1922.
[5] Vgl. Anm. 9 zu Br. 3.
[6] Diesen Plan hat P anscheinend nicht verwirklicht, denn in Br. 11 schreibt er im Nachsatz, er lese über Hegels Phänomenologie des Geistes.

Material ein wenig überschaue, wird es mit Riesenschritten gehen. Und man macht sich etwas beliebt bei denen, die meine bisherige Produktion sozusagen als bahnamtlich zugelassene Narretei taxieren. Wie ist es mit dem Ausverkauf gegangen? Hat Brauns[7] tatsächlich als Rechen-Künstler seines Amtes gewaltet? Wann kommen Sie von dort los und hier durch? Ich beneide Sie um Ihre herrliche Freiheit! Was hat sich sonst bei Ihnen begeben? Schildern Sie bald und nicht zu sparsam und denken Sie an ein Photo Ihres Zimmers mit Ihnen und Brauns. Der Ober braucht es ja nicht aufzunehmen! Ich möchte doch gern eine Erinnerung an die schöne Zeit haben.

Hier ist jetzt Klemperer als Dirigent, mit sechsmonatlicher Verpflichtung; wir haben uns schon auf der Straße begrüßt, ich muß am 4. September in den Fidelio, den er mit Dülbergs Inszenierung herausbringt. Sonst fehlt es zum Glück an jeglichem Geistesleben.

Meinem Vater geht es, bis auf kleine Reste an der Wunde und katarrhalische Empfindlichkeiten des Darms, überraschend gut. Wir machen, trotz dem infernalischen Dauerregen, tägliche Spaziergänge. Er hält seine Sprechstunden. Meine Mutter allerdings leidet sehr an Ischias, muß Bäder nehmen.

Der Verlag fängt an, wegen des „Philosophischen Anzeigers" zu drängen. Wir müssen an die Voranzeigen denken. Ich bitte Sie also sehr, den Lukács[8] bald zu verarzten und mir bald den Titel Ihrer Rezension mitzuteilen (oder wollen Sie sie ganz einfach nennen: Georg Lukács: Klassenkampf und Geschichte –?).

Ihnen und Brauns die herzlichsten Grüße und Ihnen noch einmal den herzlichsten Dank für Ihre große Gastfreundschaft, die ganze schöne – ebensosehr fleißige als auch gerade dadurch faule – also historische – Zeit! Einen besonderen Gruß an Fräulein Maria – hat sie sich für den Landrat entschieden oder soll ich noch meinen Vetter mobil machen? Grüßen Sie, wenn auch in anderem Sinne, die dunkle

---

[7] Freund von K; er half K bei der Liquidation des elterlichen Geschäftes in Remscheid.
[8] K plante für den Philosophischen Anzeiger eine Rezension von G. Lukács: Geschichte und Klassenbewußtsein. Studien über marxistische Dialektik, Berlin 1923; jetzt in: Werke Band 2: Frühschriften II, Neuwied und Berlin 1968, S. 161–517.

Stimme der Hanna Engels.[9] Und eine schöne Empfehlung an Frau Brauns. Lassen Sie bald von sich hören!
Stets Ihr getreuer
Helmuth Plessner.

Verlag Marcan Köln Schildergasse 84 A jammerte wegen des Manuskripts. Verzeihen Sie meine Schlampigkeit, daß ich es nicht selbst besorgte!

8 *König an Plessner*

[Remscheid, September 1924][1]

König an Plessner.
Ich *muß* schon sehr kursorisch schreiben der Eile wegen. Ich erhielt Brief und Karte[2] mit Dank. 2 Stunden nach Ihrer Abfahrt setzte die Arbeit ein und sie übertraf jeden Anschlag. Ohne die Hilfe von Brauns *und* seiner Frau hätte ich das nicht bewältigen können. Am vergangenen Mittwoch wurde das Mobiliar versteigert. Die Liquidation hat bessere Resultate gehabt als veranschlagt wurde. Einzelheiten erzähle ich besser mündlich. Der Marcan Verlag hat das Manuskript bekommen. Das Höverbuch[3] lasse ich in den nächsten Tagen abgehen. Mit Niemeyer habe ich sehr gut abgeschlossen dank des ersten Schreibens.[4] Der Erfolg erschreckt mich etwas. Also: zur I. Auflage – 800 Exemplare. 10 % vom Nettopreis. 200 Exemplare im voraus bei Ablieferung des Manuskripts. Falls innerhalb von 3 Jahren die Hälfte verkauft ist, bekomme ich für die zweite Hälfte 20 % vom

---

[9] Vorgang unbekannt.
[1] K muß den Brief dem Inhalt nach in Remscheid geschrieben haben, und zwar nach Ps Brief vom 31. August 1924, da er auf dessen Frage nach dem Manuskript für den Marcan Verlag antwortet, andererseits vor dem geplanten Abreisetermin am 20. oder 22., 23., womit nur Tage des Septembers gemeint sein können, da K am 13. Oktober bereits in St. Moritz war.
[2] Nicht erhalten.
[3] Nicht zu ermitteln.
[4] Betrifft die Vereinbarung über die Publikation von Ks Dissertation im Max Niemeyer Verlag.

Ladenpreis. Über Ihren Bruckmannabschluß kann ich nicht urteilen. Daß Sie dies Werk zunächst schreiben würden, wußte ich schon hier, finde es auch richtig. Es tut mir aber leid. Die nächsten Pläne: ich fahre am 20. oder 22., 23. fort nach Italien. Route unsicher. Wiesbaden liegt aber am Weg eventuell mit Gewalt. Ich muß Sie noch mal sehen und mich freuen. Ob ich eine Nacht dableibe bei Ihnen, möchte ich von dem Reiseplan abhängig machen. Sie verstehen meinen Wunsch mich schnell und unvermittelt von Deutschland zu lösen ohne Mittelglieder. Ich werde Ihnen vorher per Karte oder Telegramm meine Ankunft in Wiesbaden ansagen. An der Bahn sind Sie doch sicher?

Ihre Anfragen Göttingen (Müller etc.) betreffend[5] kann ich Ihnen leider nicht beantworten. Nun zu Lukács: Ich habe noch keine Zeit gehabt, das Buch zu lesen. Und daß ich bis zum 20. Oktober etwa auch nicht zu einer richtigen *Arbeit* kommen werde, werden Sie verstehen. Versprechen kann ich es Ihnen zum 1. Dezember. Früher mit dem besten Willen nicht. Der Titel ist fraglich. Wenn Sie ankündigen wollen, so nehmen Sie den Titel des Buches selbst. Wie lange *darf* die Besprechung werden?

Ihr Besuch war ein „historisches" Begebnis und so steht es in dem herrlichen Fluß des „Lebens" und strömt mit. Ich fühle mich auf jeden Fall sehr glücklich, mich Ihnen verbunden zu wissen und denke nach vorwärts.

Von Freund Brauns soll ich vielmals und sehr herzlich grüßen. Sie wissen, daß ich sehr eilig bin und so schließe ich kurz.

immer Ihr König

---

[5] Unbekannt, worauf sich diese beziehen; vielleicht auf die Suche nach Mitarbeitern für den Philosophischen Anzeiger.

Roma 5. 11. 24

Lieber Plessner

Ist es erlaubt, solange zu schweigen? Ich fuhr am 13. von St. Moritz über Tirano nach Bellagio (eine Nacht), dann Como – Milano
(eine Nacht), dann Rom abends 8⁰ Ankunft. Hotel Hassler. Ich war
bis zum 30. Oktober dort. Jetzt hier: Via Luigi Settembrini Nr. 7 int.
6 presso Signora Jackson, 2 hübsch möblierte saubere Zimmer. Ganz
im Nordwesten, Vatikanseite, 8 Minuten von der Piazza del popolo.
Von der Reise als solcher habe ich nicht viel gehabt. Ich war und bin
zu unruhig. Aber langsam fange ich an zu leben. Vielleicht war es
gut, daß Sie nicht mit fuhren. Was Rom bringen wird, ist noch ungewiß. Ich hatte eine innere Unruhe zur Arbeit. Die Umarbeitung
der „Intuition" war ein schwerer Angang. Lieber, 20× lieber etwas
Neues schreiben. Ich bin jetzt dabei. Auch den Aufsatz für Sie[1] will
ich pünktlich erledigen. Ich hoffe, daß ich langsam langsam in dieses
merkwürdige Rom von unten her hineinwachse. Ich bin gerade noch
jung genug. Wenn ich jetzt zurückkäme, wäre alles umsonst vertan.
Ich brauche auch dafür viel Zeit. Ich denke bis zum Anfang der heißen Zeit im nächsten Jahr in Italien zu bleiben. Dann möchte ich in
ein anderes Land. Im Sommer vielleicht Schweden oder so ähnlich.
Aber Eine Bitte: sehen Sie doch zu, daß wir im nächsten Jahr etwas
zusammen machen können. Irgendwo ruhig residieren und arbeiten.
Berlin lockt ja sehr. Aber Berlin bleibt stehen. Entscheidend für mich
ist die *Landschaft* im Ganzen: weder Michelangelo noch das Pantheon kommen für mich dagegen auf. Bis zur Erledigung der „Intuition" halte ich mich ruhig in meinen 4 Wänden. Es ist wie Vokabeln
lernen.

Wie sehr mich ein Wort von Ihnen freuen würde, wissen Sie.
Wenn Sie können und nicht wie ich in den vergangenen Wochen den
Schreibkrampf haben, so schreiben Sie. Sehr würde mich Ihr Musik-
aufsatz[2] interessieren.

---

[1] Gemeint ist die geplante, aber nicht realisierte Lukács-Rezension für den Philosophischen Anzeiger.
[2] Vermutlich „Hören und Vernehmen".

Noch einmal: stoßen Sie sich nicht an meinem Schweigen und geben Sie mir durch ein Wort von Ihnen ein neues Gefühl unserer Verbindung. Müssen Sie Sekretär spielen oder ist es anders gekommen?[3] Empfehlen Sie mich Kroll; ich werde ihm demnächst schreiben. Ich adressiere an die Universität, weil ich Ihre Adresse nicht weiß.

Herzlichst

Ihr König

10   König an Plessner

Roma den 11. November 1924

Bester.

Ich muß Ihnen schnell doch einige Zeilen schicken. Also die Situation ist hier bei mir die, daß ich seit einigen Tagen mit großem und wachsendem Vergnügen mich mit Herrn Lukács beschäftige. Und zwar schreibenderweise. Natürlich versank Herr Lukács schon sehr bald in den Abgrund des Marxismus überhaupt. Sie wissen, wie Bücher geschrieben werden und zumal solche Aufsätze. Sie haben eine Voraussetzung und gehen von ihr aus. Das ist das gute Recht des Autors. Aber es ist mir absolut unmöglich, eine solche Voraussetzung nun auch zu der meinigen zu machen und mit Herrn Lukács auf dem von ihm wohlvorbereiteten Boden herumzuturnen. Ich kann es geistig nicht. Und es ist mir auch physisch ganz unmöglich. Ich kam also ganz unversehens und ohne jede böse Absicht zur Analyse des Warenbegriffs. Damit zum Begriff der Wirtschaft. Und ich glaube, daß ich da allerhand zu sagen habe, daß es mir möglich sein wird, ganz *schlicht* etwas über die begriffliche Struktur des Marxismus auszusagen, das in dieser Form neu ist. Sie brauchen sich nicht auf irgendwelche unerhörten Dinge einzustellen. Es handelt sich einfach um die philosophische Kategorienwelt, die sich um den richtig erfaßten Begriff der Wirtschaft immanent herum gruppiert und die es

---

[3] Unklar, worauf sich die Anspielung bezieht.

55

gestattet die Thesen des Marxismus in einer ganz anderen Weise, als er es selbst tut, auszusprechen und zur Diskussion zu stellen. Also nichts von „Anfangsproblemen". Sondern einfach: hier ist die Wirtschaft. Bringen wir sie auf ihren Begriff. Sehen wir zu, was sich aus diesem Begriff entwickeln und in der Realität nachweisen läßt. So habe ich z. B. im Punkte der „Geldtheorien" ganz nette Einsichten gefunden, die wahrhaft synthetisch sind und die die Divergenz der bestehenden Theorien vollkommen einsichtig machen. Also der Gegenstand heißt jetzt *Marxismus*. Und das ist mir nicht nur interessant, sondern Lebensfrage.

Nun die praktische Seite: Sie wollen die Rezension und ich bin *sehr guten* Willens. („In der Beschränkung zeigt sich der Meister"[1] – sehr richtig). *Wie* ich die Sache anfange, weiß ich noch nicht. Zunächst analysiere ich mal ruhig weiter. Aber das weiß ich, daß ich bis zum ersten Dezember die Sache nicht schaffe. Vielleicht ginge es, wenn Niemeyer nicht wäre. Aber hier habe ich dringendere Pflichten. Ich schreibe ja nicht aus dem Born eines aufgestapelten Wissens, sondern muß jede Einsicht mir Schritt für Schritt erarbeiten. Ich weiß auch noch gar nicht, was bei dem Aufsatz herauskommt und bin selbst sehr neugierig darauf. Ich habe nur Boden unter den Füßen; wie weit der trägt, ist mir noch schleierhaft. Ob er genügt, um das ganze Phänomen total zu umschreiben, kann ich wirklich nicht sagen. Aber in diesem Punkt kann man sich ja und will ich mich auch sehr wohl beschränken. Aber am 1. Dezember Ablieferung: ganz unmöglich.

Der Aufsatz würde natürlich in sich selbst mehr als eine Rezension darstellen; sagen wir also eine „produktive Rezension". Was tun? Sie wissen, wie leid es mir tut, nicht pünktlich sein zu können. Ich betrachte es durchaus als in *meinem Interesse* liegend, in Ihrer ersten Nummer zu erscheinen. Daß ich in einem solchen Erstlingsfall in jeder Richtung besonderen Wert darauf lege, mich gut angezogen zu präsentieren, dafür werden Sie Verständnis haben. Schreiben Sie mir also bitte sofort, *wann* die erste Nummer erscheint, bzw. *wann* (als letzten Termin) Sie das Manuskript haben müssen. Eventuell sehen Sie schon heute auf Ersatz für die erste Nummer. Für die zweite halte ich mich dann mit Sicherheit für kapabel. Aber schreiben Sie bitte.

---

[1] Vorletzte Zeile von Goethes Sonett „Natur und Kunst".

Im übrigen geht es mir ganz gut und ginge es mir noch besser, wenn die „Intuition" nicht wäre. Ich habe wenig Verlangen nach Büchern. Die „Sprache" (ich meine meine Absicht darüber zu schreiben) intensiviert sich. Ich habe die Vermutung, daß meine Absicht hier mehr als ein bloßer Einfall ist. Als letztes steht über allem die „Logik". Wie viel Zeit ich verloren *habe*,[2] fange ich langsam an zu begreifen. Wenn in meinen Handlinien nur etwas Muße und erträgliche äußere Zustände verzeichnet stehen für die nächsten 15 Jahre, möchte ich Hoffnung schöpfen. Von André Gide lese ich einen ganz amüsanten Dialog „Corydon" über die Sexualität.[3] Nicht uninteressant. – Ernst Fuhrmann ist seit Mitte Oktober von Darmstadt weg und in Kiefersfelden bei Kufstein. – Wie sieht es in Köln aus?

immer herzlichst

Ihr König

11   *Plessner an König*[1]

Köln, den 11. November 1924.
Ubierring 5.

Lieber Freund!

Endlich von Ihnen eine Zeile! Vor ein paar Tagen teilte mir Frau Brauns noch Ihre Adresse im Hotel Hassler mit, gut, daß ich nicht gleich schrieb. Wie ich sehe, nehmen Sie Rom auf die einzig gemäße Art in sich auf. Wie ist denn das Wetter dort? Hier haben wir seit acht Tagen fast Frost. Im übrigen merke ich von dem ganzen Milieu so gut wie nichts, da ich von früh bis spät auf dem Dekanat zu tun habe. Kroll macht es so nett wie möglich, aber zum Arbeiten komme ich nicht. Ich präpariere zwar die Zeitschrift nach Kräften, aber

---

[2] Vgl. dazu die Hinweise im Vorbericht, S. 17.
[3] A. Gide: Corydon. Quatre dialogues socratiques, o.O. 1911, 2. vermehrte Aufl. 1920, 3. Aufl. 1924; jetzt in: Oeuvres complètes d'André Gide. Band 9, hg. von L. Martin-Chauffier, o.O. 1935, S. 173–347.
[1] Der Brief ist maschinenschriftlich bis auf Gruß und Nachsatz.

selbst die Fertigstellung der holländischen Arbeit[2] läßt immer noch auf sich warten.

Sehr schön war meine Reise nach Berlin. Als Auftakt Heidelberg, das den schwächsten Eindruck hinterließ, wie Sie es ja schon vom Coupé aus spürten. Curtius ist furchtbar verwöhnt und ganz Literat geworden. Weizsäcker wirkt viel sachlicher und ernster, aber auch er ist nicht ganz frei von dem Epigonengeiste dieser überlebten Stadt. Auf Weizsäcker ist sehr zu rechnen, was den „Philosophischen Anzeiger" angeht, dagegen verhält sich Curtius sehr abwartend. Ein völlig anderes Bild zeigte Marburg mit seiner dörflichen Atmosphäre. Einen gewaltigen Eindruck erhielt ich von Hartmann. Die Stille dieses Menschen, die Versunkenheit in sich, die absolute Lauterkeit zogen mich völlig in ihren Bann. Er wohnt in einem einsam stehenden, bescheidenen Häuschen an einen Abhang gelehnt, und von seinem Arbeitszimmer hat man durch kleine Fenster einen Ausblick auf das Schloß. Das Zimmer ist fast dürftig möbliert, enthält nur wenige Bücher und wird fast völlig beherrscht von einem gewaltigen weißen Fernrohr. Auf einem Stuhl lag ein knallroter, talarähnlicher Schlafrock. Stellen Sie sich dazu diesen wortkargen, ernsten Mann vor, alles eingetaucht in eine etwas frostige Kälte und ein von starkem Nebel gebrochenes Mondlicht. Wir verstanden uns, wenn ich nach meinem Gefühl gehen kann, ausgezeichnet. Ich hatte den ganzen Abend das Gefühl, und das wirkt bis heute ungeschwächt nach, einem antiken Philosophen, vielleicht auch einem Hegelschen Geiste, gegenüberzusitzen. Höchst anziehend ist seine Frau, eine geborene Russin, und sein zwölfjähriges, bildschönes Töchterchen. Vor dem Essen erschien Heidegger in Kniehosen und einem Art Alpenhüttenkostüm. Es wurde wenig geredet, viel Pfeife und sehr gute Brasilzigarren geraucht, und die Harmonie war vollkommen. Auch von Heidegger bekam ich einen sehr angenehmen Eindruck. Ein kleiner schwarzer, etwas impetuoser Mann, mit dem sicher nicht zu spaßen ist, von dem man aber sofort den Eindruck gewinnt, daß er an sich die höchsten Anforderungen stellt. Er geht nicht nach Japan,[3] wie er gerade an

---

[2] Gemeint ist der Aufsatz „Die Deutung des mimischen Ausdrucks".
[3] Im Frühjahr 1924 war Heidegger offiziell ein Angebot übermittelt worden, für drei Jahre an einem Institut „für das Studium der europäischen Kultur" unter besonderer Berücksichtigung der Geisteswissenschaften unter äußerst günstigen Bedingungen zu

diesem Abend auf Grund eines Briefes Hartmann mitteilte. So hoffe ich, ihn als Mitherausgeber vielleicht doch noch zu gewinnen.[4] Die ganze Luft dieses Abends war angenehm geschichtslos. Hier gibt es wieder sachliche Probleme. Am Tage zuvor hatte Hartmann einen Spaziergang von 65 km zurückgelegt!

Am nächsten Mittag fuhr ich nach Göttingen, traf übrigens zufällig in Kassel auf dem Bahnhof die aus Amerika seit 3 Wochen zurückgekehrte Johanna Mund.[5] Große Begrüßung! Ziemliche Enttäuschung! Kurz nach 3 kam ich nach Göttingen bei herrlichstem Wetter. Ich logierte in der Krone, die allerdings eine trübe Stelle auf dem blanken Schilde Göttingens ist. Aber was will das besagen. Mit Misch freundete ich micht fast in den ersten 10 Minuten an. Welch ein hinreißend liebenswürdiger Mensch! Er war genau so, wie Sie ihn schilderten. Von einer rührenden Aufmerksamkeit und einer Zuwendung, dabei von einer Hilfsbereitschaft, die wirklich in der Welt höchst selten ist. Am Abend kam Lipps, und Misch brachte sofort das Gespräch auf die „Einheit der Sinne", die er in fabelhafter Weise und rasend schnell sprechend so interpretierte, daß ich, etwas aus dem Zusammenhange herausgekommen, Mühe hatte ihm zu folgen. Natürlich hatte er sofort die schwersten Fragen herausgefunden, auf die ich nur sehr unbestimmte Antworten geben konnte. Der entzückende Lipps hörte unter leichten Qualen zu, machte aber außerordentlich feine Bemerkungen. Am nächsten Tage gingen Misch und ich über Kerstlingröder Feld zur Mackenröder Spitze bei unglaublich schönem Herbstwetter. Misch ist von einer bezaubernden Jugendlichkeit. In punkto „Anzeiger" übrigens völlig d'accord. Mittags waren wir wieder zurück, ich zog mich um, kam um 4 Uhr wieder zu ihm. Wir besuchten dann Kühn, den Misch für den „Anzeiger" scharf machte, gingen von da zu Stadie und luden ihn, nicht ohne mannigfaltige Zweifelsanfälle von Misch, zum Abend ein. Kurz danach trafen wir dann Schmalenbachs, die ich auf dringende Vorstellungen von Misch unbedingt besuchen mußte. Ich war eine halbe Stunde bei Schmalenbach oben und bekam den erwarteten Eindruck,

---

arbeiten. Vgl. H. Ott: Martin Heidegger. Unterwegs zu seiner Biographie, Frankfurt/ New York 1988, S. 124.
[4] Was auch gelang. Heidegger war bis zur Einstellung des Anzeigers dessen Mitherausgeber.
[5] Unbekannt.

er ist eben der Kuno Fischer[6] des 20. Jahrhunderts. In Marburg lehnt man ihn übrigens leidenschaftlich ab. Am Abend bei Misch thronte er anderthalb Stunden lang und gab Heidelberger und Kölner Redensarten von sich, schlechthin verheerend, da er eben auch noch zu beklagen ist. Stadie sprach wenig, dafür aber um so klüger. Als die anderen gegangen waren, verständigte ich mich mit Misch über Kuno Fischer. Misch leidet wirklich sehr unter diesem Phänomen. Am nächsten Morgen besuchte ich dann Lipps, der schon ein Juwel ist und etwas ungewöhnlich Anziehendes hat; bewunderte seine Orchideenzucht und freute mich an dem Mangel einer Bibliothek. Dann im Galopp zu Misch, der mich noch bis auf den Wall brachte. Nach 10 Minuten saß ich schon im Zug nach Berlin.

Über Berlin fasse ich mich kurz. Ich finde, daß es keine deutsche Hauptstadt, sondern eine europäische Provinzstadt geworden ist. Berlin ist eben doch ganz ehrlich. Der Kongreß[7] hatte ein sehr geringes Niveau, denn ein Geiger[8] macht noch kein Konzert. Ich schnitt übrigens mit meinen Korreferaten[9] insofern günstig ab, als mich das Berliner Tageblatt in seinem Bericht erwähnte und nach meinem 2. Musikreferat Paul Bekker darauf ansprach. Mit dem Musikwissenschaftler Erlangens,[10] einem alten Studienkameraden aus Heidelberg, war ich mehrfach zusammen und stellte fest, daß wir uns sehr gut in unseren Arbeiten ergänzen. Ich lernte Jaensch kennen, der klug, aber nicht sehr kritisch ist, Köhler und Wertheimer, beides sehr angenehme besonnene Naturen, und ganz flüchtig auch Scholz, der mir den wenigsten Eindruck hinterlassen hat, kränklich und farblos. In Berlin knüpfte ich wieder mit alten Schul- und Studienkameraden Verbindungen an, die im Kriege verloren gegangen waren. Ganz ungeheuer wirkte auf mich die Aufführung der „Heiligen Johanna" von Shaw[11]

---

[6] Hegel-Schüler, berühmter Philosophie-Historiker.
[7] 2. Kongreß für Ästhetik und allgemeine Kunstwissenschaft, Berlin, 16.–18. 10. 1924; die Kongreß-Akten, herausgegeben vom Arbeitsausschuß, erschienen in: Zeitschrift für Ästhetik und Allgemeine Kunstwissenschaft 19 (1925).
[8] Moritz Geiger hielt einen Vortrag über „Phänomenologische Ästhetik", in: Zeitschrift für Ästhetik und Allgemeine Kunstwissenschaft 19 (1925) S. 29–42.
[9] Über die Möglichkeit einer Ästhetik und Zur Phänomenologie der Musik, in: Zeitschrift für Ästhetik und Allgemeine Kunstwissenschaft 19 (1925) S. 53–56 und 392–395; jetzt in: Ges. Schr. VII, S. 51–57 und 59–65.
[10] Gustav Becking.
[11] G. B. Shaws Schauspiel Die heilige Johanna war am 28. Dezember 1923 in New York uraufgeführt worden.

im Deutschen Theater. Das Problem des Großinquisitors[12] in aller Vollständigkeit entwickelt, ein ganz neuer Stil, zu dem Shaw hier gekommen ist. Schweren Herzens trennte ich mich von Berlin und gelangte dann hier etwa am 20. an.

Irgendwie Belangvolles hat sich bisher nicht ereignet, außer daß das erste Manuskript für den „Anzeiger", ein Aufsatz des Romanisten Leo Spitzer über Wortkunst und Sprachwissenschaft,[13] eingelaufen ist. Reidemeister hat zugesagt. Als protestantischen Theologen habe ich Erik Peterson aufgefordert, einen Freund von Lipps und einen engeren Arbeitskollegen von Kroll. Gestern abend bin ich Mitglied der Kommission für die zoologische Professur geworden und habe in dieser Angelegenheit schon allerhand getan. – Ich erwarte also dringend Ihren Aufsatz über Lukács, wobei ich es Ihnen ganz überlasse, ob Sie das Zentralproblem des Buches herausarbeiten oder eine Einzelfrage zum Gegenstande machen wollen. Denken sie nur bitte daran, daß ich das Manuskript bis zum 1. Dezember in Händen habe. Hartmann hat mir für das erste Heft die Einleitung zu seiner Ethik[14] versprochen. Er, Spitzer, Weizsäcker und Sie sollen das erste Heft bilden.[15] Wissen Sie übrigens, daß wir einen 100 Dollar Preis gewonnen haben? „Brauns und Mitarbeiter" stand in der Frankfurter Zeitung.[16] Also doch!

Lassen Sie bald wieder von sich hören und bleiben Sie doch ja auch in Verbindung mit Misch. Er und Lipps sowie Stadie grüßen herzlichst. Wenn Sie am Aventin und Caelius spazieren gehen und an den Platz kommen, wo das Schiffchen, ein Opfergeschenk einer römischen Legion, steht[17] und wo der Apostel Paulus gewohnt haben soll, so empfehlen Sie mich den guten Göttern. Denken Sie auch an den alten Pater Gredt im Kollegium Anselmum. Schließlich grüßen Sie die beiden Palmen auf dem Palatin und vor San Pietro in Vincoli.

---

[12] Aus F. M. Dostojewski: Die Brüder Karamasoff, 2. Teil, 5. Buch, 5. Kapitel.
[13] Spitzers Aufsatz ist nicht im Anzeiger veröffentlicht worden.
[14] Das 1. Heft des 1. Bandes des Philosophischen Anzeigers (1925/1926) enthält keinen Beitrag von Hartmann. Im 2. Heft steht statt der Einleitung zu seiner Ethik (erschienen Berlin und Leipzig 1926) der Aufsatz Kategoriale Gesetze, ein Kapitel zur Grundlegung der allgemeinen Kategorienlehre (S. 201–266).
[15] Das erste Heft des Anzeigers enthält Aufsätze von H. Heimsoeth, H. J. Pos, H. Lipps, F. J. J. Buytendijk/Plessner, A. Baumgarten und H. Stadie.
[16] Nicht aufgeklärt.
[17] Piazza della Navicella auf dem Celio.

Was glauben Sie wohl, was ein Frühlingsaufenthalt in Rom kostet? Warum sollen wir bis zum Sommer warten? Innigsten Gruß von

Ihrem Plessner.

Ich lese: Hegels Phänomenologie des Geistes 2stündige Interpretation und 2stündige Übungen! Gestern waren 30 Leute drin! Und hielten aus!

12 König an Plessner

Roma 16. 11. 24 Domenica.

Lieber Freund. Ihren dicken Reisebrief, für den ich Ihnen gar sehr danke, erhielt ich heute auf dem Frühstückstablett als Dessert und Hauptnahrung. Ich muß Ihnen doch gleich darauf antworten. Ihre Bilder sind wirklich sehr nett. Nur Göttingen haben Sie etwas das Rückgrat ausgebrochen. Sie malen da merkwürdig al fresco. So sehr ich über Kuno Fischer gelacht habe. Herrlich der rote Talar Hartmanns. Weniger schön ist das starke Kölner Engagement. Ich wünsche, daß Sie bald Zeit haben.

Von Rom kann ich Ihnen noch immer nichts berichten. Mein ganzes Leben steht unter dem Willen zum *Gesicht*. Ich habe vorausgewußt (wie man solche Dinge, die doch auch immer wieder ganz anders kommen, voraussieht) – was Rom sein würde. Ich muß abwarten und erwarten, daß es versinkt, um vielleicht später von Innen wiederzukommen. Ich sage noch einmal: Landschaft. Die Kunst ist zu mächtig und groß und fremd. Zu viel Vermittlungen. Mit Ihnen das sehen und gehen und schweigen. Nicht mehr. Der Vatikan erinnert mich immer an Tibet. Sie müßten ihn mal an einem frostigen klaren Morgen sehen mit dem spärlichen Grün um ihn herum. Die Kuppel ist ein Ding für sich. Ein Himmel, den einmal ein fremder Mann geträumt hat, furchtbar fremd.

Ich habe große Lust, noch viel zu reisen und mich so mit all der

Welt zu konfrontieren. Mit der Zeit wird auch die richtige Form kommen für diese Konfrontation. – Kurz. Alles in allem gesehen ist es gut so.

Meine Tage sind ausgefüllt durch die verfluchte „Intuition". Ich stehe erst auf S. 120 mit der Korrektur! Ich lasse fast alles, streiche und füge hinzu sehr wenig. Es geht immer so: zuerst große Änderungen planen, dann schließlich stehen lassen. Das wiederholt sich bei jedem Absatz. Als Stadien zu einem Ziel kann ich alles verantworten. Anders nicht.

Dann noch einmal der Lukács. Ich kann das Gesagte nur wiederholen. Am 1. Dezember muß ich bei Niemeyer antreten. Ich rechne damit bis zum 20. Dezember das tun zu können. Der Lukács ist also technisch unmöglich. Ich habe ganz gute Anfangsanalysen geschrieben. Stand im Begriff, den Begriff der Gesellschaft zu exponieren (im Hinblick auf den Fetischismus); habe dann einfach abgebrochen der Zeit wegen. Wie sehr *mir* das leid tut, können Sie sich denken.

Über das Weitere etwas zu sagen ist unmöglich. Ich mache jetzt ein Stadium des Gegenwärtigwerdens durch, dessen Fortsetzung pure Hoffnung ist. *Sie – Ihre* Philosophie – kommt jetzt von unten herauf. Langsam wird manches von uns Gesprochene lebendig. Ich merkte das am Kant-Kapitel. Ich hoffe doch, eines Tages die Konkretion zu erreichen. Ich habe viel über das Phänomen der Perspektive nachgedacht. (Nicht „Perspektivismus"!).

An Misch schrieb ich inzwischen 3 Briefe in kurzem Abstand. Warte auf Antwort. Haben Sie mit ihm über Hermeneutik gesprochen? Es ist zu schade, daß ich nicht zuhören konnte. – Peterson soll gut sein.

Gestern abend war ich im Theater Cortanzi: „Madame Butterfly". Protagonista: eine veritable Japanerin, mittelgute Stimme und Mimik. Ganz reizvoll sonst. Das Orchester sehr klar und vornehm (Fabbroni) – etwas akademisch. Ich mag Puccini sehr gern. Der letzte Akt ist schwach. Der Saal ist übrigens gut gebaut. Wirkt trotz seiner Größe wie ein Zimmer.

Ich greife aus Ihrem Brief noch das Beste heraus: Ihre römische Frühlingsfanfare. Ich bin ganz Ihrer Meinung: je eher desto besser. – *Preise.* Etwas Allgemeines ist darüber schwer zu sagen. Rom ist teuer. In Frage kommt: Länge des Aufenthalts. Art der Einrichtung. Dann das Wesentlichste: feste vorherige Abmachungen. Es ist, wie

Sie wissen, das heilige Jahr.[1] Ich persönlich habe es nicht zu gut getroffen. Durch eigene Schuld, oder sagen wir: durch die anfängliche Unkenntnis. Ich zahle für 2 allerdings gute Zimmer, compreso: Licht, Heizung, Bad und Bedienung und Morgenkaffee pro Monat *1000* Lire. In der Stadt essen Sie – gleich ob Mittag oder Abend – und vorausgesetzt, daß Sie verkonsumieren einen Gang Nudeln oder sonstige Vorspeise und einen Fleischgang – Wein – für *ca.* 10 Lire. *Billiger* ist es kaum zu schaffen. *Ein* Apfel oder Birne oder Banane *(Ein)* kostet fast überall mindestens 1.30 Lire. Da haben Sie einen Maßstab. Eine einfache Tafel Schokolade normaler Größe: 2.50–3.– Lire. Im Hotel Hassler zahle ich ohne Getränke und ohne Steuer und Bedienung pro Tag Pension 60.– Lire. Es gibt aber ganz gute Pensionen für 45 oder auch 40 Lire pro Tag. Ich bin nicht hineingezogen, weil die Zimmer für ein ständiges Bewohnen unmöglich waren. – Wenn Sie kommen würden, müßten wir *vorher* überlegen und dann ausmachen. Es läßt sich schon allerhand machen. Ich würde heute garantieren, daß ich bei neuerlichem Suchen besser oder sagen wir rationeller unterkomme. – Der ganze Brief will Ihnen übrigens nur einen schönen Gruß schicken.

Ihr König

13   *Plessner an König*[1]

Köln, den 24. November 1924.
Ubierring 6.

Lieber Freund!

Schlag auf Schlag! Kaum kündigen Sie mir eine unbestimmte Verzögerung Ihres Manuskriptes an, als auch Nicolai Hartmann ein Gleiches tut. Ich kann Ihre Gründe verstehen, wenn ich auch die Tatsache beklage. Nun ist die Angelegenheit deshalb nicht unmittel-

---

[1] Ein alle 25 Jahre vom 24. Dezember an in Rom gefeiertes Jahr, in welchem ein besonderer Ablaß gewährt wird.
[1] Der Brief ist maschinenschriftlich.

bar tragisch, weil ich Cohen von der Notwendigkeit überzeugt habe, nicht eher mit der Zeitschrift an das Tageslicht zu kommen, als das Material mindestens für die ersten 4 Hefte, am besten aber für den ganzen ersten Jahrgang, bereit liegt. Darüber werden natürlich gut 2 Monate hingehen. In dieser Zeit müssen wir die Werbearbeit mit aller Kraft durchführen. Zuerst soll die Aufforderung zur Mitarbeit verschickt werden, und ich verspreche mir davon etwa 10 bis 15 Manuskripte. In dieser Zeit wird dann die Voranzeige für die Abonnementseinladung gedruckt, welche den Inhalt der beiden ersten Hefte mitteilen soll. Sie sehen also, daß ich sehr bald wissen muß, wann Sie Ihren Aufsatz bestimmt einliefern können und wie Ihr Aufsatz etwa heißt. Sie haben damit bis Ende Dezember Zeit, vielleicht auch noch bis Mitte Januar. Nur bitte ich, diese Termine wirklich als äußerste Grenze zu betrachten.

Ich freue mich herzlich, daß Sie allmählich wieder in Fluß kommen und von der Last der „Intuition" befreit werden. Sehr dankbar wäre ich Ihnen, wenn Sie die verschüttete „Krisis"[2] auf irgendeine Weise mit dem Scheinwerfer anstrahlen wollten. Wir haben ja mehrfach darüber gesprochen, daß es sich in Ihrem Zusammenhange wirklich noch machen läßt.

Ich habe mich entschlossen, die Arbeit mit Buytendijk nicht als Broschüre zu publizieren, sondern in Form einiger Aufsätze[3] in unserer Zeitschrift herauszugeben. Übrigens habe ich doch einen anderen Namen für die Zeitschrift gewählt, da „Anzeiger" zu mißverständlich ist. Was hilft der schöne Klang, wenn die Anderen dadurch beständig irregeführt werden. Ich habe jetzt den Namen „Zeitschrift für philosophische Forschung" vorgeschlagen und hoffe, damit die definitive Prägung erreicht zu haben.[4] Mein römischer Reiseplan wird mir schon wieder unwahrscheinlich, denn bevor die Zeitschrift nicht klipp und klar dasteht, kann ich nichts machen. Hier nicht besonders Neues. Gestern abend große Gesellschaft bei Frau Koppel[5] zu Ehren von Werfel und der Witwe Gustav Mahlers, die erst mit

---

2 Ein Buch von P.
3 Die Deutung des mimischen Ausdrucks. Im Philosophischen Anzeiger sind keine weiteren gemeinsamen Arbeiten von Buytendijk und P erschienen.
4 Trotzdem blieb es bei dem anfangs gewählten Titel: Philosophischer Anzeiger.
5 Luise Koppel, mit P befreundet. Nichts Näheres bekannt.

Kokoschka und jetzt mit ihm zusammen lebt, hauptsächlich in Venedig. Alle berühmten Leute waren vertreten, Scheler, Worringer, der Intendant Hartung, Bertram usw. Beinahe das Tridentiner Konzil. Im übrigen werden, wie mir Cohen sagte, „Die Grenzen der Gemeinschaft" gut verkauft, in letzter Zeit sind nämlich in der Frankfurter Zeitung zwei längere Auslassungen[6] und in der Kölnischen Volkszeitung ein großer Aufsatz von Wust[7] darüber erschienen, die ich Ihnen gelegentlich zusende.

Für heute nur diese Abbreviatur. Lassen Sie bald wieder von sich hören und seien Sie und Rom herzlich gegrüßt!

Immer Ihr HP.

14   *König an Plessner*

Rom den 20. 12. 24
Via Luigi Settembrini Nr. 7 int. 6

Lieber Freund.

Lassen Sie mich Ihnen schon auf diesen Blättern schreiben; wenn ich erst aufstehen müßte, um das reguläre Papier zu holen; wer weiß, ob ich dann schreiben würde: In den Sternen stehts geschrieben!

Ich hoffe Sie zu Hause und wünsche Ihnen und Ihren verehrten Eltern ein schönes Weihnachtsfest und einen guten Neujahrsanfang. Lassen Sie mich bitte mal wissen, wie es Ihren Eltern geht.

Meine italienische Existenz wird glaube ich eine Sache von langer Sicht. Ich mag nicht davon schreiben; kann auch nichts sagen: aber es verwurzelt sich langsam. Ich bin in jeder Hinsicht glücklich, hier zu sein. Dann meine Arbeiten und Ihre Anfrage; lassen Sie bitte den

---

[6] S. Kracauer: Philosophie der Gemeinschaft (Sammelrezension), in: Frankfurter Zeitung vom 30. 10. 1924 (Hochschulblatt), jetzt in: Schriften. Band 5/1: Aufsätze 1915–1926, hg. von I. Mülder-Bach, Frankfurt a. M. 1990, S. 268–273, und E. T.: Das geistpolitische deutsche Ringen. Der handelnde und der klagende Mensch, in: Frankfurter Zeitung vom 13. 11. 1924 (Abendblatt), S. 3.
[7] P. Wust: Helmuth Plessners „Grenzen der Gemeinschaft", in: Kölnische Volkszeitung vom 20. 11. 1924.

Redakteur mal beiseite und nehmen Sie es freundschaftlich. Ich kann Ihnen für das nächste Jahr überhaupt nichts versprechen. Das ist primär *mir* am unangenehmsten. Wenn ich mich über irgendeinen Gegenstand in relativ kurzen, klaren und dabei wirklich eindringenden Betrachtungen ergehen könnte, hätte ich einen entscheidenden Schritt nach vorwärts getan. Es wäre mir dies ein unschätzbares äußeres Maß für sehr bedeutende innere Fortschritte. Ich bin heute einfach nicht so weit.

Ich sitze immer noch über der „Intuition". Was mich daran interessiert ist lediglich nur noch die „Verschränkung".[1] Von ihrer inneren Wahrheit bin ich heute mehr denn je überzeugt. Aber das bringt Verpflichtungen in Sicht, die mich manchmal geradezu erdrücken. Denn natürlich: das meiste muß noch getan werden. Meine ganze Art zu denken; dieses Herkommen aus einem Punkt, den ich selbst nicht kenne; dann der gerade Bezug auf die Direktheit des Sagens aus dieser fernen Indirektheit heraus: das alles ist ein ziemliches Wagnis. Ich weiß buchstäblich nie, was die nächste Stunde da bringt. Ich bin am Überlegen, ob ich überhaupt die „Intuition" in den Druck geben soll. Ob es nicht besser ist, das Wesentliche des Buches sozusagen noch einmal zu schreiben als einen Traktat über die Methode der Philosophie. Ich bin glaube ich der Direktheit näher als ich selbst sehe. Mir ist manchmal, als brauchte ich nur aufzublicken, um zu sehen. Dabei weiß ich genau, daß das nur aus dem allerstrengsten Gang heraus sich ereignen darf. Mein Gefühl für das Verfehlte eines Nebenblicks ist sehr viel schärfer geworden. Noch einmal: ich weiß wohl die Gefahr. Aber ich kann nicht anders handeln. Ich sage es auch niemandem, von dem ich nicht weiß, daß er Ähnliches selbst erlebt hat. Nehmen Sie z. B. folgendes: Idee und Existenz verhalten sich zueinander wie „rechts" und „links". Das sehe ich heute klar: aber wie soll ich das ausdrücken? Ich muß mir buchstäblich eine eigene Logik zusammenschreiben. Ich habe in den letzten Wochen gut und gern 40 solcher Blätter, wie dieses hier, über das Problem der Realität der Außenwelt und das der Objektivität der Erkenntnis zusammengeschrieben. Alles vollkommen richtig: aber eine direkte Antwort weiß ich nicht, obwohl sie implizit zweifelsohne in dem Gesagten enthalten ist. Es fehlt mir da eine spezifische Wendung, die

---

[1] Vgl. König: Der Begriff der Intuition, III. Abschnitt.

ich freilich ja „Verschränkung" nennen kann; aber was ist die Verschränkung? Mir fehlt eben eine konkrete Darstellung der „dritten Logik", von deren Wesentlichkeit ich heute mehr denn je überzeugt bin. Und *die* würde bis zur Konkretion hinabführen, vor der ich heute gefühlsmäßig schon jede Angst, wie sie mich noch vor Monaten quälte, verloren habe.

Aber ich will Sie nicht weiter mit meinen Sorgen, Hoffnungen und Meinungen überfallen. Die gegenwärtige Wirklichkeit ist dunkel genug. Was ich Ihnen versprechen kann ist ein rein Subjektives: ich lasse Lukács nicht aus dem Auge. Vielleicht glückt es doch in Kürze. Auch über den Film habe ich Einiges geschrieben. Der [...] gefällt mir sehr gut; aber an einer bestimmten Stelle fehlt mir eine Kategorie. Ihre „Ästhesiologie" habe ich bei mir. Mein Verhältnis zu ihr wandelt sich andauernd je nach dem gegenwärtigen Stand. Ich muß dabei gegenwärtig bleiben, daß der von Ihnen angewendete Übergang zwischen Natur- und Geistesphilosophie das sachliche Verhältnis nicht ganz nachzeichnet. Es ist mir dies so sehr wichtig, weil ich im Grunde hier fortwährend diesen Umschlag erstrebe. Sollte ich die „Intuition" doch herausgeben, so habe ich schon Veranlassung genommen, dreimal auf die „Ästhesiologie" hinzuweisen.[2] Ob ich über Ihre Dissertation etwas Zusammenhängendes verlauten lassen kann, weiß ich noch nicht, weil meine ganze Kantdarstellung eventuell durch die gegenwärtigen Zusätze so modifiziert wird, daß ich noch nicht weiß, wie ich das anfangen soll.[3] Ich habe in die bisherige Umarbeitung das Phänomen der Perspektive mit aufgenommen. Das bedingt dann ein Eingehen auf das Verhältnis von innerer und äußerer Wahrnehmung; und dieses wiederum rückt Kant unter einen Gesichtspunkt, dessen Folgerungen mir noch unübersehbar sind.

Ich lese sehr wenig. Das Beste, was ich las, war wiederum *Fuhrmann*: Monographie über die „Agaven".[4] Ich bin überzeugt, daß meine erstrebte Logik mit dem konkreten Verhalten Fuhrmanns identisch ist. Ich bin ferner überzeugt, daß Sie genau dasselbe wollen wie Fuhrmann. Ich werde es Niemandem sagen; sagen Sie es auch

---

[2] Vgl. Intuition, S. 174 Anm. 1; S. 182 Anm. 1; S. 361 Anm. 1.
[3] Vgl. die Hinweise auf die Dissertation (Vom Anfang als Prinzip der Bildung transzendentaler Wahrheit) in der Intuition, S. 65 Anm. 1 und S. 106 f. Anm. 1.
[4] E. Fuhrmann: Agave, Darmstadt 1924.

niemandem. Das Geschrei der Böoter wollen wir gern entbehren. Soviel ist sicher: wenn *das* Schizophrenie ist, dann soll sie hochleben. Man müßte schließlich doch auch nicht die Erbärmlichkeit der Psychiatrie kennen. Von Misch hatte ich einen langen Brief, den ich Ihnen mündlich gern kommunizieren würde. Er macht es genau wie Sie: zuerst kündigt er eine Italienreise für das Frühjahr an; und auf der nächsten Seite nennt er seinen Plan einen „Traum".

immer herzlich

Ihr König

15 *König an Plessner*

Rom den 31. 12. 1924.

Bester.

Daß Sie so gar nichts von sich hören lassen würde mich nicht so beunruhigen, wenn ich wüßte, ob Sie denn auch meine letzten Bemerkungen über meinen Aufsatz für den „Anzeiger" recht aufgefaßt haben. Obwohl ich nicht wüßte, wie ich meine Situation anders ausdrücken sollte, als es im letzten Brief geschehen ist. Sie müssen da durchaus etwas Verständnis haben. Es ist mir doch selbst am unangenehmsten.

Ich werde wohl noch lange Zeit in Italien bleiben. Meine philosophische Situation ist Einfach die, daß ich mitten in Untersuchungen darinstecke, die ich bewältigen *muß*. Die Zeit der „Einfälle" ist in gewissem Sinn vorüber. Viel zu erzählen gibt es nicht von dem gegenwärtigen Gegenstand. In den letzten 3 Wochen habe ich mich wiederholt dem Problemkreis Ihrer „Ästhesiologie" genähert. Ich schreibe eben Einiges über das Verhältnis von Anschauen und Denken innerhalb der Existenz und finde dort eine „Selbstspaltung", eine Art von „Verschränkung" zwischen obigem Verhältnis in der immanenten („innere Wahrnehmung") und transzendenten („äußere Wahrnehmung") Existenzsphäre. Die Kategorie der „Mittelstellung" z. B. der Farben, die Sie am Gegenstand entwickelten, ergab sich mir da auf eine ganz andere und doch identische Weise. Ich empfinde schmerzlich, daß ich Ihre Amsterdamer Untersuchungen[1] nicht zur Hand habe. Mir wird jetzt deutlich, daß es eine „naturwissenschaftliche" Psychologie geben muß und gibt; und daß diese 1) mit der immanenten deskriptiven Psychologie Diltheys nicht das mindeste zu tun hat; obwohl das Verhältnis beider sehr interessant ist, und 2) daß sie in „Verschränkung" steht zur exakten Naturwissenschaft. Daraus ergibt sich dann unter anderem eine merkwürdige Deduktion des Positivismus (Einstein). Das Wesentliche daran für mich ist die natürliche Umbiegung des Gedankens zur Konkretion hin. Die Abstraktheit der Verschränkung ist schon längst auf natürliche Weise überwunden: das freut mich – aber das ist jetzt auch das große reelle Problem. Ich werde es daher wohl nicht so machen, wie ich vorhatte: etwas ganz Neues anfangen. Sondern versuchen, diesen „natürlichen Weg" bewußt zu machen. Das Problem einer allgemeinen Logik ist mir schneller auf den Leib gerückt, als ich annahm und wünschte. Was daraus nun *zunächst* wird, ist mir noch absolut schleierhaft. An der „Intuition" mache ich nichts mehr. Ich habe mich nun gründlichst davon überzeugt, daß sie so bleiben muß, wie sie ist. Der an sich ja notwendige Schritt über sie hinaus ist mir noch lange nicht greifbar. Ich hoffe und vermute, daß Misch das auch begreifen wird. Ich erwarte in den nächsten 14 Tagen noch eine ausführliche Antwort von Misch auf ein Schreiben von mir. Dann geht sie vermutlich umgehend an Niemeyer ab. Und dann werde ich versuchen, was sich zwischendurch an Lukács tun läßt.

Und damit Schluß. Ich lebe noch und gedenke Ihrer herzlichst

Ihr König.

PS: Ein gutes neues Jahr! Haben Sie eigentlich von Freund Brauns schon ein Lebenszeichen bekommen? Er hat *mir* tatsächlich bis dato noch nicht geschrieben.

---

[1] Unklar, auf welche Arbeiten sich K bezieht; vielleicht sind Vorstudien zur „Deutung des mimischen Ausdrucks" gemeint.

Wiesbaden 31. XII. 24
Taunusstr. 2

Lieber Freund,
   Sie sollten zu Weihnachten schon einen Gruß haben – da wurde es
zu spät. Nun kriegen Sie, freilich auch verspätet, doch wenigstens
„subjektiv" rechtzeitig einen herzlichen Wunsch für 1925, von meinen Eltern und mir. Meine Eltern sind Ihnen so sehr dankbar, daß
Sie oft an sie gedacht haben, und freuten sich nicht weniger wie ich
über Ihren lieben Weihnachtsbrief. Wenn Sie mir nur mal einen An-
schauungsbericht schicken wollten, über Lage, Farbe, Atmosphäre
Ihrer Wohnung, über „presso di Signora Jackson" (was gewissermaßen der konkrete Ausdruck für Troeltschs Konzeption der Solidari-
tät der westlichen Völker im Naturrechtsglauben ist),[1] Tagesseintei-
lung, Spaziergänge, Theater... Sie schreiben – aber seien Sie mir
nicht böse!! – wie aus einem imaginären Göttingen. Stendhal würde
(oder Heine) sagen: „Diese Deutschen haben die Lehre, daß die Außenwelt nur Schein sei und gewissermaßen im Kopfe eines einsamen
Denkers existiere, nicht nur in Büchern vertreten, sondern leben sie.
Hören Sie nur entzückende Freundin, was mir ein reizender junger
Mann, dessen Bekanntschaft ich bei meinem letzten Aufenthalt in
Deutschland machte, für einen Brief schreibt, notabene aus Rom..."
Nun, ich weiß, ich weiß, ich bin eben auch einer dieser jungen Män-
ner und schreibe Ihnen gleich denselben tadelnswerten Brief. –
   Also, ich habe, verführt von der Ruhe dieser beiden Wochen, die
„Kosmologie des Lebens"[2] begonnen. Ich halte im Augenblick auf
Blatt 15, einem Blatt wie dieses hier, nur enger beschrieben, also
etwa auf Druckseite 20. Geschrieben ist bisher:

I. Teil   Von der Ästhesiologie des Geistes zur Kosmologie des Lebens
      I. Kapitel Anlaß und Methode einer Kritik der Sinne
         1. Die Vorgegebenheit der Rede. Gehalt und Aspekt als
         Komponenten der Intention

---

[1] Vgl. E. Troeltsch: Naturrecht und Humanität in der Weltpolitik. Vortrag bei der
zweiten Jahresfeier der Deutschen Hochschule zur Politik. Berlin 1923.
[2] Arbeitstitel der „Stufen".

Ich stehe gerade bei Dilthey, wie sich das für ein echtes Sylvester gehört. Dilthey ist Ende des Jahres und Wende. Ist Moses, der Kanaan
sieht, nur sieht.[3] Entfaltung der Hermeneutik als Revolution der Logik (Husserl als Galilei der Geisteswissenschaften – wobei ich ein
stilles „Nebbich"[4] nicht unterdrücken kann, aber: es sei!), Notwendigkeit einer universellen vorempirischen Theorie des Ausdrucks;
höchste bisher erreichte Regreßstufe: Kritik der möglichen Kundgabe. Gleichsinniger Regreß vom Schematismus der reinen Verstandesbegriffe zur Kritik der Sinne. Theorie der spezifischen Wertmaterien,
Ausgang von der Leistung. II. Kapitel Theorie der sinnlichen Modalität und die Grenzen der Sinneskritik. Hier werden besonders die
durch den kritischen Ansatz bedingten Vorläufigkeiten („Leib"
„Seele" „Geist" „Materie") erläutert und die seltsame Schlußdrehung
(vgl. Bügelzimmer in Remscheid) gegenüber der Ausgangsfrage:
„Sind die Qualitäten objektiv? Ja Herr, die Modalitäten sind Funktionen der Objektivierung." Erste Schlußpirouette und Apotheose:
Was als Inhalt betrachtet werde, versteht die regressive Metaphysik
als Bedingung – eines anderen, Voraussetzung – eines in ihrer Sphäre
noch nicht Seienden. Merkwürdig, wie bei Hegel die Dialektik die
Daseinsform des Vergehens trägt und hier umgekehrt die Zukunft
den großen Akzent bekommt. Ich wollte das schon als Student in
Heidelberg 1914: ein Prinzip der Philosophie, das uns nicht gegen
den ewig vorwärts treibenden Strom des Lebens anschwimmen läßt,
so daß wir emsig mit dem Gesicht Basel zugekehrt trotzdem das
göttliche Meer – nur mit dem zweiten Gesicht – erreichen. Ich wollte
eine Verbindung der Romantik mit Bergson – damals, eine Anglei-

---

[3] 5. Mos. 32, 48–52.
[4] Jiddisch für: Leider!

chung der Kritik an das Leben, Denken und Schwimmen, Schreibtisch und Sommerfrische mit Einem Schlag. Nun zeigt sich, daß die Methode des Aufstiegs doch der Weg zum Meere ist – die Sonne mir im Rücken; (aufgedeckten Angesichts schauen nur die Toten).

Wie der Übergang vom Modus als „Verhältnis zwischen…" und erscheinender „Mitte" zur Sphäre des Verhaltens und den dialektischen Grenzlamellen [?] der lebendigen Form sich gestaltet, können Sie sich jetzt ungefähr ausmalen. Habe ich erst einmal die Sphäre der subjektiv-objektiven Indifferenz und erscheinungshaft-sinnhaften Neutralität erreicht, dann ist es nicht mehr allzu schlimm. Sehr wichtig wird natürlich die Zerstörung des Ichbegriffs. Ich sagte: Gegenwart des Lebendigen. So fasse ich als Komponenten der Intention (die nichts anderes als die Blinzelform der Sphäre des Verhaltens ist) nicht Noësis und Noëma, sondern Gehalt und Aspekt. Aspekt ist z.B. die Frageform, die Problemqualität, die Wissenschaftlichkeit, das Theoretische, der Ernst.

Ihre „Verschränkung" bezeichnet natürlich meine Sphäre des Lebens, den Äther der Vermittlung, würde Hegel sagen. – Ich rate Ihnen doch: machen Sie erst die „Intuition" so schnell wie möglich fertig. Es ist doch gut, wenn man freies Land vor sich sieht. – Heidegger war Anfang Dezember in Köln und hinterließ mit seinem interpretatorischen Vortrag über Aristoteles' Begriff des Wahrseins[5] sehr starken Eindruck. Er treibt eine entschlossene Naivisierung des Aristoteles. Faßt ihn ganz als Augendenker im Schoße seiner Hellenen, der sich gegen das Gerede aufbäumt und Phänomenologie treibt, als einfache Sachforschung auf dem Wege der Bedeutungsklärung. – In allem zeigen sich sehr große Umrisse einer eigenen Philosophie des Zeitbewußtseins (Vorgegebenheit der Zukunft – Sorge, Besorgen). Gegen Scheler sagte er mir persönlich nur, er arbeitete mit den alten Begriffen von Geist, Leib, Seele usw. und in seinem Vortrag wandte er sich gleich zu Anfang gegen die Fehlerhaftigkeit des Subjekt-Ob-

---

[5] M. Heidegger: Dasein und Wahrsein nach Aristoteles. (Interpretation von Buch VI der Nikomachischen Ethik). Vortrag am 3. 12. 1924 gehalten in Köln im Rahmen einer Vortragsreihe der Kant-Gesellschaft. Vgl. Kant-Studien 29 (1924) S. 626. Nach Auskunft von Herrn Prof. Dr. F.-W. von Herrmann (Freiburg i.Br.) lautet der Titel auf dem Manuskript des Vortrags demgegenüber allerdings: Wahrsein und Dasein. Aristoteles, Ethica Nicomachea Z (briefliche Mitteilung vom 16. September 1991). – Bislang ungedruckt.

jektansatzes. Also ein trefflicher Mann. Er steuert hin auf eine Hermeneutik, also Dilthey-Husserl-Tradition, daher Misch sehr engagiert für ihn. –

Buytendijk hat den erwarteten Ruf nach Groningen an das größte physiologische Institut, wie man sagt, Europas und nimmt an. Seine Antrittsrede über „Verstehende Physiologie" (mein Aufenthalt hat verheerend gewirkt) soll im „Anzeiger" erscheinen.[6] Bitte strengen Sie sich doch – quand même für den „Philosophischen Anzeiger" an – aber ich will Ihnen die Neujahrsfreude nicht mit Redakteurschmerzen trüben. Baumgarten ist von Basel nach Frankfurt berufen und geht wohl sicher.

Und nun leben Sie wohl. Glauben Sie mir, wenn ich irgendeine Möglichkeit im Frühling sehe, komme ich zu Ihnen. André will mir sogar eine Einladung zu dem Thomistenkongreß der Dominikaner besorgen, im April. – Aber ich habe eben Familie.

Von Herzen immer

Ihr Plessner

17 König an Plessner

Rom 12. 2. 25.

Mein lieber Freund.

Nur damit Sie ein Lebenszeichen haben. Ihren Neujahrsbrief habe ich erhalten. Zum guten Anfang der „Kosmologie"[1] viel Glück. Sehen Sie zu, daß sie bald fertig wird, damit ich sie nutzen kann. Was

---

[6] Buytendijks Groninger Antrittsrede (Over het verstaan der levensverschijnselen. Groningen 1925) erschien nicht im Anzeiger. Im 2. Jahrgang (1927/1928) veröffentlichte Buytendijk den Aufsatz Anschauliche Kennzeichen des Organischen, S. 391–402. – Buytendijks Anzeiger-Aufsatz ist hervorgegangen aus einem 1926 in Köln vor der Kant-Gesellschaft gehaltenen Vortrag; eine deutsche Übersetzung der Groninger Antrittsvorlesung erschien unter dem Titel Über das Verstehen der Lebenserscheinungen (Habelschwerdt 1925). Briefliche Mitteilung von Herrn Dr. Henk Struyker Boudier (Nijmegen).

[1] Gemeint ist der Arbeitstitel von Ps „Stufen", die „Kosmologie des Lebens".

Sie darüber schrieben, hat mich natürlich sehr interessiert. Ich kann im Moment nichts dazu sagen. Ihre Stendhal-Imitation war verblüffend. Aber Sie wissen wohl selbst, daß der Rückbezug auf mich in jeder Hinsicht falsch ist. Es ist ja schade, daß ich so wenig berichten *kann* und natürlich auch, daß ich mich so beschränken muß im Aufnehmen. Aber darüber hinaus und darunter bleibt es doch wahr, daß das, was mich hier am meisten erstaunt, die Möglichkeit ist, *soviel* aufzunehmen. Ich habe hier glaub ich wirklich schon *Erfahrungen* gemacht: was doch schließlich für einen Philosophen allerhand heißen will. Mein äußeres Leben krankt daran, daß ich hier keine mir gemäße Gesellschaft habe. Ich sehe ab und zu in der Entfernung einige deutsche Archäologen vorbeipassieren: ich habe einen kleinen horror davor, mich ihnen zu nähern. Zu gebildeten Italienern habe ich keine Beziehung – weiß auch nicht, wie ich daran kommen soll. Und so gehe ich durch die Stadt mit meinen eingeschränkten Gedanken – sehe die Buchläden an – lese Zeitungen – Theater – Konzerte – lese Italienisch, was natürlich noch langsam geht – dann Palatin – Museen – Forum etc.

Und im übrigen suche ich zu arbeiten, so nüchtern und handwerklich wie ich kann und nötig habe. Was mir von *der* Seite fehlt, ist ein Kammerdiener und ein eigenes Appartement wie in Remscheid. Meine Wirtin oder sagen wir Wirtsleute sehen so aus: 1) ein Engländer, der „Professor" für Englisch in einer Privatschule ist. Gibt den ganzen Tag Stunden, in seinem „Fach" ein wirklicher „Fachmann"; im übrigen „trinkt" er und treibt Rudersport auf dem Tiber mit einer nur Engländern erreichbaren Ausschließlichkeit. Ein bißchen verkrachte Existenz; sein Professorentum ist der klägliche Rest einer anscheinend früher besseren konsularischen Laufbahn. Im Benehmen ein Gentleman mit einem englischen Hintergrund von Roastbeef von unglaublicher Rohheit: dabei *Gentleman*. Diese Synthesis war mir neu. Ich sehe ihn wenig.

Seine Frau: Norditalienerin, Toskana (Pisa), Tochter eines Tierarztes. Ursprünglich gutbürgerliche Verhältnisse. Klein, etwas aufgeschwemmt; eine vorhanden gewesene Ansehnlichkeit schon ins hexenhaft Häßliche umgebogen. Animalisch gute Hausfrau und Mutter. Sehr unglücklich mit ihrem Professor, der „nichts nach Hause bringt", der „sich um nichts kümmert" aber immer „bedient sein will" – und „mit dem sie nicht mehr schläft" (wörtlich! mehrmals!!).

– Es ist ja roh von Herrn Jackson; aber ich verstehe, daß er diese Konsequenz seiner zu reichlichen Ruderpartien mit Fassung erträgt. Sie glaubt an nichts, aber haßt die Protestanten und ist Deutschland nicht wohlgesinnt. Er ist Protestant. Ich nehme an, daß er ein geheimes Bankkonto hat, von dem er niemandem etwas erzählt.

Dann eine Tochter von 18 Jahren (aber – werden Sie sagen) Flora – Clara. (Es existiert noch ein 10 Jahre älterer verheirateter Sohn, der als Bankbeamter mit „glänzenden Aussichten" in Florenz lebt). Die Tochter: groß wie ich. Auf den ersten Blick Italienerin. Herrliche Beine – kräftig, gut geschwungen. Etwas zu breite Hüften; die Brust als solche nicht häßlich; aber mir fehlt ein treffendes Wort, um den Fehler im Verhältnis zum übrigen Körper richtig zu bezeichnen. Die Beine sind ein schöner Ausdruck, aber nach oben zu wird dieser „Ausdruck" gleichsam etwas zurückgenommen, fängt er an zu stottern. Das Profil in gewisser roher Weise an *Dante* erinnernd, aber nicht eigentlich „schön". Dunkle Augen, Bubikopf, harte (laute) Stimme. Charakter unverständlich „gebrochen" – gewisse „groteske" Möglichkeiten vielleicht vorhanden. Im übrigen „Frau" im italienischen Sinn, d. h. die es selbstverständlich findet, daß der Mann ihren Körper, ihr körperliches Sein „ansieht", „prüft". Sich demgemäß auch bestimmt und in aller *Unbefangenheit* „präsentiert" (ohne „verführen" zu wollen). Natürlich bedeutet „Körper" hier ganz etwas anderes; es ist gleichzeitig auch „Seele" dabei. Oder vielmehr es fehlt *uns jedes Wort* für das Gemeinte. Sie selbst „prüft" natürlich auch den Mann, nimmt ihn unter ein „Maß" (das ich übrigens nicht recht erraten kann). Einer italienischen Frau gegenüber ist man *sofort* auf dem erotischen Gebiet: aber *innerhalb* dieses Gebiets *fängt* dann hier *erst* die Wanderung *an*, und es ist einer „Signorina per bene" [2] gegenüber weitaus schwerer etwas zu erreichen, als bei einer Deutschen. Hat man dieser gegenüber den Schritt auf das „erotische Gebiet" hinter sich, dann ist man sozusagen gleich auch schon im Bett mit ihr. Das ist hier nun keineswegs der Fall; aber Sie sehen, daß auch in diesem Fall „erotisches Gebiet" bei uns und hier ganz was anderes bedeutet. Und zwar kann man die hiesige Auffassung zweifelsohne „natürlicher" nennen. Zu solchen abstrakten Fleischlichkeiten, wie es selbst doch noch das Verhältnis „Faust – Margarete" darstellt, fehlt

---

[2] Italienisch: Ein anständiges junges Mädchen.

hier jedes Verhältnis. Im übrigen hat Flora die Absicht eine große Sängerin zu werden. Und sie und Frau Jackson haben beide zusammen die Absicht, mit diesem Singen einmal in Amerika „dollari" zu verdienen – und zwar viel. „Dollari" hat hierzulande denselben Klang, den er in der Inflation bei uns hatte, nur noch sehr viel intensiver – bei der substanziellen Ärmlichkeit der italienischen Verhältnisse. Ob das mit dem Singen was wird, kann ich nicht beurteilen, da Flora bisher immer nur den Atem einzieht und ausstößt. Auf Gottes Erde ist aber schließlich kein Ding unmöglich. Das ist auch die Ansicht der Mutter, die diesen Satz nur von seiner anderen Seite interpretiert und deshalb das, was nicht möglich ist, – in mir verkörpert sieht: un bello, ricco, intelligente giovanotto[3]: weshalb sollte der ihre hübsche Tochter nicht heiraten? Sie übergießt mich also mit Schmeicheleien und – in Stunden des Zweifels am Gelingen – mit verzweifelten Kühlheiten. Flora verhält sich sehr niedlich, nämlich vollkommen gleichgültig. Weder schämt sie sich (ein deutsches Mädchen in derselben bürgerlichen Position wäre schon zweimal gestorben) noch verführt sie mich. Die Unantastbarkeit ihres Verhaltens ist natürlich – soziologisch gesprochen – das notwendige und in der Tat hier auch vorhandene Korrelat zu dem „unglaublichen Benehmen" der Mutter. Natürlich darf Flora mit mir nicht allein „ausgehen" (etwa ins Theater). Wenn sie bei mir im Zimmer ist, bleibt die Tür zum Flur offen. Es geht also durchaus „anständig" zu – furchtbar anständig sogar. Ich beging neulich einen kleinen Lapsus – aber nur in der *Quantität* (nicht in der Qualität). Im *Beisein* der vollkommen gleichgültig lachenden Tochter fragte mich der gute toskanische Drachen: ob es nicht ganz schön wäre, wenn ich ihre Tochter heiratete. Ich: con piacere[4] – für ein halbes Jahr. Sie (die Mutter) darauf: für nur ein halbes Jahr sei ihre Tochter doch zu gut. Sie sehen aber leicht, weshalb ich diese „Frechheit" (die hier gar keine „Frechheit" wäre) einen Fehler nur „in der Quantität" nenne. Ich hätte ruhig zum Ausdruck bringen können, daß ich keinen größeren Schatz für mein Ehebett mir vorstellen könnte als ihre Tochter, aber aus äußeren Gründen (um Gottes Willen nicht „seelischen") müsse ich davon resignierend Abstand nehmen. In Deutschland würden wir diese Antwort „schlüpf-

---

[3] Italienisch: Ein schöner, reicher, kluger junger Mann.
[4] Italienisch: Mit Vergnügen.

rig" finden. („schlüpfrig" übrigens typisch Deutsch). Flora liebt: Carmen, Puccini, Saint-Saëns, Rossini etc. Mozart findet sie „albern" „dumm". Sie hat mir mal die „Rosenarie" aus dem „Figaro" auf dem Klavier derart grauenhaft vorpersifliert, daß ich ihr nicht Unrecht geben konnte. Und damit genug von Flora, von der ich außer dem Erzählten in der Tat *nichts weiß* (Auch das ist charakteristisch). – Endlich noch der vierte Etagenbewohner – Vetter der Signora – Abbruzzese – Monsignore Passerini. *ca.* 45 Jahre alt.

Aber da ich nun schon auf der sechsten Seite anlange, so lassen Sie mich den „Monsignore", der ein sehr guter, lieber – Dummkopf ist (neurasthenisch – ohne bestimmte klerikale Funktion) verschlucken. (scemo (Schwachkopf) nennt ihn seine Kusine, die ihn übrigens fast schwesterlich liebt). – Sie sehen auf jeden Fall daraus zweierlei: 1. daß ich gut aufgehoben bin 2. daß ich einen Kammerdiener gut gebrauchen könnte.

Mein Verhältnis zur Kunst hier reduziert sich nach Maßgabe des Gebotenen – und da viel geboten wird, viel und sehr. Ich glaube, daß das ein Phänomen großer Eifersucht ist. Ich möchte gar sehr gern mal ein „Kunstwerk" – *machen* – selbst *machen*. Aber das alles liegt so unendlich nah, daß ich wenig darüber sagen kann. Aus mancherlei Gründen war mein tiefster Eindruck hier: die Danae mit dem Goldregen des Correggio in der Villa Borghese. Aber es war nicht einmal ein sehr künstlerischer sondern rein menschlicher gegenständlich bedingter Eindruck. Kunst*genuß* – Genuß im guten Sinn – ist ein aristokratisches Tun. Ich kann in meinem plebejischen Dasein hier mit dem besten Willen nicht zu dieser gewünschten Existenz kommen. Dazu gehört ein Palast – Frauen – Überfluß. Wenn ich d'Annunzio darüber lese, so *verstehe* ich das gar‑sehr gut: aber wenn ich in der Sixtina im Haufen der Besucher den Hals verdrehe, um Michelangelo zu bewundern, so kann ich mich dazu nicht *existenziell* aufschwingen – obwohl ich es der Möglichkeit nach vielleicht besser als mancher könnte. Dann ein allgemeiner Satz: je näher und leichter erreichbar etwas äußerlich wird (Eisenbahn, Hotel mit Deutsch Redenden etc.), um so ferner rückt es innerlich. *Ich* wenigstens bin noch immer im wörtlichsten Sinn auf der Reise nach Italien. Ich fühle es lebendig so und mache mehr als einmal am Tag die Augen zu, weil ich noch nicht angekommen bin. Das ist keine Reflexion sondern eine „anschaulich-dialektische" Tatsache. –

Die „Intuition" ist fertig und abgeschickt. Ich habe fast nichts verändert. Das Zwischenstück für den letzten Abschnitt habe ich herausgelassen. Es wollte sich nicht schnell genug runden. Für mich selbst hat es großen Wert. Fragen Sie bitte nicht nach Lukács oder Ähnlichem. Fehlanzeige. Habilitationsschrift? Fragezeichen. Wann – Fragezeichen. Es ist nicht sehr erbaulich, aber sic est. – Alles andere nicht Gesagte würden wir sehr gut besprechen, aber kaum beschreiben können. Ich werde voraussichtlich bis Ostern hier bleiben, dann für kurze Zeit nach Süden – dann Mittel- und Norditalien. Es kann wohl noch ein Jahr werden bis ich zurückkomme. – Wenn Sie nach Hause schreiben grüßen Sie bitte vielmals Ihre Eltern, die ich *aufrichtig verehre*.

Leben Sie recht wohl und seien Sie herzlichst gegrüßt

Ihr König

18 *König an Plessner*

18. 2. 25 Rom.

Mein Lieber.

Heute morgen schickte ich den Brief weg; auf demselben abgeschnittenen Blatt schreibe ich heute abend weiter. Im Zwischenraum liegt also nichts. Draußen ist es warm und regnet. Ich habe nur eine Frage noch, die mir heute nachmittag sehr wichtig wurde: Kennen Sie eine *gute* Sache über „Onanie"? Merkwürdig daß Hegel darüber nichts Ausführliches bringt. Oder kennen Sie eine Stelle? In Phänomenologie S. 256 Ausgabe von Weiß-Eckardt[1] hat er die Kategorien dafür so ziemlich beisammen. – Es muß aber wohl bei Freud allerhand darüber existieren. Für eine gute psychoanalytische Monographie oder typische Einzelanalyse wäre ich *äußerst dankbar*. Wenn

---

[1] G. W. F. Hegel: Sämtliche Werke. Kritische Gesamtausgabe in 12 Bänden. Band 2: Phänomenologie des Geistes, hg. und eingeleitet von O. Weiß, Leipzig (Eckardt Verlag) 1909.

Sie sie für mich bestellen und mir zuschicken lassen wollen. (Evtl. beim Buchhändler für sofortige Regulierung durch mich bürgen).

Und nochmals gutes Gedenken

Ihr König

19 *König an Plessner*

Rom den 24. 3. 25.

Lieber Freund.

Heute bitte ich Sie um einen Freundschaftsdienst. Sie kennen die [...] mit meiner Schwester. Die erste Verhandlung hat stattgefunden und ich sende Ihnen anbei den Bericht meines Rechtsanwalts darüber. Was ich durch den Prozeß will, ist lediglich *Sicherheit* für die Zukunft. Unter diesem Gesichtswinkel bitte ich Sie um Ihren unbefangenen Rat. Genügt *dieser* Vergleich? Sie haben ja selbst schon einen Beleidigungsprozeß gehabt und wissen also, was ich unter „Sicherheit für die Zukunft" verstehe. Natürlich möchte ich gern Schluß machen; aber *heute kann* ich mich noch durch Prozeß ganz sicherstellen. Ist dieser Vergleich ein adäquater Ersatz dafür? Nehmen Sie es ferner mit der Verantwortung für den „Rat" nicht zu tragisch. Ich frage natürlich auch noch den Rechtsanwalt. Ich möchte nur Ihre Ansicht hören, weil ich Wert darauf lege. Und Dank zuvor. Sie sind doch nicht krank?

Bitte evtl. um sofortige Antwort und Rückgabe der Beilage.

Herzlichst

Ihr König.

Rom Via Gaeta Nr. 1[II]
den 12. Juni 1925

Lieber.

Verzeihen Sie das gräßliche Papier, das man mir in Ravenna aufge-
hängt hat. Heute Ihre Karte[1] und vielen Dank dafür. Ich bin seit geraumer Zeit nicht imstande zu schreiben. So sonderbar lebe ich. Vielleicht kann ich Ihnen später mal alles im Zusammenhang erzählen.
So ist es unmöglich. Im übrigen aber geht es mir gut. Heute nur einige Notizen. Ich war zusammen mit Hugo Hertwig[2] für 3 Wochen in
Ober- und Mittelitalien. Am 1. Juli gehe ich nach Anzio, wo ich
2 oder 3 Monate bleiben werde. Die Anzio-Adresse schreibe ich
noch. Später will ich nach Deutschland zurück. Während der nächsten 2, 3 Monate möchte ich noch eine Reise durch den römischen
Appenin – Abruzzen – bis etwa Pästum machen. Die Reise muß und
soll sehr billig werden. Es wäre sehr schön, wenn Sie sich entschließen könnten mitzukommen. Schreiben Sie bitte doch darüber mal
bald. Ihr letzter Brief[3] hat mir sehr gut getan. Ich habe Ihnen im stillen oftmals dafür gedankt. Der Prozeß ist entschieden zu meinen
Gunsten. Sobald ich den Urteilstenor habe, werde ich ihn Ihnen mal
zuschicken. Ich hatte damals sofort Ihren Rat befolgt. Soviel ich gehört habe ist meine Schwester zu 100,– Mk Geldstrafe und sämtli-
chen Kosten verurteilt worden. Auf eine Mitarbeit am „Anzeiger"
können Sie nicht hoffen. Es ist mir unmöglich, ein Wort zu Papier zu
bringen. Veranlassen Sie bitte den Verlag, daß er mir sofort nach Erscheinen den ersten Band des „Anzeigers" *gebunden* (mit Rechnung)
nach hier zuschickt. Ich leide hier sehr – *aber ich arbeite*. Verstehen
Sie mich ein bißchen.

Herzlichst

Ihr König

---

[1] Nicht erhalten.
[2] Ein Bekannter Ks.
[3] Nicht erhalten.

Rom Via Gaeta Nr. 1[II]
im Juni 25

Lieber Freund.
Ich will rein gar nichts mitteilen. Mir fällt nur eben ein, daß ich in
meinem letzten Brief den Bücherzettel über Onanie, den Sie für mich
zusammengestellt haben, nicht erwähnt habe. Vielleicht habe ich
auch geschrieben, daß ich nichts brauchte und wollte. Ich glaube sogar so. Ich bin in einem schrecklichen Zustand, in dem ich jeden Augenblick auf einen neuen Gedanken verfalle. Erzählen ist unmöglich.
Wo liegt Göttingen? Ich weiß es kaum noch. Briefe von Ihnen, Mitteilungen von Ihnen könnten unter Umständen für mich von un-
schätzbarem Wert sein in diesem Augenblick und in den kommenden. Sie könnten mir so das Gefühl einer Kontinuität und eines Zu-
sammenhanges geben oder stärken, das ich nie so lebensnotwendig
brauchte. Und also: Von den Büchern würde mich lebhaft interessieren:

1) Hirschfeld Magnus „Geschlechtliche Entwicklungsstörungen mit
   besonderer Berücksichtigung der Onanie" Bonn. Markus & We-
   ber 1917 – Sexualpathologie Teil I.
2) die Monographie von Wilhelm Stekel über die Sache, deren Titel
   Sie nicht angeben.[1]
3) Das Traumbuch von Freud. Ich weiß nicht mehr den genauen Titel. Aber Sie wissen ja schon: das große Spezialbuch Freuds über
   Traumdeutung.[2]

Endlich würde ich bitten mir den „Anzeiger" baldigst zugehen zu
lassen. Gibt es ferner etwas Gedrucktes und dabei Lesbares von Heidegger? *Irgend etwas.* Ich möchte zu gern einen Eindruck davon gewinnen.
Nochmals erinnere ich dann an Ihren Musikaufsatz,[3] den ich doch
zu gern lesen möchte. Wenn es Ihnen also möglich ist, so besorgen

---

[1] W. Stekel: Onanie und Homosexualität, Berlin/Wien 1923.
[2] S. Freud: Die Traumdeutung, Leipzig und Wien 1900.
[3] Hören und Vernehmen.

Sie doch bitte diese Bücher für mich. Bitte aber *nicht eher* abzusenden als bis ich meine neue Adresse von Anzio mitgeteilt habe. Am 2. Juli werde ich dahinfahren und sofort dann schreiben. Über einen schnelleren Brief nach *hier* wäre ich natürlich sehr glücklich.

Wo die Philosophie bei mir ist, weiß ich nicht. Ich zwinge mich zu studieren.

Und so kurz geschlossen.

Sehr herzlich

Ihr König

22 *Plessner an König*

abgeschlossen 26. Juli.
Köln, 19. Juli 25
Titusstr. 2

Lieber, herzlichen Dank für Ihre Karten[1] und Ihre letzten brieflichen Mitteilungen! Ich bin froh, Ihnen in der Prozeßsache glücklich geraten zu haben. Daß es gut gewirkt hat, sah ich amüsiert an Ihrem Onkel, der uns vor 14 Tagen etwa auf dem Dekanat besuchte, und an Kroll.

Ich habe Ihnen allerhand zu erzählen. Pfingsten war ich nach ein paar Tagen in Wiesbaden Gast eines alten Schul- und Studienfreundes Waetzoldt – ich weiß nicht, ob ich Ihnen schon seinen Namen nannte in Berlin. Er ist der Vetter des Chefs der Kunstabteilung im Ministerium,[2] Mediziner am Hauptgesundheitsamt von Berlin. Wir hatten uns 6, 7 Jahre lang aus dem Auge verloren, erst seine Heiratsanzeige vor 2 Jahren brachte uns wieder zusammen. Er ist der geborene Verwaltungsmensch, eine typisch preußische Synthese von Wissenschaft und Politik, Skeptiker, aber fanatisch „Westler"; eigentlich unphilosophisch, ganz im Zukunftsaspekt lebend. Sehr viel Geschmack; stark sonderlinghaft – wie schon als Tertianer, wo er den

---

[1] Nicht erhalten.
[2] Wilhelm Waetzoldt, 1880–1945; Kunsthistoriker.

„Nautikus"[3] studierte und schon den Weltkrieg zahlenmäßig vorkonstruierte.

Von da aus nach Halle zur Kantgesellschaft: Methode der Metaphysik (Korreferat zu Hartmann).[4] Mit Hartmann und Heimsoeth die Fahrt bis hier; untergebracht bei einem sehr wohlhabenden Historiker Hasenclever (aus Remscheid), verheiratet mit einer geb. Böker. Infolgedessen Besitzer einer reizenden Villa. Er selbst Mann von 50, Privatdozent, Vater zahlreicher Töchter, Inhaber eines trefflichen Weinkellers. Der Kongreß war entsetzlich ermüdend, außer Hartmanns persönlich stark wirkender Rede, die sachlich aber nichts Neues brachte, nicht *ein* Ton, bei dem man aufhorchte; in drei großen, je 4stündigen Sitzungen! Erster Tag Vormittag: Menzer! und Hartmann, Korreferenten: v. Aster, Schmalenbach, ich. Nachmittag (Naturwissenschaft und Metaphysik): Driesch und Becher Korreferenten: Reichenbach – Schüler von Cassirer und Einstein, Schlick- […] –, Kuntze (der Maimon-Monograph)[5] und Dingler. Nächster Vormittag: (Geisteswissenschaft und Metaphysik): William Stern und Leopold Ziegler, Korreferenten: Paul Hofmann – der blöde Antithetiker des Bewußtseins – und noch zwei Leute, deren Namen ich vergessen habe.[6] Den ersten Vormittag kam ich als letzter dran (um 9 Uhr Beginn, ich bestieg mit Migräne um ½2 den Katheder. Den größten Eindruck machte Hartmann durch seinen wuchtigen Baltenernst. Nach eigenem Empfinden wie nach dem Urteil der Leute (und weiß Gott einer Menge übelwollender darunter), sowie der Presseberichte kam ich aber neben ihn zu stehen. Eine Überreiztheit der Nerven, wie ich sie seit meinem Doktorexamen nicht mehr gehabt habe – die Nacht vorher überhaupt nicht geschlafen – kam mir wunderbar zustatten. Dazu ein ganz knappes Manuskript: in 20 Minuten war

---

[3] Nauticus. Jahrbuch für Seefahrt und Weltwirtschaft, Herford und Bonn 1899–1944.

[4] Generalversammlung der Kant-Gesellschaft, 4.–6. 6. 1925. Zum Kongreß in Halle, der unter dem Leitthema „Das Verhältnis zur Metaphysik" stand und in die drei Abschnitte „Metaphysik und Philosophie", „Metaphysik und Naturwissenschaft" und „Metaphysik und Geisteswissenschaft" untergliedert war, vgl. den Bericht in: Kant-Studien 30 (1925) S. 626–639. Auf den Seiten 629–631 findet sich eine kurze Wiedergabe der Vorträge und Korreferate über Metaphysik und Philosophie.

[5] F. Kuntze: Die Philosophie Salomon Maimons, Heidelberg 1912.

[6] Zu dem Abschnitt „Metaphysik und Geisteswissenschaft" ist in den Kant-Studien, S. 635–638, außer Stern, Ziegler und P. Hofmann nur noch ein weiterer Redner genannt, nämlich Julius Guttmann (Berlin).

ich fertig. Im Unterschied zu allen anderen Rednern keine Gebiets-
absteckungen und allgemeinen Erwägungen, sondern eine Untersuchung über das *Frage- und Antwort*-Verhältnis!! Metaphysisch *gegenüber* Wissenschaften, also nicht nach Kriterien beantwortbar,
nicht unbedingt entscheidbar. Keine eigentlichen „Antworten", sondern Deutungen, d. h. im lebendigen Nichts der Existenz, uranfäng-
lich wurzelnde, gegen das transintelligible Nichts gefundene Bestimmungen. Daher der Unstetigkeitscharakter der Philosophiegeschichte, immer ab ovo wieder anfangen. „Denn alles muß in Nichts zerfal-
len, wenn es im Sein beharren will."[7] Dem redseligen Schmalenbach
verschlugs die Stimme, William Stern baute sein Referat sogar auf
meinem auf. Heideggerschüler tauchten aus dem Dunkel der Massen.
Und Menzer bat mich um das Manuskript für die „Kanststudien". Es
ist merkwürdig, wie dankbar die Leute dafür waren, daß man sie in
die Luft gesprengt hatte. Es kommt eben nur darauf an, die Detona-
tion akademisch erklingen zu lassen. Die Mine unter dem Haus in
Form eines bescheidenen Anbaues![8] Ein wohltuender Abend mit
Hartmann und Heimsoeth bei dessen Gastgeber, dem Verleger Niemeyer (ich mußte lebhaft an die Genese Ihres Vertrags denken,
machte ihm, der ein schlechtes Gewissen hatte und – wie er sagte – in
12 Tagen mit dem Druck der „Intuition" beginnen wollte (das war
Anfang Juni), das Mäulchen wässerig) beschloß Halle. Das Haus in
der Brüderstraße aus dem 16. Jahrhundert, wundervoll patrizial ein-
gerichtet, ist wirklich – wie auch Niemeyer selbst – von guter Qualität.

Danach Göttingen!! Was soll ich Ihnen sagen: ich logierte bei
Gebhard.[9] Zauberhaftes Wetter. Nachmittags und abends bei
Mischs, noch anwesend Nohl und Groethuysen, dazwischen erschei-
nend Stadie und Hennecke. Wirklich, wir waren zusammen in Ihrem

---

[7] Die beiden letzten Zeilen aus Goethes Gedicht „Eins und Alles".
[8] Vgl. den Bericht in den Kant-Studien, S. 631: „Als letzter äußerte sich in sehr interessanter Weise der Privatdozent Dr. H. Plessner – Köln zum Thema. Auf seine im
Rahmen der Tagung wichtigen Ausführungen, die von dem Verhältnis der Frage zur
Antwort ausgingen und zeigten, daß jede Philosophie bereits ein ‚Anfangsproblem'
aufweise, das den am Ende auftretenden ‚Restproblemen' Hartmanns korrespondiere,
braucht hier nicht näher eingegangen zu werden, da der Vortrag im nächsten Bande
der Kant-Studien gedruckt werden wird." Dies erfolgte aber aus unbekannten Gründen nicht.
[9] Gebhards Hotel.

Namen (lachen Sie mich nur tüchtig aus!). Misch empfing mich wieder mit einer bezaubernden Drehbewegung an der Tür, er, die Güte und Wärme selbst. Sehr versonnen übrigens. Er arbeitet an der „Fibel" – und ist entschlossen, den 2. Band „Autobiographie" herauszugeben.[10] Frau Misch gefiel mir ausgezeichnet, äußerlich sehr Dilthey ähnlich, sehr unaufdringlich, eine reizende Mischung von „Mutter" und „Tochter". – Nohl stieß mich zunächst etwas ab, er hat, glaubt man erst, eine Klassenlehrer-Impetuosität mit Schillerkragen und freideutschem Tat-Charakter. Aber es kommt doch viel mehr dann zum Vorschein. Er ist wirklich ein Pädagoge und eine Begabung. Viel gutes Berlin, bestes Berlin. Aber der verkörperte Charme und Geist, die Diltheysche Essenz ist Groethuysen. Eine Mischung von Deutsch-Holländer und Russin in französischer Form. Unabgebürstet und schmuddelig, verträumt hinter Bart und langem Haar und saugend an einer unendlich völlig zu Asche werdenden und bleibenden Zigarette. Er und Misch zusammen – bezaubernd. (Am nächsten Morgen gingen wir drei zum Hainholzhof: Thema Dilthey.) An dem besagten Abend saßen wir auf dem Balkon bis still und groß der Mond über dem Wald emporstieg. Mit jener Hainbundstille,[11] zopfig und dämonisch, die Göttingen hat: 18. Jahrhundert – so eine Einheit von Hilbert und Hölderlin, die mir immer wieder, wie kaum eine andere historische Qualität, ans Herz greift. Wie es schon dunkel war, brachte Nohl das Gespräch auf die „Ästhesiologie" – und ich legte los. Er und Groethuysen griffen mich wegen der Kritik am Expressionismus an, aber schließlich mündete das Gespräch doch in einer köstlichen Vereinigung: ästhetisch wird alles optisch-bildhaft durch *Rücknahme* der dem Optischen wesenseigenen Transzendenz auf das Gegenständliche, während diese Rücknahme dem Akustischen gegenüber nicht notwendig ist, soll es ästhetisch werden. Das Problem der Anthropologie und des Bildes waren derart die Leitmotive des Abends. Spät abends brachten mich Nohl und Hennecke zum Hotel. Ich besuchte noch Geiger, aß bei ihm in seinem ausstellungshaft wirkenden („München 1914") Haus, – eine wenig erfreuliche Stunde. Sie werden erstaunt sein, wie wenig ange-

---

[10] G. Misch: Der Weg in die Philosophie. Eine philosophische Fibel, Leipzig und Berlin 1926; der 2. Band von Mischs Geschichte der Autobiographie erschien erst 1955.
[11] Hainbund, 1772 gegründeter Göttinger Dichterbund.

nehm er geworden ist – ausschließlich durch den Einfluß seiner bösartigen, streitsüchtigen Frau. Den Erfolg seiner „Axiomatik der Euklidischen Geometrie"[12] bei Landau und Hilbert scheint die Seele des ein wenig überalterten Privatdozenten nicht mehr zu ertragen. Zu Misch und Nohl beginnende Spannung. Und Mißtrauen gegen Lipps!! Nach einem Kaffeespaziergang mit Stadie zum Rohns fröhlicher Beschluß – Sinfonia Domestica – bei Lipps; später kam Hennecke – Johannes und blieb, als alle müde geworden waren, bis zuletzt; noch ein das Kolleg absagendes Nachttelegramm, dann plötzlich auf dem Bahnsteig auftauchend Leonard Nelson, – und der Zug fuhr los, schon bei Morgengrauen. Mir war immer die schwedische Nationalhymne auf den Lippen: „Ja, wir lieben dieses Land."

Prächtig als Mensch, aber schwer faßbar als Geist ist mir nur Stadie, in seinen Briefen fast noch mehr als im Gespräch. Die zweite Zäsur in diesem Semester war der Besuch Nicolai Hartmanns in Köln. Er will mich also zum Nachfolger Heideggers machen. Misch, Driesch und Scheler sollen als Geburtshelfer mitwirken. Heidegger steht als 1. auf der Nachfolgerliste für Hartmann (Heidegger, Heimsoeth, Kroner). Seine Berufung wird wohl zum 1. April 26 erfolgen – frühestens. Und wohl erst zum 1. Oktober 26 die seines Nachfolgers, wenn der Finanzminister keinen Strich durch die Rechnung macht. Als Konkurrent für mich ist durch leichtes auf Angst vor Konkurrenz, wie Hartmann sagt, zurückzuführendes Quertreiben Jaenschs, Dietrich Mahnke aufgetaucht. Husserlschüler (vgl. seine Leibnizarbeit im letzten Jahrbuch,[13] die aber nach Scheler und Hartmann mäßig sein soll); er ist Studienrat, nicht habilitiert. Auf die Liste soll auch noch Weinhandl (Kiel) kommen. Wie's augenblicklich steht, weiß ich nicht, doch höre ich durch Arnold Metzger aus Freiburg Glückwünsche zu meinen guten Aussichten.

Der 1. Halbjahresband 1925 des „Anzeigers" ist erschienen und kommt in diesen Tagen zur Auslieferung. Der 2. Halbband ist gesichert für Ende des Jahres. Folgende Arbeiten: Nicolai Hartmann „Kategoriale Gesetze", Kurt Schneider „Die phänomenologische

---

[12] M. Geiger: Systematische Axiomatik der Euklidischen Geometrie, Augsburg 1924.
[13] D. Mahnke: Leibnizens Synthese von Universalmathematik und Individualmetaphysik, in: Jahrbuch für Philosophie und phänomenologische Forschung 7 (1925) S. 305–612.

Richtung in der Psychiatrie", Ernst Howald – Zürich „Die Bach-ofen-Renaissance", Alexandre Koyré – Paris „Die Bewertung der exakten Wissenschaft in der gegenwärtigen französischen Philosophie", Ferdinand Weinhandl – Kiel „Neue Versuche zur Ontologie", Paul Linke – Jena „Bild und Erkenntnis" (Auseinandersetzung mit Hartmann), Kurt Breysig – Berlin „Zeit und Begriff als Ordnungsformen der Geschichte", Hans Günther[14] – Heidelberg (Schüler von Spranger) „Philosophie und Geisteswissenschaft" (im Hinblick auf Mischs Vorbericht),[15] Theodor Haering – Tübingen „Über Materie und Feld, mechanistische und nicht mechanistische Physik".

Ich bin ziemlich abgekämpft, fahre nächsten Samstag nach Wiesbaden, bleibe für August dort, während wahrscheinlich meine Eltern nach Kissingen gehen. Anfang Oktober bin ich zu 2 Vorträgen in Amsterdam und Groningen[16] eingeladen. Aber von Ende August bis dahin möchte ich bei Ihnen sein, wenn möglich in Rom. Ich kann wohl 5–600 M. locker machen. Mein Ideal wäre: Standort Rom, Ausflug nach Neapel – Pompeji – Paestum – Capri. Gemeinsame Rückkehr nach Deutschland. Abruzzen gingen mir über die Kraft. Ich dachte so: Abreise von Wiesbaden vielleicht 25. August, vielleicht eine kleine Woche in der Schweiz oder in Tirol, dann direkt Rom. Ende September, etwa zu Schiff (?) Neapel usw. (etwa 6–7 Tage). – Aber auch zu anderen Dingen bereit. Im ganzen bin ich augenblicklich erholungsbedürftig – aber dazu sind Wiesbadens Wälder gut. (Im Winter allerdings die Vertretung Schelers, 4stündig Logik, Seminar Husserl II 5[17] – Begriff des Bewußtseins; das will vorbereitet sein.)

Darum meine dringende Bitte: schreiben Sie mir *gleich* Ihre Meinung von diesem Projekt und bitte etwas von den Preisen. Am liebsten wohnte ich mit Ihnen zusammen, irgendwo zur Miete. Denken

---

[14] Die Aufsätze von Howald und Koyré erschienen erst im 2. Band, der von Günther überhaupt nicht.

[15] G. Misch: Vorbericht des Herausgebers, zu: W. Dilthey: Gesammelte Schriften Band V: Einleitung in die Philosophie des Lebens. Erste Hälfte: Abhandlungen zur Grundlegung der Geisteswissenschaften, Leipzig und Berlin 1924, S. VII–CXVII.

[16] Titel der Vorträge nicht mehr festzustellen.

[17] E. Husserl: Logische Untersuchungen. II. Band: Untersuchungen zur Phänomenologie und Theorie des Erkennens. I. Teil. V: Über intentionale Erlebnisse und ihre „Inhalte", 2., umgearbeitete Auflage Halle a.d.S. 1913, S. 343–508; jetzt in: Husserliana. Band XIX/1, hg. von U. Panzer, The Hague/Boston/Lancaster 1984, S. 352–529.

Sie nur: gemeinsames Frühstück im Giardino auf dem Pincio!!
Schreiben Sie, schreiben Sie ganz sofort auf Ihrem Castellamare in
Porto d'Anzio.
In ungeduldiger Erwartung

Ihr Helmuth Pl.

23 König an Plessner

Anzio den 31. Juli 25.

Lieber Freund.
Ich habe mich sehr über die guten Nachrichten gefreut. Schreiben
Sie doch bitte vor allem noch, ob ich in Briefen an Misch die Mar-
burgangelegenheit[1] in der geschilderten Form als bekannt vorausset-
zen darf. Ihre Schilderung der Halle-Tagung, einfach köstlich; ich
meinte die gelehrte Sippschaft vor mir zu sehen. Überhaupt ist Ihr
Brief voll von getaner und erfolgreich getaner Arbeit. Er kam so ordentlich herangerollt an mein Castellamare. Nach Deutschland hin
hat dieses Schloß dicke in Blei gefaßte Fensterscheiben. Ich könnte
vielleicht Einiges erzählen, Schreiben geht nicht. Ich will nur schnell
zu Ihrem Reiseplan sagen: es tut mir sehr leid – aber ich *kann nicht*
mit Ihnen zusammen in Rom wohnen, da ich bis Ende September
geschworen habe (mir selbst) hier zu bleiben. Aber das hindert nicht
folgendes Programm: Sie machen die Reise Neapel und dintorni[2] allein; inzwischen besorge ich Ihnen eine gute Wohnung in Rom. Sie
kommen dann nach Rom und wir können dann *viel* zusammen sein;
denn von hier nach Rom ist glänzende Verbindung durch einstündi-
ge Bahnfahrt. Auch für kleinere Touren in der Umgegend (2–3 Tage)
bin ich durchaus. Ich kann nur nicht Anzio vor Oktober endgültig
verlassen. Was die Rückreise angeht, so hängt es von *bestimmten*
Umständen ab, ob ich überhaupt nach Deutschland vor dem Früh-

---

[1] Gemeint ist die von P im vorhergehenden Brief angesprochene Möglichkeit, in Marburg Nachfolger Heideggers zu werden.
[2] Italienisch: Umgebung.

jahr zurückkomme. Ich kann darüber nur sagen, daß die Wahrscheinlichkeit dafür, daß ich gegen den 1. Oktober nach Marburg gehe, *sehr groß* ist. Das wird sich auch erst Ende September entscheiden. Preise? sind derart variabel nach Jahreszeit und singulären Umständen, daß ich nichts sagen kann. Auf jeden Fall sind 600,– Mk. nicht zu viel. – Ich hoffe Sie darin ziemlich unterstützen zu können. Und nun Eins: Auguri[3] und *Kommen Sie.* Je nach meiner Geldlage ließe sich vielleicht auch ein 4–5 tägiger Aufenthalt in Capri oder Neapel besprechen. Aber kommen Sie. Dies heute in Eile.

immer Ihr König

Ps: vom „Anzeiger" habe ich noch nichts gesehen und gehört. Haben Sie Cohen meine hiesige Adresse gegeben?

[Am linken Rand:] Ihre lieben Eltern bitte ich vielmals zu grüßen. Ich wünsche guten Badeaufenthalt.

24 *König an Plessner*[1]

[Anzio 7. 8. 1925]

Lieber. Nur schnell dies […]riert. *Alle* passablen Dampfer gehen *direkt* Genua – Neapel. Sonst nur Frachtschiffe. Ich würde es am richtigsten finden, wenn Sie Neapel – Genua für den *Rückweg* aufbehalten. Also direkt nach hier kommen. Im Castello wäre *evtl.* nur Platz in einem zweiten Bett auf meinem Zimmer, das klein ist. Ich wäre sehr damit einverstanden. Andernfalls findet sich schon etwas in der Nähe. Schreiben Sie bitte, ob Sie *evtl.* auch damit zufrieden sind. Für alle übrigen Dispositionen muß ich mir leider Entscheidungsfreiheit vorbehalten. Ich halte es aber im Augenblick für sehr möglich, daß ich am 15. oder 20. September mit Ihnen zusammen in die Neapeler Gegend ganz gemäß *Ihrem* Plan gehe, um von dort über Genua nach Deutschland zurückzugehen. Misch geht im September nach Oberitalien; projektiert ist ein Zusammentreffen in Ra-

---

[3] Italienisch: Gute Wünsche.
[1] Postkarte mit Stempel: Anzio/Roma 7. 8. 25.

venna. Ich weiß aber noch nicht, wie das wird und erwarte täglich genauere Nachricht. Halten Sie mein Unentschiedensein meiner Lage zugute. *Kommen Sie.* Herzlichst Sie und die Eltern grüßend

Ihr König

[Am Rand:] *Kommen Sie!*

25   Plessner an König [1]

[Wiesbaden] 10. 8. 25

Lieber – mit Freuden zum zweiten Bett im Castello bereit. Wenn ich zu Land komme, so möchte ich gern *ein ruhiges Absteigequartier* in Rom wissen – am liebsten Pension, wo man ein wenig Deutsch versteht. Hassler hat m. W. noch zu um diese Zeit. Sonst fahre ich doch per Schiff und direkt zu Ihnen. – Wie steht es mit Temperatur und Malaria bei Ihnen, wie Sauberkeit? Bitte geben Sie mir *umgehend* Nachricht. Müssen wir denn Misch gerade in *Ravenna* treffen? Ich freue mich *riesig* auf Sie. Der „Anzeiger" ist schon unterwegs zu Ihnen. – Bitte geben Sie noch Tips für Bekleidung etc. (Medikamente? Insekten)

Herzliche Grüße von uns 3

Ihr ungeduldiger

Plessner

---

[1] Postkarte mit Stempel Wiesbaden.

[Anzio, kurz nach dem 10. 8. 1925][1]

Lieber. Also sofort die Antwort. Ich würde zu folgendem raten.
Kommen Sie zu Land bis Rom. In Rom hole ich Sie ab und wir bleiben zunächst einmal 2–3 Tage zusammen dort. (Ich würde Hassler
raten, wo man wirklich gut wohnt – sonst finde ich schon etwas anderes für uns. Schreiben Sie vielleicht darüber noch, ob Sie für eine
andere Stadtgegend bestimmte Wünsche haben. Mir ist es gleich).
Dann gehen wir für einige Tage nach Anzio und währenddessen
überlegen wir, wohin wir reisen wollen. Ich bin ziemlich entschlossen, Anfang September – eben wenn sie ankommen – den größten
Teil meiner Sachen einzupacken und nach Deutschland zu verfrach-
ten, um dann mit leichtem Gepäck mit Ihnen zusammen zu reisen
und später nach Hause zurückzufahren. Anzio würde so nur ein
kurzer Durchgangspunkt werden – ja unter Umständen, die z. T. von
Ihrem Wunsch – zum Teil von dem Zeitpunkt Ihres Eintreffens ab-
hängen – könnten wir direkt von Rom aus die Reise antreten. Aber
doch wohl unwahrscheinlich. 2–3 Tage Anzio sollten es immer werden. Das Dumme bei alledem ist eben nur, daß ich dies alles (also
Dauer meines Anzio-Daseins, Rückkehr nach Deutschland) *nicht
ganz bestimmt* sagen kann. Ich hoffe Ihnen das mündlich erklären zu
können. Und wie gesagt: es ist höchstwahrscheinlich.

Dann bedenken Sie, daß mein Vorschlag Ihnen für den sehr un-
wahrscheinlichen Fall einer notwendigen Änderung meiner Dispositionen ganze Freiheit läßt. Nach Rom wollen Sie doch. Und sicher
ist auf jeden Fall, daß ich Sie dort abholen und mindestens 2–3 Tage
mit Ihnen zusammen irgendwo in Rom und später in Anzio und
Neapel sein werde. – Also: schreiben Sie, *wann* Sie eintreffen, dann
kann ich handeln – und überlegen Sie vielleicht schon einen hübschen Reiseplan; es wird wohl schon so werden. An Medikamenten
brauchen Sie nichts. Aspirin ist in Rom auch zu haben. Bekleidung?
Auf jeden Fall bringen Sie Ihren leichten Überzieher mit – vielleicht
ist es unnötig – aber es ist immer besser. Sonst natürlich leicht. Reise-

---

[1] Kurz nach der Postkarte vom 10. August 1925 geschrieben.

mütze *und* Hut. (Filzhut). Für Anzio speziell wäre weiße Hose, Gürtel, Sporthemd etc. wünschenswert. Ob ich Sie in Anzio im Castell unterbringen kann, im zweiten Bett, weiß ich noch nicht. Ich habe noch nicht gefragt. Evtl. besorge ich schon eine andere hübsche Wohnung. – Von Misch erwarte ich noch Nachricht. Er wird sich über Ravenna im Hochsommer nicht gerade freuen. Da ist aber alles noch unbestimmt. Ursprünglich wollten wir uns in Rom treffen. Jetzt ist er schon auf Reisen und ich erwarte Adressenanzeige. Inzwischen werde ich versuchen, die Korrektur der „Intuition" zu beenden. Auf „Anzeiger" äußerst gespannt. Dank für Besorgung. Und so: Schreiben Sie den Tag Ihrer Ankunft Termini,[2] dann kann ich mich wenigstens auf etwas freuen. Herzliche Grüße für Sie und Ihre Eltern

immer Ihr König

27 König an Plessner

Marburg a. d. Lahn 16. 10. 25.
Wehrdaerweg 9[1].

Lieber.   Heute nachmittag habe ich meine neue Wohnung bezogen und will gleich schreiben. Das Auseinanderreißen in Frankfurt war schmerzlich; aber es war ja alles gesagt und mit einem guten Gedenken und Wünschen begleitete ich Sie auf Ihrer weiteren Fahrt in den Nebel. Von Wiesbaden und Amsterdam und Groningen möchte ich gern hören: *wenn* Sie Zeit haben. Ich weiß, wie viel Arbeit auf Ihnen sitzt. – Wie werden Sie heute über diese Italienfahrt denken? *Das* frage ich mich oft. Und auch Ihr Rheumatismus – auch dieser sogar – tritt dabei auf – ¼ im Scherz und ¾ im *Ernst*. Ich mache mir ernste Vorwürfe, daß ich meine Verhältnisse zu wenig überschaute. Das ist es. Ich hoffe, daß Ihnen in der Erinnerung nicht nur Ärger bleibt oder Bedauern.

---

[2] Stazione Termini: Hauptbahnhof von Rom.

Also Göttingen. Ich kam mittags 12½ an und ging zur Krone. Blieb dann von Dienstag bis Samstag nachmittag. Sah Misch, Fräulein v. d. Groeben, Schmalenbach, Lipps. Hennecke war nicht da. Die meiste Zeit bei Misch. Am Mittwoch langer Familienspaziergang über die Plesse nach der Hardenburg. Essen im Freien. Es war herrlich. Misch wie immer: ganz linde, sehr versonnen, verhalten. Alles ein Adagio in Moll. Ich war wie im Traum und er fühlte das wohl. Alles unausgesprochen – schonend – nachdenklich – zuweilen stutzend. Die Frau sehr fein – sehr herrisch – im Grunde immer noch etwas vom Berliner Mädel der ersten Kreise. Als wir die Hardenburg vor uns liegen sahen und Misch zu mir sagte „wie schön" – sagte sie spontan: Ach der Herr König ist doch noch nicht hier. Und später beim Kaffee, als wir einer leidlichen Kellnerin bezahlten, ebenso spontan „Sehen Sie – auch hier gibt es schöne Mädchen". Einen Nachmittag war ich ganz allein in Mischs Wohnung (er, sie und die Kinder waren bei einem „Verwandtenbesuch"); saß in seinem Studio bei Kaffee und Kuchen; der Kachelofen glühte und fauchte; draußen ging die Sonne durch die schönsten Herbststämme hindurch. Ich las in seinem Manuskript zur „Fibel" *(ganz herrlich!)*.

Einen Abend kam Lipps herüber. Eigentlich sollte er uns einen erläuternden Vortrag über den „Anzeiger"-Aufsatz[1] halten. Aber er wollte nicht: und so sprachen wir über das Verhältnis des Geistes zum Leben, d. h. der Philosophie zum Leben. Lipps sagte: hinter der Philosophie steht der Instinkt, ein Instinkt. Misch fragte: ist das alles. Ist nicht die Philosophie das, was dem Leben Sinn *gibt*. *Wenn* sie (die Philosophie) das Leben nicht *leitet*, nicht leiten *kann*, dann ist sie *nichts*. Ich trat auf Lippsens Seite. Hörte übrigens alles nur halb. Es war schön und erschütternd. Misch kämpfte – sagte schließlich „vielleicht" und dann kam seine Frau und er: „Ach Clara, da bin ich mal ganz allein gewesen. Gut daß du kommst". Und ich: nein, ich finde, daß wir sehr zusammen waren. Sachlich sprachen wir fast nur über die „Fibel" und über das Verhältnis von Ethos und Logos, das ihn sehr beschäftigt und an welchem nach ihm „das Schicksal der Metaphysik" hängt. Sie werden das gut aus seinen Bemerkungen zu

---

[1] H. Lipps: Bemerkungen zur Theorie der Prädikation, in: Philosophischer Anzeiger 1 (1925/1926) S. 57–71; jetzt in: Werke IV: Die Verbindlichkeit der Sprache, Frankfurt a. M. 1977, S. 177–192.

den „Fibel"-Abschnitten ersehen können. Ich erzählte etwas von Stadie – nicht allzu viel und erklärte, ich wolle zunächst mit ihm persönlich nichts mehr zu tun haben. Worauf dann Misch von einer Einladung lächelnd absah.

Ihren Aufsatz[2] hatte er noch nicht gelesen; so fehlte ein wichtiger Anknüpfungspunkt. Aber dann ganz erstaunt war ich: ich kam mit dem Marburg-Geheimnis im tiefsten Busen nach Göttingen: Und alle Welt wußte, daß Sie da an prominenter Stelle im Hintergrund standen. Lipps und Schmalenbach fragten mich geradezu und gänzlich unvermittelt, ob *Sie* nach Marburg kämen. Si figuri![3] Stellen Sie sich mein dummes Gesicht auf diese allerdings auch wenig intelligente Frage vor. Ich sagte beiden wahrheitsgemäß, daß ich das nicht wüßte, aber daß ich schon wiederholt davon sprechen gehört hätte. Bei Gott: was sollte man da auch antworten. Dann Misch: er war sehr ausweichend und wollte offenbar *nicht gern* mit mir davon sprechen. Sprach (dies übrigens im tiefsten Vertrauen – nicht in Universitäts-Vertrauen) zunächst von der Heideggersache (Heidegger an Stelle Hartmanns) und von seinem Gutachten dazu. Und im übrigen tat er, als sei die andere Frage ja noch nicht unmittelbar akut. Er *tendiert* dahin, sich sehr für *Lipps* einzusetzen. Machte schon einige Bemerkungen in dieser Richtung anläßlich der Heidegger-Sache. Kurz: die Sache war so, daß ich deutlich spürte, wie er innerlich damit beschäftigt war, das Problem Plessner–Lipps–Schmalenbach (von Halle[4] haben Sie ja gehört; Misch war ziemlich entrüstet, ebenso Lipps) in der „richtigen Weise" zu lösen. Was *ich* getan habe: ich habe beim Anblick dieser absolut anständigen – ehrlichen inneren Erwägung die Sprache verloren. Habe nur gesagt, daß *Sie* – auf dem Umweg über Hartmann informiert – *stark hofften*. „Das kann ich mir denken" sagte er darauf. Ich habe das Problem dann geflissentlich nicht mehr berührt und *glaube*, daß das zunächst das Richtige war. Es scheint mir übrigens, daß Misch weiß, daß für Schmalenbach Marburg nicht in Frage kommt. Ich habe auch das nicht ausdrücklich betont, täusche mich aber wohl nicht.

Dann noch Eins, das ich Ihnen sagen möchte. Ich habe überlegt,

---

[2] Wahrscheinlich „Die Deutung des mimischen Ausdrucks".
[3] Italienisch: Stellen Sie sich vor!
[4] Unklar, worauf sich K bezieht.

ob es richtig ist, d. h. ob es Ihnen nützen könnte, wenn ich es mitteile. Also: auf dem Wege zur Hardenburg sagte Misch ziemlich unvermittelt zu mir: was mir an Plessner nicht ganz gefällt ist die Art, wie er zuweilen in seinen Ansichten nachgibt, wenn jemand ihm fest widerspricht. – So ganz ähnlich sagte er. Aufs Wort mag ich es nicht präzisieren. Aber die Meinung schien mir klar: daß Sie wohl mal irgendeine These je nach den Umständen mehr oder minder fest verteidigt hätten. – Es kam so unerwartet für mich, daß ich nichts Rechtes drauf zu sagen wußte, sondern verlautete, Sie seien allerdings von Natur aus ein Diplomat, das müsse ich zugeben, aber das bedeute ja nun noch keineswegs etwas Schlechtes. – Es tut mir heute leid, daß ich damals nicht besser präsent und bei Laune war. Ich selbst war schon vorher etwas einsilbig geworden, weil er mir von Heidegger und Stenzel erzählt hatte, vor ihrer Ordinierung hätten sie immer regste sachliche Fühlung mit ihm gehalten; später nicht mehr. Mir schien im Moment, als sage er das mit irgendeinem ganz leichten Akzent – und da verstummte ich sofort, weil ich mit Misch auf diesem Fuß schlechterdings nicht reden kann.

Kurz, ich bin nicht sehr zufrieden mit mir selbst darin; es wäre eine Gelegenheit gewesen, sachlich manches zu sagen. Ich schreibe Ihnen das, weil ich mir vielleicht denken kann, daß Sie im Gespräch über irgend-jemanden zuerst ja – und dann etwas vorsichtiger ja gesagt haben. Ich erinnerte mich an gewisse Szenen, die Sie mir über Göttingen erzählten – und ich glaube auch nicht, meiner Verbundenheit zu Misch zu nahe zu treten, wenn ich es Ihnen so erzähle. Es kommt alles darauf an, den Schluß daraus zu ziehen. Und da würde ich sagen, daß gerade bei der extremen Ehrlichkeit von Misch jegliche Politik ganz sicher der falsche Weg ist, weil er 1) es sofort – auch im leichtesten Sinn merkt und 2) selbst so weich und unpolitisch ist, daß er darauf stärker negativ reagiert, als er selbst es sachlich möchte. Er kennt genau seinen Einfluß; ist aber so wenig machtlüstern, daß er dadurch nur ein großes Verantwortungsgefühl empfängt. Ich bin überzeugt, daß er innerlich alle Gutachterei und Stellenbesetzung zum Teufel wünscht.

Ich schätze also die Marburg-Sache so: daß sie günstig steht, daß aber die Stellungnahme von Misch noch aussteht. Und wenn ich mir alles überlege, so glaube ich, daß auch er *sicher nicht* dagegen ist, wenigstens nicht a priori. Viel Sorge macht ihm Lipps (Frau und Kinder

– was Misch sehr beschäftigt. Und außerdem schätzt er Lipps *ganz außerordentlich*).

Bei Lipps, der ganz der Alte war, war ich einen Nachmittag. Seine Frau lag zu Bett. Wir sprachen über die „Intuition" und über „Phänomenologie".[5] Es war nett. Lipps kritisierte äußerst gut und an einem fundamentalen Punkt. Aber wie immer: im Einzelnen. Vom Ganzen hört man nichts bei ihm. Ich fragte aber auch nicht, war innerlich zu sehr beschäftigt mit seinen Farbeneinwänden. (Kausalität des Lichts selbst!)

Bei Schmalenbach war ich 1½ Stunden an einem Vormittag. Dort sprachen wir viel über Sie. Es kam nicht viel dabei heraus. Aber er gefiel mir doch wieder irgendwo. Er ist sehr getroffen von der Hallenser-Sache; aber da er dort im Recht ist, so gibt der Schlag ihm zugleich Haltung. Er meinte Ihnen gegenüber, er empfände sehr stark, daß Sie Ihre Sachen „machten"; es übermanne Sie nicht; und das fühle er. Ich mußte lächeln, da ich an unsere Gespräche und an Ihre Kritik über die „Erkaltung" dachte. Ich sagte dann nur, daß das durchaus recht gesehen sei aber das noch Verwunderlichere oder das Einzig Interessante dabei sei nun, daß *Sie* das auch noch wüßten. Und hier beginne denn das Problem. Er gefiel mir, wie gesagt, weil er sofort begriff, stutzte und dann sehr gut sachlich den Faden weiter führte. Den Mimikaufsatz[6] hatte er leider auch noch nicht gelesen.

Im übrigen oder vielmehr die übrige Zeit war ich bei Fräulein v. d. Groeben. Und da war Stadie das Hauptthema. Oder vielmehr er wurde es immer wieder gegen unseren Willen. Da saß ich denn in den alten bekannten Stuben und trank den alten bekannten Tee. Sonnabends begleitete sie mich zur Bahn – und dann Marburg.

Zwischendurch las ich im Zug den Aufsatz von Peterson über Theologie,[7] den ich offen gestanden eben so scharfsinnig wie dumm finde. *Das* ist nun wirklich A = A in schlechtem Sinn. Es stimmt alles und keiner will es wissen. *Wenn* es christliche Theologie geben soll, dann... Auf der Gegenseite ist man wütend oder entsetzt; in Göttingen wird er von den Theologen, wie man erzählt, nicht mehr ge-

---

[5] Möglicherweise sind Lipps' im Entstehen befindliche „Untersuchungen zur Phänomenologie der Erkenntnis" (2 Teile, Bonn 1927/1928) gemeint.
[6] Die Deutung des mimischen Ausdrucks.
[7] E. Peterson: Was ist Theologie?, Bonn 1925.

grüßt. Es ist ein Auftreten gegen Luther ohne sich als solches zu geben. Gegen Barth als solchen natürlich auch wieder glänzend. In Stockholm[8] hätte er eigentlich Hauptverhandlungsgegenstand sein sollen. Übrigens gutes Beispiel für Nutzen und Schaden der Phänomenologie: er ist ahnungslos in jedem Sinn oder vielmehr im Ursinn von „ahnungslos".

Aber dann also Marburg. Europäischer Hof. Lange Wohnungssuche. Großes Entsetzen. Ich fasse mich so langsam zurecht. Will arbeiten (Hegel) und habe guten Mut. Von Leuten habe ich noch niemand gesehen. Werde bald mal über Heidegger berichten. – Fand einen Brief aus Rom vor –

Das dritte Blatt ist zu Ende. Geben Sie bald ein kurzes Lebenszeichen

Ihrem König

28 *Plessner an König*

Köln Titusstraße 4, den
19. X. 25

Lieber, wieder schreibe ich mit Blei, das Eintauchen der Feder würde mich jetzt zu sehr hemmen. Ein Brief ging vorgestern an Sie *postlagernd* ab; eine Karte[1] noch für Wiesbaden bestimmt vor etwa 14 Tagen ebenso. Nun zu Ihrem Brief. Ich danke Ihnen von Herzen, daß Sie mir nichts verheimlichen. Er hat mich, was Misch angeht, doch arg getroffen. Sie kennen mich sicher zur Genüge und wissen, daß ich pessimistisch denke, aber durch mein gesundes Lebensfundament optimistisch fühle. So wiege ich mich leicht in Überzeugungen, die zu formulieren ich stets scheuen und ablehnen würde. Eben weil ich nur in der Reflexion Diplomat bin, mich aber leicht von einer Atmosphäre überwältigen lasse, habe ich – so weit ich meine Erinnerung

---

[8] Die „Allgemeine christliche Konferenz für praktisches Christentum" vom 19.–30. 8. 1925, an der die katholische Kirche nicht teilnahm.
[1] Brief und Karte nicht mehr erhalten.

durchwühle, fällt mir freilich nicht das Geringste ein – wohl irgendwie mal (und sicher einfach aus Bequemlichkeit, denn zu kämpfen
habe ich kaum mehr Lust, wenn ich nicht *sehe*, daß der Gegner überhaupt meine Position erkannt hat) nachgegeben. Allerdings traute ich
Misch so viel zu, daß ich mir das leisten zu können glaubte. Ich hatte
in Göttingen und bei Misch – nach Jahren der jämmerlichsten Trok-
kenheit und Dürftigkeit (in denen Sie die Oase waren und sind) – ein
so lebendiges Glücksgefühl: *gesehen* und irgendwie richtig taxiert zu
werden, daß ich freilich nicht mit dem offenbar doch unüberbrückbaren Abstand zu andern rechnete. Daß bei Misch überhaupt irgendwo der Akzent zu[r] Erscheinung kommt, eine ähnliche Enttäuschung wie bei Heidegger und Stenzel an mir erleben zu können,
(natürlich nur atmosphärisch und nicht explizit – ich habe Sie *wohl*
verstanden. Ihr Brief hat mir alles ruckhaft nah gerückt), macht mich
sehr traurig. Ich bin an Misch durch Sie herangekommen, lange vor
dieser Karriereperspektive, – wie schwer wird es mir immer wieder,
zu jemandem den Weg zu finden; bis zu der „Zeitschrift" [2] habe ich
außer mit den hiesigen Philosophen überhaupt mit *keinem* Kollegen
irgendeine Verbindung gehabt noch gesucht – und *das* ist der Eindruck. Wenn Herr Schmalenbach (übrigens was ist denn in Halle
passiert, ich weiß nichts!) à la Scheler, E. R. Curtius, Worringer oder
Heidelberg den Eindruck von mir hat: verflucht begabter Kerl,
höchste Intelligenz – aber keine Spur von Genialität, Übermanntsein,
Gewachsenheit, Dumpfheit, Unbewußtheit, Tiefe, menschlicher
Substantialität, eben nur ein Ingenieur mit einer (admirablen) Zivili-
sationsphilosophie, sozusagen Johann der muntere Seifensieder [3] auf
höchstem Niveau –, nun so ist das das einfache Gegenbild zu dem,
was ich von ihm habe, und zu seiner Sippe, ein Urteil, das mich seit
meinen Schuljahren verfolgt und mir jenen großen Schatz von Bitter-
keit gegeben hat, für den ich diesen Leuten nur dankbar sein kann.
Diese Generation, Erzeugerin jenes lächerlichen Vorkriegsgeistes, an
dessen verspäteter Mythologisierung das Vaterland zu einem gut Teil
zugrunde ging, steril wie sie ist, kann mich nur noch auf der Haut
verletzen. Sie kann sich den Genius nur in einem blassen, nicht einem rotbäckigen Menschen vorstellen. Und sie weiß nichts von Pro-

---

[2] Gemeint ist der Anzeiger.
[3] Titel eines Gedichts von Friedrich von Hagedorn.

duktion und daß das Große erst da beginnt, wo man weiß, daß man alles macht und machen kann, aber dann die Konfrontation mit dem Nichts als positive Aufgabe empfindet. – Daß aber Misch nicht (im Grunde) weiter ist, wenn er mit einem Menschen zusammen ist, das überraschte und enttäuschte mich. Und hier gibt es keine Grade der Beziehung, die nicht beleidigend wären.

Auch ich empfinde die Haltung Mischs in Sachen Marburg vollkommen rein und begreiflich. Kann allerdings nicht verstehen wie man Lipps (Sie kennen mein Gefühl und meine Schätzung für ihn) zur Wahl stellen kann, zu der er an wissenschaftlichen Leistungen sehr wenig beibringt, an pädagogischer Selbsterziehung nichts. Aber ich bin an Mißachtung und Fußtritte allmählich gewöhnt, sehe überall, daß man meinen Büchern und Arbeiten eigentlich nur mit der Ausnahme des Quantitätsrespekts gegenübertritt und mich als den jungen Mann behandelt, der „seinen Weg schon machen wird". Das wird in dem Augenblick anders werden, in dem es zu spät geworden ist.

Meine Holländer Reise war bei Nebel und Regen, teilweise beträchtlicher Kälte – kein Mensch heizt dort, auch die Züge laufen bis 15. X. lt. Ordre ohne Heizung – sehr hübsch. Der Erfolg gut, in Amsterdam haben mich die Leute auch ganz gut verstanden, in Groningen außer Buytendijk nicht – der alte Heymans war in der Diskussion köstlich. Derselbe Eindruck scheint sich zu verfestigen: solange ich spreche, sind die Leute durch meine oratorische Dringlichkeit (in Vorträgen) im Bann, verlieren aber alles schon nach wenigen Minuten, wenn ich nicht hinter dem Katheder stehe. Dann schrumpfe ich offenbar zu Jackie Coogan[4] zusammen.

Morgen größere Auseinandersetzung mit Cohen über die Zukunft des „Anzeigers". Ich schreibe jetzt die genaue Disposition für die „Kosmologie des Lebens"[5] auf, der ich den Untertitel gebe: „Untersuchungen über die Stellung des Menschen in der Natur". Sobald sie fertig ist, geht sie Ihnen zu.

Schreiben Sie mir bitte bald auch wegen E.

Seien Sie von Herzen gegrüßt von Ihrem

Plessner.

---

[4] Vierjähriger Darsteller in Charlie Chaplins Film „The Kid" (1920).
[5] Arbeitstitel der „Stufen".

Machen Sie sich kein Kopfzerbrechen wegen Italien. Ich denke gern daran zurück und glaube nicht, daß ich viel zurückbehalten (an Schäden) werde.

Bitte besuchen Sie doch Hartmann einmal, er ist bis 30. X. Oikershäuser Allee 39. Bei Heidegger grüßen Sie *nicht* von mir, bei Hartmann schon und bringen ihm wirklich Grüße.

Bitte senden Sie mir doch weiter Ihre Druckbogen.

29 *König an Plessner*

Marburg den 20. 10. 25
Wehrdaerweg 9[1]

Lieber. Herzlichen Dank für Ihren Brief. Über E. gleich. Mir geht noch die Göttinger Sache durch den Kopf. Sie haben ja aus meiner abgehackten Darstellung kaum ein Bild bekommen. Göttingen – Misch ist eine „aura" – nehmen Sie alles in höchstem Sinn. Sie müssen das Misch gegenüber schon tun, sonst verfehlen Sie das Phänomen. Aber darüber müssen, müßten wir sprechen. Schriftlich ging es nur, wenn alles klarer (mir) wäre als es ist. Ich fühle aber das Ganze. Vor allem dürften Sie meiner Ansicht nach den Abstieg aus der „Idee" zur konkreten Wirklichkeit (also Marburg) in diesem Fall nicht zu schnell vollziehen. Leid tut mir, daß ich so ganz eingeschränkt augenblicklich bin um ein treffendes Wort nach Ihnen und nach Misch hin zu finden. Aber ich muß in diesem Fall meine Grenzen einhalten – ich fühle sie zu deutlich.

Dann E. Ich habe kein Recht mehr zu zweifeln. Ich erhielt einen 8 Seiten Brief – keine Fanfare, aber doch klar. Die Reise wird wohl werden. Sie schreibt, daß Sie alles systematisieren will, um das Haus allein lassen zu können und daß ihr der Gedanke an die Reise Kraft und Mut gibt, manches Schwierige dabei zu bewältigen. Fragt, ob aller „calor"[1] Italiens schon in mir verlöscht wäre (s'è spento) – schließt rhetorisch behauptend, mein Lebensweg werde sich fern von

---

[1] Lateinisch: Wärme.

meiner „kleinen Freundin" abspielen „auch wenn bei dieser der Keim des Gefühls (il germoglio dell'affetto) zu einer brennenden und üppigen Blüte erwachsen sein werde (anche se a questa il germoglio dell'affetto sarà diventato un fragrante e rigoglioso fiore!") Am Ende: „schreiben Sie mir – trösten Sie mich – behalten Sie mich lieb." (mi scriva – mi conforti – mi voglia bene (wörtlich: wollen Sie mir wohl).

Lieber. Ich bin eifersüchtig gewesen – ja es wird wohl wahr sein. Es ist ebenso wahr, daß ich auch nicht eifersüchtig war. Mein Verhältnis zu ihr war – auch wenn kein Schatten von Eifersucht früher schon sich zeigte – *in sich selbst* mehrseitig. Bedenken Sie dann die *äußeren* Verhältnisse: meine und ihre. Bloßes „capriccio"?[2] Nein und doch auch wiederum nicht ganz nein. Dann: Philosoph und schöne Frau! Sie ist ja wirklich eine „schöne Frau". Ich glaube, daß Sie verstehen, was ich damit andeute. Wenn Sie das alles zusammennehmen, dann werden auch Sie davon *überzeugt* sein, daß es nicht einfach „Eifersucht" war, daß mein gedankenvolles Gesicht meist gar keinen Bezug auf Sie hatte. In diese ganze *Lage* kamen Sie herein – und die *Lage* als solche hat sich dadurch auch heute nicht verändert. Das zeigt mir der Brief – dort wo er mir gefällt und dort wo er mich etwas schwermütig macht. Für mein Schweigen, das eben damals ein Index der *Lage* war, habe ich meine Strafe dahin. Ich kann nur hoffen, daß es Ihnen nicht unmöglich wird, sich innerlich irgendwo und irgendwie zu verhärten. Was Sie auf die Karte hin tun sollen? Darauf kann ich natürlich nur sagen, daß ich das ganz Ihnen überlassen muß. Aber dieses kann ich sagen: daß ich genau weiß, daß ich nicht die mindeste Veranlassung habe, Ihnen auch nur in etwas gram zu sein und daß ich sogar nicht einmal den Humor am Ganzen übersehe. Schreiben Sie bitte mal. Ich möchte gern ein Wort von Ihnen hören und haben.

Herzlichst

Ihr König

---

[2] Italienisch: Vorübergehende Neigung, kurz aufflackernde Leidenschaft.

Marburg den 21. 11. 25.
Wehrdaerweg 9[I]

Ach mein Lieber: wie gern würde ich Ihnen schreiben! Machen Sie nur keine unsinnigen Hypothesen über mein Schweigen! Aber in mir zerren so viele Geister, daß es zu einer äußerlichen Bewegung nicht kommt. Die äußere Mobilität muß im umgekehrten Verhältnis zur inneren stehen; das scheint weiß Gott so zu sein. Gern würde ich auf Ihren Brief wirklich „antworten": mir scheint trotz allem, daß da etwas zu beantworten ist. Ich konnte nicht zu allem so ja und amen sagen; aber auch nicht nein. Zu sagen, daß Sie die Sache falsch sehen, das möchte ich nicht. Sie dürfen nicht vergessen aber, daß es zweierlei ist, ob man ein Phänomen von außen oder „von innen" sieht. In Göttingen sieht man noch von außen. Und daraus kann man nur unter sehr bestimmten Bedingungen einen Vorwurf machen. Aber genug damit für heute. Das Thema läuft ja nicht weg.

Was mich angeht, so habe ich mich interimsweise zurecht gesetzt. Es ist schnell erzählt: unablässige und fast hartnäckige Konzentration auf *Hegel*. Ich bin fest entschlossen, diese Sache irgendwie zu machen und glaube auch, einzusehen, daß es das Richtige ist.[1] Ein ganz roher Plan steht auch schon fest. Ich schätze vorsichtig und nicht zu sehr und nicht zu wenig auf 1½ Jahre Arbeit. Da ist gar nichts dran zu machen. Es ist entsetzlich, aber wahr. Von Luftschlössern kann man nicht leben. Wenn es mir gelingt, das zu machen, was mir vorschwebt, so ist die Zeit nicht vertan gewesen. Ich habe mich in diese Arbeit richtig hineingerettet; als solche macht sie Spaß und langweilt keinen Augenblick.

Von Marburg höre ich wenig. Kenne keinen Menschen. Höre Logik und Seminar bei Heidegger,[2] über dessen Philosophie ich noch

---

[1] K hatte zunächst vor, sich mit einer Arbeit über Hegel zu habilitieren. Er gab diesen Plan jedoch später zugunsten seiner sprachphilosophischen und ontologischen Untersuchungen auf. Im Nachlaß befinden sich umfangreiche Materialien, die diesem Projekt zuzurechnen sind.

[2] Vorlesung vierst. „Über Logik"; Seminar „Phänomenologische Übungen für Anfänger und Fortgeschrittene (Hegel: Logik, I. Buch)". – Der Text der Vorlesung ist veröffentlicht in: M. Heidegger: Gesamtausgabe Band 21: Logik. Die Frage nach der Wahrheit, hg. von W. Biemel, Frankfurt a. M. 1976.

kein Wort schreiben kann; es kommt bei ihm tropfenweise. Hänge da noch vollkommen in der Luft. Bin aber – nicht allzu sehr – interessiert. Persönlich gar nicht unsympathisch, aber auch nicht sympathisch. Merkwürdiger Gegensatz in seinem Gesicht: ganz hart – Holzschnitt – alles präsent und herausgearbeitet; im Innern, soz. hinter der harten Fläche ein quecksilberhaftes Kollern – hin und her – maushafte Lebendigkeit. Drückt sich auch im Benehmen aus – als unvermittelter Kontrast zwischen harter Ruhe und saloppen Redensarten. Da ich von schwerer Erkrankung seiner Frau hörte, stellte ich mich ihm im Seminar vor. Er sagte sofort – herzlich lächelnd wie ein Junge: ach ich kenne Sie schon. Ich: woher? Darauf er wörtlich „von Plessner". Wie gesagt: sehr einfach, natürlich, herzlich; hat mir gut gefallen. – Sagte mir dann, seine Frau sei krank; später hoffe er mich zu sehen. Darauf warte ich noch und habe ihn also recht eigentlich noch gar nicht kennengelernt.

Sonst höre ich noch gute Experimentalphysik, die mir Spaß macht. – Ich bin für das Kolleglaufen langsam zu alt geworden; es ist nicht mehr das Richtige; das merke ich. Aber ich halte durch. – Es drückt mich sehr, daß ich Hegel gegenüber noch auf Zeit hinaus rezeptiv mich verhalten muß. Wäre ich schon am Schreiben, so ginge es besser. Es ist eine wahre Ungeduld.

Im übrigen lebe ich absolut provisorisch – zwischen Himmel und Hölle. Sehe Niemanden und habe keine Fähigkeit und folglich keine Lust jemanden zu sehen. Man hätte nichts von mir und ich nichts von „man". Ich weiß nicht, was das ist – aber es ist so – und mit allem Bewußtsein. Es ist merkwürdigerweise genau derselbe Zustand wie vor 12 Jahren in Marburg[3] – Spirale! – So etwas von Identität im eigenen Leben ist mir noch nicht begegnet.

Ich denke viel an Italien und arbeite im Grunde nur, um bald zurückkehren zu können. Von E. erhielt ich mehrere Briefe – ich finde es hier fast unerträglich. Vor 10 Tagen hatte ich 3 Tage Besuch von Fräulein v. d. Groeben aus Göttingen – waren schöne Tage, so daß ich mich nachher sehr allein fühlte – Anfang Dezember will Hennekke kommen für 3–4 Tage, worauf ich mich dann auch sehr freue. Im übrigen mag ich mich nicht rühren. Schließlich wird ja wohl einmal das Alter und die Ruhe der Weisheit kommen! Ihre beiden kleinen

---

[3] K hatte im Wintersemester 1912/1913 in Marburg studiert.

Vorträge (Ästhetik-Kongreß)[4] habe ich gelesen – herzlichen Dank. Ich finde sie sehr sehr gut – wie alles. Ich denke jetzt, daß der Hegel Gelegenheit gibt, etwas darüber zu sagen – denke es ernsthaft. – Vergessen Sie mich nicht ganz. Wenn Sie Lust und Zeit haben: ich freute mich riesig über einige Worte.

Immer herzlichst

Ihr König

31 *König an Plessner*

Marburg 12. 12. 25
Wehrdaerweg 9[1]

Lieber.

Auch heute nur ein ziemlich abruptes Lebenszeichen. Zunächst einige Notizen aus dem Geheimfach, die Ihnen höchstwahrscheinlich alle geläufig sind. Also 1. Misch schrieb mir, daß er auf Aufforderung von Köln ein plädierendes Votum für den Professor-Titel an Sie abgegeben hat, daß er den Aufsatz[1] jetzt gelesen und „vorzüglich" finde – schrieb scherzend, nach dem krötenhaften Anfang habe er allerdings auch hinten mehr Krötenhaftes vermutet. Auf jeden Fall war er *sehr* angetan. Dann: daß die Hartmann-Besetzung noch lange dauern werde – neuerdings werde sogar *Pfänder* genannt. Meinte, das sei dann „schade", da so der Heidegger-Posten nicht frei werde. Für den Fall einer Besetzung der Heidegger-Stelle würden, abgesehen von Ihnen, – „sonderbare" Kandidaten genannt: Weinhandl und Becker (dieser als „Husserl-Kandidat"). Kurz: was er so schrieb, war im Ton sehr gut. Von Lipps in dieser Hinsicht kein Wort. Vielleicht habe ich zu schwarz gesehen. – Nächstens wird seine „Fibel" herauskommen; ich lese Korrektur mit: *sehr sehr* schön.

Zu Heidegger habe ich noch keine Beziehung. Er lädt nicht ein und so gehe ich nicht hin. Sachlich wage ich noch gar nichts zu sa-

---

[4] „Über die Möglichkeit einer Ästhetik" und „Zur Phänomenologie der Musik".
[1] Die Deutung des mimischen Ausdrucks.

gen, da er eine preußische Landsturm-Manier im Vorwärtsrücken hat. So zweifele ich noch an dem, was „herauskommt". Bisher hat er für meinen Geschmack nur offene Türen – und nicht einmal sehr elegant – eingerannt. Immer aber ein merkwürdiger Kerl – es geht da schon etwas herum und es tut mir nicht leid, das mit anzusehen. Alles in allem genommen ist es mir aber nicht gemäß. Sonst höre ich Physik mit viel Behagen. Sah neulich mit eigenen Augen den Spiegelversuch Fresnels[2] und war entzückt. Mit jedem solchen *Gesehenen* löst sich ein Verdrängtes in Nichts auf. Zur Mathematik habe ich gar keine Zeit.

Im übrigen immer Hegel. Es ist da nichts zu sagen, als daß ich da durchmuß. Es hängt mit der „Intuition" engstens zusammen. Weiß Gott was es werden wird: ich habe augenblicklich wenig Willen bei dieser Tätigkeit. Ich hoffe auf jeden Fall. – Ich kenne hier keinen Menschen und freue mich schon, wenn ich mal wieder die Marburger-Gegend – und dann hoffentlich für immer – hinter mir lasse. Weihnachten werde ich in Hagen sein; vom 28. 12. bis 3. 1. bei Freund Brauns in Remscheid; dann Marburg bis Mitte März. Von Mitte März an werde ich wohl für einige Wochen in Göttingen in meiner alten Lohbergstraße residieren und dann... höchstwahrscheinlich Italien. Vielleicht den ganzen nächsten Winter über – Vielleicht. Seien Sie herzlichst gegrüßt und geben Sie – wenn möglich – ein kurzes Lebenszeichen

Ihrem König

32 *Plessner an König*

z. Zt. Wiesbaden Taunusstr. 2
(bis 6. 1. 26)
23. XII 25

Lieber, hoffentlich erreichen Sie meine – und meiner Eltern – herzliche Wünsche noch zur richtigen Zeit. Heute kam Ihre Karte,[1] wes-

---

[2] Die Demonstration der Interferenz des Lichts mittels eines Doppelspiegels.
[1] Nicht erhalten.

halb ich den Brief gleich richtig dirigiere. Beiliegend Gutachten bitte vertraulich zu behandeln – mir ginge es natürlich an den Kragen, wenn es ruchbar würde, daß ich die Urteile nicht nur zu Gesicht bekomme, sondern obendrein noch – in die Maschine diktierte (wenn auch noch *nach* einem Original!). Schicken Sie mir bitte die Gutachten *eingeschrieben wieder zurück*. Die Fakultät hat mich also zum A. O. eingegeben, die Verlesung der Gutachten hinterließ sogar erheblichen Eindruck. Die Gutachten sind alle an den Minister weitergewandert, auf diese Weise wird das Urteil Schelers ins richtige Licht gesetzt.[2]

Nun nochmal zu dem „Thema, das uns nicht wegläuft". Ich hoffe, sie haben damals richtig gefühlt, worauf es mir ankam, d. h. was mich eigentlich verstimmte: nicht die Schlechtheit meiner Aussichten in Marburg, sondern daß ich Misch offenbar fremd geblieben bin. Ich habe das damals wohl nicht richtig formuliert. Überhaupt machte ich und mache mir auch heute nur schwache Hoffnungen wegen meines Weiterkommens, ich hätte auch keinen Augenblick gestutzt, wenn Misch sich in diesem oder einem anderen Fall zunächst für Schmalenbach oder Lipps oder noch einen anderen eingesetzt hätte. Verletzt hat mich nur die Fernstellung des Mischschen Blicks.

Daß Besonderes dazwischen nicht passiert ist (zuerst glaubte ich an Hetzereien z. B. Fräulein Worms'[3] oder anderer mit Köln zusammenhängender Leute), zeigt mir ein Besuch von Lipps in den ersten Tagen des November, der auf der Durchreise von Bergzabern, wo er bei Conrads[4] war, Köln und Bonn berührte. Ich ließ natürlich Lipps nicht das mindeste merken, entnahm nur seinen Äußerungen, daß alles noch so ist, wie es mir früher schien, und ich mich des ungetrübten Wohlwollens der Göttinger erfreue. Lipps hat vielleicht noch das beste Auge, er ist eben auch Naturwissenschaftler. – Aber ich habe wohl auch zuviel verlangt.

Vielen Dank für Ihren Lagebericht. Die Nachfolgeliste für Hartmann lautet: primo Heidegger, secundo-aequo Heimsoeth – Pfänder.

---

[2] Durchschläge der Gutachten von N. Hartmann, G. Misch und M. Scheler befinden sich im Plessner-Nachlaß der Universiteitsbibliotheek Groningen unter der Nachlaß-Nummer 14.
[3] Graphologin.
[4] Theodor Conrad, 1881–1969, und Hedwig Conrad-Martius, 1888–1966. Husserl-Schüler.

Kroner konnte Hartmann nicht durchsetzen. Die Eventualliste für Heidegger nennt mich, Weinhandl, Becker (das sind Hartmanns Kandidaten, Becker eine Konzession an Heidegger). Doch scheint Jaensch noch nicht gewonnen zu sein. Mahnke, Paul Hofmann (Berlin) und Leisegang (Leipzig) schwirren offenbar auch noch herum.

Was macht E., der Frühlingsplan und Italien? Daß sie wieder nach Italien wollen, macht mir Sorge. Ich möchte Ihnen *von Herzen* raten, erst Ihren Hegel wenigstens unter Dach zu bringen, am besten aber auch die Habilitation zu vollenden. Warum sitzen Sie auch, habe ich mich oft gefragt, in Marburg? Zunächst schien es plausibel, aber offenbar wirkt es falsch. Kommen Sie doch für einige Zeit nach Köln. Wir könnten es uns so hübsch machen. Hartmann bat mich schon, Ihnen zu schreiben, Sie sollten sich in Köln habilitieren! (Er sitzt hinter Hegel, liest im Sommer Seminar Logik I. Buch, hielt vor ein paar Wochen einen Vortrag „Hegel und die Erneuerung der Ontologie in unserer Zeit".[5]) Gut scheint mir seine Anschauung von der Dialektik, deren Anwendung, aber nicht Theorie Hegel gegeben habe: Dialektik als eine begrifflich nicht zu bestimmende Infinitesimal„praxis", jedes Ding in seiner Situation ontisch sprechen zu lassen. Also: Bergson – Hegel → die kommende reine Dialektik. Zum ersten Mal hat sich Hartmann in seinem Vortrag „Hegel und Aristoteles"[6] dazu geäußert. – Mit Hartmann bin ich täglich zusammen, diskutiere auch viel; er ist in Vielem schmiegsamer und möglichkeitsreicher als seine Bücher.

Noch um eins bitte ich: wenn Sie E. schreiben, erklären Sie ihr bitte mein Schweigen als durch Sprachlosigkeit erzwungen und grüßen Sie sie, den Mann und die Kinder. – Von meinen Plänen, meiner „Logik"[7] und der „Kosmologie" bald einmal Näheres. Grüßen Sie Brauns und Frau herzlich. Verleben Sie ein frohes Fest. In Gedanken immer mit Ihnen

stets Ihr Plessner

---

[5] Der Vortrag blieb offenbar unpubliziert. – 1929 veröffentlichte Hartmann den 2. Band seiner Philosophie des Deutschen Idealismus: Hegel. Berlin und Leipzig.

[6] N. Hartmann: Aristoteles und Hegel, in: Beiträge zur Philosophie des Deutschen Idealismus 3 (1923) S. 1–36, 2. Aufl. Erfurt 1933. Vortrag, gehalten auf der Tagung der Deutschen philosophischen Gesellschaft zu Weimar am 22. Mai 1923, jetzt in: Kleinere Schriften Band II: Abhandlungen zur Philosophie-Geschichte, Berlin 1957, S. 214–252.

[7] Damit ist vermutlich das Kolleg über Logik gemeint, das P in Vertretung Schelers im Wintersemester 1925/1926 las; vgl. Br. 22, oben S. 88.

In der von Werner Jaeger herausgegebenen Die Antike I 3 ein Aufsatz von Karo über altetruskische Baukunst[8] (viel über Cerveteri!)

[S. 1 am oberen Rand:] Seit 14 Tagen hat meine Mutter durch eine Zerrung der Nerven beim Baden an einer Verschlimmerung ihres Ischias zu leiden, sie kann erst seit 4 Tagen wieder im Zimmer gehen.

[S. 1 am linken Rand neben dem 1. Absatz:] Und vernichten Sie diese Spuren meines Verbrechens!

33 *König an Plessner*

[Marburg]
Montag den 11. 1. 26

Lieber.   Gestern abend 11$\underline{0}$ bin ich nach 7stündiger Bummelfahrt durch das Sauerland von Hagen aus wieder hier angekommen. Mein Erstes ist jetzt, Ihren lieben Brief zu beantworten, der mir ganz außerordentlich wohl getan hat. Am 22. abends kam ich in Remscheid an, blieb dann gegen jeden Plan bis Freitag morgen. Freitag, Samstag und Sonntag war ich in Hagen. Bei Freund Brauns war alles unverändert: er hat im vergangenen Jahr schwerste geschäftliche Sorgen durchgemacht; mehr als einmal stand der Bestand seiner Möbelfirma hart auf der Kippe; auch jetzt noch schwankt die Situation erheblich, aber läßt wenigstens etwas Raum zu Hoffnungen. Sie können sich denken, *wie* er mir davon erzählte – dabei hat er sich jegliche sonstige Lebendigkeit gewahrt – sprach zuweilen gut und lebhaft – alles im alten Stil, den Sie ja kennen. Seine Frau litt äußerlich mehr unter der drohenden Situation – sorgte, schmollte, – das Verhältnis der Beiden zueinander – so gut es äußerlich schien – machte mir zuweilen Sorgen für beide Teile. Die Kinder, besonders der kleine Junge, sind sein ganzes Glück. 2× waren wir auch im Kino. 2× in Burg – sonst viel zu Hause. Die Tage gingen im Nu dahin mit Nichtstun. Ich sah mein altes Haus wieder und wappnete mich mit Gleichgültigkeit. Einen Morgen habe ich mit Brauns zusammen einige Bücher umgepackt bei

---

[8] G. Karo: Altetruskische Baukunst, in: Die Antike 1 (1925) S. 213–243.

mir. Im Hause wohnen jetzt 4 Parteien: es ist mit Ausnahme der Ge-
schäftsräume fast unverändert – dieselben Tapeten, dieselben Türen
und Treppen – aber der „Geist" ist so total gewandelt, daß mich der
Besuch recht kühl ließ. Schön waren einige Stunden bei Melchers,[1]
von dem ich Sie grüßen soll; auch den – jetzt verheirateten „Baurat"[2]
sah ich – aß bei ihm einmal zu Abend – er erzählte viel von seinen
New-Yorker Eindrücken, präsentierte seinen 1 Monat nach der Ver-
heiratung angekommenen sehr intelligent aussehenden Jungen – dieser Besuch ließ mich sehr kühl.

Innerlich unerfreulich, äußerlich korrekt war ein Zusammentreffen
mit Agartz,[3] der in Köln verheiratet ist und seine alte Stellung in der
Konsumgenossenschaft „Hoffnung" innehat. Wir hatten uns gar
nichts mehr mit-zuteilen. Im übrigen das Remscheider Wetter: fast
noch schlimmer, als Sie es kennen. Von Schwester und Schwager
habe ich zum Glück nicht das mindeste gesehen. Brauns legte mir
stolz und freudestrahlend auf den Weihnachtstisch die *Komplette
große* Hegel-Ausgabe (Michelet – Hotho – Marheineke 1832 ff.) –
gut erhalten. Er hatte sie in einem Düsseldorfer Antiquariat für 120.–
Mark aufgetrieben. Das hat mich riesig gefreut und ist ja auch sachlich äußerst wertvoll für mich.

Vergangenen Freitag fand ich dann endlich die Courage Hagen[4]
aufzusuchen. Sie wissen nicht, was dies für mich bedeutet und ich
selbst weiß es auch nur unbewußt. Es ist ein ganz großer „Komplex"
für mich, den ich teils schon durch Erbschaft über Vater und besonders über Mutter herüber besitze. Es ging leidlich und ich bin froh,
diese Station für längere Zeit wieder hinter mir zu haben. Leid tat
mir, als ich von Onkel Anton Cordes hörte, daß Kroll die Feiertage
über da gewesen wäre und gern mit mir gesprochen hätte; fand auch
gestern abend hier eine reizende Karte von Kroll.

Ich werde mich nun sofort wieder an die alte Arbeit machen. Meine Pläne schwanken noch sehr. Da der Grundpunkt von mir aus
nicht variiert werden kann (ich meine die Produktion), so muß ich
vor allem abwarten. Wenn ich mich prüfe, so finde ich, daß ich in be-

---

[1] Nicht zu ermitteln.
[2] Nicht zu ermitteln.
[3] Viktor Agartz (1897–1964), Gewerkschaftler.
[4] Wohnsitz von Ks Verwandten Cordes.

zug auf diesen Punkt mein Möglichstes tue. Es geht eben einfach nicht anders und besser. Es ist ein sonderbares Stagnieren, dessen tiefe Begründetheit ich ahne, fühle, zuweilen auch in gewissen Hinsichten formulieren kann, das aber als Ganzes einfach da ist. Ich bin wirklich selbst gespannt, wie sich das mal auflöst. Ich kann Ihrer Meinung nicht beitreten, daß Marburg „falsch wirkt" – Marburg als solches hat damit gar nichts zu schaffen: es liegt in mir selbst und ich bin im Grunde mit meiner gegnwärtigen Isolierung, die denn doch Zeit zur Arbeit bedeutet, *so* zufrieden, daß schon wieder mein Plan, im März, April nach Göttingen zu gehen, schwankend geworden ist. Entscheidend ist Italien. Ich danke Ihnen von Herzen für das, was Sie so offen mir darüber sagen. Ich bin sehr intellektuell und kann das infolgedessen aufnehmen, bedenken, vollziehen. Diese Beziehung liegt mir nur tiefer, als Sie übersehen. Gewiß: ich „könnte" schlechthin mich davon abkehren – aber *will* ich auch? Zudem denke ich lebhaft an die Arbeit, wenn ich an Italien denke. Auf jeden Fall plane ich noch immer im Mai hinunterzugehen; wir wollen uns in Venedig treffen – dort einige Zeit zusammensein – dann will sie vorausfahren nach Rom. Selbstverständlich würde ich nicht hinuntergehen, wenn ich darin ein wesentliches Hindernis im Arbeiten erblickte. Aber soviel man dies voraussehen kann, wird dies nicht der Fall sein. Ob ich den Hegel in Marburg oder Rom schreibe, ist teils gleichgültig, teils hat das römische Ambiente auch einen positiven Ton, ganz abgesehen von E. Aber ich mag nicht weiter darüber schreiben: denn Gründe beizubringen ist nicht schwer – ich weiß wohl, daß das Ganze grundlos – Fatum ist. Das scheint bedenklich: Aber umgekehrt wird auch ein Vers daraus. Sie verstehen wohl, was ich damit sagen will. Ihre Grüße für E. werde ich heute noch ausrichten; und auch ihre Antwort mitteilen.

Heidegger hier ist mir persönlich eine große Enttäuschung, aber ich freue mich, ihn kennengelernt zu haben. Er wird eines Tages mal irgendeine Rolle spielen, dann werde ich ohne Mühe über ihn im Bilde sein. Er ist zuweilen und überhaupt das, was man „tief" nennen kann. Es geht irgendwie nach unten in die Tiefe. Er bohrt, dreht sich dreimal um seinen eigenen Absatz, ist unsicher (was sich schon in der Art seiner Betonung äußert, insofern er wichtige Dinge, Worte laut ansetzt und dann einfach verschluckt), sehr eitel, äußerst eitel, kämpft bewußt dagegen, Zelot, amusisch. Sein Kopf ist gut, ungewöhnlich gut; aber mit einer kleinen Modifikation gäbe er auch einen typischen Friseurgehilfen ab. Sein Kolleg ist gespickt mit trefflichsten allgemeinen Bemerkungen (um ein Beispiel zu geben; heute sprach er von der Art Kants: immer offene Horizonte zu lassen; das sei besser als pompöse Systematik); aber er kommt kaum von der Stelle und das von ihm selbst dann nach langem Hin und Her Ausgesprochene ist zuweilen entsetzlich trivial. Sein Kollegium behandelt er sehr professoral mit einer singulären Mischung von unangebrachter Würde und unangebrachter Saloppheit. Er hat eine Manier, immer recht zu behalten, da er sich letzthin einfach auf seine wirklich guten allgemeinen Positionen zurückzieht und dem Gegner voreilige Grobschlächtigkeit vorwirft. Eine sonderbare Mischung von bohrender Tiefe und Husserlscher unendlicher Forschung; ich halte offen gestanden gar nichts davon und das Ganze für eine ad hoc unbewußt konstruierte persönliche Attitüde. Seit 2 Stunden ist er nun endlich etwas positiver geworden, wenigstens in bezug auf das Thetische. Also: er hat die Idee einer „Chronologie" als einer *oder* der philosophischen Grundwissenschaft.[5] Darin soll im Sinne Kantischer Analytik (regressive Zergliederung auf die „geheimen" Bedingungen hin) geforscht werden; zunächst Beziehung von Aussage, Satz, Wahrheit, Falschheit etc. auf die *Zeit*. An der Aussage sind „temporale Charaktere" gegeben. („zeitlich" – dies Wort läßt er dem „gemeinen Bewußtsein" im Einklang mit dem Kantischen Verstand dieses Begriffs) – Daß ein „gegebenes Phänomen" einen temporalen Charakter hat soll aber *nicht* bedeuten, daß es „in der Zeit" – als Vorgang etwa – geschieht, *sondern*: ja das Positive hat er noch nicht verraten; ich vermute, daß es das *Zeitliche* im Ewigen – so etwa – ist. So tadelt er z. B. daß Kant der transzendentalen Apperzeption jeden temporalen Charakter nimmt. Ebenso, daß Kant im Gegensatz gegen die griechische Logik in der Fassung des Widerspruchsatzes das ἅμα das Zugleich, überflüssig nennt. Die höchste Vorahnung seiner „Chronologie" findet er im Schematismuskapitel Kants![6] Einige Thesen von ihm lauten dann so: *Sein* ist Anwesenheit; Wahrheit ist Gegenwart; Gegenwart ist aber die höchste, vornehmste Art von Anwesenheit; *also* wird es verständlich, daß Aristoteles die Wahrheit als höchste Art des Seins,

---

[5] Vgl. M. Heidegger: Logik, S. 197 ff.; vgl. Anm. 2 zu Br. 30.
[6] Kant: Kritik der reinen Vernunft B 176 ff.

als das eigentliche Sein, auffaßt. Gegenwart ist aber ein Modus der Zeit.

Daraus ist ja auch der Zug zur transzendentalen Apperzeption deutlich. Er hat da für den Status der Wahrheit den Ausdruck eines „in sich selbst präsentischen Verhaltens" (ungefähr das, was *Sie* das absolute Hier und Jetzt nennen). So nennt er auch die Wahrheit die „anwesende Anwesenheit selbst" und formuliert Sätze wie den: daß es Falschheit nur gebe, insofern es Zeitlichkeit gebe. U. s. f. Dies alles nun ist ja gewiß interessant. Nichtsdestoweniger habe ich *so* das Gefühl eines letzthin ganz Unbedeutenden, Nichts-bedeutenden, oder Nur Unangenehmen, daß ich diesen Zwiespalt noch nicht deuten kann. Schreiben Sie mal, ob Sie besseres über ihn wissen. Er redet viel von Hermeneutik – in einem ursprünglich klugen Sinn, aber zugleich so inkohärent, kauend, verschweigend, hinterhältig, daß mir übel werden könnte. Lange trat er z. B. auf der Tatsache herum, daß ich z. B. beim Schreiben mit Kreide die Kreide *implizit* „verstehe als" eben dieses Mittel zum Schreiben. Dieses „implizite Verstehen als" ist seine „hermeneutische Grundstruktur": na schön! Und dann leitet er daraus durch eine „Nivellierung" (mir ein ganz unverständlicher oder blöder Ausdruck) das „als" in einfachen Urteilen, z. B. die Kreide ist weiß – ab. Mit Emphase – ganz blöder Emphase – betont er dann, daß solche einfachen Urteile nicht ursprünglich sondern als aus jener Grundstruktur deriviert aufzufassen sind.

An sich ja auch sehr schön. Kurz: es ist eine unfaßbare Mischung von Gutem, Tiefem, Blödem, Trivialem. Ich mag ihn persönlich gar nicht fragen, denn seine Art Einwände entgegen zu nehmen, entbehrt jeder Freiheit, Heiterkeit, Sorglosigkeit um sich selbst.

Aus persönlichen Andeutungen allerlei Art vermute ich so: er will eine ganz moderne Philosophie mit den exaktesten Mitteln; er will vor allem die griechische Seinsphilosophie radikal aus sich selbst überwinden; und seine moderne Philosophie soll von *Kant – Dilthey* ausgehend das Persönliche – Individuelle zentral fassen. Dabei sieht er die Lage der Philosophie skeptisch; sie tauge (und er schließt sich selbst dabei, soviel ich weiß, ein) nur zur Destruktion. Dahinter stehen Beziehungen zur Theologie der Barth – Bultmann.

Sie empfangen dann anbei die Gutachten zurück, für deren Übersendung ich besonders danke. Die Lektüre war mir äußerst interessant, das Schelersche Produkt am meisten. Ich finde es meisterhaft und man könnte darüber einen Roman à la Thomas Mann schreiben. Mir scheint, Sie sollten das als *echte* Reaktion betrachten: *nur* „Reaktion", aber als solche echt. Die absolut unprofessorale unsichere Psyche Schelers ist mir ganz deutlich dadurch geworden. Daß er bei Ihnen den „zentralen Einsatz" vermißt, werden Sie verschmerzen können. Sie gehen den merkwürdig Goetheschen Weg einer organischen Induktion, der 1. wie schon Schiller an Goethe bemerkt,[7] lang ist und dem gegenüber solche Mißverständnisse vorauszusehen, ja in gewissem Grade entschuldbar sind. Sie sind eben nicht nur ebenso klug wie Scheler und philosophisch viel gebildeter als er, sondern auch ebenso *breit* gelagert, aber zugleich im sog. Sittlichen glücklicher, breiter, unbefangener organisiert. Wenn sie zum zweiten Mal verheiratet wären[8] oder irgendeine kulturelle sog. These verträten, würde er Sie besser verstehen. So aber *kann* er sich offenbar die Verbindung von größter intellektueller „Einfühlungsfähigkeit" und wirklichem nüchternsten Fleiß und Arbeiten nur als substanzlose Streberei vorstellen. Natürlich spielt da auch Persönliches herein, das sehe ich wohl. – Das Urteil von Misch hat mich gefreut. Daß Sie die „Fernstellung" enttäuscht, verstehe ich; aber das ist so eine ganz allgemeine organische Attitüde von ihm und außerdem steht er doch eigentlich auch schon auf der Kippe. –

Ich schließe den langen Brief in Eile. Es wartet noch ein ganzer Stoß anderer Briefe auf Beantwortung. Am liebsten würde ich von einem bestimmten Termin eines Kölner Besuchs schreiben. Aber ich sehe noch nicht klar in die Zukunft. Und so denn für heute nur herzlichste Grüße

Ihres König

---

[7] Bezieht sich vermutlich auf Schillers Brief an Goethe vom 23. August 1794, 2. Absatz. Briefwechsel Schiller – Goethe Nr. 4.
[8] Anspielung auf Schelers 3. Heirat mit Maria Scheu am 16. April 1924.

Marburg den 24. 1. 26.

Lieber. Heute nur ganz schnell Dank und kurze Antwort auf Ihre Karte.[1] Ich bedauere für Sie, daß Frau Koppel Köln verläßt. Sie verlieren dadurch, wenn ich recht erinnere, eine gute Freundin und ein hübsches Haus. Inghilterra scheint mir *für Frau Koppel* nicht passend. Sie würde wie wir die Vorzüge dieses Hauses sehen, aber es ist ein richtiges Geschäftshotel („Geschäft" im weitesten Sinn) und liegt eingekeilt in der Häusermasse zwischen Spanischem Platz und Corso Umberto – in einer kleinen Querstraße zur Via Condotta. Sonst einen Rat geben ist schwer, da ich nur wenigste selbst kenne. Die *ganz* erstklassigen wird sie ja auch selbst aus dem Führer kennen. Da ist vor allem das „Regina Carlton" – gegenüber dem Palast der verstorbenen Königin-Mutter. Das soll in bezug auf Ruhe und Vornehmheit in der Tat erstklassig sein. – Ebenfalls sehr gut ist „Quirinal" in der Via Nazionale, ganz in der Nähe des Bahnhofs. Das hat Zimmer nach hinten heraus, die auf das Teatro Costanzi blicken. Das kenne ich, es ist gut, ausgezeichnet, *sehr* frequentiert. Aber *mir* würde es doch nicht so restlos zusagen. – Schönste Lage hat das „Eden" in der Via Ludovisi – direkt am Eck gelegen, wenn man von der Stadt kommend durch die Via Francesco Crispi zur Via Porta Pinciana geht, schräg gegenüber der Villa Malta, die einiges tiefer liegt. Von den Zimmern muß schönste Aussicht sein, ähnlich wie von Hassler. Der Besitzer ist identisch mit dem des Quirinal. Es ist vollkommen neu renoviert; ich war mal einen Abend mit E. und O. in der Bar des Hotels, fand es einigermaßen up to date auch das Publikum gut. Der Preis war dazumal gleich und ein wenig höher wie Hassler.

Nicht Übles hörte ich auch mal beiläufig von dem Hotel Des princes auf dem Spanischen Platz – weiß aber nichts genaueres. Desgleichen Hotel Bristol auf der Piazza Barberini – soll vornehm sein – ruhig – etwas veraltet. – Dann besonders gerühmt immer Hotel De Russie, das Sie erinnern werden – in der Via del Babuino – ganz in der Nähe der Piazza del popolo. Ich selbst bin nie drin gewesen; weiß aber bestimmt, daß zahlungskräftiges Publikum absteigt. –

---

[1] Nicht erhalten.

Wenn Frau Koppel die *ganz* erstklassigen (Grand-Hotel – Regina Carlton etc. –) nicht nehmen will, würde ich nach meiner Kenntnis De Russie oder Eden empfehlen. (De Russie ist erheblich teurer als Eden.)

Für Ihre sonstigen Nachrichten herzlichen Dank. Halten Sie mich ein bißchen auf dem Laufenden; das interessiert mich doch natürlich sehr. Machen Sie bitte unter der Hand, wenn es geht, Hartmann ein bißchen über die äußere Genesis der „Intuition" deutlich: Ein Teil des Buches ist ja beinahe schon *vor 3½ Jahren* (!) geschrieben und mit dem Um- und Einarbeiten hat es doch äußere und innere Grenzen. Ich habe Misch noch in Rom glatt vor die Alternative gestellt: entweder *so* es lassen oder gar nicht drucken. Und das war mir absolut ernst. Es würde mir leid tun, wenn Hartmann durch *solche* Gründe ablehnen würde; *das* verdiene ich nicht.

Das was Sie über Scheler erzählen, ist zum Totlachen. Scheler und Sie oder vielmehr Sie und Scheler ist ein Kapitel für sich, an dem die Nachwelt, wenn Scheler lange genug lebt, noch Vergnügen haben wird. Wenn Sie selbst nun die „Intuition" lesen, so vergessen Sie bitte nie, was ich Ihnen ganz vertraulich schon lange und oft und mit aller Nüchternheit sagte: das Buch hat *ganz schwache* Stellen, Seiten, Partien – *ganz schwach*. Ich *weiß* das. Es ist ja auch wirklich schon lang her; und wenn ich jemals etwas anderes schreiben sollte, so wird es besser. Aber: – für mich fügt sich dem Urteil ein Aber bei. Ich schreibe das ausdrücklich nochmal, weil die äußere Situation ja so ist, als hätte ich es eben gerade geschrieben. Das ist eine Querstellung, die mir persönlich sogar die rechte Autorenfreude, als ich das Ding so in der Hand hatte, ziemlich verdarb. Sonstige Urteile habe ich noch nicht gehört. Ich lege Ihnen aber einen Brief von Hugo Hertwig bei, der Sie interessieren wird – bitte nur ihn sofort zu lesen und zu retournieren, da ich ihn noch Misch schicken will.

Sonst immer Hegel – stecke jetzt in seiner herrlichen „Geschichte der Philosophie", komme auch weiter. Aber die „Logik"!!! Können Sie mir vielleicht ein vernünftiges Wort sagen über den Übergang vom „Werden" zum „Dasein" – Hexerei kann es doch nicht sein? – Zu Ihrem Kolleg[2] und zum Durchkommen[3] gratuliere ich herzlich.

---

[2] Über Logik; vgl. Anm. 6 zu Br. 32.
[3] Gemeint ist wohl die Ernennung zum a. o. Prof.; vgl. den Anfang von Br. 32.

Das ist eine feine Sache. – Und ein Zusammentreffen in Köln? Sicher sehr wünschenswert. Von Kroll fand ich eine wirklich herzliche Karte hier vor. Es ließe sich vielleicht machen. Wir wollen darüber noch schreiben. Bitte nur den Hertwig-Brief umgehend zu retournieren.
Herzlichst

Ihr König

Ps: Herzliche Empfehlungen und Wünsche an Ihre lieben Eltern. Ist Ihre Frau Mutter wieder besser?

Gestern und heute zum *ersten Mal* seitdem ich hier bin etwas anständige Luft draußen. Zum ersten Mal das Gefühl, daß dieses Nest in Luftkontinuität mit anderen Orten auf dieser Welt steht!

35 *Plessner an König*[1]

[Köln] 24. Februar 1926.

Lieber!

Nach einer kleinen, aber intensiven Grippe, die meine Karnevalsausschweifungen krönte und mich ziemlich mitgenommen hat, möchte ich Ihnen doch wieder ein Lebenszeichen geben. Denn ich finde, daß wir zu wenig von einander in den letzten Zeiten gehört haben, was bei mir zweifelsohne durch das Semester bedingt war.

Zunächst Ihr Buch,[2] das ich mir für die Ferien aufsparen mußte: Scheler ist geradezu begeistert und rühmte mir besonders das Husserl- und Goethe-Kapitel. Er hat natürlich gar kein Verständnis für den systematischen Schluß, aber er scheint doch von sehr tiefen Partien getroffen zu sein. Von Hartmann habe ich noch nichts Weiteres darüber gehört; mir scheint, daß er eine tiefere Wesensverschiedenheit zu seiner eigenen Natur herausspürt und daher bei seiner großen Zartheit und Vornehmheit nicht mit der Sprache herausrückt. Ich

---

[1] Der Brief ist maschinenschriftlich, adressiert an: Herrn Dr. Josef König, Marburg, Werdaerweg 9[1].
[2] Die „Intuition“.

konnte bisher immer nur blättern. Hören Sie sonst schon wesentlichere Urteile?

Die Marburger Angelegenheit[3] hat vor einigen Wochen eine entscheidend ungünstige Wendung erfahren. Der Minister hat der Fakultät den Berufungsvorschlag zurückgeschickt mit dem Bemerken, daß Heidegger sich bisher zu wenig ausgewiesen habe, um auf ein solches Ordinariat zu kommen, und wünschte weitere Namen, vor allem höheren Ranges. Damit sind natürlich meine Aussichten zunächst ins Wasser gefallen. Wenn die Fakultät fest bleiben sollte, was ich persönlich nicht glaube, so könnte der Minister vielleicht umgestimmt werden; diese Taktik wollen Jacobsthal und Schaefer, wie mir Hartmann gestern erzählte, versuchen. Ob sie damit gegen die Clique Jaensch – Otto ankommen werden, bleibt äußerst fraglich. Allerdings kann sich diese Clique dadurch das Grab graben, daß sie nur kleine Leute auf die Liste bringen will. Ich aber halte es sehr möglich, daß Scholz in Kiel nach Marburg kommt, der mit Jaensch von Riehls Zeiten her befreundet ist und in Berlin immer etwas bedeutet. Jacobsthal und Schaefer wollen jetzt allerdings ganz große Namen auf die Liste bringen, von denen man im voraus weiß, daß sie nie kommen werden. Alles in allem halte ich das Spiel für verloren, wobei ich zu meinem eigenen Erstaunen sagen muß, daß meine Enttäuschung merkwürdig gering darüber ist. Offenbar hat doch auch das nicht sehr günstige Urteil von Misch die Sache zu Falle gebracht. Hat Misch Prag schon abgelehnt?[4]

Ihr Urteil über Heidegger hat mich außerordentlich interessiert. Ich erzählte davon vertraulich auch Hartmann, der es teilweise begreiflich, teilweise aber menschlich falsch gesehen fand. Hartmann hält vor allen Dingen Heidegger für frei von jeder Eitelkeit. Ich kann aber sehr wohl verstehen, was Sie meinen. Im tiefsten Grunde stimme ich Ihrem sachlichen Urteil durchaus zu. Amüsiert hat mich übrigens Ihre Erwähnung der hermeneutischen Grundstruktur aus Heideggers Kolleg. Bei mir kam genau dieselbe Sache vor, nur ritt ich nicht solange darauf herum. Überhaupt bin ich mit meinem gesamten Stoff einschließlich der Schlußlehre trotz meiner Krankheit fertig geworden und habe auf diese Weise den Hörern wenigstens ein kom-

---

[3] Am Rand handschriftlich: Streng vertraulich.
[4] Ab „Hat": Handschriftlicher Zusatz.

plettes Logikkolleg vorgesetzt. Vielleicht kann ich Ihnen noch meine Disposition in den nächsten Tagen schicken.

Sehr hübsch waren in diesem Semester Diskussionsabende bei Hartmann jeden Donnerstag von 9–12 über den Begriff des Wesens. Es wurden natürlich Gespräche zwischen Hartmann und mir daraus, da leider die andern Teilnehmer, ältere Studenten und Doktoren, keine besondere Kapazität besitzen. Übrigens befindet sich auch darunter der Dr. Jacob, Schüler von Misch, den Sie wohl noch kennen: ein Mann, dessen Geist zwischen Schafsdummheit und Scharfsinn seltsame Übergänge zeigt, und der mir einen sehr wenig angenehmen Eindruck hinterlassen hat. Ich erinnere mich aus meinem letzten Göttinger Besuch, daß Misch mit leicht schmerzlich verzogener Miene seine dicke Doktorarbeit über Fichte[5] in der Hand wog.

Was werden Sie nun in der nächsten Zeit beginnen? Wie weit sind Sie mit dem Hegel? Und wann wollen Sie wieder nach Italien? Frau Koppel, die Ihnen sehr für die römischen Angaben dankt, hat sich auf Ernst Robert Curtius' Rat entschlossen, nach Paris zu gehen und dort zunächst einmal es zu versuchen. Leider wird sie schon Anfang März von Köln weggehen. Ich hätte gern Sie noch einmal in Köln gesehen und mit den verschiedenen Leuten zusammengebracht, aber nun ist es zu spät geworden. Hoffentlich arrangieren wir noch ein Zusammentreffen, bevor Sie nach Italien gehen.

Ich spüre deutlich, daß meine Rekonvaleszenz noch nicht so weit gediehen ist, als daß ich noch weiter diktieren könnte. Deshalb hier nur noch herzlichste Grüße

von Ihrem P

36 *König an Plessner*

Marburg den 27. 2. 26.

Lieber. Herzlichen Dank für Ihren langen Brief mit den mancherlei interessanten Nachrichten. Was die „Intuition" betrifft, so habe ich

---

[5] H. Jacob: Der Begriff in Fichtes Lehre vom Wissen. Ein Beitrag zur philosophischen Logik der Gegenwart, I.–D. Göttingen 1926 (bzw. 1927).

noch *gar nichts* gehört – auch nicht von Heidegger, bei dem ich neulich abends war und der Anfang und Schluß gelesen aber „nicht verstanden" hatte. So sprachen wir von Anderem. Es ist gut, daß die Kapitel über Kant, Goethe, Husserl und auch Bergson drin stehen, so erregt der Schluß kein allzu großes Mißfallen – keinen „Anstoß".

Von hier gar nichts Neues. Es sei denn meine Ansicht von Heidegger, die sich inzwischen wesentlich geändert hat. Ihm persönlich kann ich nicht nahe kommen – es ist da eine große dynamische Heterogenität. Der geistige Zug – Richtung bei uns ist sehr verschieden. Aber mit seiner Philosophie ist es nun doch anders gekommen. Er hat in den letzten Wochen vielerlei ausgepackt und angepackt. Zweifelsohne eine philosophische *Denk*kraft ersten Ranges – phänomenologisch – spekulativ mit starkem Einschlag eines scholastisch geschulten Denkens. Gründlichste und verständige Kenntnis des *Aristoteles* (enormer Vorteil). Dabei steckt er in *Kant* vielleicht noch blutsmäßig tiefer. Seine Methode bringt er unter den Titel „Phänomenologie", was ihm wohl zunächst nur heißt: wirklich zusehen. Denkt an eine wesentliche Modifikation und Vertiefung Husserls, über deren methodische Bedeutung und Richtung ich noch im unklaren bin. *Aber:* er hat eine komplette Metaphysik der *Zeit*! Das ist nun ein unendliches Gebiet und für mich schwer zu referieren, weil er eigene Terminologie hat und ich noch nicht sicher genug darin bin, um Ihnen das darin Gesagte in allgemein-menschliche Bezeichnungen umzugießen. Ich gebe aber stichwortmäßig und mit vorheriger Warnung hinsichtlich meiner Unsicherheit folgendes:[1] Kants „Ich denke" und *die Zeit* sind identisch. Existenzieller Mensch sein und Zeit *sein* ist dasselbe. Beide sind kein „Vorhandenes" – Zeit *ist* in keinem Sinn. Die Zeit ist als Strukturbegriff – nicht als Rahmenbegriff zu fassen. Sie ist oberste Bedingung alles Seins und aller Wahrheit. Sie ist also nur in uneigentlichem Sinn zum Gegenstand zu machen. Kurz: Die Aporien des „Ich denke" als Gegenstands und doch nicht Gegenstands treten hier an der Zeit auf. Zeit ist „universale Selbstaffektion"! Kant ist der am weitesten vorgedrungene Metaphysiker der Zeit – und überhaupt. Die Zeit bleibt bei Kant gleichsam noch im Selbst *neben* der Spontaneität stehen: sie selbst *ist* aber diese

---

[1] Zum folgenden vgl. M. Heidegger: Logik, S. 269ff.; vgl. Anm. 2 zu Br. 30.

Spontaneität. Wahrheit = „mögliche Gegenwart des *Daseins* (Dasein ungefähr als nicht „vorhandener" aber *„existierender"* Mensch) *zu seiner* Welt." Die Zeit ist nicht nur Verlaufsform des erkennenden Vollzugs sondern gehört zum Erkennen selbst. (Hier merkwürdige Folgerungen in bezug auf die „hermeneutische" Grundstruktur; ungefähr so: ich bin zunächst unthematisch beschäftigt *mit Etwas*, z. B. mit der Kreide beim Schreiben. Gehe ich jetzt über zu der wesensmäßig immer möglichen Thematisierung der Kreide – etwa: diese Kreide ist weiß – so gehe ich über zum *puren Gegenwärtigen* – und dies ist ein *Modus* der Zeit und wäre unmöglich, wenn „das Dasein nicht selbst Zeit wäre".)

Gibt es nun eine Grundstruktur des „Daseins", an der ihr *Zeitsein* faßbar wird? Ja: die *Sorge*. (Hier als *allgemeinster*, abgeblaßter Strukturbegriff phänomenologischer Art gefaßt – also nicht als „Sorge" in spezifisch-gewöhnlichem Sinn zu denken). Sorge ist „das Sein des Daseins" – also nicht selbst ein Seiendes oder Vorhandenes. In der Sorge ist das Dasein für *Geschichte* allererst offen. Sorge besagt nun: „Dasein ist qua Sorge *ihm selbst vorweg*." Dasein ist ferner qua Sorge, *schon bei* der Welt. In diesem „vorweg sein" und in dem „schon" haben wir Zeitcharaktere, aber eben nicht Charaktere eines Vorhandenen *in* der Zeit. *Solche* Zeitcharaktere nennt er „temporale Charaktere" und auf die kommt es an. Die ganze Logik muß unter den Gesichtspunkt des Forschens nach solchen temporalen Charakteren gestellt werden. Alle Kategorien. So gab er denn eine vielstündige sehr eingehende und tiefe Analyse des *Schematismus Kapitels*. Zugleich nun weisen die temporalen Charaktere an der „Sorge" auf die Identifizierbarkeit von Dasein und Zeit selbst hin.

Es ist mir aber jetzt noch unmöglich, besseres darüber zu sagen. Ich bin dabei, das Ganze mit meinem eigenen Besitz zu konfrontieren. Zuweilen schwanke ich noch, ob es sehr erschütternd ist – kann es noch immer nicht von Kant trennen. Wenn Heidegger sich auf angebliche Antipoden seiner Ansicht bezieht (z. B. Hegel), so scheint er gar sehr zu vereinfachen. Kurz: ich bin mir noch nicht klar, inwiefern es eine große Vertiefung bedeutet. Die Zeitanalyse selbst, die er gibt – als phänomenologische Deskription – ist *sehr schön*, das *ist* Vertiefung im Sehen. Aber wie weit das systematisch-prinzipiell geht ist mir noch nicht klar.

Es scheint, als hänge das Ganze mit dem christlichen Daseinsbegriff (Kierkegaard – Augustinus – sogar Karl Barth) zusammen. Dieses Ganze *gegen* die starre Ewigkeit der antiken Seinsauffassung, die nach Heidegger auf die philosophische Auffassung bis „heute" bestimmend einwirkt. Das Ganze ist eminent „funktionell" angelegt – sozusagen „ontisch funktionell", insofern eben *die* Zeit der reine Aktus, die reine Funktion ist. *An diesem* Punkt wird er dann – soviel ich sehe – selbst ontologischer Metaphysiker. Die Zeit *ist nicht* – sondern „zeitigt"! Das war ein schönes Wort heute im Schlußkolleg. Natürlich ist eine Befruchtung durch Bergson vorhanden. Er wies in einer Analyse seines Zeitbegriffs dessen Abhängigkeit von der „falsch verstandenen" aristotelischen Definition der Zeit als ἀριθμὸς κινήσεως nach. *Das* kann er ausgezeichnet: so z. B. eine Durchleuchtung einer solchen aristotelischen Definition geben. – Kurz: höchst interessant. Bin sehr froh, das gehört zu haben. Will mich im nächsten Semester noch mehr damit beschäftigen. Nachträglich rückt auch sein Kolleg dadurch in eine bessere Beleuchtung, obwohl ich die Disposition noch immer für höchst ungeschickt halte. Es ist wohl dieses – und kein Hinter-dem-Berge-halten. – „Eitelkeit" nehme ich zurück. Das war ein dummer Ausdruck, selbst wenn er eitel sein sollte, was ich nicht mehr weiß. – Er wird übrigens bald publizieren im Neuen Jahrbuch![2]

Sie können sich, wenn Sie an mein Bergson-Kapitel[3] – an meinen Begriff einer „dritten Zeit" denken, vorstellen, wie mich das Ganze persönlich angeht. Hauptfrage für mich die: ob er der Zeit mit Recht eine solche ungeheure Vorzugsstellung gibt. Das brodelt nun so – Hegel! Gar nichts darüber zu erzählen – der will noch *lange* Weile haben. Das Hegel-Seminar[4] war nicht uninteressant – aber für mich *direkt* doch wenig ergiebig. *Das* habe ich von Heidegger mitbekommen: Hegel *ohne* gründliche Aristoteles-Kenntnis ist ein Problema.

Von der Marburg-Sache hörte ich durch Heidegger selbst. Er sucht die Übeltäter beim Referenten (Windelband) hinter dem er *Rickert* vermutet. Von Misch hörte ich noch nichts. Es ist doch sehr schade. Ich fahre am 20. 3. nach Göttingen, wo ich ebenfalls fleißig

---

[2] M. Heidegger: Sein und Zeit. Erste Hälfte, in: Jahrbuch für Philosophie und phänomenologische Forschung 8 (1927) S. I–XI und 1–438 und separat Halle a. d. S. 1927; jetzt in: Gesamtausgabe Band 2, hg. von F.-W. von Herrmann, Frankfurt a. M. 1977.
[3] Vgl. Intuition, S. 213–290.
[4] Vgl. Anm. 2 zu Br. 30.

zu sein gedenke. Nach Italien gehe ich, wenn überhaupt, erst Mitte Juli. Von E. soll ich herzlich wiedergrüßen – sie schrieb mir vor 4 Wochen – inzwischen waren nach kurzen Nachrichten von ihr die Kinder beide schwer krank. Weiß noch nicht, was es war. – Lieber: einen dritten Bogen will ich heute nicht mehr anfangen. Erholen Sie sich gut in den Ferien und grüßen Sie bitte Ihre verehrten Eltern herzlichst. Göttinger Adresse schreibe ich Ihnen nach Wiesbaden. So für heute herzlichst

Ihr König

37   König an Plessner

Marburg den 6. 3. 26.

Mein Lieber.   Nicht als ob ich heute Neuigkeiten zu berichten hätte. Ich will nur kurz noch einige Heidegger-Ergänzungen geben, die Sie, glaube ich, interessieren werden. Ich beschäftige mich jetzt jeden Abend in Nachwirkung des Kollegs mit analytischen Versuchen über die Zeit. „Dahinter" d. h. hinter Heideggers totale Ansicht bin ich noch nicht gekommen, werde es wohl auch nicht ganz können, da noch wesentliche Bezugspunkte fehlen. Aber ich sehe doch schon etwas klarer. Man kann abstrakt-logisch seiner Intention vielleicht so näher kommen, wenn man sagt: er wendet sich gegen alle Konstruktionsphilosophie, d. h. gegen alle Philosophie, die irgendwelche „Elemente" (z. B. „Sphären", oder „die Zeit", *den* Raum, *das* Bewußtsein etc.) *als* solche „Elemente" aufnimmt und *dann* Beziehungen zwischen ihnen konstruiert oder Probleme aus Reflexionen über solche Beziehungen möglicher oder vermuteter Art zwischen diesen relativ starren „Elementen" herstellt. Das alles ist – schlechte – „*Metaphysik*" und schlechte Metaphysik ist immer irgendein näherer oder entfernterer Abklatsch von Einzelwissenschaft; d. h. von Wissenschaft über „Vorhandenes". Dagegen setzt er nun – aus der Anschauung der konkreten philosophischen Bewegung heraus – eine Art von absolutem Funktionalismus. Ich denke dabei natürlich oft an Ihre Kantinterpretation; sie hat Bezüge zu diesem Funktionalismus, ist aber auch bestimmt sehr verschieden von der Heidegger-Idee.

Dieser Funktionalismus nun hängt mit der Phänomenologie (nach Heidegger) insofern zusammen, als beide eine innige Korrelation und spezifische Identität sogar zwischen konkreten (*in sich* konkreten) Phänomenen und ihrem sprachlichen Ausdruck erstreben und auch umgekehrt eine solche Identität zur Voraussetzung haben. Man sollte eigentlich nur „beschreiben" – aber eben nicht *so* beschreiben, daß man sich *vor* die angeschauten Dinge setzt, sondern sich *beschreibend* gleichsam in sie hinein versetzt: wie das ja auch die natürliche und reiche Sprache tut. (Claudel! „Vraiment le bleu connaît la couleur d'orange, vraiment la main son ombre sur le mur; vraiment et réellement l'angle d'un triangle connaît les deux autres au même sens qu'Isaac a connu Rébecca." (S. 64 Art poétique.)[1] – wäre ein hübsches Motto über Hegels „Logik des *Seins*") (Übrigens: hat Ihre Kölner Schülerin von damals die Arbeit über Claudel fertig bekommen?[2] Würde mich sehr interessieren. Ist eine Übersetzung von Claudel herausgekommen? Er ist für mich sehr schwer zu lesen, stellenweise überhaupt nicht.)

Es handelt sich darum, den Punkt zu fassen, wo die Phänomene ihre innere Konkretheit (ihre inneren natürlichen „Gelenke") offenbaren – diesen Punkt mit und in der Sprache ergreifen und sich dann von dem *so* Ergriffenen soz. mitziehen lassen. Auf diese Art kommt man dann zu einer Art von Genesis philosophischer Probleme; man *klärt* zunächst einfach *auf*: So sagt man und so blickt man, wenn man dies sagt.

In gewisser Weise ist das extrem anthropologistisch gedacht: aber positiv gewollt und als Substanz aller Wahrheit begriffen. Das ist die Eine Seite – die andere ist der merkwürdige Übertritt in das Metaphysische; da steht der Satz: das „Ich denke" *ist* die Zeit.[3] Also doch Metaphysik – doch so eine Aussage nicht beschreibender Art. Formell hilft er sich da so, wie man es in diesem Fall immer tut: er erklärt die Form des Satzes, *dieses* Satzes (das „ist") für prinzipiell verschieden von allen sonstigen so geformten Sätzen (Der Stein ist

---

[1] P. Claudel: Art poétique. Connaisance du temps. Traité de la co-naissance au monde et de soi-même. Développement de l'église (1907), 3. éd. Paris 1915, S. 64; jetzt in: Oeuvre poétique, hg. von J. Petit, Paris 1977, S. 121–217; Zitat: S. 150.

[2] Nicht zu ermitteln.

[3] Vgl. M. Heidegger: Logik (Anm. 2 zu Br. 30) S. 405.

schwer etc.); die Form ist hier inadäquat, uneigentlich, nur *hin*weisend, nicht verbindlich. Sehr lustig, wie hier die Schwierigkeiten der „negativen Theologie" auf einem ganz anderen Felde wiederkehren. Aber der Übertritt hat auch eine *inhaltliche* Seite: denn das, worüber darin geredet wird, ist *Zeit*, also gewissermaßen etwas „ontisch-Funktionales" (kein Heidegger-Ausdruck!). Hier ist der Verknüpfungspunkt mit Bergson. Der Ausdruck „das *Sein* der Zeit" ist deshalb nicht mehr in elementhaftem Sinn zu fassen, weil das, was ist, der absolute Gegensatz zu allem Element und Vorhandenem ist, eben die Zeit selbst. (Der actus purus – auch kein Heidegger Vergleich.)

Den Identitätspunkt zwischen diesem „Funktionalismus" und dem von Kant erstrebten sieht er sehr gut. In diesem Sinn hat er zu Kant vielleicht den stärksten Bezug. Die metaphysische Umbiegung (natürlich gegen Kant) geht nun aber nicht auf die Spekulation zurück, sondern – und das ist wieder ein höchst interessanter Zug – auf Augustin – Dilthey. Was gefühlsmäßig und erlebnismäßig hinter dem spekulativ ausgedrückten Satz „das Ich denke ist Zeit" steht, ist ganz und gar nicht spekulativ: sondern der berühmte „christliche Erfahrungsstandpunkt". (Kierkegaard etc. ebenfalls). Da steht sein Begriff der „Sorge", von dem er immer betont, er sei ein reiner „Strukturbegriff" (so nennt er wohl ein Wort für das lebendige konkrete Gelenk der Sachen); darüber kann ich noch fast nichts sagen. Ganz gleichlaufend mit Kierkegaard, Bergson lehnt er den Begriff der *Ewigkeit* ab. Ewigkeit ist nach ihm ein „nihil *privativum*" (im thomistischen Sprachgebrauch, in dem privatio „semper subiectum requirit, *in quo* sit (hier die Zeit), quia aliquam rem *perfectione* sua privat." – z. B. „non-videre in homine"!)[4].

Die Zeit muß also für ihn wohl etwas Positives, ja sogar eine perfectio sein (Sie können sich den Hegel-Kontrast vorstellen!). Vielleicht würde er aber sagen: sie ist *für* den Menschen eine perfectio; für Gott vielleicht nicht. – Denn der Ausdruck „für uns Menschen" ist das so, ist ihm geläufig. Absolute Philosophie – aber doch menschliche Philosophie und die sich als solche weiß. –

---

[4] Lateinisch: Ein „Nichts, das eine Beraubung einschließt" (..., in dem die Beraubung „immer ein Zugrundeliegendes erfordert, in dem sie anzutreffen ist, weil sie einen Gegenstand seiner Vollkommenheit beraubt." – z. B. „Nicht-Sehen im Menschen"!).

So ungefähr stehe ich heute zu diesem sonderbaren Komplex. Was ich Ihnen so schreibe sind selbstverständlich *meine* Versuche, ihn mir begreiflich zu machen. Ob das wirklich so ist, das würde ich auf Grund des Wenigen, was er in solcher Weise beibringt, nicht zu behaupten wagen. Ich nehme es als meine Vermutungen. – Auf jeden Fall bedaure ich nicht, nach hier gegangen zu sein. Obwohl die *Art*, *wie* er sich mitteilt, mir entsetzlich unsympathisch ist, hat er sich doch sachlich mein Interesse erzwungen. – Persönlich fällt mir jetzt eine gewisse Ähnlichkeit in manchem mit *Fuhrmann* ein. Nur ist Fuhrmann gegen ihn Hamburger, Nordmann – mit einem Einschlag von normännischer Ritterlichkeit, Romantik, Breite – er dagegen ein badischer Küsterssohn. Aber Konformitäten bestehen sicher – bis in die Art, sich mitzuteilen und zu sein. – Ich wollte Ihnen das doch auch deshalb sagen, um das früher Gesagte recht zu stellen. Wenn ich heute an sein ganzes Kolleg zurückdenke, wird mir schon eher klar, wieso *er* es überhaupt für ein *bestimmtes* Kolleg nehmen konnte. In der *letzten* Stunde kam er noch dazu, kurz anzudeuten, was nun eigentlich das „ist" in Urteilen (die Copula) ist. Also: „Das ‚ist‘ ist nur der Index der Grundstruktur des Gegenwärtigen als eines Entdeckens der Anwesenheit eines Vorhandenen."[5]! –

Sonst nichts Neues. Sie werden inzwischen in Wiesbaden angelangt sein, wo Sie hoffentlich Ihre Eltern in leidlichem Wohlsein angetroffen haben. Ist Ihre Frau Mutter von Ihrem neuerlichen Anfall wiederhergestellt? Empfehlen Sie mich bitte und grüßen Sie herzlich. Am 20. geht es über Kassel nach Göttingen. Ich freue mich darauf. Für heute schließe ich immer herzlich

Ihr König

Wann kommt denn eigentlich der „Professor"?[6] Ich blättere schon seit geraumer Zeit in den Zeitungen nach der Nachricht.

Ps: Ich habe den Brief nochmal geöffnet. Lese soeben ein Hegel-Diktum in der „Enzyklopädie", woran Sie Ihre Freude haben werden. Also VII² 237: „Der *Leib* ist die *Mitte*, durch welche ich mit der Außenwelt überhaupt zusammenkomme."[7] – Die Unterscheidung

---

[5] M. Heidegger: Logik, S. 414.
[6] P erhielt 1926 den Professoren-Titel.
[7] G. W. F. Hegel: Werke. Vollständige Ausgabe durch einen Verein von Freunden des Verewigten. 7. Band. 2. Abtheilung: Encyclopädie der philosophischen Wissenschaf-

Leib – Körper *absolut* klar und bestimmt in seiner Anthropologie. Wichtigster Gesichtspunkt für Hegel: das Verhältnis von *Anthropologischem* zu *rein Geistigem*. Nach ihm *widerspricht* etwas *bloß* Anthropologisches dem Begriff des *freien* Geistes. – Ferner fällt mir gerade noch ein, daß ich vergaß im Oktober Ihnen Grüße von Fräulein Wermuth[8] in Ravello auszurichten. Ich lege noch nachträglich die Karte bei, in der Vermutung, daß Sie sich – trotz allem und allem – mit einigem Vergnügen durch die Karte und Ansicht zu froher Erinnerung bringen lassen. – Und nochmals viele Grüße
In Treuen

Ihr König

38 Plessner an König

Wiesbaden 8. 4. 26
Taunusstr. 2

Lieber, hoffentlich erreicht Sie der Brief über Ihre alte Marburger Adresse. Sie werden mich womöglich für verloren, gestorben halten – ich hätte Ihnen längst antworten „müssen" auf Ihren letzten Marburger Brief, der das Heideggersche Porträt mir sehr plausibel vervollständigte und korrigierte; die sachlichen Stellen las ich Hartmann vor; er freute sich über Ihre Korrektur. Das mit Fuhrmann Verwandte ist glaube ich sehr gut gesehen. Also allem anderen voraus: in Heidegger steckt spekulative Kraft, Gegebenes prinzipiierend zu sehen – was ja immer nur wenige können. Er hat den Mut zu sagen A *ist* B. Aber ich finde das was Sie erzählen, verrät doch Heideggers späte Entdeckung Kants. Hartmann (der ja eigentümlich unspekulativ denkt, anschauungslos – nur rezeptiv, gar nicht spontan) fällte ein vorzügliches Urteil: Heidegger ist zunächst ganz katholisch dressiert und macht nun via Husserl die umgekehrte Entwicklung wie sie die

---

ten im Grundrisse. 3. Theil. Die Philosophie des Geistes, hg. von L. Boumann, Berlin 1845, S. 237.
[8] Nicht bekannt, um wen es sich handelt.

ganze Zeit nahm, zu Kant hin, um Dilthey über den Historismus siegen zu lassen (altruistisch ausgedrückt). Statt dem „Ich denke" und der Panrelativität auf die transzendentale Einheit der Apperzeption Panrelativität auf die Zeit. Also das reine Ich als das „Itzt", Ichheit als Jetztheit bzw. als das „Dann".

Zunächst: mir ist das sympathisch und nicht überraschend. Von Heidegger vermutete ich Ähnliches und hatte mir etwas Derartiges rekonstruiert, sprach Ihnen wohl damals auf dem Corso Umberto auch schon davon. Besonders scheint mir richtig daran die endgültige Vermeidung der Bewußtseins- und Ichidee samt Resten aus der Vermögenspsychologie (Anschauung, Verstand, Vernunft, Geist). Jedoch diese Reinigung der Anschauung selbst zu einer Philosophie (des absoluten Funktionalismus) machen, scheint mir eben – Phänomenologismus. Was Sie aus dem Kolleg zitieren, zeigt ja schroff den Idealismus (Temporalismus) mit seiner Auflösung des Seins in die Objektivität; diesmal heißt es nun Gegenständlichkeit ist Anwesenheit oder das Sein ist erfülltes Itzt – und das Übergewicht des Seins in seiner Objektivität ist wieder futsch (indem es etwa als die Dannform der Sorge demaskiert wird). Sorge übrigens: jene letzte entsubjektivierte Intentionalität, deren Konkreszierungszentrum nicht mehr ein aktstrahlendes Ich, sondern die Person sein muß. Aber offengestanden mir ist das zu sehr der Geschichte auf Maß gearbeitet. Die Natur, die Sterne, Steine, der Wind, das feste Fleisch – und Sorge!? Der Durchbruch, wie er Heidegger ohne Zweifel auf die Zeitform gelungen zu sein scheint, muß überhaupt auf der ganzen Frontbreite der wirklichen Anschauung gelingen, auf die Raumform (den Raum am Raum) wie auf die Zeit. Also die Intention Heideggers ist vorzüglich, aber die Durchführung scheint mir zu eng (mit einem geistesgeschichtlichen Panperspektivismus belastet) und vor allem, daß er sie selbst schon für Philosophie nimmt, macht bedenklich.

Ich stoße mich wahrhaftig nicht an der Kühnheit, um endlich mal mit dem Bewußtsein, dem Denken und Vorstellen Schluß zu machen. Sicher ist Kant der Erste gewesen, der mit seiner Apologie des empirischen Realismus auf die wesenhafte Konformität des absolut Unverträglichen und Artverschiedenen (Verschränkung-) hinaus-„wollte". Das Schematismus Kapitel hat für mich immer diesen Sinn gehabt: Einklang von Natur und Geist *als* Verschiedene. Aber nicht nur die Zeit schematisiert. Vielleicht darf man den Satz wagen: die erste Aufgabe der theoretischen Philosophie besteht darin, die Schemafunktionen des Gegebenen darzustellen; die Zeit ist sicher nur eine davon. (Vielleicht ist *das* der legitime Sinn der Naturphilosophie, sofern sie nur restitutio ad integrum[1] der Anschauung sein will, – Licht, Farbe, Schall, Raum, Zeit, zerstücktes Dingsein verstehen als die Weise des Ermöglichens einer anderen Welt, als welche sie sich selbst vorweg ist, als Mensch der am „Geiste" teil hat.)

Ich stecke tiefer in diesen Dingen momentan als Sie vermuten. 40 Seiten der „Kosmologie des Leibes"[2] sind geschrieben, das 1. Kapitel „Entfaltung der Problemlage" ist fertig.

1. Ausdehnung und Innerlichkeit. Das Problem der Erscheinung.
2. Zurückführung der Erscheinung auf die Innerlichkeit
3. Vorgegebenheit der Innerlichkeit. Satz der Immanenz
4. Ausdehnung als Außenwelt, Innerlichkeit als Innenwelt
5. Satz der Vorstellung. Das Element Empfindung
6. Unzugänglichkeit des fremden Ichs nach dem Prinzip des methodischen Sensualismus
7. Ausblicke: Grundlegung der Tierpsychologie; Umwertung des Bewußtseinsbegriffs
8. Formulierung der Ausgangsfrage in methodischer Hinsicht.

Ich habe gleich nach meiner Rückkehr aus Köln losgelegt. Einfach war's nicht. Die Dinge würden Ihnen Spaß machen. Ich lege es zunächst auf ein „Los von Descartes" an, gegen das Alternativprinzip Extensio – Cogitatio.[3] Entwickle die Konsequenzen dieser Alternative von 1–6. 7 zeigt wohin man als „Cartesianer" nicht kommen kann. 8 formuliert dann das Problem: „Hat für Gegenstände, welche im Doppelaspekt (gemeint ist außen–innen (bewußtseinsmäßig)) erscheinen dieser Bruch die Bedeutung alternativer Blickstellung gegenüber den Gegenständen oder nicht?" Methodisch wende ich es nun so, daß jede Vorentscheidung über diese Gegenstände (etwa in der Art, daß man sie unter den Organismen vermutet) vermieden

---

[1] Die gerichtliche Aufhebung eines von Rechts wegen eingetretenen Rechtsnachteils durch Wiederherstellung des früheren Zustandes.
[2] 2. Arbeitstitel des „Stufen"-Projekts; zur Disposition vgl. Br. 16.
[3] Lateinisch: Ausdehnung und Denken. – Zu Ps Kritik an Descartes' fundamentaler Dichotomie von res extensa und res cogitans vgl. Stufen, 2. Kapitel, Ges. Schr. IV, S. 78 ff.

wird, damit natürlich auch jeder Ansatz *an* der Erfahrung. Die Methode der „Kosmologie des Leibes" soll grundsätzlich von der kritischen der „Ästhesiologie" verschieden sein. Ich frage enger: Welcher Sachverhalt von Anschauungsimmanenz (von konstitutiver Bedeutung für Anschauliches und dabei innerhalb der Möglichkeiten von Anschauung) bedingt, daß das Angeschaute im Doppelaspekt erscheint –, ohne die Einheit des Blicks zu zerstören – ohne also alternative Blickstellung (äußere und Selbstwahrnehmung) zu fordern? Diese Frage führt auf das Substrat der Arbeit: das Lebendige.

Entscheidendes Charakteristikum: der positionale Charakter eines Gebildes. Lebendig ist ein Ding, was gestellt ist, Stellung hat (damit *gegen* etwas steht – „dialektische" Grenzflächen, Umweltintentionalität). Nun werden Sie überrascht sein: dieser positionale Charakter hat zu seinen besonderen Bestimmtheiten temporale und spatiale Charaktere. Ein Ding von positionalem Charakter *ist* Zeit, *ist* Raum (absolutes Hier, absolutes Jetzt) – Dort und Dann. Wie Sie schon in Ihrem Brief vermuteten: Heideggers „temporale Charaktere" und mein Begriff des reinen Hier gehören zusammen. Seiendes: *in* Raum und Zeit, Lebendes: in Raum und Zeit *als* Raum und Zeit (was im Idealen die Objektivation unter der Form des „als", hier im Realen ontische Objektivation: Ihmwerdung des Seins – Stufe der Lebendigkeit, Sichwerdung des Seins – Stufe des Menschen).

Ich habe jetzt eine Pause im Schreiben gemacht, um endlich – Ihr Buch zu lesen. Offengestanden: ich schämte mich, Ihnen zu schreiben, ohne weiter vorgedrungen zu sein. Heute abend komme ich bis S. 90. Im Semester kam ich durch das Kolleg nicht dazu und dann war ich so ausgehungert auf die immer wieder verschobene „Kosmologie", daß ich endlich losschlagen *mußte*. (Und Hartmanns „Ethik"[4] steht noch fast unberührt da.) Es ist merkwürdig, aber ich verstehe Ihr Buch jetzt viel leichter als in Remscheid. Von allem ganz abgesehn: die Diktion ist von einer spürbar jugendlichen Reife; umständlich, schwerfällig, sehr bewußt (gravitätisch – ironisch), rigoros. Dabei vorzüglich gearbeitet in der Handhabung der Belege, voller Finessen (die Stelle mit dem „sollte"[5] oder Ihre wundervoll exakte 1.

---

[4] N. Hartmann: Ethik, vgl. Br. 11 Anm. 14.
[5] Intuition, S. 75.

Anmerkung zur „Krisis" [6] oder was mich besonders entzückt hat, die Unterscheidung der zwei Momente an der intellektualen Anschauung: Totum des Geistes *und* Blick auf es).[7] Überflüssig Ihnen zu sagen, worüber wir schon gesprochen. Das Buch ist menschlich die Geschichte Ihrer philosophischen akademischen Entwicklung. Kant allerdings ungleich distanzierter und souveräner gesehen als die Spekulation, die eben zu sehr mit nur ihren eigenen Worten interpretiert wird. (Na ja!! –) Mir wird es fast unmöglich, das Buch mit fremden Augen zu betrachten. Seine fast monomane Linearität, bildlose Plastik, unhörbare Wucht, durchbrechende ästhetische Selbstobjektivation empfinde ich derart mir (vor allem meiner „Krisis"zeit) verwandt – und darum die gelehrte Geduld umso erstaunlicher, daß ich befangen bin.

Natürlich ist das Buch nur für wenige intensive Köpfe geschrieben: Viele werden es von Dilthey bis Husserl zu schmökern versuchen, um Zitate zu klauen und 1stündige Kollegs damit zu machen („Ich empfehle Ihnen als sehr eindringende Monographie das Buch von Josef (nicht Julius) König, mit dessen systematischen Spekulationen wir uns allerdings nicht einverstanden erklären können." – Rezensionen: „Auf jeden Fall bleibt es ein Verdienst, zum ersten Mal den viel bewegten Begriff der Intuition bei seinen neueren Meistern behandelt zu haben, das nicht dadurch geschmälert werden soll, wenn, …") Ich bin heute schon sicher, daß Sie eine neue Möglichkeit von Philosophie mit ihrer Verschränkung aufgewiesen haben.

Kantische Synthesis /zwischen Heterogenem/   Immanente Synthesis zwischen Homogenem   Verschränkung

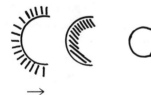

$\rightarrow$

Das sich Fordern von Heterogenem *ohne* Schellings ausgeschlossenes Drittes.

---

[6] Intuition, S. 65 Anm. 1.
[7] Intuition, S. 62; vgl. auch S. 76.

Die Welt wahrhaft ohne Mittel*punkt* denken. Das Sein als pure Exzentrizität und eben *dadurch* als Einheit: Stimmts? Wie gesagt, ich halte auf S. 90.

Sonst persönlich: der Professortitel läßt wohl deshalb auf sich warten, weil durch ein Malheur (zu späte Kuratoriumssitzung in Köln, der die Anträge der Fakultät vorgelegt werden müssen) der *vor* Weihnachten gefaßte Beschluß erst Mitte Februar nach Berlin weitergegeben wurde. Trotzdem habe ich mir einen neuen Cutaway machen lassen. – Sorgen mit Cohen, der wohl nur dann den „Anzeiger" weiterführen kann, wenn ich auf mein Honorar verzichte. Der 2. Halbband wird diesen Monat herauskommen. Das Material für Jahrgang II Halbband 1 habe ich fast zusammen. Ich denke an Gründung eines Instituts für wissenschaftliche Zusammenarbeit zur Rückendeckung für den „Anzeiger". (Bitte über den ganzen Cohenkomplex Stillschweigen!) Von Marburg höre ich nichts weiter. Das liegt u. a. auch daran, daß ich Hartmann die ganze Zeit nicht geschrieben habe. Es wird wohl lange dauern und mit Scholz enden. Schweinerei. – Wissen Sie weiteres? Misch lehnte ab; nun kommt wohl ein Prager oder österreichischer A. O. nach Prag.

Ich denke mit leichtem Grauen an Köln. Zwar lese ich Grundzüge der philosophischen Kosmologie 2 stündig und mache nur ein Kolloquium, will mich ganz frei für das Buch halten; aber das Milieu und die ewigen Sorgen bleiben. – Frau Koppel fuhr am 16. März nach Paris. Ich war zum Abschiedsdiner von Wiesbaden herübergekommen (wie soll man sonst der Frau seine Dankbarkeit zeigen, die wirklich das Angenehmste an Köln war und es verstand, alle Dinge mit Charme und Größe anzufassen). Schon wollte ich Ihnen telegraphieren, daß ich zu Ihnen nach Marburg käme. Aber *diese* Verbindungen. Mit keinem noch so frühen Zug wäre ich vor Mittag 1¹⁵ dagewesen. So habe ich es doch im letzten Moment gelassen.

David Katz hat mich für Mai oder Juni (Termin noch nicht fest) zu einem Vortrag nach Rostock – Kantgesellschaft eingeladen.[8] Ich freue mich wegen Göttingen darauf. Da muß natürlich zwischen uns alles *genauestens* verabredet werden. Können Sie denn nicht doch einmal noch Köln für wenigstens 1 oder 2 Monate ins Auge fassen,

---

[8] P hielt am 2. Juli 1926 vor der Ortsgruppe Rostock der Kant-Gesellschaft den Vortrag „Wesensgesetze organischen Lebens". Vgl. Kant-Studien 31 (1926) S. 438.

bevor Sie in Göttingen seßhaft werden? Sie wissen, *wie ernst* mir die Frage ist. Wie steht es mit Italien? Etwas verwunderlich fand ich Ihre letzte lakonische Bemerkung: wenn überhaupt, dann nicht vor Juli.

Ich denke so dankbar und mit solcher Freude an Italien zurück, daß ich mich über die Karte aus Ravello mit den feinen Zügen von Fräulein Wermuths Hand rasend entzückt habe. Glauben Sie ja nicht, daß mir auch nur ein Schatten über diesem Ganzen liegt. Heute schon wäre ich wieder zu jeder Schandtat bereit.

Übrigens ich vergaß: Sie kennen doch den Schüler von Misch namens Jacob. Er machte eine merkwürdig halbidiotische Figur in Hartmanns Hausprivatissimum über den Begriff des Wesens. Lipps scheint ihn nicht für unbegabt zu halten. Was sagen Sie eigentlich? Er denkt an Habilitation bei Heimsoeth. Die Fichtedissertation soll anständig sein. (Mir ist der Kerl ein Greuel)

Viele Grüße von meinen Eltern. Mein Vater hat sich prachtvoll erholt, meine Mutter, die um Weihnachten sehr schwere Hüftgelenkneuralgien hatte und wochenlang nicht gehen konnte, ist wieder besser auf den Beinen, geht aber hinkend am Stock.

Seien sei von Herzen gegrüßt und schreiben Sie ganz bald

Ihrem Plessner.

Grüßen Sie Lipps, Misch und Hennecke bitte. Was macht Stadie?

39   König an Plessner

Marburg Donnerstag [27. 5. 1926][1]

Lieber.   Ich will nur schnell kurz antworten auf Ihre lieben Zeilen. Mein Plan ist derselbe; es kann nur sein, daß ich schon 3–4 Tage früher in Köln eintreffe, also etwa am 9. – Das kann ich aber noch nicht

---

[1] Nach den Briefen vom 24. Februar bis zum 29. Juli 1926 zu urteilen, ist K bald nach dem Ende des Wintersemesters von Marburg nach Göttingen gefahren, dann vor seiner Abreise nach Italien noch einmal nach Marburg. In seinem Brief aus Marburg vom Donnerstag schreibt er, er erwarte P am Samstag. Daß dieser Samstag der 29. Mai war, geht aus Ps Antwort vom 30. Mai 1926 hervor. Demnach muß K seinen Brief vom Donnerstag am 27. Mai 1926 geschrieben haben.

bestimmt sagen. Ist es Ihnen recht, wenn ich um die Zeit herum Ihnen einfach durch Karte meine Ankunft mitteile? Ihr Plan, hier noch vorher durch Marburg zu kommen, ist ausgezeichnet. Es würde bestens passen; das Wetter ist herrlich. Nur muß ich Sie benachrichtigen, daß *Hennecke* für Samstag einen 3tägigen Besuch angekündigt hat. Es hängt nun lediglich von Ihnen ab, ob Sie sich entschließen können, ebenfalls zu dieser Zeit hier zu sein. Für Hennecke stehe ich ein, daß es ihn sehr freuen würde; er ist glaube ich sogar ein direkter „Verehrer" von Ihnen. Und falls er mir privatissime etwas erzählen will, so ist ja Zeit genug da, so daß auch diese Wünsche auf ihre Kosten kommen können. Von mir selbst sage ich nichts; das wissen Sie ja, wie sehr ich mich freute. Zudem ist bei der äußersten Unzuverlässigkeit von Hennecke in punkto von Ansagen es noch immer nicht „ganz" sicher, daß er kommt. Er hat mir ja schon x mal abgeschrieben. Falls er morgen noch abschreiben sollte, werde ich ein entsprechendes Telegramm an Sie überdies noch loslassen.

Was „Hegel" angeht, so bitte ich Sie nicht allzu neugierig zu sein. Ich bin vollständig entblößt von jeder originellen Idee. Es handelt sich *immer noch* zunächst *ausschließlich* um das *nackte* Textverständnis vorzüglich der „Logik" – und der „Phänomenologie" in gewissen Partien. Alles übrige macht mir keine Sorgen. Aber ich kann die „Logik" eben noch immer nicht lesen – sie ist mir nicht etwa zu „schwer" oder dergl. – Sondern es gibt lange Partien in ihr, in denen sie mir überhaupt noch nicht „ist". Traurig – aber wahr. Ich wundere mich über mich selbst, daß ich nicht schon längst den Mut verloren habe. Sie können sich vielleicht aber vorstellen, wie enorm das hindert! Ich bin nun einmal auf dieses Hindernis aufgeprallt und muß es nehmen – coûte que coûte! Ich wäre Ihnen von Herzen dankbar, wenn Sie während meines Kölner Aufenthalts etwa 6–8 ruhige ungestörte Stunden einer gemeinsamen Lektüre einiger „ausgewählter" Stücke aus diesem Hexenbuch reservieren könnten. Z. B. ein paar Seiten aus dem Kapitel über den „Grund" – oder über die „bestimmende Reflexion", desgl. ein paar pikante Sätze aus der Vorrede zur „Phänomenologie". Wie gesagt: ich ahne natürlich manches, aber darum geht es mir zunächst gar nicht. Die Philosophie der Natur macht mir keine Bange, desgl. nicht die vom Geist. Auch die systematische Stellung der „Logik" zu diesen ihren Konkretisierungen ist relativ durchsichtig. Aber der *Text* der „Logik" selbst. Und desgl.

der Text der anderen Bücher immer dann, wenn es anfängt logisch abzuschnurren – immer dasselbe! – Bei so bewandten Umständen sehe ich auf das Klarste voraus, daß ich noch gräßlich viel Zeit brauchen werde. Ich würde mir selbst zu nahe treten, wenn ich sagte, daß ich in désordre bin. Ich weiß instinktiv ganz genau, worauf es mir ankommt und fühle mich auch auf dem Marsch. Aber es liegt noch sehr viel vor mir, das vorher bewältigt werden muß. Ich war zu lange fasziniert von der nachkantischen Bewegung. Durch Hegels „Logik" werde ich jetzt schrittweise zurückgetrieben zu Leibniz und zu Aristoteles. Da liegt das ganze Problem der „philosophia prima", die dann seit Clauberg Ontologie[2] heißt und ohne deren Kenntnis, wirkliche Kenntnis und Beurteilung, in Hegel kein Schritt zu machen ist. Bewußt paradox und also falsch redend könnte ich m. E. n. sagen, daß *Hegel* Leibniz – Wolff viel direkter fortsetzt als etwa Kant, daß von „Romantik" z. B. im Grunde gar nichts vorhanden sei ... etc.

Ich habe in den letzten Göttinger Tagen begonnen und stehe noch dabei Christian Wolff (!) zu studieren. Vorzüglich seiner 700 Seiten langen lateinischen Ontologia[3] verdanke ich sehr viel. Überhaupt finde ich den guten Mann gar nicht so ohne. Natürlich Epigone, aber ein anständiger Mensch, äußerst klug und gelehrt, wirklich ein Philosoph. Hegel nennt ihn den „Aristoteles" der Deutschen,[4] sagt seine Existenz sei äußerst wichtig für Deutschland gewesen – freilich habe ihm die „spekulative Tiefe" des Aristoteles gefehlt! Zweifelsohne – aber es stehen wirklich kluge Dinge bei ihm; er hat eine fabelhafte konstruktive-mathematisch-logische – Kraft. Wirklich eine „moles"[5].

Ich werde unbedingt noch seine „Kosmologie",[6] seine „Natürliche

---

[2] Sein Hauptwerk: Elementa Philosophiae sive Ontologia, Groningen 1647.

[3] Chr. Wolff: Philosophia prima sive Ontologia, Frankfurt und Leipzig 1730; jetzt in: Gesammelte Werke. II. Abteilung: Lateinische Schriften. Band 3: Psychologia rationalis, hg. von J. École, Hildesheim – New York 1977.

[4] Vgl. G. W. F. Hegel: Theorie-Werkausgabe Band 20: Vorlesungen über die Geschichte der Philosophie III, Frankfurt a. M. 1970, S. 261.

[5] Lateinisch: Masse, etwas Gewichtiges.

[6] Chr. Wolff: Cosmologia generalis, Frankfurt und Leipzig 1731; jetzt in: Gesammelte Werke. II. Abteilung: Lateinische Schriften. Band 4, hg. von J. École, Hildesheim – New York 1964.

Theologie"[7] (3 Wälzer!!) – und seine „Vernünfftigen Gedanken über die Wirkungen der Natur"[8] studieren müssen. Das was Hegel in der Einleitung zur *Enzyklopädie* über die „natürliche Metaphysik" in den „3 Stellungen des Gedankens zur Objektivität" schreibt,[9] ist eindeutig auf Wolff bezogen. Dann Aristoteles! kombiniert etwa mit den Disputationen von *Suarez*.[10] Ich sehe auf jeden Fall ganz deutlich, daß diese von Aristoteles inaugurierte philosophia prima, die dann das Mittelalter beherrscht, von Descartes desavouiert wird, dann aber durch *Leibniz* eine sonderbare Auferstehung feiert durch ihre Verbindung mit der konstruktiven Physik, – dies sehr scharf begriffen von Wolff, der überall bewußt, über Descartes hinweg, die Verbindung zur Scholastik (Thomas, Suarez, Clauberg) wiederherstellt – daß diese ganze *Masse* unmittelbarer Boden für Hegels „Logik" war. Und das meine ich zunächst gar nicht historisch, sondern sachlich. Hegel diskutiert ja absolut ernsthaft z. B. die ontologische Dialektik des „Parmenides" bei Plato – oder die Aporien des Gorgias,[11] die er äußerst „tief" findet. Genug: ich sehe das Problem dieser Bewegung ganz klar; es wird viel Arbeit noch kosten, bis es mir einigermaßen deutlich wird. Und dabei ist das erst eine von den vielen Seiten! Dann natürlich Kant – Schelling – Fichte; natürlich Descartes – Jacobi. Natürlich Gnosis[12] – und noch sehr viel „natürli-

---

[7] Chr. Wolff: Theologia naturalis, Frankfurt und Leipzig 1736/1737; jetzt in: Gesammelte Werke. II. Abteilung: Lateinische Schriften. Bände 7 und 8, hg. von J. École, Hildesheim – New York 1978/1980.

[8] Chr. Wolff: Vernünfftige Gedancken von den Würckungen der Natur, Halle 1723; jetzt in: Gesammelte Werke. I. Abteilung: Deutsche Schriften. Band 6, Hildesheim – New York 1981.

[9] G. W. F. Hegel: Theorie-Werkausgabe Band 8: Enzyklopädie der philosophischen Wissenschaften im Grundrisse (1830). Erster Teil: Die Wissenschaft der Logik. Mit den mündlichen Zusätzen, Frankfurt a. M. 1970, S. 93–106.

[10] F. Suarez: Disputationes metaphysicae. 2 Bände, Salamanca 1597, in: Opera omnia. Bände 25 u. 26, hg. von C. Berton, Paris 1866.

[11] Vgl. G. W. F. Hegel: Theorie-Werkausgabe Band 19: Vorlesungen über die Geschichte der Philosophie II, Frankfurt a. M. 1971, S. 79–85 und Band 18: Vorlesungen über die Geschichte der Philosophie I, Frankfurt a. M. 1971, S. 434–441.

[12] Gemeint ist die besonders im 2. Jahrhundert n. Chr. wirkungsreiche religiös-philosophische Strömung, die die Erlösung des Menschen ausschließlich von einer durch eigene Kraft erreichbaren Erkenntnis Gottes und seines Heilplanes abhängig macht. Vgl. M. Gatzemeiner: Gnosis, in: J. Mittelstraß (Hg.): Enzyklopädie Philosophie und Wissenschaftstheorie Band 1, Mannheim/Wien/Zürich 1980, S. 783–784 (Literatur) und K. Berger/R. McL. Wilson: Gnosis/Gnostizismus, in: G. Müller (Hg.): Theologische Realenzyklopädie. Band XIII, Berlin – New York 1984, S. 519–550 (Literatur).

cher" Hegel. „Hoffentlich ersäuft er nicht" – imputiere ich Ihnen jetzt zu denken.

Verzeihen Sie, daß ich solange von dem Meinigen schwatze. Aber was Sie angeht, so hoffe ich auf unser Zusammensein und schweige darüber hier. Was Sie von meinem späteren „Festsitzen irgendwo" schreiben, das ist nicht so schlimm. In meinem Horoskop sind „viele kleinere Reisen mit glücklichem Ausgang" vorgesehen. Und darüber hinaus hoffe ich noch auf Besseres. Empfehlen Sie mich bitte mit meinen herzlichsten Grüßen Ihren lieben Eltern, die ich wohl hoffe. Und kommen Sie, wenn möglich, schon am Samstag oder Sonntag. – Von der Universität hier habe ich seit meiner Rückkehr zu meinem vollsten Behagen nichts mehr gesehen. Ich habe wirklich keine Sehnsucht mehr danach. – In Eile grüße ich Sie herzlichst.

immer Ihr König

40 Plessner an König

Wiesbaden 30. 5. 26

Lieber, herzlichsten Dank für Ihre schnelle Antwort. Offenbar hatte ich mich mißverständlich ausgedrückt, ich dachte nicht an den soeben vergangenen Samstag, sondern an den in 8 Tagen. Hier will ich Montag früh weg, um noch um 12 Uhr aufs Dekanat zu kommen. Ich werde Ihnen noch telegrafieren, ob es in 8 Tagen geht. Wäre dann mittags Samstag in Marburg und bliebe über Sonntag bzw. so lange, als ich den Termin Montag vormittag 12 Uhr Köln irgend einhalten kann. Könnte ich es nicht zugleich als Ihre Abholung nach Köln deichseln; also statt Mittwoch Montag?

Was Sie über die pragmatische Ahnenreihe Hegels schreiben, scheint mir durchaus richtig und nicht im mindesten auch nur paradox. Es deckt sich übrigens Wort für Wort mit dem, was Hartmann sagt. Geradezu predigt! Er liest im kommenden Winter „Philosophia prima sive Ontologia" (4stündig, und hält Ontologisches Seminar). Ich sage es schon hier: Sie hätten keinen idealeren Diskussionspartner gerade für diese Dinge Clauberg Wolff Hegel als den guten, besten Nicolai. Von mir muß ich hier einfach schweigen. Ich weiß einfach zu wenig und komme eben skandalöserweise über meinen eigenen Arbeiten nicht zum richtigen historischen Studium. Über diesen ganzen Komplex hoffentlich in 7 Tagen schon mündlich.

Sollte Hennecke noch da sein, herzlichste Grüße an ihn. Von den Eltern besonders viele Grüße an Sie. Vater hat sich glänzend erholt, auch die Praxis hebt sich, dagegen geht es meiner Mutter, wenn auch besser als im Winter, nicht gleichmäßig. Sie kommt zu wenig mehr ins Freie durch das Hüftleiden. – Also auf Wiedersehen. Ich telegrafiere noch ob und wann.

Treulich Ihr HP.

P. S. Und wenn wir das Verständnis für die Ontologie erobert haben, was dann? Das Schlimme: ich glaube weder mehr an die Diltheysche Reform noch an Christian Wolff.

41 *König an Plessner*

Anzio den 29. Juli 26.

Lieber. Ich habe eine Bitte: ich möchte mir einen Photographieapparat kaufen – klein, sehr handlich, anständiges Objektiv – Größe 9 × 9 oder 6 × 6, so ungefähr – natürlich für Moment. Könnten Sie mir durch ein gutes Wiesbadener Geschäft eine anständige detaillierte Offerte mit guten Katalogen zuschicken lassen? Ich wage Sie damit zu belästigen, weil es vielleicht auch Sie interessieren wird, einmal mit Fachleuten über praktische Reiseapparate zu sprechen. Preis *nicht* höher als 100.- Mark. Ich wäre Ihnen dankbar, wenn Sie mir auf Karte kurz mitteilen, ob ich eine derartige Offerte aus Wiesbaden erwarten kann. –

Mir geht es gut und viel besser als in Deutschland. Ich arbeite relativ ziemlich viel – und mit Lust und guten Perspektiven. Die Masse des Durchzuarbeitenden ist allerdings noch lange nicht erledigt. Ganz wichtig ist mir, daß ich jetzt endlich den festen Anschluß an die Probleme – der „Intuition" in den Griff bekommen habe. – Ich sitze viel im Haus und höre und sehe das Meer. – Wie lange Italien dauert, weiß ich noch nicht. Die Rückreise wird vermutlich über Athen – Paris gehen und eine gute Weile dauern. – Ich denke viel an Ihr werdendes Buch.[1] Machen Sie schnell und gute Wünsche dazu. Ihnen und Ihren verehrten Eltern eine gute Ferienzeit wünschend grüße ich herzlichst

immer Ihr König

42 König an Plessner

Rom den 31. 12. 26.

Lieber.   Ich danke Ihnen herzlichst für Ihren Weihnachtsbrief.[1] Sie werden mir nicht zutrauen, daß ich mir ausrechnete: so oft hast du geschrieben, jetzt muß also sein Brief abgewartet werden. Da Sie so gar nichts von sich hören ließen, wurde ich unsicher; ich konnte es mir nicht erklären. Und so legte ich das Ganze in das Seitenfach der augenblicklich schweigenden aber durchaus lebendigen Dinge. Das wollte ich dann auch Weihnachten nicht aufmachen – und Sie verstehen, daß das ein absichtsloses Wollen war. Infolgedessen und in der Tat auch durch meine ganze Situation hier habe ich nun verabsäumt, Ihren verehrten Eltern meine Festgrüße auszurichten. Tun Sie bitte, was Sie können, um diesen Lapsus wiedergutzumachen. Es tut mir selbst *wirklich leid,* denn ich habe mich nur selbst eines Vergnügens damit beraubt. Sagen Sie Ihren lieben Eltern bitte, daß meine Gesinnungen unverändert sind und daß lediglich äußere Umstände mein Vergessen verschuldet haben.

Gewiß: ich bin damals nicht nach Köln gekommen[2] und Sie schreiben, daß Sie das ja auch „verstehen" – aber ich gebe Ihnen überdies parola d'onore, daß Sie es ganz doch nicht verstehen *können,* weil in der Tat äußere Umstände dabei eine Rolle spielten. Meine Abreise gestaltete sich damals ganz anders als ich es gedacht hatte.

---

[1] Gemeint sind die „Stufen".
[1] Nicht erhalten.
[2] Anfang Juni 1926, vgl. die Br. 39 und 40.

Natürlich bleibt auch für mein Empfinden ein Rest zu „verstehen". Aber ich kann nichts darüber schreiben – ich bin in einer Situation, wo alles im Fluß ist – eine Art von Seiltänzerei, bei der jede überflüssige Bewegung irgendeine Art von Absturz zu Folge hat. Es ist unbeschreiblich – eine Einheit von Bewußtlosigkeit und höchster Bewußtheit, deren Sinn und Bedeutung mir noch durchaus rätselhaft ist. In dem Ganzen steckt mehr Philosophie darin als Sie vielleicht vermuten: aber das ist eben zugleich das Übel. Es ist nicht „richtig" und es ist nicht „falsch" – und natürlich macht man daraus eine Synthesis und nennt sie „Entwicklung". Aber ich kann wirklich nichts berichten: und *verstehen Sie nur dies:* nicht weil es so „persönlich" ist oder dergl. sondern einfach, weil es *objektiv* unmöglich ist.

Mein äußeres Dasein hier ist übrigens sehr viel geregelter und arbeitsamer als Sie vielleicht vermuten. Ich habe in Anzio allerhand gearbeitet und tue es auch hier. Und auch im Philosophischen ist alles vielleicht letzten Endes nur Entwicklung. Ich suche Hegel gegenüber meine eigenen Kategorien, nicht aus Originalitätssucht, sondern aus absoluter Notwendigkeit bzw. relativer Notwendigkeit: *wenn* schon mal Philosophie, dann auch so, daß ich mich darin finde, daß mein *immanentes Maß* wenigstens halbwegs erfüllt wird. Das Ziel ist ja ganz klar: eine Philosophie oder besser ein Philosophieren, das dem Leben ins Auge schauen kann; etwas Sauberes, Senkrechtes, Gesundes, Einfaches, ohne alle Verrenkung. Eine Art denkend zu existieren, die durch das totale Lebensgefühl nicht in jedem Augenblick widerlegt wird, die in jeder Situation aushält: und wieder nicht, daß sie für jedes ihren Spruch zur Hand hat. Sie verstehen: es handelt sich weder um Trostgründe noch um Zynismus. Vielleicht durchaus um eine Denkart, bei der solche für mich albernen Alternativen wesentlich unmöglich sind. Der Prozeß daraufhin ist ziemlich unbewußt, er ist eine Bewegung analog der des Brückenschlagens von zwei Ufern zugleich. Nur fehlt hier die Rechnung und statt dessen operiert ein lebendiges Probieren. Ich schreibe das hier nicht aus vorheriger Überlegung; versuche nur jetzt im Moment, eine unbewußt in mir wirkende Maxime zu vergegenständlichen.

Im Einzelnen gehe ich ja nun fortwährend um Hegel herum und an ihn heran. Hegel ist mir ja nicht einfach Hegel, sondern ein „Fall" – und es handelt sich darum, die Geste zu finden, mit der ich ihn ansprechen kann und will. Und das ist kein rein wissenschaftliches Problem, sondern durchaus auch und zuerst ein philosophisches. Wie es nun kommt, daß ich nicht den Versuch mache, mich einfach direkt auszusprechen ohne den Umweg über einen angeredeten Partner weiß ich nicht. Tatsache ist, daß diese Philosophie mich sachlich leidenschaftlich interessiert und daß ich augenblicklich so ziemlich alles was mir durch den Kopf geht irgendwie auf ihr Koordinatensystem beziehe. Ich bin selbst gespannt, was dabei heraus kommt. Es wird *noch lange* dauern, aber der Prozeß ist im Gang.

Ich breche hier ab, denn zum Schreiben taugt es nicht weiter; aber glauben Sie mir, daß ich Gespräche mit Ihnen sehr entbehre. Zum Abschluß der „Kategorien des Lebens"[3] noch alle guten Wünsche; wie sehr ich gespannt bin; ich hoffte es schon um diese Zeit lesen zu können. Ich mag zu dem von Ihnen Berichteten nichts vor der beendeten Lektüre sagen. Über die Dauer meines Bleibens hier habe ich noch nicht entschieden. Misch hatte ich 3 Monate lang nicht geschrieben; ich bin gespannt auf seine Antwort auf den Weihnachtsbrief. Mit Lipps wechselte ich Einen Brief über Philosophisches.[4] Sein „Das Ding und seine Eigenschaften"[5] soll bald erscheinen. Brauns geht es nicht besonders gut, er hat ein übles Hautleiden an den Händen und hatte großes Pech, sehr großes im Geschäft. Ich werde wohl nichts dabei verlieren, außer indirekten und allerdings bedeutenden Zinsverlusten und durch Verzögerung der Zurückzahlung, die mir sehr unangenehm ist. Ich kann ihm nicht böse sein, aber es macht keinen Spaß. Er war in dieser Sache wie auch sonst: „Brief und Siegel" und dann Addio. Aber alles so persönlich ehrlich, daß es unmöglich ist, zu schimpfen. Er tut mir sehr leid. – Hartmann hat mir nicht geschrieben. – Kroll bitte ich vielmals zu grüßen; ich

---

[3] Späterer Arbeitstitel der „Stufen". Vgl. auch Ps Brief an Buytendijk vom 29. Oktober 1926: „Meine Ferien, die diesmal einem größeren Buch, betitelt ‚Die Kategorien des Lebens', restlos geopfert sind ..." Abgedruckt in: W. J. M. Dekkers/C. E. M. Stryker Boudier/H. M. A. Struyker Boudier: Helmuth Plessner und Frederik Buytendijk – ein „Dioskurenpaar", in: B. Delfgaauw/H. H. Holz/L. Nauta (Hg.): Philosophische Rede vom Menschen. Studien zur Anthropologie Helmuth Plessners, Frankfurt a. M. – Bern – New York 1986, S. 150.

[4] Brief Ks vom 31. Oktober 1926, in: F. Rodi/K. Schuhmann: Hans Lipps im Spiegel seiner Korrespondenz, in: Dilthey-Jahrbuch für Philosophie und Geschichte der Geisteswissenschaften 6 (1989) S. 63–67; Lipps' Antwort ebd. S. 67 f.

[5] H. Lipps: Untersuchungen zur Phänomenologie der Erkenntnis. Teil I: Das Ding und seine Eigenschaften, Bonn 1927; jetzt in: Werke I, Frankfurt a. M. 1976. – Der 2. Teil erschien Bonn 1928; jetzt ebenfalls in Werke I.

habe ihn leider hier, ohne Schuld selbstverständlich, versäumt. Ich hätte ihn sehr gern gesprochen; es wäre mir damals geradezu eine Erleichterung gewesen. Ich habe ihm jetzt nicht geschrieben: was auch! Und eine simple Weihnachtspostkarte wollte ich ihm doch nicht schicken.

Lieber: erhalten Sie mir Ihre Freundschaft; bleiben Sie gesund und schreiben Sie weiter schöne Dinge. Von Marburg wußte ich noch gar nichts. Was soll man dazu sagen!! Wenn es Ihnen möglich ist, unterhalten Sie doch einen Briefwechsel; das Gar-Nicht-Schreiben ist auch nicht schön. Ich habe einen Photoapparat gekauft und werde Ihnen demnächst einige Proben schicken. –

von Herzen

Ihr König

[Darunter von E's Hand:] La ricordiamo augurandoci di rivederla presto e le inviamo i nostri migliori auguri per il nuovo anno

E. e famiglia[6]

43 *König an Plessner*

Rom den 31. Mai 27
abends.

Lieber. Heute abend kam Ihr Brief,[1] und meine erste Reaktion war, vor Freude aufspringen, Atlas und Baedeker holen, Reisevorbereitungen überlegen. Dann, als ich schon dies Blatt vor mir hatte und anfangen wollte, eiligst die nötigen Notizen Ihnen zu übermitteln, fingen die Reflexionen an, die in der Tat so einfach und schwerwiegend sind, daß ich mich wundere, wie ich sie in der ersten Freude so ganz vergessen konnte. Einer der Hauptpunkte, *der* Hauptpunkt, ist das Geld. Ich habe beinahe unsinnig gewirtschaftet, die Lira steht hoch; alles kostet in dieser Periode der noch nicht vollzogenen Preis-

---

[6] Italienisch: Wir erinnern uns an Sie, wünschen uns, Sie bald wiederzusehen, und schicken Ihnen unsere besten Wünsche für das Neue Jahr.

E. und Familie.

[1] Nicht erhalten.

angleichung im Inland *mindestens* so viel wie in Deutschland, teils sogar mehr. Freund Brauns hat mich ganz und gar im Stich gelassen, so daß ich keine Reserven habe, endlich werden mir die nächsten Monate sicher noch sehr teuer werden, so daß ich unbedingt sparen muß. Das ist eigentlich entscheidend. Hinzukommt: ich stehe jetzt im Anfang des Schreibens, in der ja voraussichtlich dunkelsten Periode des ganzen Geschehens. Ich habe natürlich das Bedürfnis, nicht abzubrechen und den Wunsch, bei unserem Wiedersehen wenigstens eine Anfangssicherheit über den Gang des Manuskripts zu haben, um überhaupt fruchtbar – für mich und nicht langweilig für Sie – darüber sprechen zu können. Ich würde im Moment geistig vielleicht den Eindruck eines Starrkopfs machen: so fest bin ich subjektiv – und so wenig ist objektiv vorhanden.

Sie geben nun Aussicht auf Ende September und Anfang Oktober. Hören Sie bitte zu, wie hier meine Situation ist: wir fahren um den 10. Juli nach Anzio und bleiben dort bis in den Oktober hinein. Ich für mein Teil gehe mit einigen Bedenken hin und wohl hauptsächlich E's wegen. Dann muß ich ja an ein Ende meines hiesigen Daseins denken und habe dafür den 1. November in Aussicht genommen. Ich möchte dann mich in irgendeine schöne ausländische Gegend setzen, um dort zu Ende zu schreiben und denke an *Athen* – auch Paris geht mir zuweilen durch den Kopf. Was nun ein längeres Zusammensein von uns in dieser Zeit angeht, so würde das von meiner Seite wohl eine reine Geldfrage sein, über die ich jetzt noch nichts Bestimmtes sagen kann. Das tatsächlich Festgelegte kreuzt jetzt in einer mir nicht gerade angenehmen Weise das, was ich wohl möchte. Ich kann unmöglich den 1. Oktober als hiesigen Endtermin setzen, sonst würde ich Ihnen den Vorschlag machen, daß wir am Anfang Oktober zusammen nach Sizilien fahren und uns dort trennten: Sie nach Deutschland, ich nach Griechenland. Wenn Sie meine Lage verstehen wollen, um Ihrerseits, diese Lage berücksichtigend, einen auch für Sie verlockenden Plan zu machen, so halten Sie im Auge, daß ich mit meinen Mitteln bis Ende Oktober sehr gebunden bin. Wenn ich auf Brauns hoffen könnte, wäre alles anders; aber das halte ich bis dato noch für Utopie. Überlegen Sie sich doch bitte mal alles und schreiben Sie mir darüber *baldigst,* damit wir gründlich überlegen können. In Erwartung Ihrer Notizen hierüber will ich jetzt nichts weiter davon schreiben.

Wie ich Ihnen schon aus Subiaco schrieb,[2] habe ich das Lesen aufgesteckt und angefangen zu schreiben. Eigentlich sollte ich lieber sagen: zu denken. Ich habe mich jetzt überzeugt, daß ich für mein Teil, zu Hegel nie einen Zugang haben werde, wenn ich nicht von mir selbst aus und soz. ab ovo diesen Zugang entwickele. Zu Resultaten bin ich bisher noch nicht gekommen. Die Fragen sind interessant, aber meine Antworten sind bisher alle nur immanent und vorläufig und ermangeln der *Linie*. Von selbst reihen sie sich noch nicht in eine solche und ich hüte mich, von außen eine solche an sie heranzubringen. Das Ganze ist gehalten und hat auch faktisch seinen Ausgang genommen von einer einfachen Interpretationsfrage: was ist das, was Hegel das „Frei-Allgemeine"[3] nennt. Der Versuch das auszusprechen und vor allem der Versuch zu sagen: worauf die Möglichkeit dieses Frei-Allgemeinen beruht, hat mich ganz von selbst in eine Reihe von Betrachtungen geführt, denen ich den Titel „Logische Untersuchungen" geben könnte. Methode: hinblicken, sich die Sache ansehen. Ziel: das herauszubringen, was ich wissen will und von dem ich doch jetzt noch nicht sagen kann, was es ist. Vermutliches Resultat: eine Art transzendentaler Logik – nicht der Wissenschaften, sondern der *spekulativen Philosophie*. Wenn ich nach Überschriften arbeitete, könnte ich sagen: den Titeln nach sind die Gegenstände, die ich behandele, zu meiner eigenen Verwunderung sehr ähnlich denen von Husserl in seinem II. Band[4] behandelten: Wort und Bedeutung, Ganzes und Teil, Intention, Kategorie, die objektive Wendung im und durch das Urteil (das Rätsel des Kantischen „ist") u. s. w. So versuche ich z. B. augenblicklich, auszusprechen: in welcher Hinsicht das, was wir „Hinsicht" nennen, und das, was wir abstrakten Begriff (z. B. Löwe) nennen, verschieden sind.

Ich kann Ihnen die Sachen nicht näher bringen, weil so viele bislang nur unbewußt treibende Faktoren im Spiel sind, die ich selbst noch nicht von Außen mir sichtbar gemacht habe. Die „Verschränkung" ist mir ganz gegenwärtig, selbstverständlich rede ich nicht da-

---

[2] Brief nicht erhalten.
[3] Vgl. G. W. F. Hegel: Theorie Werkausgabe Band 8: Enzyklopädie der philosophischen Wissenschaften im Grundrisse (1830). Erster Teil: Die Wissenschaft der Logik. Mit den mündlichen Zusätzen, Frankfurt a. M. 1970, S. 75.
[4] Gemeint sind die „Logischen Untersuchungen".

Handschrift von Josef König

von. Ich hoffe, wenn ich die nächsten 3 Monate so weiterschreibe, mir wenigstens über Einige Punkte so weit Klarheit verschafft zu haben, daß ein Gespräch darüber möglich ist. Von Außen gesehen möchte ich natürlich, daß das Ganze soz. die Substruktur würde für ein Zugleich interpretatorisches und kritisches Verständnis der Hegelschen „Logik". Die Sache ist eben nur die, daß ich bewußt darauf weder hinarbeiten kann noch darf.

Ich schließe: Es ist schon so, wie Sie sagen; wir sind zu lange getrennt gewesen, um jetzt brieflich in lebendige Mitteilung geraten zu können. Behalten Sie mich in gutem Gedenken. Sie wissen, daß ich immer der Ihrige bin.

Von Herzen

Ihr König

44   *König an Plessner*[1]

[Siena 12. 6. 1927]

II.

Heute abend 5 ½ Zug nach Rom, wo ich um 11 abends ankomme. – Dies Bild ist gut, aber fast zu kräftig – zu spanisch. Es ist die sonderbarste Stadt, die ich bisher sah. In den Farben und draußen vor den Toren an Arles erinnernd – so wie es van Gogh sah. – Dann wieder das Robuste, aber in die Länge gezogen, verdünnt, so wie diese Türme und wie die Madonnenhälser der hiesigen Maler. Tante belle cose

Ihr K.

[Rom 12. oder 13. 6. 1927]

III.

Im Zug dachte ich an Sie und Ihr bisheriges Opus – über das „Anthropologische" etc. Hätte ich nur das Logische jetzt fertig, dann wollte ich wohl und könnte auch darüber schreiben. Bin gewiß, daß es Ihnen nicht mißfallen würde. – Sah auch den Palast der Pia,[2] der schönen Frau, die die Eifersucht ihres Mannes in den Maremmen umbrachte: disfecemi Maremma,[3] und der Dante im Purgatorium be-

---

[1] Die erste der drei Postkarten ist nicht erhalten. Die Karten II und III sind adressiert an: Herrn Professor Dr. Helmuth Plessner, Titusstr. 4, Köln a. Rh.
[2] Palazzo Tolomei in Siena.
[3] Italienisch: Vernichtet hat mich die Maremme. Dante: Die göttliche Komödie, Purgatorium 5, 132–136.

gegnet (oder auch Inferno – chi lo sa!) – Man sieht hier noch Menschen wie auf den alten Bildern. Der Dom ist schön, aber gegen Orvieto verschwindet er. Das Ganze ist wie getriebenes Blech: so fest in sich und doch so dünn. Ave atque have. Nochmals von Herzen Ihr König. Sehr schön, daß Sie da waren!

45 *König an Plessner*

Rom. Dienstag den 14. Juni [1927][1]

Lieber.

Ich will noch einen herzlichen Gruß nach meiner Rückkehr schikken. Blieb bis 5$\underline{30}$ Sonntag in Siena. Imaginieren Sie Etwas, das landschaftlich den Bildern der Sienesen entspricht. Es war und ist eine erstaunliche Entsprechung. Gefallen, so im schlichten Sinn, hat es mir nicht. Ich möchte da nicht leben. Die Stadt ist noch fast ganz von riesigen und doch schlanken Mauern umgeben; man kann noch heute einen Spaziergang „vor den Toren" machen, „Innen drin" hat die Stadt etwas von der düsteren Sicherheit einer mittelalterlichen – Stadt eben. Und draußen ist zwar „Freiheit" – aber auch die Glut, die Gefahr, das Verdämmernde und nicht genau zu Erfassende. Herrliche Farben – nicht eigentlich zart, sondern kräftig – aber mit Weiß drin – also blasse Farben: gelb, ocker, grün, ziegelrot, blau. – Abends dann bis Chiusi herrlichste Fahrt durch ein leicht und doch akzentuiert gewelltes Land von hervorragender Bebauung: wohin man sieht kultiviert, bebaut. – „Das Weitre verschweig ich …"[2]

Gestern morgen habe ich dann den Motor wieder angekurbelt und bis dato schlecht und recht 6 Seiten Weges zurückgelegt. Ich bediente mich gerade eben des Terminus „Künstliche Natürlichkeit",[3] und

---

[1] Von K versehentlich auf 1926 datiert; doch fiel der 26. Juni im Jahre 1927 auf einen Dienstag, und außerdem schließt der Brief inhaltlich direkt an die Postkarte vom 12. Juni 1927 an.
[2] Aus der Arie des Figaro in Mozarts „Die Hochzeit des Figaro", 4. Akt, 7. Szene.
[3] Vgl. Ps Gesetz der „natürlichen Künstlichkeit". Stufen, Ges. Schr. IV, S. 383–396.

so gab mir das den Anstoß zu diesen Zeilen. Wenn ich mit meinen Sachen wirklich durchstoße für mich selbst, so habe ich, glaube ich, die Basis, um etwas über unser Verhältnis in sachlicher Hinsicht sagen zu können. Der Ort der „Einheit der Sinne" – in Ihrem bisherigen oeuvre und im Raum der Philosophie ist mir jetzt, ohne daß ich nochmal das Buch geöffnet hätte, in Griff gekommen. Ich sehe so vor mir einige Hoffnungen, viele größte Schwierigkeiten und Arbeit. Muß ich Ihnen nochmal sagen, *wie* gut mir Ihr Werk gefällt? Ich glaube nicht. Es steht für mich ja auch jenseits von „Gefallen". Es ist etwas, ist jetzt da; und das Gefallen hat sich nach ihm zu richten.

Vielleicht interessiert Sie noch, daß ich hier eine französische Kritik der „Intuition" vorfand aus Revue des sciences philosophiques et théologiques (von Roland-Gosselin – wer ist das?).[4] Die Kritik würde Ihnen „*irgendwie*" Spaß machen, denn sie sagt im Grunde: gewiß – aber *wovon* redet er eigentlich. Einige Sätze daraus: „König, qui paraît avoir remanié assez profondément et développé la première rédaction de sa thèse, recherche une définition *philosophique* de l'intuition … A aucun moment il n'entend faire oeuvre d'historien, et il ne relève et ne critique les opinions de ces philosophes que dans la mesure utile à l'exposé de sa propre pensée. Le point de vue peut se défendre. Mais il faut avouer que cette difficile confrontation d'idées ne facilite beaucoup, ni l'intelligence des théories étudiées, ni même l'intelligence de la théorie (!) proposée par l'auteur. *Comment en indiquer, en quelques mots, le sens?* (poveretto!)[5] … les dernières conclu-

---

[4] M.-D. Roland-Gosselin, O. P.: Rez. der Intuition, in: Revue des sciences philosophiques et théologiques 16 (1927) S. 204f.: K., der die erste Fassung seiner Dissertation recht gründlich umgearbeitet und weiterentwickelt zu haben scheint, bemüht sich um eine philosophische Definition der Intuition … In keinem Augenblick will er die Arbeit eines Historikers leisten. Nur in dem Maße hebt er die Meinungen dieser Philosophen hervor und unterzieht sie einer kritischen Betrachtung, als es für die Darlegung seines eigenen Gedankenganges erforderlich ist. Dieser Standpunkt läßt sich verteidigen. Man muß allerdings zugeben, daß diese schwierige Gegenüberstellung von Ansichten weder das Verständnis der herangezogenen Theorien noch gar das Verständnis der vom Autor vorgelegten Theorie fördert. Wie soll man mit wenigen Worten deren Sinn wiedergeben? … Ks letzte Schlußfolgerungen lassen an Plotin denken … Doch hier müßte ich, um Ks Gedanken schärfer zu fassen, einige seiner Formulierungen wiedergeben (ohne imstande zu sein, sie zu erklären) … Der Leser, der sich für diese Dialektik interessiert, wird sie besser verstehen, wenn er das Werk selbst in die Hand nimmt.
[5] Italienisch: Der Ärmste!

sions de K. font songer à Plotin (da kommt das glatte Mißverstehen am klarsten heraus) ... folgt eine kürzeste Reproduktion des vom „Einen" Gesagten. Dann: Mais ici, pour préciser davantage la pensée de K., je devrais reproduire *(sans être à même de les expliquer)* quelquesunes de ses formules: – folgt Übersetzung von *reinen Durchgangs*formulierungen – also schlecht gewählt – 2 Sätze. Dann einige Pünktchen ... le lecteur, curieux de cette dialectique, la comprendra mieux en se reportant à l'ouvrage lui-même." – Ich kann nicht umhin: in dieser Kritik den bon sens und die Anständigkeit der Haltung zu bewundern. So gelingt es ihr, trotz absoluten Mißverstehens mir meine eigenen Mängel auf das schönste zum Bewußtsein zu bringen. Die Franzosen sind doch eine kultivierte Sache. Aber ich schließe. Draußen ist eine feste Hitze, die sich ganz selbstverständlich benimmt. Tante belle cose!

Von Herzen

Ihr König

Lieber. Ich ließ den Brief 2 Tage liegen – und mache ihn nochmal auf. Die Arbeit geht schlecht voran. Ich suche noch immer den entscheidenden Griff in die „Gelenke". Ich denke oft so beim Suchen an Ihre glänzend gelegten Zäsuren. Glauben Sie mir, daß ich Ihr Opus sehr bewundere. Das kam in Florenz nicht recht heraus. Aber Sie wissen wohl, daß da nichts Persönliches dahintersteckt. Wie viel haben Sie schon durchschritten! Also ich will Ihnen nochmals schnell sagen: daß ich Ihnen von Herzen zum Vollbrachten gratuliere.

immer Ihr König

NB: Frau Brauns aus Remscheid schrieb mir einen Brief, der sehr nett war. Würde auch Ihnen Freude machen. Brauns hat wirklich keine rosigen Zeiten durchlebt, aber wie sie anscheinend beide das böse Geschick genommen haben, das macht mir Freude, auch wenn ich noch auf lange Zeit hinaus dabei etwas „leidtragend" bin.

[Köln][1] 2. Juli 1927.

Lieber!

Verzeihen Sie, wenn ich so lange nichts von mir hören ließ und Ihnen erst heute und durch die Maschine von Herzen für Ihren Brief und Ihre Karten[2] danke. Was mir diese Zeichen bedeuten, glaube ich, verstehen Sie auch ohne Worte. Wie sehr es mich zuversichtlich stimmt, wissen Sie. Ich kam nach meiner Rückreise[3] hier in allerhand Arbeit, und zu allem Überfluß bin ich auch wieder krank geworden und mußte mich erneut in Behandlung begeben. Eine solche Furunkulose wird man eben nicht leicht los. Gut, daß ich mit meiner Mutter im August nach Bad Eilsen fahre, um systematisch Schwefelbäder zu nehmen und die ganze Sache gründlich auszukurieren. Vermutlich wird damit wohl jeder weitere Reiseplan sich von selbst erledigen. Wenn Sie aber statt für Athen wenigstens für Paris sich entscheiden, wird unsere Trennung ja nicht so lange währen.

Beiliegend die ersten 4 Bogen des Buches[4] ohne Korrekturen und Kolumnentitel. Je nach Fortsetzung erhalten Sie fortlaufend das Weitere. Die Geschichte wird wohl nicht ganz ohne Lärm und Gestank ablaufen. Scheler ist furchtbar aufgeregt, nachdem er gesehen hat, was die Arbeit bringt.[5] Ich las ihm vor kurzem das letzte Kapitel über den Menschen vor. Er sieht sich natürlich, wie ich auch gefürchtet hatte, als der eigentliche Autor dieser Dinge, will sich aber zufrieden geben, wenn ich ihn sozusagen als den Inaugurator der philosophischen Anthropologie hinstelle. Die Sache hat wirklich ihre Schwierigkeiten, da sich Scheler nicht überzeugen lassen will, daß er an dem Buch völlig unschuldig ist. Auch Hartmann rät mir, durch eine irgendwie entsprechende Erklärung im Vorwort, die meine Selbständigkeit doch in keiner Weise preisgibt, Scheler zu beruhigen. Ich werde das natürlich auch tun, indem ich breit auf die Vorge-

---

[1] Folgt aus dem Inhalt des maschinenschriftlichen Briefes, der adressiert ist an: Herrn Dr. Josef König, Rom, Via Gaeta 1.
[2] Karten nicht erhalten.
[3] Vermutlich nach den Anfang Juni gemeinsam mit K verbrachten Tagen in Florenz.
[4] Der „Stufen".
[5] Vgl. Ps Selbstdarstellung, Ges. Schr. X, S. 328 f.

schichte des Buches eingehe und Scheler dabei so unter die Sterne versetze, daß aller Welt das wahre Verhältnis klar wird.[6] Ihn werde ich allerdings nicht überzeugen, d.h. wenn das Buch Erfolg hat. Hat es keinen Erfolg, so ist er überzeugt. Mir ist es aber lieber, der Komplex kommt vor der Publikation zur Abreaktion als danach.

Stellen Sie sich also bitte für einen Moment meine jetzige Gemütsverfassung vor und schreiben Sie mir, so oft sie irgend können. Den Photos sehe ich mit größter Ungeduld entgegen. Grüßen Sie mir E. und auch O.

und seien Sie von Herzen gegrüßt.

P.

Noch eins: Wenn es Ihnen nichts ausmacht, so gehen Sie doch gelegentlich einmal zu dem Verlag De Alberti, Via Justiniani 16, dem Verleger von De' Negri.[7] Der arme Kerl ist unglücklich, weil er noch keine Druckbogen seiner Arbeit hat und das Buch zur Bewerbung um ein größeres Stipendium braucht. Schieben Sie mich bitte, wenn es Ihnen richtig erscheint, vor und stellen Sie die Sache als einen Freundschaftsdienst hin. Natürlich ganz wie es Ihnen angenehm ist. Vielleicht ergibt sich ja auch dadurch eine irgendwie nützliche Beziehung. Der Verleger ist sozusagen der Hauptverleger der Faschisten.

47 *König an Plessner*

6. Juli 1927.
Roma.

Lieber. Haben Sie herzlichen Dank für Brief und Sendung. Ich lese das Geschickte mit der denkbar größten Spannung, und meine Erwartung, die sehr sehr groß war, ist nicht enttäuscht worden. Ich bin auf das Weitere begierig wie auf eine Romanfortsetzung. Die Exposition des Problems ist meisterhaft, knüppeldick klar (wenn ihr es nun

---

[6] Vgl. Stufen, Ges. Schr. IV, S. 10f. und 76; vgl. auch das Vorwort zur 2. Aufl., Ges. Schr. IV, S. 13ff.
[7] Nichts Näheres bekannt.

noch nicht versteht, bekommt ihr einfach 100 Stockhiebe.) und des großen Gegenstandes schon angemessen. Ich persönlich würde vielleicht die Gewichte noch etwas anders verteilen. Und das hängt dann freilich eng zusammen mit der Art Ihres Anfangs, den ich wohl verstanden habe, von dem ich auch genau weiß, daß das keine Worte sind, sondern daß Sie es sehr eigentlich meinen (Ihr Hallenser-Vortrag über Philosophie als Wissenschaft)[1] über den ich endlich auch sachlich keinen Widerspruch äußern möchte (epoche), und der mir doch nicht gefällt. Sie werden mir antworten: ja aber darin dokumentiert sich doch gerade die ganze philosophische Wendung, daß hier der Inhalt den Anfang nicht widerlegt, daß man jetzt wirklich und tatsächlich seine eigene Stellung relativieren kann. „Exzentrizität"! Das ist ja gerade der Witz.

Gewiß theoretisch ist das ganz richtig, aber praktisch halte ich es für unmöglich und ich bin gewiß, daß *diese* Konfrontation *hier* von Theorie und Praxis ihren eigenen singulären Sinn und Wert hat. Was Scheler angeht, so finde ich, daß er nach dem, was ich bisher gelesen habe, eine bessere Behandlung verdiente. Ihn nur einmal – und in einer Reihe neben Jaspers und Kraus zu zitieren geht m. E. nicht an. Jaspers und Kraus mögen als Wissenschaftler alle Ehre verdienen, aber es geht doch nicht, daß Sie in Ihrem bewußt repräsentativen großen historischen Aufriß ihn so neben diese beiden stellen. Scheler war einmal (und *ist* historisch) zweifellos repräsentativ. Er steht – mit minderem Rang – in der Mitte zwischen Dilthey und Husserl. Sein grundschlechtes Frühbuch über genetische und transzendentale Methode[2] kann Niemand besser *würdigen* als Sie. Wenn er allerdings ernsthaft behaupten sollte, daß Sie ihm sein Buch weggeschnappt haben, so macht er nur eine traurige Figur, denn schließlich haben Sie sich ja in gewissem Sinn vor der Öffentlichkeit entwickelt. A propos: *wie* klar mir Ihr eigener Gang jetzt ist, würde ihnen Spaß machen. Mir ist heute der „Sprung" von der „Krisis" zur „Einheit der Sinne" auch psychologisch kein Rätsel mehr. Sie haben dabei den spezifi-

---

[1] Vgl. die Anm. 4 und 8 zu Br. 22.
[2] M. Scheler: Die transzendentale und die psychologische Methode. Eine grundsätzliche Erörterung zur philosophischen Methodik, Leipzig 1900; jetzt in: Gesammelte Werke Band I. Frühe Schriften, hg. von M. Scheler und M. S. Frings, Bern und München 1971, S. 197–335.

schen Mut gehabt, Ihrer eigenen – vielleicht anfangs sehr trüben ahnenden Sicht zu vertrauen – und dabei haben Sie einen „glücklichen
Griff" getan. So sieht es beinahe – d.h. sah es vielleicht einen Moment lang – Jackie Coogan[3] mäßig aus – d.h. für diejenigen, die nie
geahnt haben, wer und was Kant ist, wenn sie auch Bücher über ihn
schrieben. Ihr Verhältnis zu Kant ist mir jetzt endlich deutlich – und
ich kann wohl sagen, daß mir dies Ihr ganz tiefes Verhältnis – wie
gut mir auch das Neue gefällt – soz. besonders teuer ist. Komischer
Ausdruck – aber er fließt mir so in die Feder – ganz ungezwungen.
Ich finde übrigens nicht, daß Sie *für einen Außenstehenden* den Begriff der „Kritik" leicht exponiert haben. Auch in dem Anfang des
Jetzigen sprechen Sie – *immanent natürlich* adäquatissime – von dem
Sinn einer *Kritik der Sinne* und sprechen von einer möglichen doppelten Verfehlung des Sinns (entweder ein Paradoxon oder eine Banalität); Sie geben dann die rechte Auffassung mit Ihren eigenen Termini, die ich *heute* absolut verstehe, aber Sie leiten den Leser dadurch nicht zum richtigen Verständnis hin. Es hängt das auf das engste mit unserem berühmten neuen Zweckbegriff in Ihren „Grenzen"
zusammen. Darüber schreibe ich vielleicht ein andermal.

Dilthey haben Sie würdig und groß behandelt. Wollen Sie mir ein
Freundeswort hinsichtlich Misch gestatten? Gewiß – und so sage ich:
ich *verstehe vollkommen,* daß Sie Misch seitenlang in einer Einleitung zitieren, über deren „historische" Bedeutung Sie sich klar sind,
ohne ihn soz. irgendwie zu nennen. Wir sind uns aber darüber sicher
einig, daß Misch zwar *das* exponiert, was Dilthey *an sich ist,* aber
wer in ganz Deutschland wäre zu einer solchen Exposition fähig gewesen? Ich nehme dies ganze lange wörtliche Zitieren in einer Einleitung *dieser singulären Art* als z.T. eine Art stummer Geste, deren
Vornehmheit und innere Herzlichkeit mir – wenn ich mich nicht
täusche – klar ist. Aber ob das für andere so klar ist, weiß ich nicht;
man hört Dilthey und liest in Klammern Misch. Wenn Dilthey auch
nur entfernt dies totale Bewußtsein seiner selbst gehabt hätte, wäre er
wohl nicht auf die Briefe von Ebbinghaus[4] hin krank geworden.

---

[3] Vgl. Anm. 4 zu Br. 28.
[4] Der Berliner Psychologe Hermann Ebbinghaus hatte Diltheys Ideen über eine beschreibende und zergliedernde Psychologie (1894, in: Gesammelte Schriften Band V,
hg. von G. Misch, Leipzig und Berlin 1924, S. 139–237) in einer ausführlichen Rezen-

Sollte ein Stilist wie Sie denn nicht ein Wort, ein schlichtes vornehmes aber gewichtiges Wort für dies durchaus singuläre Verhältnis finden? – – Ich breche durchaus ab; es wäre noch viel zu sagen – Sie nehmen das Geschriebene, hoffe ich, als solch ein Bruchstück, wie es einem gerade in die Feder fließt, und wie es eigentlich durch tausend Bemerkungen nach allen Seiten hin ergänzt werden müßte. Ich habe noch einige Aufklärungsfragen zu tun – aber verschiebe sie auf später.

Bei De Alberti bin ich heute gewesen – kurzer Besuch von 2 Minuten in einer Art Schusterwerkstatt am Pantheon. Der Herr Verleger in Hemdsärmeln und blauer Schürze – übrigens sehr sympathisch, lustig, natürlich, intelligent. Zu einem Vertrag über Ihre Opera und die „Intuition" ist es nicht gekommen. Dafür versicherte er mir aber bestimmt, daß Herrn De' Negri noch in dieser Woche Druckbogen zugehen würden. Anbei Photos; das letzte Filmpaket von Fiesole ist noch nicht entwickelt, folgt. Ich lege einige Photos von meiner Subiaco-Reise bei, die Ihnen hoffentlich etwas Spaß machen.

Ich bin schwer in Nöten und erhoffe viele Hülfe von Ihren Druckbogen. Die Grundanlage der Logik[5] ist mir aber glaube ich jetzt deutlich. Hauptausgang: der *„Mensch" kann* denken – und dann tut er es auch, wenn er will. Dies aber, daß er denken *kann,* ist ein *„Seiendes"*, dessen Struktur die *transzendentale* Logik entwickelt. Die Logik der Wissenschaften ist Entwicklung der dem Denken (der *Natur* des Denkens) wesentlich *möglichen* Zwecke. Der Mensch kann nicht erkennen, aber er *kann* erkennen *wollen.* Die Logik der Philo-

---

sion scharf kritisiert (Über erklärende und beschreibende Psychologie, in: Zeitschrift für Psychologie und Physiologie der Sinnesorgane 9 [1896] S. 161–205; wiederabgedruckt in: F. Rodi/H.-U. Lessing [Hg.]: Materialien zur Philosophie Wilhelm Diltheys, Frankfurt a. M. 1984, S. 45–87) und diese Rezension an Dilthey gesandt mit einem Begleitbrief, der sein Vorgehen erklären sollte. Dilthey fühlte sich durch diesen Vorgang persönlich angegriffen, erkrankte und mußte die Arbeiten an seiner deskriptiven Psychologie für mehrere Jahre unterbrechen. Der Brief von Ebbinghaus ist abgedruckt in: H.-U. Lessing: Briefe an Dilthey anläßlich der Veröffentlichung seiner „Ideen über beschreibende und zergliedernde Psychologie", in: Dilthey-Jahrbuch für Philosophie und Geschichte der Geisteswissenschaften 3 (1985) S. 228f. Zum Dilthey-Ebbinghaus-Streit vgl. F. Rodi: Die Ebbinghaus-Dilthey-Kontroverse. Biographischer Hintergrund und sachlicher Ertrag, in: W. Traxel (Hg.): Ebbinghaus-Studien 2. Beiträge zum Internationalen Hermann-Ebbinghaus-Symposion Passau vom 30. Mai bis 2. Juni 1985, Passau 1987, S. 145–154.

[5] Offensichtlich der Keim von Ks „Sein und Denken".

sophie fällt wohl zusammen mit einer selbst nicht metaphysischen „Kritik" aller Metaphysik. Sehr interessant das Problem der formalen Logik und Ontologie, die nicht so entfernt voneinander sind als es scheint. – Die Furunkel mögen baldigst verschwinden.
Herzlichst

Ihr König

48 König an Plessner

9. Juli 27. Roma

Lieber. Samstag abend; morgen fahren wir nach Anzio. Meine Adresse ist wie im Vorjahr: Porto d' Anzio, fermo in posta. Hier kommen anbei noch einige Photos. Der Apparat war leider nicht lichtdicht; ich habe ihn jetzt reparieren lassen; so sind einige Photos gar nichts geworden – und diese nicht besonders. Immerhin gibt doch die Eine Fiesole-Photographie etwas vom toskanischen Zauber. Es macht mir riesigen Spaß diese Dokumente zu besitzen und zu besehen. Hoffentlich auch Ihnen. Von hier nichts Neues – gestern und heute habe ich alle meine Sachen ausgestaubt und den größten Teil – eingekampfert – in Schrank und Kommode für diese 3 Sommermonate verstaut. Seit Mitte Juni ist ununterbrochen eine feste Hitze: gestern abend waren es um 9 ½ im Haus 28 ½°! Falls Sie inzwischen schon Etwas für mich abgeschickt haben nach hier, so werde ich das nachgeschickt erhalten. In Eile herzlichst

Ihr König

[Köln] 20. Juli 1927

Lieber!

Anbei die zwei nächsten Bogen. Allerherzlichsten Dank für Ihren Brief, um dessen Fortsetzung ich sehr bitte. Ich bin Ihnen besonders dankbar für Ihre Bemerkungen, nicht zuletzt über Scheler und Misch. Beides wird durch das Vorwort rektifiziert. Bei Misch war ich im besten Glauben, wie Sie richtig vermuten. Durch die Identifikation mit seinem Programm war mir sozusagen das Spezifische seiner Leistung unsichtbar geworden. Über alle Ihre Bemerkungen habe ich mich außerordentlich gefreut. Ich bin gespannt, wie der Anstieg des Ganzen auf Sie wirken wird.

Die Photographien machen mir viel Freude. Der Blick in die Landschaft jenseits Fiesole und mein Bild im Garten des Archäologischen Museums sind hervorragend. Die beiden anderen Bilder von mir haben allerdings einen Konfirmandencharakter. Ihr Bild finde ich recht gut und doch nicht ganz richtig, ein wenig gezwungen. Aber in allen ist doch etwas von diesen köstlichen Tagen eingefangen.

Mir geht es leider schlecht, bin dauernd in ärztlicher Behandlung. Im August soll ich regulär Schwefelbäder nehmen. Das Semester ist ja nun in 1 ½ Wochen zu Ende. Ich werde wohl gleich in den ersten Augusttagen mit meiner Mutter nach Eilsen fahren. Mein Vater will sich etwas im Schwarzwald erholen. Ein schwacher Lichtblick ist die überraschende Vakanz des Ordinariats in Münster. Brunswig ist vor 14 Tagen an Leukämie gestorben. Unser neuer mittelalterlicher Historiker,[2] der aus Münster kam, erzählte mir, daß man ihn nach mir gefragt habe. Ich sehe die Sache aber sehr skeptisch an. In erster Linie wird wohl Becher seine Hand dabei im Spiele halten.

Schließlich noch eine erfreuliche Mitteilung: Ich fand heute in dem neusten Heft der Zeitschrift „Die Erziehung" in einem Aufsatz von K. Muthesius über „Goethes Begriff der Anschauung und ihre päd-

---

[1] Maschinenschriftlich bis auf den Zusatz am Kopf des Briefes: Entschuldigen Sie die blöde „Geschäfts"fassung. Der Brief ist adressiert an: Herrn Dr. König, Anzio (Roma), Fermo in Posta.
[2] Nicht ermittelt.

agogische Bedeutung" Sie zitiert („Goethes Methode der Anschauung hat zuletzt ihre vorzügliche Darstellung gefunden in J. K. „Begriff der Intuition", Kap. ...").[3]

Vielen herzlichen Dank, daß Sie zu De Alberti gegangen sind. De' Negri war sehr erfreut über diese Aufmerksamkeit, hat im übrigen bis heute keine Druckbogen erhalten. Offenbar ein altes filou. Grüßen Sie herzlichst E., den Kommandeur und die Kinder, unser Zimmer und den heroischen Locus. Schicken Sie mir doch auch bitte Abzüge von Ihren Photos, die Sie noch machen.

Von Herzen

Ihr P

50   König an Plessner

Anzio 22. August 1927

Lieber.

Haben Sie herzlichsten Dank für alles Geschickte: Druckbogen, Brief, Kartengrüße.[1] Die Druckbogen habe ich bis S. 144 erhalten und mit größtem Interesse gelesen; leider stockt die Sendung seit geraumer Zeit: es ist das doch hoffentlich keine Repressalie auf mein langes und freilich erklärungsbedürftiges Schweigen? Zum Neuen kann ich mich noch nicht äußern, weil es mich zu sehr interessiert und infolgedessen immer auf das Folgende gespannt macht. Aber der Grund des Schweigens ist der, daß ich in diesen Wochen Ihre „Einheit der Sinne" – als Vorstudium zum Neuen – nochmals studiert habe und seit Wochen dabei bin, Ihnen einen *sehr langen* Brief über dies Werk zu schreiben. Ich mag hier nichts darüber vorwegnehmen, könnte es auch in Kürze nicht, hoffe aber, daß der Brief[2] in ca. 14 Ta-

---

[3] K. Muthesius: Goethes Anschauungsbegriff und seine pädagogische Bedeutung, in: Die Erziehung 2 (1927) S. 497–516, 576–594 und 660–690. Ks Zitat am Schluß der Anm. 5 von S. 585 auf 586.
[1] Brief und Karten nicht erhalten.
[2] Gemeint ist der im Anhang abgedruckte große Briefessay.

gen fertig ist. Da ich meine Blickrichtung streng auf die „Einheit der Sinne" isoliere, leidet darunter zunächst die Meditation des Neuen. – Von hier ein andermal. Mein Photoapparat ist defekt, sonst hätten Sie schon gewünschte Photos bekommen. Er ist in Reparatur und überdies will ich mir jetzt noch einen besseren neuen aus Deutschland schicken lassen; Sie bekommen von hier Photos. Mein eigenes Arbeiten stockt augenblicklich, teils durch das Schreiben des Briefes an Sie, teils durch eine bestimmte andere Schwierigkeit, deren Lösung ich erst von ferne ahne. – Wir haben seit Wochen herrlichstes Wetter, sonst ist es nicht gar sehr herrlich. Verzeihen Sie mir deshalb die Kargheit des Mitteilens. Gute Erholung und schönste Ferientage. Ihren verehrten Eltern herzlichste Grüße.

von Herzen immer

Ihr König

Von Misch hatte ich einen langen guten Brief. Ich hatte ihm in nuce meine Logikidee entwickelt; und er fand sie interessant und gut. Lipps ist auf Seereise als Arzt nach Buenos Aires. Sein Buch[3] ist fertig. Schreiben Sie bitte weiter von Münster. Auguri tanti! De' Negri ist leider nicht hier gewesen; hatte mich auf sein Kommen gefreut. Müller kündigte mir an, daß Sie mir das Faschismusbuch von Beckerath[4] schicken würden: würde mich natürlich sehr interessieren. Ihre Grüße an E. und O. werden stets pünktlichst ausgerichtet. Ich soll Sie herzlichst wieder grüßen.

51 König an Plessner

Porto d'Anzio
27. August 1927.

Lieber. Sie werden ja nun doch etwas erstaunt sein, wenn Sie dies beiliegende lange Opus über ihre „Einheit der Sinne"[1] in der Hand

---

[3] Untersuchungen zur Phänomenologie der Erkenntnis; vgl. Anm. 5 zu Br. 42.
[4] E. v. Beckerath: Wesen und Werden des fascistischen Staates, Berlin 1927.
[1] Vgl. den Briefessay über die Einheit der Sinne im Anhang, unten S. 225–310.

haben. Ich kann mich totaliter nicht besser darüber äußern, als indem ich Ihnen treulichst die psychologisch-historische Genesis desselben beschreibe. Das ist auch durchaus zum sachlichen Verständnis nötig, denn wie Sie sehen werden, ist das Ganze ein rein persönlich-gesprächsweise gedachtes und gewordenes Zusammen von Fragen, Kritik, Exposition eigener Ansichten, Versuch eines endgültigen Verständnisses, Einsicht in Unzulänglichkeiten dieses Versuchs u.s.f. Der allgemeinste Anstoß zum nochmaligen Studium des Buchs war natürlich Florenz und die Erwartung des neuen Buchs.[2] Hier in Anzio wollte ich dann etwas Spezielles über Sprache bei Ihnen nachlesen, stieß dabei auf Schwierigkeiten im Verständnis, las weiter, las das Ganze. In Rom hatte ich oft an das Buch gedacht, speziell an Ihren Begriff einer *Kritik* der Sinne. Von den mannigfachsten Seiten her wurde mir deutlich, daß ich dem Begriff „Kritik" nur dann einen für mich faßbaren, verwendbaren und dann auch sofort wirklich fruchtbaren Sinn abgewinnen konnte, wenn ich ihn als Untersuchung eines Gegenstandes auf das hin, was er notwendigerweise möglich macht, interpretierte. Und dies, so erinnerte ich mich sofort, tuen Sie ja in Ihren Akkordanzuntersuchungen. Also, sagte ich mir, ist die ganze Polemik gegen Plessners kritische Haltung gründlichst zu revidieren. Und selbst, als ich dann nach der Lektüre anfing zu schreiben, war mir die eigentliche Situation in bezug auf diesen Begriff bei Ihnen noch nicht durchweg deutlich.

Zu schreiben fing ich dann eigentlich nur an, weil ich um Aufklärung über Sprache bitten wollte; die kritischen Bemerkungen sollten so en passant mithereinfließen. Über dem Schreiben kam ich dann, eigentlich an Hand interpretatorischer Schwierigkeiten, tiefer in die Materie. Und wenn ich heute noch einmal anfangen würde, begänne ich mit dem, womit ich jetzt so ungefähr schließe, d.h. mit dem Begriff „Kritik" und mit Ihrer Auffassung dieses Begriffs.

Auf jeden Fall haben Sie in diesen Blättern den Beweis dafür, wie sehr mich Ihr Buch beschäftigt hat, und noch heute beschäftigt, denn ich gebe mich mit meiner Kritik durchaus nicht selbst zufrieden; dafür enthält sie mir zu viel rein negative Elemente und ist sie mir zu unfrei. Es kann das ja auch, was mich selbst angeht, nicht anders sein, da ich zwischen einem nur sehr teilweise überwundenen Alten

---

[2] Gemeint sind die „Stufen".

und einem noch nicht klar erfaßten Neuen in einer unbehaglichen Mitte pendele. Daß ich hier und da, ausdrücklich und auch nicht ausdrücklich auf die „Intuition" abgewinkt habe, ist ja natürlich. Ich will auch gestehen, daß ich einige Sätze nur deshalb geschrieben habe, weil mich die Florentiner Erinnerung Ihres Urteils über die „Intuition" (daß das Worüber nicht ersichtlich sei), obwohl ich es damals so von weitem hinnahm, nachträglich gar sehr wurmte. Ich kann Ihnen ja auch keinen besseren Beweis, als dieses offene Geständnis, für die Aufrichtigkeit meiner Empfindungen für Sie geben.

Ich warte schmerzlichst auf die weiteren Druckbogen des Neuen; kann jetzt nur sagen, daß ich sofort und unmittelbar einen Kontakt mit Ihren Gedankengängen hatte, einen Kontakt eben, der mir bei der „Einheit der Sinne" immer nur indirekt spürbar war. Wie mich im Neuen z. B. der Beweis für die Notwendigkeit des Erscheinens des Organischen in Typen u. s. f. in Erstaunen, Bewunderung, Erregung versetzte, können Sie sich gewiß denken. Aber ich schweige hier ganz davon.

Natürlich erwarte ich keine „schriftliche Antwort" auf diese Blätter. Nur die große Bitte habe ich, daß Sie sie nun auch wirklich einmal mit Geduld und Meditation lesen und sich ein Urteil darüber bilden. Wieviel mir auch dabei dubitativ ist, so sind es doch eben *meine* dubitationes und als solche für mich auch in diesem unfertigen Zustand, ja vielleicht gerade deshalb, wesentlich. Nehmen Sie es als Versuch, für unsere künftigen schriftlichen und persönlichen Gespräche eine Basiserweiterung zu schaffen.

Und so schließe ich eiligst: viele herzlichste Ferienwünsche und Grüße

immer Ihr König

52 *König an Plessner*

Rom den 31. Oktober 27.

Lieber.   Ein Brief in Telegrammstil. Habe alles Geschickte bekommen. Herzlichen Dank. Bis 10. Oktober waren wir in Anzio. Donnerstag dieser Woche gehe ich fort von hier. Die großen Koffer sind schon weg. Fahre nach Ancona, mit einem Tag Station in Perugia oder Assisi. Am 5. November lichtet der Dampfer die Anker nach – Griechenland. Fahre 6 Tage um Griechenland herum – Patrasso – Katakolon – Kalamata (im Golf von Messenien) – Kreta – Pireo. In den Häfen ist jeweils und immer zu Tageszeit mehrstündiger Aufenthalt, so daß ich an Land gehen kann. Die Linie (Lloyd-Triestino) ist weniger luxuriös als die direkten Verbindungen und kostet mich so nicht mehr. Von Athen schreibe ich sofort die Adresse. – Schreiben war mir nicht möglich; ich war einfach zu nervös. Die wirkliche Lektüre Ihres neuen Buches habe ich auf Athen verschoben. Anbei 3 Photos, die Ihnen Spaß machen werden.

Ich gehe furchtbar ungern fort, aber es ist jetzt das einzig Richtige, zu Tuende. Rom hat sich boshafterweise so schön gemacht wie selten. Es ist ein Frühling und eine Herbstschwermut in Einem. Aber ich muß abbrechen. Grüße von E. werde ich Ihnen später – von Athen – ausrichten. Sie ist augenblicklich nicht im Haus. Fräulein von der Groeben schrieb einen langen Bericht über die Tagung[1] – von Misch habe ich bisher nur eine ganz kurze Postkarte erhalten. Ich gratuliere herzlichst zum Erfolg, der wohl diesmal nach von der Groeben zu hören, mehr als ein sogenannter Erfolg war. Ich hatte doch den Eindruck, als seien verschiedenen Göttingern einige schlichte Einsichten hinsichtlich Ihrer Person ganz unversehens beigekommen.

Noch kurz einiges Sachliche: Dank, vielen Dank für die schöne Konzeption Ihrer „Intuitionsanmerkung".[2] Ich müßte mich ja brieflich des längeren zur Sache äußern; aber es hat Schwierigkeiten. Ich habe schon vor längerer Zeit in einem Brief an Misch die Idee entwickelt, daß das Urteil „der Mensch ist sterblich" keine Induktion darstellt und trotzdem auch keine einfache Notwendigkeit ausdrückt: Der Mensch ist *notwendig möglicher*weise sterblich, so formulierte ich – in einem Zusammenhang sui generis. In meinen Heften habe ich dann an diesem Punkt noch herumgearbeitet – in bezug auf *Sie* – ich hatte ja damals Ihre Sache noch nicht gelesen. Ich schreibe Ihnen mal bei Gelegenheit die diesbezüglichen Stellen (in denen ich mich im Grunde *gegen* einen naturphilosophischen Ansatz aus-

---

[1] Nicht zu ermitteln.
[2] Stufen, Ges. Schr. IV, S. 211 Anm. 33.

drückte) ab. Es ist dies m. E. n. durchaus das Problem des Verhältnisses von Leben und Tod, nur bei mir rein von der Erkenntnisseite aus angegriffen. Ich selbst dachte bei diesem Verhältnis nicht *direkt* an die „Verschränkung", zugleich aber arbeite ich ja schon seit langem daran, eine weniger imaginative Kategorie für „Verschränkung" zu fassen – und dabei schwebt mir ja, wie Sie wissen, dies Verhältnis immer wieder vor Augen. Es ist mir daher im Augenblick sehr schwer, mich bestimmt zu Ihrem Ansatz zu äußern. Ganz positiv natürlich stehe ich zu: daß das Sein nicht auf einen Generalnenner gebracht werden darf. Hier liegt ja für mich zweifelsohne ein wichtigster Index für „Verschränkung". Meine flüchtigen Bemerkungen im Augenblick dürfen Sie nicht in Zweifel setzen, wie wichtigst mir dieser Ihr Ansatz ist und wie riesig ich mich gefreut habe.

Dann habe ich die *große Bitte*, daß Sie mir doch mal eine ausführliche Auskunft über Ihren Begriff des „Interindividuellen" geben; vielleicht schreiben Sie mir sofort ein paar Seiten darüber, so daß ich sie gleich in Athen, wenn ich meine Adresse gegeben habe, lesen kann. Auch im Anfang des neuen Buchs sprechen Sie ja – beiläufig – davon. Weiß selbst nicht, weshalb mich das so gerade interessiert und quält fast. Auf jeden Fall ist mir heute klar, daß der Mangel eines Verständnisses dieses Begriffs mich bei der Lektüre der „Einheit der Sinne" sehr gehindert hat. Sie exponieren den Begriff ja ausführlich in der „Einheit der Sinne" – im Zusammenhang mit dem Begriff „intersubjektiv", *der mir klar ist*. Aber ich habe es mit allen möglichen Beispielen versucht, einen durchgehenden einheitlichen Bedeutungskern für „interindividuell" (so wie er in der „Einheit der Sinne" *funktioniert* – wohl verstanden) zu finden; es ist mir nicht gelungen. Daß „intersubjektiv" einer anderen Betrachtungsrichtung angehört als „interindividuell" sagen Sie auch auf S. 66 [81 f.].[3]

Am deutlichsten ist mir hinsichtlich des Terminus S. 68 [83] oben. Sie sagen dort: „... Erregung, Kummer ... Zuneigung des einen *zeigt sich* dem anderen ..." Wenn Sie dies „sich dem anderen Zeigen" in diesem bestimmten durch dies Beispiel gegebenen Sinn das „interindividuelle Gegebensein" des Psychischen (wobei „Empfindung und geistiger Aktbereich" ausgeschlossen sind – S. 65 [81]) nennen, so

---

[3] In eckigen Klammern zur Originalpaginierung hinzugesetzt die Seitenzahlen des Wiederabdrucks der Einheit der Sinne in Band III der Gesammelten Schriften.

habe ich *insofern* einen klaren Zugang zu dem Begriff als ich ihn in diesen Fällen eben verwenden könnte. Darüber hinaus bleiben mir dann aber größte Schwierigkeiten. In dem angezogenen Fall hätte er für mich den Wert einer *Beschreibung*, einer beschreibenden Benennung, nicht aber einen kategorialen Wert derart, daß er mir weitere apriorische materiale Wesensaussagen möglich machte.

Das was Sie *allgemein* S. 65 [81] und sonst von „Interindividuellem" sagen, kann ich so ohne weiteres (wie Sie es mir zu tun scheinen) nicht mit dem Hinblick auf dies Beispiel vollziehen: Vor allem z. B. daß die *Bedeutungen* interindividuell gegeben sind (S. 65 unten [81]). Daß das Interindividuelle „vom Individuum loslösbar" ist (S. 65 [81]), scheint mir schlechterdings eine beinah metaphysische Behauptung oder eine ad hoc zum Verständnis des Fremdseelischen gemachte Hypothese. Anders ausgedrückt: die Termini „intersubjektive Wirklichkeit" und „interindividuelle Wirklichkeit" scheinen mir nicht nur verschieden schlechthin zu sein (als Benennungen, Bedeutungen) sondern auch von verschiedenem philosophischen Wert oder Rang. Nach *Ihnen* würde z. B., wenn ich recht verstehe, zwischen dem Erfassen eines Baumes „draußen" und dem Erfassen einer bestimmten sagen wir Zornesempfindung zwar *der* Unterschied bestehen, daß das Erfassen des Baumes „draußen" „vom Subjekt des Bewußtseins loslösbar" (65 [80]) ist, während das Erfassen der Zornesempfindung vom Subjekt des Bewußtseins nicht loslösbar ist (65 [81]), aber *darin* müßten sie doch übereinkommen (anders wenigstens kann ich mir Ihren Terminus S. 65 [81] einer interindividuellen objektiven Wirklichkeit nicht deuten), daß beidemale ein ursprünglich Identisches, Selbiges, hier Baum dort Zorn, von zwei Seiten zugleich, hier von 2 Subjekten dort von 2 Individuen „nur erfaßt" wird. Und das bestreite ich und zwar eben „der Anschauung nach" (66 [82]). Das Intersubjektive ist *an sich selbst* intersubjektiv gegeben; es ist das ja nur ein anderer Ausdruck für das Geheimnis der *immanenten* Perspektivität des „Dinges". Das Interindividuelle ist – gerade der Anschauung nach – *nicht so* gegeben. Wenn Sie z. B. später in der Mitvollziehbarkeit der Ausdruckshaltung die *Garantie* für das Ausdrucksverstehen erblicken, so widersprechen Sie m. E. n. formal Ihrer Behauptung, daß es eine „interindividuelle Wirklichkeit" *gebe*. Oder noch von anders woher: ich leugne natürlich nicht, daß es rein faktisch Etwas gibt, das man beschreibend interindividuelle Wirklichkeit nennen kann, sage nur: der Anschauung nach *ist* die intersubjektive Wirklichkeit *wirklich* das, was sie ist, eben intersubjektive Wirklichkeit; und in diesem selben Sinn von „ist", *ist* die interindividuelle Wirklichkeit *nicht* das, was sie ist. Deshalb versuchte ich das oben so auszudrücken: intersubjektive Wirklichkeit ist eine *Kategorie*; interindividuelle Wirklichkeit ist *keine* Kategorie, sondern eine Benennung.

Mir scheint, als läge der Art, wie Sie den Terminus *interindividuell* in der „Einheit der Sinne" *verwenden*, eben *die* Theorie Schelers vom Ausdrucksverstehen zugrunde, gegen die Sie sowohl in der „Einheit der Sinne" selbst als auch besonders explizite im Krötenaufsatz[4] Front machen. Es wäre mir sehr wichtig, von Ihnen selbst zu hören, ob ich da recht sehe, ob ich vor allem da „der Anschauung nach" etwas übersehe. Indem Sie in der „Einheit der Sinne" mit diesem Terminus *operieren*, stellt sich vieles sehr glatt und einfach dar, hinter dem für mich große Probleme liegen, vor allem hinsichtlich Sprache, Bedeutung, Definition. (vor allem Ihre Seiten 154, 155, 156 [171 f.]!) Schon z. B. die ganz fundamentale These 154 [171], daß es „... der bloßen Form nach ... nicht mehr auseinander gehalten werden kann, ob die syntagmatische Bedeutung den ‚Linien' der seelischen Phänomene oder diese in ihrer Gliederung ... den ‚Linien' des Syntagmas folgen." Wenn ich recht sehe, kann ich z. B. Ihre S. 151 [168] so umschreiben, daß Sie behaupten: die „innere Sprachform" Humboldts sei die *interindividuelle Bedeutungswirklichkeit* derjenigen Individuen, die dieser Sprachgemeinschaft angehören. In ihr sehen Sie dann die konkrete Brücke zwischen den „ewigen Formen der Logik zu den zeitlichen Formen der Grammatik" (151 [168]). Das alles wird – formal-systematisch – ungemein durchsichtig, *wenn* eben „interindividuelle Wirklichkeit" eine echte Kategorie ist. Aber Schluß: schreiben Sie bitte mal hierauf, ob Sie heute noch strikte an diesem Terminus festhalten. Sie schicken mir doch sofort nach Erscheinen ein Exemplar des neuen Buches.

Lieber. Ich wäre glücklich, wenn ich wüßte, daß Ihre Gedanken

---

[4] Vgl. M. Scheler: Über den Grund zur Annahme der Existenz des fremden Ich = Anhang zu: Zur Phänomenologie und Theorie der Sympathiegefühle und von Liebe und Haß, Halle a. S. 1913, S. 118–154; 2. Auflage Bonn 1922 unter dem Titel: Wesen und Formen der Sympathie; jetzt in: Gesammelte Werke Band 7, hg. von M. S. Frings, Bern und München 1973, S. 209–258. – Die Deutung des mimischen Ausdrucks, Ges. Schr. VII, S. 117 ff.

mich auf dieser neuen Reise so begleiten wie damals als wir uns in Heidelberg verabschiedeten.[5] Erwägen Sie bitte auch mal die Idee eines Besuches in Griechenland. Ich werde öfters schreiben. Tun Sie das Gleiche. Und so tausend Grüße und Wünsche

immer Ihr König

[Darunter von E's Hand:]

La ricordiamo spesso e le inviamo i nostri più cari saluti. Non dimentichi che nel prossimo luglio l'attendiamo ad Anzio!

Arrivederci dunque e molto cordialmente

E. e famiglia[6]

53 König an Plessner

Athen 26. 1. 28

Ὁδὸς Δεινοϰϱάτους 10.

Lieber. Nur der Wunsch, Ihnen möglichst sofort Einiges Ausführliches über Ihr herrliches Buch[1] zu schreiben, hat mich bis jetzt schweigen lassen. Aber es geht noch nicht. Und so will ich schnell wenigstens diese kurzen Zeilen schicken und Ihnen sagen, wie ich mich gefreut habe und wie sehr ich Ihnen danke. Nehmen Sie also dies Billet mit dem schrecklichen Papier als ein kurzes flüchtiges Lebenszeichen. Wie oft ich an Sie denke und wie oft ich mich mit Ihren Gedanken beschäftige, wissen Sie ja so.

Ich habe Ihr Buch gleich nach Erhalt gut und ganz gelesen. Prinzipielle Verständnisschwierigkeiten (wie früher bei der „Einheit der Sinne") habe ich nicht. Einige Ihrer Deduktionen sind freilich schwer, sehr schwer, so daß ich sie noch nicht ganz im Griff habe.

---

[5] Vermutlich vor Ks erster Reise nach Italien, die über Wiesbaden gehen sollte, damit er sich von P verabschieden könne; vgl. Br. 8.

[6] Italienisch: Wir erinnern uns oft an Sie und schicken Ihnen unsere herzlichsten Grüße. Vergessen Sie nicht, daß wir Sie im nächsten Juli in Anzio erwarten!

Also auf Wiedersehen und herzlichst

E. und Familie.

[1] Gemeint sind die „Stufen".

Was den Inhalt angeht, so stehe ich, glaube ich, ganz positiv dazu. Mein Hauptinteresse konzentriert sich auf die Form und in eins damit auf den naturphilosophischen Ansatz. Daß diese „naturphilosophische" Wendung nicht eo ipso mit dem anthropologischen Ansatz identifizierbar ist, darüber sind wir wohl einverstanden. Den naturphilosophischen Ansatz aber isoliert betrachtet, habe ich große Probleme und einige Bedenken. Ich lese jetzt *Heidegger*[2] (finde Heidegger überraschend gut! *Das* habe ich doch nicht erwartet.) und bin mit seiner Seite 227 ganz einverstanden. Das Subjekt *greift über*. Das tut ja auch *Ihr* Subjekt, *Ihr* Mensch. Mehr noch: Sie entwickeln ja soz. von unten her, wie das übergreifen soz. zustandekommt. Nur frage ich mich, ob dies Übergreifen nicht auch entscheidende Auswirkungen auf die Konzeption der philosophischen Form haben müßte.

Ihr Buch stellt mich in concreto vor ein großes Problem: 1) Das von Ihnen Deduzierte überzeugt mich *inhaltlich* 2) Ich sehe auch, daß die von Ihnen gewählte Methode offenbar diese inhaltlich überzeugenden Resultate ergibt. 3) ich sehe auch keineswegs einen besseren Weg, um zu diesen Resultaten zu kommen. 4) Aber: die Methode überzeugt mich nicht von Innen her, d. h. wenn ich sie an sich selbst betrachte. Noch konkreter: daß Sie zunächst ganz abstrakt und unter betonter Forderung eines Absehens von der Anschauung Ihren „2. Fall" exponieren.[3] Dann in abstrakter Dialektik oder in abstrakten Gedankenschritten (unter dem „Gesichtspunkt seiner Realisierung") abstrakte Resultate entwickeln, für die Sie dann ein adäquates anschauliches resp. erschaubares Lebensmodal suchen (und ja auch *finden*! natürlich): *das* geht mir nicht so ohne weiteres ein. Um so weniger, da ja Ihr Fall II für eine *innere* phänomenologische Anschauung *voll realisiert ist* – und *da* also keineswegs nur einen „Gesichtspunkt" darstellt. Der Fall II ist ja *für uns Menschen* (anthropologisch-phänomenologisch gesehen) einfach Realität: in jedem Sehen z. B. gehört die Grenze zwischen uns und dem Gesehenen *uns selbst an*. Und der Fall I ist für eben diese Anschauung doch offenbar ein Derivat von Fall II. Allerdings ist ja nun das Komische, daß ich keinen Weg sehe, von diesem voll realisierten Fall II auf solche Modale wie z. B. Typizität u. s. w. zu kommen.

---

[2] Sein und Zeit.
[3] Vgl. zum folgenden Stufen, Ges. Schr. IV, S. 154 f.

Ich glaube, daß Sie mein Problem klar sehen. Immer nun im Auge behaltend, daß meine Bedenken selbst wieder in sich sehr problematisch sind, mache ich von da aus noch einige kurze Bemerkungen. In gewisser Weise ist Ihre Methode (nicht der Inhalt) soz. ein auf den Kopf gestellter Hegel. „Systematische Überbelastung" bei Hegel – systematische Unterbelastung bei Ihnen. Glauben Sie dabei aber nur nicht, daß ich gegen Ihren naturphilosophischen Ansatz *als solchen* etwas einzuwenden habe. So gut ich in sich Heidegger finde, so klar ich sehe, daß hier eine echte qualitative Vertiefung der Linie Descartes – Fichte realisiert ist, so überzeugt bin ich davon, daß sie niemals in echter Weise zur Natur und damit zur echten Totalität hinkommt. Ich halte die ganze Heidegger-sche Rabulistik (höheren Stils – sehr gut in sich – aus philosophischen Quellen gespeist), die die Aussage, daß das einzelne Ich, das „je meines" ist, ein „Vorhandenes" ist, dem „Man" mit seiner „verstellenden Zweideutigkeit" aufbürdet, eben für – Rabulistik *und* für *Predigt*. (Im letzten Sinn. Wie gut es sonst auch gearbeitet ist, wie echt auch die Quellen in philosophiis sein mögen). Das Ich *ist* ein Vorhandenes, ist *auch* ein Vorhandenes, *auch* ein ganz und gar Vorhandenes. Und das ist keine Aussage des Heideggerschen „Mans". (Heidegger wird ja wohl, wenn ich recht sehe, sagen müssen, daß Sie in dem von Ihnen als „Geist" Beschriebenen, eine ausgezeichnete phänomenologische Deskription des „Man" „Selbst" geliefert haben! Sind Sie auch dieser Meinung? Haben Sie schon was gehört? Heidegger sollte mal ein bißchen Anatole France lesen – z.B. Thais.[4])

Dies also müssen Sie im Blick behalten, wenn Sie mich nicht mißverstehen wollen: denn dies einmal *vorausgesetzt*, bin ich allerdings der Ansicht, daß in philosophia das Subjekt, der Mensch auch der Form nach „übergreifen" muß. Ich glaube nicht, wie Sie sagen, daß die Exzentrizität *eo ipso* die Legitimation für einen naturphilosophischen Ansatz ist. Daher hat ja für mich die „Verschränkung" von jeher *auch* einen „transzendentalen" Aspekt im kritischen Sinn gehabt. Aber wozu da jetzt weiter „reden"! Ich müßte schneller und Besseres produzieren. Ihr so ganz reifes und voll realisiertes Buch hat mir das

---

[4] A. France: Thais, o. O. 1891, 2. Aufl. 1921; jetzt in: Oeuvres I, hg. von M.-C. Bancquart, o. O. 1984, S. 719–873.

doppelt fühlbar gemacht. Daß Sie meiner im Vorwort gedacht haben [5] – und *so* wie Sie es taten, hat mich ganz riesig gefreut. Haben Sie von Herzen Dank dafür. Ihr philosophisches oeuvre ist so ganz aus sich selbst gewachsen, ist so offenbar und reich in sich, daß Sie sich diese und andere large Gesten ohne Gefahr für sich gestatten können. Daß „Verschränkung" und „Exzentrizität" übereinkommen, daran möchte ich nicht mehr zweifeln. Wenn Sie sagen: „als Boden und Medium der Philosophie", so sage ich *ganz ja* – das ist ja das Problem, von dem das oben Gesagte m. E. nach einen Ausschnitt gab. Über dies „Boden und Medium der Philosophie" habe ich mich natürlich ganz besonders gefreut. Über „Verschränkung – Hiat – Tod" schrieb ich Ihnen noch von Rom aus.[6] Bin noch nicht weiter darin. Zudem ist ja durch Heideggers Todesbetrachtung die philosophische *Situation* modifiziert.

Über alles andere später und hoffentlich mündlich. Erlassen werden Sie mir sicher, noch Einzelnes aufzuzählen, was so ganz meine Zustimmung und Bewunderung hat. Z. B. nur schon die apriori-aposteriori Entwicklung. Auch von meinem gegenwärtigen Philosophieren lassen sie mich ganz schweigen. Ich kann nicht hoffen, im Mai fertig zu sein. Es ist schrecklich und ich weiß es auch – aber Gott helfe mir!

Noch Eine Hauptfrage: *wann* werden wir uns wiedersehen? Ich wage nicht, Ihnen zuzureden, im April hier her zu kommen. Anderseits habe ich schon seit langem im stillen darauf gehofft, mit Ihnen im April zusammenzutreffen. Ich beabsichtigte, zu der Zeit eine Reise durch den Peloponnes und auf einige Inseln zu machen. Es ist natürlich hier primitiv – und ein guter Führer werde ich noch nicht sein können. Daß auch positive Momente vorhanden sind, ist ja klar. Aber wie manches ich auch noch dazu vermerken könnte: es bliebe doch auf Ihrer Seite ein *Ent*schluß zu vollziehen. Über April hinaus blicke ich noch nicht klar. Paris? Sehr wahrscheinlich. Ich schließe in aller Eile. Sie fühlen wohl selbst aus diesem kahlen hastigen Schreiben, daß es mir noch nicht sonderlich gut geht. Ich muß mich sehr zusammennehmen. Ich grüße Sie von Herzen

immer Ihr König

---

[5] Stufen, Ges. Schr. IV, S. 12.
[6] Vgl. Br. 52.

Ps: Heidegger interessiert mich mächtig. Er stellt eine so große Vertiefung methodischer Art über Descartes – Fichte hinaus dar, daß ich zweifele, ob er noch so in einer qualitativen Linie mit ihnen genannt werden darf. Er beleuchtet mir den Sinn der „Verschränkung" in schönster Weise. Eben *das*, was er als das Verhältnis des „geworfenen Entwurfs" bezeichnet, was er dann in 2 Wissensarten auseinanderlegt (a) eigentliches Wissen, eigentliches Sein b) uneigentliches Wissen, Wissen und Sein des „Man-selbst"), von denen er sagt, daß sie beide wesentlich zum Menschen gehören, daß aber die Stimme des Gewissens den Menschen immer in das eigentliche Sein und Wissen zurückholt (ohne daß freilich und ferner dies Zurückholen jemals endgültig wäre: Die vertiefte ontologisierte (rechtmäßig!) Wiederkehr des unendlichen Sollensprozesses) – eben dies nannte ich das Verhältnis der Verschränkung, aus der und in der der *Einzelne* Mensch ist und lebt. Was ich an sich seiende „Zweideutigkeit" aller Begriffe nenne, die jeder sphärenhaften Eindeutigkeit *zugrundeliegt*, expliziert er als die verdeckend-verstellende-Zweideutigkeit des „Man-selbst". – Mir fangen wohl an, die Augen über Heidegger – und über mich selbst – aufzugehen! Wie froh bin ich, daß Ihr Buch da ist!!

54 König an Plessner

Athen den 20. 2. 28
Rue de Deinokratous 10

Lieber. – Weshalb schreiben Sie nicht? Sind Sie etwa krank oder fehlt Ihnen sonst was? Ich überlege mir, ob in meinem Brief etwas stand, das Sie verärgert hat. Aber das kann doch nicht sein. Gewiß habe ich nur kurz und flüchtig auf die moles Ihres Buches geantwortet: aber doch nicht etwa, weil es mich nicht gepackt hätte – vielleicht im Gegenteil! Und dann war es doch nur ein erstes Zeichen – keine objektive Reaktion. Und alles das werden Sie doch fühlen! Ich möchte nur, daß Sie mal einen Moment ganz in mich hineinsehen könnten: dann würden Sie zufrieden sein – sachlich und persönlich. Gewiß bin ich nicht in der Stimmung zu schreiben; bin überhaupt jetzt kein guter Gesellschafter. Aber! – Hätten Sie geantwortet, so hätte ich inzwischen wohl schon ein Weiteres dazu gesagt; so fehlt die Lust und der direkte Antrieb und man verschiebt.

Was mich selbst angeht, so habe ich jetzt wohl mein Problem klar vor Augen: Begriff der *Kategorie*. Darum gruppierte sich schon unbewußt das Bisherige. Hier wurde es mir bewußt. Auch die *Richtung*, in der ich die „Lösung" suche, ist deutlich. Positiv getan ist – streng genommen – noch nichts. Nehmen Sie beides zusammen, so werden Sie meinen Zustand in etwa verstehen. Vor allem: wie sehr mich Ihr Werk und das von Heidegger[1] „angehen". Heidegger ist viel viel besser, als ich erwartete. Mir ist auch deutlich, weshalb ich das in Marburg nicht sah; es hat das sachliche Gründe: was heute Gegenstand meiner Kritik ist, verbaute mir damals das Eindringen. Ich schrieb Ihnen „Rabulistik und Predigt". Das ist es wohl *doch nicht*. Oder wenn schon, dann eben so verphilosophiert wie bei Fichte. Und dann paßt das Wort nicht mehr. Daß er mit dem „Man selbst" die Sphäre dessen trifft, was alle bisherige Philosophie und so Sie zuletzt „Geist" nannte, dessen bin ich sicher. Hauptpunkt der Kritik. Aber die Kategorien, mit denen er das macht, sind gut, echte ganze Philosophie. Und dann: finden Sie nicht, daß das, was Sie Exzentrizität nennen, auch bei ihm da ist? Ist sein „geworfener Entwurf" etwas anderes? Der formal-kategorialen Lage nach besteht m. E. nach größte Ähnlichkeit – ja Koinzidenz. *Daher* finde ich, daß „Exzentrizität" nicht *eo ipso* – wie Sie es im Vorwort sagen – Legitimation eines naturphilosophischen Ansatzes ist. Aber ich wiederhole Ihnen schon Geschriebenes: daß ich, obwohl ich das zu sehen glaube, die Unterschlagung der Natur bei Heidegger sehr wohl sehe.

Sein „Weltbegriff" ist glänzend – immanent finde ich das alles richtig. Nehme ich mal seinen Sprachgebrauch über „ontologische Fundierung" an, so scheint mir mit ihm in der Tat, daß „Vorhandenheit" ontologisch in „Zuhandenheit" fundiert ist – und nicht umgekehrt. Aber das erschüttert mir nicht im mindesten einen ganz anderen Welt- und Naturbegriff, von dem ich gewiß bin, daß er nur im äußerlichen Sinn eine „Konzeption des Daseins" genannt werden kann. Daß es ohne das Dasein überhaupt keine Wahrheit gäbe, das hat freilich *ganz* meine Zustimmung. Aber wie müßte das positiv

---

[1] Sein und Zeit.

ausgedrückt werden? Und *mein* gegenwärtiges Problem könnte ich nicht präziser als mit dieser Frage bezeichnen. Seinen Begriff des „Zeitigens" und der „exstatisch erstreckten Einheit der Zeitlichkeit" finde ich tief, genial. Aber – trotz allem – wiederholt er damit – nur auf höherer Stufe – die *Formalität* der Kantisch-Fichteschen Stellung. Mir wird das ganz deutlich an seiner Analyse (oder wie soll man sagen) des „Einbruchs des Daseins in den Raum", welche Aufweisung einer Fundiertheit der Raumkonzeption in der Zeitlichkeit des Daseins keine „Deduktion" des Raumes sein soll. Gewiß: das, was er macht, ist keine Deduktion. Aber eben darin, daß er von seiner Basis aus gar keinen Versuch zu einer solchen Deduktion macht, machen *kann*, dokumentiert sich für mich die Formalität seiner Grundstellung. Am klarsten in dem, was er über den Kantischen Unterschied der Gegenden im Raume (links – rechts) schreibt. Hat Sie das irgendwie befriedigt? Und doch finde ich es *immanent* richtig. Ich zweifele heute kaum noch, daß ihm gelingen wird, den Einbruch des Daseins auf Grund des „Zeitigens" in *schlechthin Alles* überhaupt – nicht nur in den Raum, nachzuweisen. Und gewiß ist das eine qualitativ höhere Stufe als Kant–Fichte. Heidegger ist wirklich „Einer". Es wäre sehr flach, zu sagen, er habe die schon von Kant gemachte Bemerkung, daß die Zeit irgendwie übergreift und eine Sonderstellung hat, nur systematisiert. Kurz: daß Zeitlichkeit des Daseins „erschließend" fungiert, davon möchte ich mich wohl durch Heidegger überzeugen lassen. Aber *darin* eben liegt auch die Formalität dieser Philosophie (tritt besonders heraus auch am Problem der Geschichte – im Gegensatz zu *Hegel*, wie Heidegger gut fühlt). Es ist eine – qualitativ bereicherte und qualitativ veränderte – transzendentale Deduktion im Kantischen Sinn. Das „Ich" ist konkretisiert – als Sorge – als Zeitlichkeit.

In welche Perspektive mir auf Grund dieser Auffassung Ihr Werk rückt, werden Sie vermuten; sagen kann ich es nicht. Was Heidegger schreibt, kann ich Zug um Zug aufnehmen (immanent) – und dabei fühle ich mich ganz wo anders hin gerichtet. Umgekehrt hat das, was Sie anvisieren, wo Sie stehen, meine Zustimmung, aber ich muß mir erst einen *Weg* dazu bahnen. Und das werden Sie doch nicht *so* mißverstehen: daß ich eine bessere Methode für die Entwicklung Ihrer Gehalte suche! Sondern *zu beidem zusammen* suche ich hinzukommen.

Heute wollte ich früh einen Tagesausflug nach dem Poseidontempel auf dem Kap Sunion machen. Das Wetter ist nicht besonders schön, so habe ich es verschoben. Hier ist sonst Frühling – richtiger Frühling. Durchschnitts-Tages-Schattentemperatur zwischen 14–19° Celsius.

Besteht denn Hoffnung, Sie im April hierzusehen? Für Mai denke ich immer mehr an *Deutschland*. Reisen – Draußen Sein ist schön herrlich – zu schön. Aber!!

Von Herzen immer

Ihr König

55 *Plessner an König*

Köln 22. II. 28
abgeschickt 7. III. Titusstr. 4

Lieber, Ihr großer Brief, Ihre Karten[1] – seien Sie von Herzen bedankt dafür. Wir sind diesmal beide, d.h. ich weit, weit mehr wie Sie, wortkarger als früher. Ich fühle mich tief in Ihrer Schuld. Immer noch habe ich den großen Brief über die „Einheit der Sinne" nicht beantwortet, eine Zeit lang hemmte mich das ordentlich; aber eine richtige Beantwortung zu finden, ist schwer. Ich muß die Dinge erst von Neuem zusammenstellen, sie aus dem Abfluß Ihrer Gedanken systematisch gruppieren; und dann am besten mündlich replizieren.

Bisher hemmte mich das Korrekturenlesen und dieses Semester, das Gott sei Dank in 8 Tagen zu Ende ist. „Zumeist und zunächst" (um mit Heidegger zu reden): die Situation hat sich, oder beginnt es zu tun, geändert. Scheler geht schon zum Sommersemester von Köln fort nach Frankfurt. Dort ist das pädagogische Ordinariat, für das man vergeblich Leute suchte, in ein philosophisches umgewandelt worden. Die Wünsche Frankfurts begegneten sich mit denen Adenauers,[2] d.h. des Kölner Zentrums, Scheler, den einstigen Renom-

---

[1] Nicht erhalten.
[2] K. Adenauer war von 1917 bis 1933 Oberbürgermeister von Köln.

mierkatholen, jetzigen Atheisten[3] loszuwerden. Becker, der Minister, ist glücklich, dem Zentrum einen Gefallen zu tun, der ihm nichts kostet. So ist Scheler mit 32 Mille jährlich nach Frankfurt gekommen. Ein Prestigeverlust für Köln, wenn auch kaum mehr. Ein atmosphärischer Verlust gewiß. Ich begrüße diesen Weggang sehr, denn nach dem Erscheinen meiner „Stufen" ist das Verhältnis zu Scheler, speziell durch die eifersüchtig den Ruhm bewachende Frau,[4] unerfreulich geworden. Das Buch hat ihn tief getroffen, seit seinem Erscheinen habe ich Scheler nicht mehr gesprochen. Eine Reihe von Bekannten, die mit ihm zusammen waren (darunter Worringer, Hartmann), berichten übereinstimmend, daß er einen „tragisch affizierten" Eindruck gemacht habe, wie er denn wochenlang von nichts anderem sprach; immerhin bemüht, seiner vorgefaßten Meinung, die entscheidenden Grundideen seien von ihm, einen meine bona fides achtenden, meine „Intelligenz, Gelehrsamkeit und Geschicklichkeit" rühmenden Ausdruck zu geben. Sehr komisch und doch für beide Teile schmerzlich. Scheler ist nun einmal tief überzeugt, daß ich ebenso klug wie unoriginell bin. Er ist bereit, auf Grund meiner Geschicklichkeit und raffinierten Intelligenz für mich einzutreten, wie er ebenso meiner großen Einfühlungsfähigkeit jedes Lob zollt. Nur – das Entscheidende streitet er mir ab. Baumeister Solneßgefühle[5] gegen die kommende Generation spielen natürlich dabei eine erhebliche Rolle (das gestand er Hartmann), nicht minder eine persönliche Animosität gegen mich, die in Frauengeschichten ihren Ursprung hat. (Hier unterbrach ich den Brief unter dem Schlußansturm des Semesterendes. Ihr zweiter Brief kam inzwischen an, der mich mahnt, so rasch als möglich nun aber das Begonnene abzuschließen. Ich bin ja auch jetzt in Ruhestellung, Wiesbaden)

Also die große Frage: Nachfolger Schelers. Schwierigkeit: die Stelle ist zwar ein etatsmäßiges Ordinariat, die Finanzierung erfolgt also im Rahmen des Universitätsetats, das Geld aber war vom Etat des Forschungsinstituts für Sozialwissenschaften genommen worden, auf dem Scheler als Direktor ursprünglich gestanden hatte. Er war ja vor

---

[3] Scheler wandte sich seit 1923 vom Katholizismus ab und brach schließlich vollständig mit der katholischen Kirche.

[4] Maria Scheler, geb. Scheu, seit dem 16. April 1924 Schelers dritte Frau.

[5] Halvard Solneß, Titelfigur in Henrik Ibsens Schauspiel „Baumeister Solneß" (1892).

Gründung der Universität 1918 an das Institut der Stadt geholt worden, wurde dann persönlicher Ordinarius in der Philosophischen Fakultät und erst nach dem Weggang Drieschs nach Leipzig etatsmäßiger O.Ö. Man verschob sozusagen den Gehalt von einem auf den anderen Etat, da Scheler immer noch Direktor an diesem Institut blieb. Jetzt ist die Kalamität, daß das Institut satzungsgemäß einen Direktor braucht, der als Repräsentant des Katholizismus gelten muß, und die Fakultät einen Philosophen haben will, den sie nach Leistung und Rang auswählen soll. Also muß u. U. ein neuer Betrag von der Stadt, die ja die Universität finanziert, aufgebracht werden, weil es einen Nachfolger Schelers, der Katholik, Soziologe und Philosoph, wie er es war, ist, nicht in seinem Range gibt. Gleichzeitig mit Scheler geht Lindworsky, der Privatdozent und a.o. Professor war, einziger Fachvertreter der experimentellen Psychologie, als Ordinarius nach Prag. Er ist Jesuit; seine Berufung eine Frucht der Wiederannäherung der Tschechoslowakei an den Vatikan. Natürlich versuchte er (denn dem Orden ist eine Stelle in Preußen-Deutschland hundertmal wichtiger als in Prag) in Köln ein Ordinariat zu kriegen. Mit Mühe und Geschick hat man das Zentrum überzeugt, daß dies untragbar für die Kölner Universität wäre. (Hier habe ich kräftig mitgekämpft, können Sie sich denken!) Resultat: Wir haben keinen Psychologen. Das Natürliche wäre, das freigewordene Ordinariat in ein psychologisches umzuwandeln und Katz oder Wertheimer zu holen. Dann würde für mich ein großer Lehrauftrag herausspringen können, indem die Fakultät betont, daß die reine Philosophie nicht unter dieser Umwandlung zu kurz kommen darf. Die gleiche Chance wäre da, wenn konfessionelle Ansprüche auf das Ordinariat geltend gemacht werden sollten und man einen Katholen beriefe (weniger wahrscheinlich). Schließlich kann es so laufen, daß man einen Philosophen holt, woran das Ministerium offenbar denkt, das uns bereits zu einem Dreiervorschlag aufgefordert hat. Dann käme ich vielleicht an letzter Stelle auf die Liste, die Hartmann mit Geiger beginnen lassen möchte, um mich dann (Schmalenbach?) nach Göttingen zu bringen. Geiger sitzt ja auf einem persönlichen Ordinariat und möchte weg.

Sonst ist im Augenblick Bonn mit einem Voll- und einem persönlichen Ordinariat frei (Störring und Wentscher), in Frankfurt wird die Stelle von Cornelius zum 1. April vakant, auf die Scheler Heim-

174

soeth bringen möchte – Hartmann ginge gern nach Königsberg – und Scholz ist von Kiel nach Münster berufen worden, auf die Stelle von Brunswig. Sollte er (was wahrscheinlich) gehen, so würde Kiel frei. Und 1929 geht Husserl. Ich wäre froh, endlich von der Fakultätsassistenz loszukommen, die mir manchen Ärger kostet, auch wenn sich die Arbeit allmählich mechanisiert und damit vermindert hat.

Die bisherige Wirkung der „Stufen" beschränkt sich auf einige Briefe, Karten und Gegendedikationen. Driesch, überwiegend kritisch (ich sei Hylozoist),[6] erkennt den Reichtum an viel Neuem an, begrüßt es für seine Neuauflage der „Philosophie des Organischen".[7] Grundton sehr positiv. Volle Resonanz bei Misch, der von dem Buch geradezu hingerissen gewesen sei, wie er schreibt. Zentral bewegt. In der Exposition habe er überraschende Ähnlichkeiten gefunden (Bergson – Dilthey), sei dann bei den nächsten Partien (offenbar im Kapitel der These) unsicher geworden, ob ich nicht dem lieben Gott gewissermaßen nachrechnen wolle – dum deus calculat, fit mundus[8] – sei dann aber nach einigen Seitenblicken von dem aufbauenden Charakter der Sache überzeugt und schließlich hingerissen worden. Auch die souveräne Behandlung gewisser Diskussionen imponiere und überzeuge. Die „Ästhesiologie" erschiene jetzt in ihrem originalen Sinn usw. usw. Außer von Ihnen habe ich so eine Reaktion noch nie erfahren. „Und das will nach dem starken Bedenken, das die ersten Partien auslösten, etwas heißen bei mir", so ungefähr schrieb Misch. Voller Sinn auch für die genetische Methode.

Was Sie sagen, ist mir natürlich aus der Seele gesprochen. Ich sehe die „intelligible Zufälligkeit" des naturphilosophischen Ansatzes, das noch nicht innerliche Geführtsein der „Methode" vollkommen und will darüber hinaus, – aber nur, um es zu legitimieren; um zu begründen, daß die exzentrische Position die Legitimation (nicht *auch* eines naturphilosophischen Ansatzes ist, wie ich es bei der Niederschrift des Buches und der Einleitung noch glaubte, sondern) *nur* eines naturphilosophischen Ansatzes ist. Denn: Exzentrizität läßt sich

[6] Vgl. Ps Selbstdarstellung, Ges. Schr. X, S. 325.
[7] Die 4., gekürzte und teilweise umgearbeitete Auflage der Philosophie des Organischen erschien in Leipzig 1928. In der Anm. 1 auf S. 124 verweist Driesch kommentarlos auf Ps „Stufen".
[8] Lateinisch: Wenn Gott rechnet, entsteht die Welt. Leibniz zugeschrieben.

als „Rechts"grund für die Gleichgültigkeit jedes Ansatzes nachweisen – wie in ihr zugleich auch die Überwindung des Historismus gegeben ist, speziell auch des Historismus der Philosophiegeschichte. Exzentrische Mitte einnehmen heißt eben: ihr entgleiten *und* in ihr drinstehen, d. h. jene Bewegung vollführen, welche das Eigentliche, Ewige, Bleibende und Wahre nur in einer inadäquaten Form und Situation, der sie anheimfällt bzw. anheimgefallen ist, faktisch und *wirklich erreicht.* So daß Anthropologie der Weltanschauungen oder Philosophien grundsätzlich die Entwertung, welche in jedem Aufweis der psychischen, sozialen, historischen oder naturhaften Bedingtheit des Geistigen liegt, der Möglichkeit nach liegt, aufhebt, indem sie das zur Vergänglichkeit des Geistigen und damit zu ihrer eigenen Vergänglichkeit – ich bediene mich des Ausdrucks aus der Relativitätstheorie: kovariante Bezugssystem bildet und damit dem Tod seinen Stachel nimmt.[9] Diltheys Satz, daß alles Große vom Bewußtsein seiner Endlichkeit begleitet sein muß,[10] erhielte so einen über Pathos und Ethos hinaus konstitutiven Sinn.

Um dieser Kovarianz willen ist die Anthropologie philosophisch, aber nicht die Philosophie und nicht *die* Vorbereitung zur Philosophie. Sie ist überhaupt nicht ausgezeichnet dem Range nach oder der einzig legitime Ansatz zur Philosophie, auch sie selbst erfährt an sich das Schicksal der Exzentrizität. Hier finde ich den eigentlich schwachen Punkt Heideggers, der noch an einen ausgezeichneten Weg (der Ontologie) glaubt in der Rückinterpretation der Frage auf den angeblich sich Nächsten: den Fragenden (als ob wir fragen könnten, wenn wir nicht gefragt wären!). Nun könnte man leicht das Gegenteil dessen zeigen, was Heidegger macht: den Primat des Seins vor der Frage (= als der *an* das Sein *gestellten* Frage). Und ich glaube, daß Sie – sicher nicht ganz mit Unrecht – mich zunächst so als Gegenspieler Heideggers sehen: kein Primat des Onto*logischen* vor dem *On*tischen, sondern des Ontischen vor dem Ontologischen; darum quasi unbekümmerte Direktheit in der Wendung zur äußeren „Natur"anschauung, bewußtes Überspringen des angeblich (und ja

[9] Vgl. 1. Kor. 15, 55.
[10] Vermutlich Anspielung auf W. Dilthey: Gesammelte Schriften Band VII: Der Aufbau der geschichtlichen Welt in den Geisteswissenschaften, hg. von B. Groethuysen, Leipzig und Berlin 1927, S. 187.

trotzdem auch wirklich) sich vorgelagerten Existenzsubjekts! Und doch ist das nicht die ganze Weite dessen, was hier Natur bedeutet und naturphilosophischer Ansatz. Vielmehr: die in und mit der Exzentrizität gegebene Irrelevanz des Ansatzes und der Untersuchungsrichtung, die Primatlosigkeit in dieser Situation, das Gefragtsein jeder *gestellten* Frage (und das ist (à qui le dis je?!)[11] eine andere Verklammerung als die von Subjekt-Objekt, Noesis-Noema etc.) scheint mir die *Gewachsenheit* (Geworfenheit *und* Geborgenheit) des Menschen, sein In der Welt Sein *mit* anderen *Dingen*, seine Verlorenheit (in Raum und Zeit) und seine Gebundenheit in sich auszumachen, d. h. diejenigen sphärischen Strukturen zu bezeichnen, welche *auch* die Zonen äußerer Anschauung beherrschend, gegen den Gegensatz von Existenz und Sein, Zuhandenheit und Vorhandenheit, Subjekt und Objekt, Innen und Außen gleichgültig den Sinn dessen erfüllen, was ohne wissenschaftliche Restriktion von uns natura sive mundus genannt wird.

Heidegger spottet über die Philosophen, welche es möglich machen wollten, ein weltloses Subjekt anzunehmen. Er gibt seinem Subjekt (= Dasein) Welt im Modus des Inseins gleich mit; isoliert es aber und gliedert es wieder aus, indem er Existenz jedem anderen, etwa naturdinglichen, Sein mit derselben Verve gegenüberstellt, wie Rickert die Kultur- den Naturdingen. Dagegen wenden Sie sich ja auch scharf: auch der Mensch *ist*. Dies eben, in der Exzentrizität nur strukturell gefaßt, muß Prinzip der Philosophie selbst werden und ergibt eine Naturphilosophie als Rahmen und Basis der ganzen Philosophie. Von Schelling her sind wir die Zweiteilung gewohnt: Natur – Geist. Bei Hegel überwunden und verewigt. Dann die Dichotomie in der Wissenschaftstheorie. Modell: Natur – Geist (beide vergegenständlichte Zonen) und in der Mitte [?], beginnend, leitend, krönend das Indifferente, Absolute, Substanz – Subjekt, der Begriff, das Leben. *Quod non.* Setzen wir die Welt wieder in ihre Rechte ("wieder" ist gut, sie hat sie noch nie gehabt: erst läßt man sie von Gott geschaffen sein, später vom Menschen), die Welt als das in Elektronen, Zwischenräumen, Farben, Gewittern, Blumen, Tieren und Menschen – wirklich: *auch* Menschen – Manifeste, das als solches nicht unter-

---

[11] Französisch: Wem sage ich das?

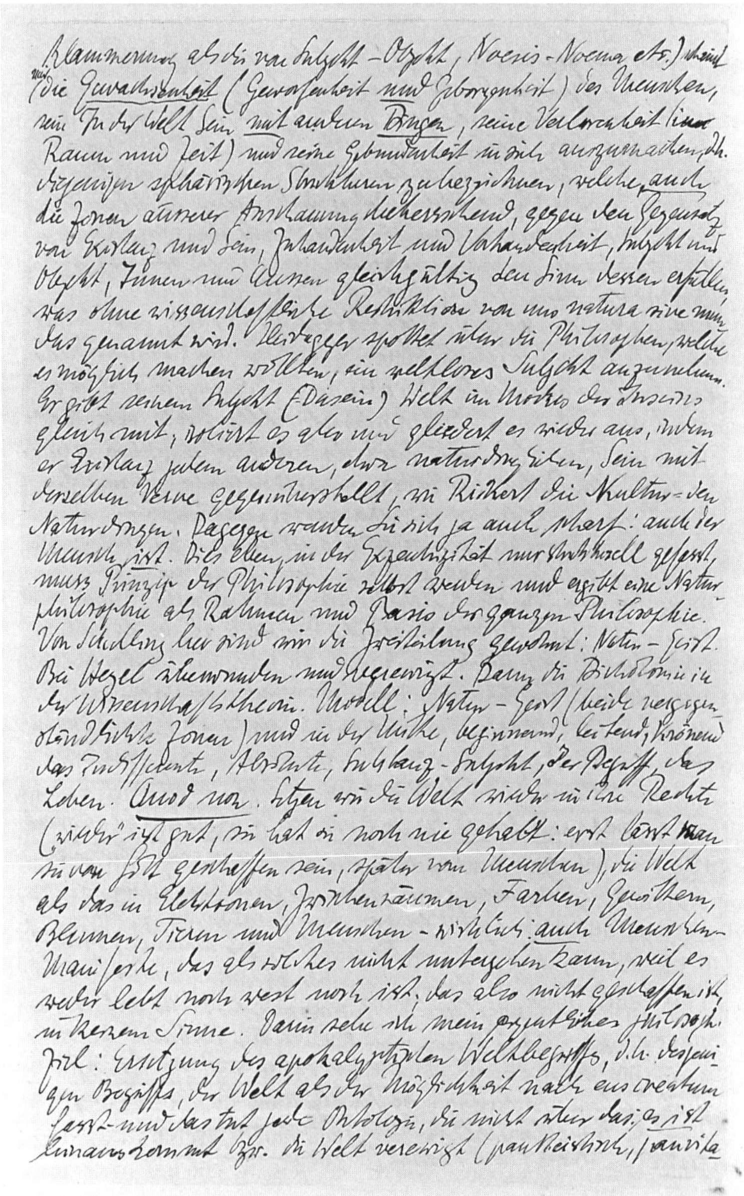

Handschrift von Helmuth Plessner

gehen kann, weil es weder lebt noch west noch ist; das also nicht geschaffen ist, in keinem Sinne.

Darin sehe ich mein eigentliches philosophisches Ziel: Ersetzung des apokalyptischen Weltbegriffs, d. h. desjenigen Begriffs, der Welt als der Möglichkeit nach ens creatum faßt – und das tut jede Ontologie, die nicht über das: *es ist* hinauskommt bzw. die Welt verewigt (pantheistisch, panvitalistisch, idealistisch). Und wenn auch Heidegger mit seiner Theorie des Zeitigens dem „Sein" die Blindheit nehmen wollte – die ihm in einem tieferen Sinne doch zukommt, so daß der Kern des Seins, erfragt, bereits peripher geworden ist, so ist er der Größe der Aufgabe nicht Herr geworden, weil er die Frage: was ist das Sein – für beantwortbar hält. Während ich überzeugt bin, daß diese Frage nach dem „Sinn" von Sein (der Welt) eine abgeleitete Frage ist wie das Sein als Sein eines ... oder Sein von ... nur die Hilflosigkeit des den Exzentrizitätscharakter seiner Position nicht voll verstehenden, ihm *nur* zum Opfer fallenden Menschen ist. (Nehmen wir Heidegger mal nicht bloß in seiner harmlosen Phänomenologenmodifikation als „Interpreten", sondern nach dem größtmöglichen Gewicht, das diesen Sätzen gegeben werden kann.)

Da komme ich nun zu einer merkwürdigen Sache, die mir am deutlichsten zeigt, daß es nicht gilt, gegen Heidegger – Fichte und Plessner – Schelling die neue Synthese eines Hegels II. zu setzen. Ich könnte sie so anzeigen: Es gilt die Irrelevanz des gleichwohl notwendig zu machenden Ansatzes, also die Faktizität des eigenen Philosophierens, die intelligible Zufälligkeit zu sehen, ohne sie zur Notwendigkeit werden zu lassen. In *dem* Sinne also keine innerliche Legitimation der Methode suchen – nicht, weil es nicht ginge, sondern weil es noch eine höhere Möglichkeit gibt, der Situation der Exzentrizität zu entsprechen: *zwischen* Ernst und Nichternst zu bleiben. Ironie – romantische Ironie? Also doch: Dialektik? Eben nicht. Sondern eine Ataraxie, die aus einer Distanz zum Ernst, zur Notwendigkeit, zum Legitimen *kein Kapital* schlägt wie der romantische Ironiker, für den – wie Hegel es dartut – das Übersteigenprinzip zum Motor wird, immer höher zu kommen!

Und daß dies *welt*männisch, reif und wohl die wahre Erkenntnishaltung ist, davon spürt man bei Heidegger gar nichts. Es ist ernst innerlich – und weltlos. Eine Philosophie, die den Geist der Schwere heute nicht einmal in Frage stellen kann – *nach* Nietzsche –, bleibt

Schulphilosophie und kann wohl auch nicht in die Ebene oder Linie Descartes – Fichte gehören. Mit Kirkegaardschen Termini wird hier ein Versuch gemacht, das deutsche Märchen vom Ich neu zu erzählen. Großartig – gewiß. Darin stimme ich Ihnen ganz bei. Die Energie des sprach- und bildschöpferischen Denkens ist prachtvoll. Nur ist es eine im Grunde alte Sache, die fatalerweise als Fundierungszusammenhang aufgetan wird – so daß man beinahe alles Interesse, selbst an den interessantesten Stellen, verlieren könnte, wenn man dem Heidegger den interpretationsphänomenologischen Charakter seiner Lehre glauben wollte. Überzeugt haben mich seine Grundthesen nicht (Prius der Zuhandenheit, Erschließende Funktion der Zeitlichkeit z. B.), eben nicht in dieser Isoliertheit, denn sie besagen ja gerade nach Heidegger Strukturmomente einer von ihm nur in einer *gewählten* Hinsicht und methodischen Rücksicht durchinterpretierten Totalität; so daß – legen wir Vorhabe, Vorsicht und Vorgriff anders an, andere Fundierungszusammenhänge anderer Strukturen herausspringen. So könnte ich mir gut denken, daß sogar in der von Heidegger eingehaltenen Richtung ein Prius der Vorhandenheit, eine erschließende Funktion existentialer Räumlichkeit u. a. dargetan werden könnte, weil im Grunde ein und dieselbe Daseinstotalität in Bearbeitung genommen wird. Bei Fichte können sie aber so etwas nicht machen!

Heidegger selbst bezeichnete das Ganze, als er Anfang des Wintersemesters in Köln zu einem Vortrag war,[12] Hartmann und mir gegenüber als nur eine Methode, um den Temporalitätssinn des Seins nachzuweisen. Von da aus versuche er (quasi analog dem Kantischen Schematismus) eine positive Ontologie, in der das Dasein dann eine den anderen Seinsarten parataktische Stellung erhalte. Darum habe er auf diesem Wege alles andere, was nicht für dieses Ziel nötig war, weggelassen. (Ich wurde sehr an unsere Diskussion über das Nurmethodische und Eigentlich Thetische in der „Einheit der Sinne" erinnert. Mein Gewissen schlug.)

---

[12] Wahrscheinlich hielt Heidegger in Köln – wie zu dieser Zeit auch andernorts – den Vortrag „Kant und das Problem der Metaphysik". Unterlagen zu dem Vortrag sind im Nachlaß nicht mehr vorhanden. (Auskunft von Herrn Prof. Dr. F.-W. von Herrmann, Freiburg, vom 16. September 1991).

Wie gesagt: das Resultat halte ich für falsch, obzwar die Frage nach dem „Sinn" von Sein vielleicht (soweit die Kapazität der phänomenologischen Sinnfrage reicht) damit beantwortet – richtig, was heißt hier richtig? – ist. Will das die Ontologie, die Philosophie aber? Geht es, mit phänomenologischen, dazu noch hermeneutisch-phänomenologischen Mitteln einen philosophischen Zweck zu erreichen? Entsteht nicht hier eben, was wir schon seit einem Dezennium diskutieren, nur ein Scheinbild, ein Pendant zur Philosophie? „Was ist das Sein" –, heißt das dann überhaupt „Sinn von"? *„Was ist"* meint doch anderes und „mehr" als „was meint" ... Aber auch darin stimme ich ganz bei: Heidegger ist stilrein, absolut vom Ersten bis zum Letzten. Und ich finde eine Fülle der schönsten Übereinstimmungen zwischen uns (existentiale Räumlichkeit und Nähe ≡ Grenze, Insein ≡ Positionalität, in sein Da gesetztes Sein ≡ in ihm (sich) Gestelltsein und Hiatusstruktur, Geworfenheit, apriorisches Perfekt ≡ Gesetztsein, geworfener Entwurf, Vorwegsein ≡ Zeithaftigkeit des lebendigen Seins, Kategorischer Konjunktiv (es ginge schon, aber es geht nicht – Heidegger sagte mir: es müßte heißen „es ginge schon, aber es ist nicht gegangen"), Seligiertsein des Lebens usw. Bei ihm erscheinen freilich die Strukturen, abgesehen von ihrer Trennung durch den hermeneutischen Prozeß, in Einer Schicht, während ich darin weiter zu sein glaube, indem sich die Strukturen auf verschiedene Schichten verteilen und der Mensch (Dasein) die Schichten in sich enthält – was Heidegger verborgen bleiben muß. Also ich unterschreibe Ihr Urteil: er steht hoch über dem heute Üblichen – aber, aber Husserl ist doch der Initiator und über Husserl kommt er nicht hinaus; nur in der Verve, im Stil, in der menschlich-totalen Geladenheit, im Sprachschöpferischen. Er bleibt – Phänomenologe.

Der Mensch kann sich und damit die Welt, das Sein des Seins, noch höher verstehen, nicht hermeneutisch, und vielleicht ist die oben angedeutete Aufrollung einer Position zwischen Ernst und Nichternst, Notwendigkeit und Nichtnotwendigkeit die zum „Seinsproblem", zur Welt als dem Nichtseienden, Nichtlebenden, Nichtwesenden und nur in einzelnen Konkretionen Seienden, Lebenden, Wesenden konforme Haltung. Die Welt als das Nichtkreatürliche, Unschöpfbare – Unvergängliche und *doch* nicht Ewige (auch nicht ewig, insofern es zeitigt). Das erst wäre Atheismus.

Vor kurzem fiel mir wieder mal die „Krisis"[13] in die Hand. Ich war erstaunt, wie auf den Schlußseiten das anthropologische Problem („des Lebens, das zum Einsatz gebracht werden muß", „der Mensch nicht mehr eine Angelegenheit des Systems, sondern das System eine Angelegenheit des Menschen") fast greifbar auftaucht. Außer Ihnen weiß heute niemand, wie treu ich mir geblieben bin.

Wann werden wir uns wiedersehen? Schon im Januar erkundigte ich mich eingehend nach Reiserouten und -kosten, fragte Kroll, der ja in Griechenland war. Aber es ist für die 5–6 Wochen, die man doch ansetzen muß, ein teurer Spaß, der meine Bewegungsfreiheit für den Sommer aufheben würde. Und da Sie im Mai wieder erreichbar sein wollen, Paris oder – Köln? will ich mir diesen trip bis zum Ordinariat verkneifen. Ich hätte ja schon große Lust!! Hauptsache, daß wir uns bald wiedersehen. Kommen Sie doch mal wieder nach Köln, dann sind wir Pfingsten beide in Paris. Und im Sommer sollten wir irgend etwas anstellen. Überlegen Sie, zögern Sie nicht mit der Heimkehr.

Sie reden nichts von sich selbst; auch nicht mal von den äußeren Umständen, die mir so wichtig sind wie einer Hausfrau. Geben Sie doch mal einen Lagebericht – Athen, Phaleron, Sunion das ganze Tertianerpensum als Milieu. Wie leben Sie?

Von mir ist äußerlich nichts zu sagen. Ich bin nicht sehr glücklich, das ist wohl alles. Die Sache drängt mich und so werde ich wohl bald weiterschreiben, das was ich Ihnen schrieb (unter dem Titel „Philosophische Anthropologie")[14] dann hoffe ich, kommt eine Pause vor dem – Hauptschlag. Von Köln möchte ich ja nun wirklich mal bald weg, zu Menschen, die mehr Gefühl auch für meine Dinge haben. Acht Jahre bin ich jetzt da.

Schreiben Sie bald wieder. Seien Sie tausendmal von Herzen gegrüßt. Die Eltern schließen sich viele Male an!

Ihr H Plessner

Was machen die Photos, auch aus Italien. Und von E.?

---

[13] Ps Frühschrift „Krisis der transzendentalen Wahrheit im Anfang", jetzt in: Ges. Schr. I, S. 143–310; die im folgenden zitierten Stellen: Ges. Schr. I, S. 305 und 308.
[14] Dieses Buchprojekt blieb unrealisiert.

Athen 12. 3. 28
Rue de Deinokratous 10

Lieber. Ich bin ja so froh, daß ich endlich ein Lebenszeichen von Ihnen habe. Ich wußte so gar nicht, was das lange Schweigen bedeutete und tippte zuletzt ganz entschieden auf eine Krankheit. Soeben kommt Ihr Brief an, habe ihn noch gar nicht richtig gelesen – nur soz. die Kapitelüberschriften. Will schnell nur das jetzt Wichtigste berichten: Kommt er oder kommt er nicht? das war mir das Wesentlichste jetzt. Ich bin sehr traurig, daß Sie nicht kommen. Aber ich fühle wohl, daß ich Ihnen nicht zureden darf. Schon für mich selbst, der ich doch hier unten schon bin, ist die Reise, die ich gegen den 25. oder 30. antreten will, eine spürbare Unterbrechung, der ich mich soz. nur aus einer Art von Pflicht unterziehe. Anderseits dachte ich gestern (vorgestern), als ich in Sunion war, sehr heftig an Sie und machte mir Vorwürfe, Sie nicht so ein bißchen „angestachelt" zu haben. Ich schwanke auch noch heute zwischen den beiden Extremen. Will heute nur, beinahe „pflichtmäßig", einiges sagen: Griechenland ist für uns ein schwer zugängliches Land. Es wirft so unmittelbar, vom einfach Landschaftlichen abgesehen, schwer etwas ab. Auch die „Kunst" gibt sich keineswegs so einfach. Italien ist für uns Deutsche der Süden schlechthin – romantisierter Süden; dazu uns nahe. Die antike Kontinuität ist spürbarer in Italien. Die deutschen Beziehungen zu Italien sind immer lebhaft gewesen. Durch die Renaissance ist uns auch das spätere Mittelalter vertraut. Und schließlich sind auch wir noch irgendwie Lateiner. Wir haben Griechenland lange in der Perspektive von Rom her gesehen. Aber in Wahrheit ist das alles anders. Griechische Antike ist ein mir durchaus rätselhaftes Ding. Beati die Philologen, die es studieren können. Griechenland ist *unromantisch* → das Merkwürdigste, Interessanteste. Der Schwerpunkt dieser Welt ist nicht Athen – sondern die Levante und im frühen Mittelalter lag er 1000 Jahre lang in Konstantinopel. Daß man so gar nicht die Peripherie dieses Gebiets kennt. Thrakien – Kleinasien – Syrien – Ägypten – macht sich immer wieder fühlbar. Wenn schon ferner die Antike fern ist, so ist es das Mittelalter, der Byzantinismus noch mehr. In dieser Zeit fegt über das eigentliche Griechenland ein Sturm weg, der schon rein völkisch tiefe Spuren hinterlassen hat: Slawismus. Dann kommt Türkenherrschaft; dann abendländische Gegenbewegung, die ein „Griechenland" entstehen läßt unter dem Schutze des Westens. Das heutige Griechenland zeigt in den paar modernen Städten, die ich bisher gesehen habe, fast Kolonial-Charakter. Die Abfallsprodukte des Westens (Amerika! auch) liegen hier herum in Gestalt von Wellblech, Stacheldraht, Fordautos ältesten Jahrgangs, französischen Parfüms u. s. w. Vom eigentlichen „Land" weiß ich fast noch nichts. Die politisch-ökonomische Struktur von heute kenne ich nicht; die Sprache radebreche ich nur kümmerlichst. (Mit dem Lesen geht es etwas besser!) Das eigentlich geistige Leben des Volks von heute ist mir ein Incognitum.

Nehmen Sie das alles zusammen, so werden Sie verstehen, daß ich fast nichts sagen kann. Ich sah bisher wenige Punkte: Eleusis, Sunion, Athen. Ich war sehr erstaunt und auch bewegt, weil ich das Fremde, Rätselhafte spürte. Dies Sich-Konfrontieren, Gewahren ist natürlich sehr schön; die Landschaft ist wunderschön – aber ganz und gar kein „Traum", sondern höchst bestimmt, hart; Attika ist steinig und kahl in einem Maße, das mich in Eleusis an Tibet erinnerte. Zuweilen ist es ernst, düster, hart. Und das Merkwürdigste ist dann die kindliche Farbenfreudigkeit, die zugleich in der Landschaft, in den Häusern liegt. So wie die byzantinischen Kirchen, die eine mir noch ganz unverständliche Mischung von Heiterkeit und hartem Ernst sind. – Spüre bitter endlich, daß ich auch von Geologie und Botanik so gar nichts weiß. Es wäre sicher interessant. Das Tertianer-Milieu – gewiß! Es ist natürlich ein nicht zu unterschätzendes Plus, daß man wenigstens einige Namen mit Leben und Anschauung füllen kann. Vielleicht ist dieser halb-physiologische Gewinn für unsereinen das Beste am Ganzen.

Das Reisen ist hier wohl, nach allem was ich bisher hörte, nicht so schlimm, wie man es vorher hört. Die Wanzen und Flöhe und der Dreck existieren wohl z. T. nur in der Übertreibung. Ich selbst kann auch da *noch* nichts berichten. Sicherlich ist es keine Italienreise mit schönen Hotels. Aber oft hörte ich hier schon bestimmt von sehr sauberen, hübschen Alberghis – und an Orten, wo ich den baren Dreck vermutete. Es geht öfters hier so, daß z. B. Stipendiaten vom archäologischen Institut im ersten Vierteljahr Griechenland gräßlich finden und nachher gar nicht mehr fort wollen. Ein bißchen ging es mir ähnlich – ein bißchen. In somma: eine Griechenlandreise projektieren ist *für uns* vor allem einmal ein Entschluß, ein Wille. Ich persönlich zweifele dann nicht, daß der Gewinn sich sehr lohnt, mehr vielleicht als eine von vornherein bequem gesicherte Reise in bekanntes Land.

Mein Plan steht fest, 5 Wochen zu reisen: 1) Mittelgriechenland, Delphi, Theben 2) Peloponnes 3) einige Inseln: Naxos, Thera, Delos, Mykonos, vielleicht noch Samos. Wie gern ich gewünscht hätte, *auch* aus rein praktischen und Pläsiergründen, daß wir es zusammen machen, kann ich gar nicht sagen. Ich habe jetzt ein bißchen Angst vor dem langen Alleinherumreisen. Aber vielleicht war auch dies ein Grund mit, daß ich Sie nicht drängen wollte, nicht „verführen" wollte. *Vielleicht* aber war das auch eine übertriebene Delikatesse. Gott mag es wissen! Denn schließlich: wir sind nicht nur Freunde, sondern kommen auf den Reisen miteinander aus; ein seltener Glücksfall! Und vielleicht werden auch Sie nie mehr so bequem und ungestört Griechenland sehen können, wie es jetzt möglich wäre. Sie verstehen schon – und so sage ich kein Wort mehr darüber. Ich denke am 25. los zu fahren. Vielleicht auch erst am 30. Ihr Brief läßt mich noch im unklaren, ob Sie so ganz Ihren Entschluß gefaßt haben. Schreiben Sie mir daher bitte nach Erhalt *sofort* eine Karte. Ich bin tatsächlich innerlich ungewiß, ob Sie noch kommen oder nicht. Falls Sie noch kommen, dann natürlich zunächst einfach auf dem schnellsten Wege nach Athen. Möglichst mit einem guten ausführlichen Baedeker (ich habe nur eine etwas gekürzte Ausgabe). Falls Sie kommen, wäre ich für kurzes sofortiges *Telegramm* dankbar.

Ich kann Ihre Ungewißheit so gut nachfühlen, weil ich selbst jetzt in puncto Paris in einer ähnlichen lebe. Weiß wirklich noch nicht, ob ich nach Paris gehe – wohin mich so vieles zieht. Oder ob ich mich nicht nach einer kleinen stillen Stadt in Deutschland (Tübingen?) zurückziehe, um den Sommer über nach Kräften zu arbeiten. Sie schreiben von einer Sommerreise: wäre ich dann in Paris – ausgezeichnet. Aber es ist noch durchaus ungewiß. Und *wenn* ich in Deutschland bin, werde ich ganz bestimmt nicht reisen. Ich schließe den Brief in aller Eile, um ihn sofort zu spedieren. Alles andere daher in einem zweiten Brief.

Sie Glücklicher sind in Ihrer „Ruhestellung". Wie alles wird auch es nur „ein" Glück sein. Aber das ist es schon. Ihren lieben Eltern und Ihnen vielmals und von Herzen Grüße und Wünsche

immer Ihr König

Tübingen den 11. Mai 1928.
Karlstraße 2[II]

Lieber. Endlich die Photos. Sie werden ein bißchen ungeduldig geworden sein. Wie Sie sehen ist das Resultat – objektiv gesehen – mäßig. Trotzdem machen sie mir großen Spaß – und so hoffe ich auch
Ihnen. Zum Teil sind die Platten schlecht kopiert – es ging *hier* aber
anscheinend nicht besser. Einige Abzüge von mir, die noch in Athen
gemacht sind, sind besser. Anderseits kommen bei verstärktem
Druck, wie die hier gemachten, die Fernendetails besser heraus. Und
dann weiß man am Ende nicht, was vorzuziehen ist. Die hier ge-
schickten sind noch nicht alle. Ich hoffe, Ihnen einen kleinen Rest in
ungefähr einer Woche schicken zu können; aber die besten sind alle
dabei. Der Rest ist auch qualitativ Rest (hauptsächlich Olympia) so
daß Sie da nichts mehr erwarten dürfen. Eine ganze Anzahl war
überhaupt nichts. In meiner Angst keine Platte zweimal zu belichten
habe ich offenbar öfters einen Film überhaupt nicht belichtet.

Beim Durchsehen wurde es mir nochmal ganz lebendig. Aber es
ist auch so sehr sehr lebendig. Lassen Sie mich so en passant auch
ausdrücklich nochmal sagen: wie froh ich war und bin, daß wir die
Reise zusammen machten. Gewiß war ich ärgerlich, daß wir dies
nicht mehr sahen und jenes sehr schnell. Aber objektiv gesehen war
die Sache doch so, daß mir Ihr Dabeisein – ganz abgesehen von dem
persönlichen Vergnügen – sehr viel mehr Energie gab als ich sie allein
besessen hätte. Und ob ich allein mehr gesehen hätte, ist mir sehr
fraglich, selbst wenn ich mir 3 Tage länger Zeit genommen hätte. Ihr
einfaches Dasein schon vergrößerte meine Konsumations*möglich*-
keiten – das ist der technische Kern soz. des Rätsels. Und wenn ich
die dann an ein paar objektiv winzigen Punkten Ihretwegen nicht
realisieren konnte, so kann ich – schon rein psychisch-technisch –
Ihnen rechtmäßig keine Vorwürfe machen. Instinktiv war mir dies in
jedem Moment klar. Zudem ist es vielleicht überflüssig, davon zu
sprechen: denn als Sie im Piräus im Boot auf die Kleopatra saßen, da
hatte ich plötzlich das beglückende Gefühl, daß unsere Nervosität
hier und da auf der Reise zwischen uns keinen Schatten gelassen hatte. Und doch denke ich an das üble Wort, das mir mal – ich glaube in

186

Sparta – dem „Gehege meiner Zähne"[1] entflohen ist „Sie verderben mir so die Reise". Lieber: das war schlechthin ungerecht, übel und – es entsprach auch gar nicht meinem wahren Empfinden. Ich kann da nur sagen: verzeihen Sie mir. Ich hätte ja z. B. an der Karfreitagsprozession in Nauplia (ach – erinnern Sie noch?!) nicht das Vergnügen gehabt, das ich hatte, wenn Sie, bestes Wesen, nicht so knurrend neben mir her gezogen wären. Sie wollten doch anfangs nicht: gestehen Sie nur. Und in diesem Stile könnte ich weiter sprechen und immer wäre der Refrain: erinnern Sie noch?! – Die letzten Tage in Athen, der letzte Sonntag, der Samstag – waren herrlich – unvergeßlich. Immer höre ich noch, wie Sonntag-Nachmittag meine charmante graziöse Begleiterin (Fräulein Bacconei [?]) auf der Akropolis zu mir sagte: gardez bien; c'est la dernière fois que vous le voyez. Nein: sie sagte noch hübscher „ouvrez bien vos yeux, c'est ...".[2]

Die Rückreise war stellenweise sehr interessant. Altserbien (ich sah übrigens in Üsküb glaube ich oder Skopje einige ganz wunderschöne Frauen). Auch der bosnisch-ungarische Trakt. Die Welt ist weit – weiß Gott wie gerne ich jetzt draußen lebte – arbeitend, gehend. In Cadix – auf Ihren Sommerbesuch kalkulierend.

Ich habe hier *Ein* Zimmer bezogen. Zwei – so wie ich wünschte, waren nicht zu haben. Ich bin recht zufrieden. Sah – außer der Landschaft – noch schlechthin Nichts. Ich werde nichts hören. Später denke ich einige Besuche (Haering, Oesterreich) zu machen. Ich schließe in Eile, um den Brief heute noch zu befördern. Leben Sie wohl – leben Sie schönstens. Herzliche Grüße Ihren Eltern – auch Kroll und Müller bitte.

Ihr König

---

[1] Homer: Ilias, z. B. 4, 350.
[2] Französisch: „Schauen Sie gut hin; es ist das letzte Mal, daß Sie es sehen. Öffnen Sie Ihre Augen weit, es ist ..."

Tübingen Karlstraße 2^{II}
18. Mai 1928

Lieber. Weshalb lassen Sie so gar nichts von sich hören? Ich hoffe meine erste Photosendung in Ihrer Hand und schicke anbei den Rest sowie einige Films, die Sie sicher gerne in Ihrem Besitz hätten. Ich habe an Misch eine Kopie Ihres Photo in Eleutherai und an Fräulein von der Groeben eine Kopie Ihres Photo in Bassä geschickt. Ich denke, Sie sind damit einverstanden. Ich grüße Sie herzlichst

Ihr König

59 Plessner an König

Wiesbaden 29. 5. [1928]¹
Taunusstr. 2

Lieber, endlich sind Ferien und keine „Termingeschäfte" zu erledigen; so kann ich Ihnen nun danken für die entzückenden Bilder, die ich mit Ungeduld erwartete und nun immer wieder von neuem durchsehe. Bis auf „mich zu Pferde", dessen Originalfilm besser den Flammen zu übergeben ist und dessen Kopien, sollten noch welche in Ihrem Besitze sein, mit Rücksicht auf das Urteil der Zeitgenossen und der Geschichte ebenfalls baldigst vernichtet werden sollten, bilden sie eine überraschend schöne Kette der wunderbarsten Erinnerungen. Ihre Beschriftungen nicht zu vergessen. „Die Stadt liegt im Rücken des Photographierenden." Und Sparta, Olympia! Hier lebt noch etwas. Über Sparta komme ich eigentlich nicht hinweg. Diese rosarote, violette Melodie in der Luft!

Die Rückreise war denkbar angenehm. Gleich der Matrose oben am Schiff, der beim Eintritt die Pässe revidierte: „Oh Germanos –

---

¹ Datierung „1928", da bald nach der gemeinsamen Reise durch Griechenland geschrieben.

Paß in Ordnung." Dann kurzer Kampf mit dem Gepäckbesorger; es nützte nichts; er verlangte das Doppelte des Ausgemachten, 10 Dr. für eine Aufschrift ließ ich ihm. Die Fahrt war teilweise unter trübem Himmel, aber bequem. Man hatte das ganze Schiff zur Verfügung. Mit in der 2. Klasse reiste die nette englische Familie, die uns zuerst im Speisesaal in Nauplia begegnet war. Mein Kabinengenosse die erste Nacht, die in der Straße von Otranto leicht bewegt war, war ebenfalls ein jüngerer Engländer, sehr still und angenehm und adrett. Erstaunlich war noch die Fahrt durch den Kanal von Korinth und den Golf, fern grüßend Delphi und näher Ägion, Patras; spät abends dann die hohen Schattenberge von Ithaka. Auf dem Schiff machte man unterdessen auf Deck Kino. Nächsten Früh Brindisi, am Land gerade zu Ehren eines großen Agricoltorikongresses Riesenaufmarsch der Faschisten und der gesamten Balilla,[2] Mädels mit Gewehren, weiß und schwarz. Der zweite Tag war klar, aber kühl, nur Meer, keine Küste, die zweite Nacht war ich allein, dann nächsten Früh die Vorbereitungen zur Landung und dann die fabelhafte Einfahrt bis vor das Bühnenbild des Markusplatzes. Venedig wirklich besser als sein Ruf. Wie angenehm trocken die Farben. Freilich war auch weißlicher, nicht blauer Himmel. Wir kamen pünktlich an, aber das Ausbooten dauerte derartig lange, daß ich mit knappster Not den Zug noch erreichte. In Mailand goß es, der Abend war nordischer, kölnischer noch als Mailand ohnehin in meiner Phantasie. Ich soupierte in der Galleria Vittorio Emanuele – wie vor fast genau 18 Jahren als Student im 1. Semester, nahm mir dann Schlafwagen und erwachte 5 Uhr eine Stunde vor Basel. Zwei Stunden Aufenthalt nützte ich zum letzten Cambio und Frühstück mit anschließendem großen Spaziergang durch die zart belaubte, kühle Stadt aus. Und dann in herrlicher Sonnenfahrt an Freiburg und Heidelberg und Wiesbaden, wo meine Eltern auf der Bahn waren, vorbei direkt nach Köln. Etwas desorientierte erste Tage. Kroll lud Wintgen, Schöffler und Hartmann zu einem Abend, der bis früh um 6 [Uhr] dauerte, ein und ich erstattete Bericht. Ende dieser ersten Woche war ich ein paar Tage hier zum Kofferpacken. Dann begann das Semester. Im Kolleg „Kritik der reinen Vernunft 4stündig", vielleicht 50–60, in der Fichte Übung 13. Beides macht mir Spaß. Im Kolleg bin ich bis zur

---

[2] Die faschistische Staatsjugend.

Transzendentalen Deduktion der Kategorien[3] vorgedrungen, gehe dauernd interpretierend vor. Im Winter will ich das Prinzip variieren, Ethik lesen und mit einer „Erklärung" der „Kritik der praktischen Vernunft" beginnen.

Inzwischen ist wieder allerlei geschehen. Die Marburger ließen offiziös durch den Dekan bei Hartmann anfragen, ob er wieder nach Marburg wolle. Hartmann nützte die Situation aus – er dachte nicht an Marburg – und drückte auf den Kurator, daß er nur unter der Bedingung, daß ich unter Gewährung der gleichen Bezüge vom Dekanat ab 1. Oktober frei würde, in Köln bliebe. Das Mittel half. Nach Verhandlungen mit dem Kurator wurde die Sache perfekt, ich bin also ab 1. 10. ein freier Mann mit 459,60 monatlichem Fixum (brutto) ohne Kolleggeld. Endlich ein Erfolg. Meine Aussichten in Marburg sind null. Hartmann sprach in den Ferien den Marburger Dekan selbst, Heidegger allerdings nicht. Wie wir via Geiger hören, setzt Heidegger sich für – Oskar Becker in Freiburg ein. Viele sind für Mahnkes Aufrücken, dann würde Becker so hineingeschoben werden. Man spricht auch wieder von Pichler. Meine Vermutungen haben mich nicht getäuscht. Es siegt der Klüngel, in diesem Falle die Husserlschule. In Bonn sind die Listen für Störring und Wentscher bereits nach Berlin gesandt: ad 1) unico loco Becker, ad 2) Litt, Freytag (Zürich) –!–, Rothacker und Jaspers. In Kiel, so hören wir von Geiger, scheint die Liste vor der Fixierung zu sein: primo Geiger, dann Oskar Becker und Lipps; vielleicht auch noch Stammler-Halle, der seit 2 Jahren habilitiert ist. Die Liste ist unter dem Einfluß Scholz', der einen mathematisch Interessierten haben will, zustandegekommen. Offenbar will man Geiger – Misch wird erlöst. Da, wenn alles gut geht, d.h. finanziell die Schelersche Professur vom Kuratorium in Köln als Vollprofessur anerkannt wird, Geiger Spitzenkandidat auch bei uns wird, ist der Fortgang Geigers sehr wahrscheinlich. Daß die Naturwissenschaftler in Göttingen für ihn etwas tun, hält er selbst für sehr problematisch. Und er ist ja nur (finanziell) a. o. Wird also wohl sicher annehmen. Hier wäre meine einzige Chance, wenn nicht Schmalenbach oder Lipps eben doch – sicher gegen Geigers

---

[3] Kritik der reinen Vernunft, Der Deduction der reinen Verstandesbegriffe zweiter Abschnitt. Transzendentale Deduction der reinen Verstandesbegriffe, B 129 ff.

Willen – avancieren. Geiger rechnet mit dem Kieler Ruf noch zum Sommer. Immerhin: in Marburg wollen einige auch Stenzel. Auch Frankfurt hatte vor Scheler an ihn gedacht. Kommt Stenzel fort, so wird Kiel sehr problematisch auch für Geiger. Rechne ich die Berliner Stelle und das jetzt freiwerdende Ordinariat für Psychologie, auf dem Schumann sitzt, in Frankfurt, nicht mit, so sind z. Zt. an philosophischen Stühlen frei: Kiel (1), Bonn (2), Köln (1), Frankfurt (2), Marburg (1). Als Nachfolger Schelers in Frankfurt denken sie an Hartmann, was aber wohl Berlin nicht konzedieren wird und auch Hartmann ablehnen würde. Frankfurt sucht Namen zu kriegen; Scheler wollte als Nachfolger von Cornelius Heimsoeth, andere wollten Cassirer, dessen Aussichten jetzt natürlich steigen, Cornelius selbst möchte Aster (Gießen), d. h. Verewigung des Positivismus. Geiger immerhin wäre für mich, Misch wohl auch – da er Heidegger nicht mehr kriegen kann.

Von meiner Kölner „Sicherstellung" sprechen Sie bitte niemandem. Es weiß davon nicht einmal der eigene Dekan, nur Hartmann, Kroll, Bresslau, Schöffler. Die Sache muß aus politischen Gründen (bis Lindworsky in Prag ist) geheim bleiben.

Daß es mit Scheler so rasch zu Ende gehen würde,[4] ahnte niemand, obwohl ich überzeugt war, daß mein Vater vor einem Jahr die richtige Prognose gestellt hatte. Es hat mich doch sehr getroffen. Auch die Beisetzung selbst, bei der Märit[5] zugegen war – völlig gebrochen –, war tief traurig. So sehr ich überzeugt war und bin, daß er überschätzt worden ist und natürlich jetzt erst recht, so sicher bleibt, daß er eine rätselvolle Gabe des Wirkens besaß, eine Art objektiven Charme, eine Gabe der Bezauberung in der Schicht zwischen Wissenschaft und Literatur. Mir sehr vertraut, allzu verständlich, sehr suspekt. Und doch mußte ich den Mann irgendwo lieb haben, ohne ihn ganz bewundern zu können. Bewundern mußte man nur seine strömende Geöffnetheit, das Temperament, das keine toten Stellen ließ, ewig mitteilsam, ewig umsetzend, immer in Erwartung. So vor dem Leben, das ihm immer etwas versprach, ist er einer Herzembolie nach 7tägigem Kranksein, von Anfall bis zum zweiten Anfall im

---

[4] Max Scheler starb am 19. Mai 1928 in Frankfurt a. M.
[5] Märit Furtwängler-Scheler (1891–1971), Schelers zweite Frau.

Krankenhaus einsam erlegen. Gelb schrieb Hartmann, daß er zuletzt noch sich die „Metaphysik der Erkenntnis"[6] bringen ließ. Geistig unverbraucht, kindlich erwartend. Von mir soll er noch sehr nett gesprochen haben, erkundigte sich bei Bekannten nach mir und hatte seinem Seminar ein Referat über die „Stufen" aufgegeben. – Ich war froh, daß ich Märit die Bilder vom Grabe des Vaters[7] schicken konnte. Seien Sie herzlich bedankt dafür. Sie ist bereits auf dem Wege nach Rom als Sekretärin von Ludwig Curtius, dem Schüler ihres Vaters, der ja Nachfolger Amelungs geworden ist.

In diesem Sommer habe ich zwei Vorträge zu halten, den einen im Seminar von Beckerath über die Sphäre des Politischen, wobei ich – anders als in den „Grenzen" – das Politische als das Unsachliche im Menschlichen auf den Kategorischen Konjunktiv, auf das „Es ginge schon – aber es geht nicht" anthropologisch begründen will. Den anderen Vortrag (über das Nichtmechanische des Lebendigen – Formulierung noch offen) soll ich bei der Tagung der Gesellschaft Deutscher Chemiker in Köln halten (Gegenstand der Tagesordnung Biochemie).[8]

An der „Philosophischen Anthropologie"[9] habe ich innerlich wohl dauernd gesessen, äußerlich nichts getan. Diesmal muß der Durchbruch durch die Front der empirischen, phänomenologischen, transzendentalkritischen und dialektischen Frage-Antwortformen gelingen. Die Frage nach dem Was des Menschen erzwingt (gerade wenn man sich – nur der Illustration halber – des „phänomenologischen" Satzes erinnert, daß das Sein des Menschen in seinem Zu-Sein besteht, daß er nur ist, wenn er „zu sein hat", sein muß, seinem Sein überantwortet ist etc.) eine neue Art zu antworten. Denn das Erfragte hängt – nicht von der Frage (bzw. an der Frage) ab, sondern von der Antwort ab. Genauer: auch von der Antwort ab. Das, Was der

---

[6] N. Hartmann: Grundzüge einer Metaphysik der Erkenntnis, Berlin und Leipzig 1921, 2. ergänzte Aufl. 1925.

[7] Des Archäologen Adolf Furtwängler, 1907 in Athen gestorben.

[8] Nähere Angaben zu diesen geplanten Vorträgen sind nicht mehr zu ermitteln. Ob P den Vortrag im Seminar bei v. Beckerath tatsächlich gehalten hat, ließ sich nicht mehr feststellen. Da die Unterlagen der Deutschen Chemischen Gesellschaft aus den zwanziger Jahren im Kriege verlorengegangen sind, ist der zweite Vortrag ebenfalls nicht mehr verifizierbar.

[9] Vgl. Anm. 14 zu Br. 55.

Mensch ist *oder* ich bin oder wir sind, bestimmt die Antwort *und* wird von der Antwort bestimmt. (Diese Reflexion läßt sich auf jeden Fall anstellen. Eine Vorentscheidung über das Was des Menschen ist für diese seltsame Problematik nicht leitend; wenigstens nicht in dem Sinne eines vorher anvisierten Woraufhin der Interpretation. Keine Vorentscheidung, keine Entscheidung –, aber auch keine Aussage über ein Faktum. Nichts als das, was ich mit dem Vollzug der Reflexion anstelle, und als das, was ich anstellen *kann*, uns oder „dem Menschen in mir" zutraue entsprechend finde; als das, was der Mensch kann. So wie die gezogene Linie im Ziehen „liegt", ist dieses *Kann* der Reflexion, gilt diese Einsicht von dem Bestimmen und Bestimmtwerden des Erfragten durch die Antwort.)

Sie sehen hier das Gleiche auftauchen wie in Ihrer Bestimmung der Kategorie als „intelligibler Reaktionsform", als Quasilinie „hinter" der nichts ist, als wahrhafter Regenbogen, der keine Rückseite hat, als echtes Quale.[10]

Also die Antwort (ebenso wie die Frage) kommen aus dem Menschen ebensosehr wie sie ihn erst zum Menschen machen. Nur insofern ich nach mir frage, *bin* ich erst ganz Mensch. Und zwar genügt hier ich [?] nicht der faule Ausweg mit potentiell und aktuell. Erst das faktische Fragen – und mag es nur ein Aufdämmern sein – macht den Menschen *zum* Menschen. Also hier ist eine komische Realobjektivierung; kein hermeneutisches, sondern ein moralontisches „Als". Noch mehr – und das berührt Fichte – die Philosophie in der Frage nach dem Was des Menschen, in dem Abwenden von ihm als Gegebenen, in der Hinauswendung über jede mögliche Gegebenheit von ihm, liefert, schafft, setzt erst das Wonach der Frage. Sie *kann* diesen Anspruch erheben, diesen Anspruch, mehr als (Wesens)bericht und -beschreibung Abbild zu sein, Wissen von ... Und gibt es ein Recht auf diesen Anspruch, also eine Entscheidung bloß vom „Objekt" her, ein Recht ohne Gewalt, ohne Inthronisation? – Aber wie weiter? Doch nicht durch Formalisierung dieser Reflexion, d. h. durch ihre Behandlung als Gegebenheit (etwa: der Mensch ist zunächst das Fragende, welches ... und darum ... etc.). Sollte es vielleicht ein in einem Schlage „ethisches" und theoretisches Weitergehen sein? Vielleicht ist das Ganze ein Gegenstück zur Husserlschen

---

[10] Vgl. Intuition, S. 377.

ἐποχή – Theorie des Wesenszugangs, zunächst gegenüber dem Wesen Mensch (damit natürlich ein Gegenstück zu jeder phänomenologischen Wesenstheorie, also auch Heidegger) effektuiert, im Kern aber die Haltung, in der überhaupt philosophiert wird? –

Ich breche ab, damit Sie endlich den Brief kriegen. Eine große Bitte. Beiliegend eine Arbeit von Benedetto Croce,[11] die ich durch Vermittlung eines Dr. Grassi-Mailand für den „Anzeiger" bekommen habe. Bitte lesen Sie, teilen Sie mir Ihre Ansicht mit. Ich würde natürlich die Sache gern bringen. Grassi will übersetzen, ich wäre Ihnen aber dankbar, wenn Sie die Kontrolle der Übersetzung übernähmen, da Grassi nicht ganz sicher Deutsch spricht. Schicken Sie mir, wenn Sie gelesen haben, die Arbeit bitte wieder zu. Sehr hohe Ansprüche darf man an Croce nicht stellen. Ich muß als Redakteur auch einmal eine Sensation, wenn sie tragbar ist, wagen. – Im übrigen ich lese Bachofen: „Gräbersymbolik", „Oknos", „Das lykische Volk".[12] Kann noch nichts sagen.

Misch schickte mir seinen „Egil".[13] Es ist von erstaunlicher Finesse und von einer prachtvollen Anteilnahme, die mich oft ergriffen hat. Wie dieser Mann immer wieder über sich hinausgreift, gleichsam blind über sein Maß, das er sich selbst konzediert, hinauswächst. Diese Liebe und Leidenschaft! Großartig. Bemerkungen dabei über die Skaldensprache (216, 224), über Konzeptionsformen von Tat, Ausdruck und Wahrnehmung, die einen Tiefblick verraten, den erst die kommende Philosophie tun kann.

---

[11] Croces Aufsatz Bachofen und die unphilologische Historiographie (Mit einem Nachbericht über unveröffentlichte Briefe an einen neapolitanischen Freund) erschien im 1. Heft des 3. Jg. (1928/1929) S. 1–14 des Philosophischen Anzeigers.

[12] J. J. Bachofen: Versuch über die Gräbersymbolik der Alten, Basel 1859; jetzt in: Gesammelte Werke. Band 4, hg. von E. Howald, Basel 1954. – Oknos der Seilflechter. Ein Grabbild. Erlösungsgedanken antiker Gräbersymbolik, gekürzt hg. und eingeleitet von M. Schröter, München 1923 (= 2. Abhandlung des Versuchs über Gräbersymbolik). – Das lykische Volk und seine Bedeutung für die Entwickelung des Altertums, Freiburg i. Br. 1862; hg. v. M. Schröter, in: Die Schweiz im deutschen Geistesleben. Band 30, Leipzig 1924; erscheint in: Gesammelte Werke. Band 5, hg. von H. Fuchs, Th. Gelzer, E. Kienzle, K. Meuli und K. Schefold.

[13] G. Misch: Egil Skalagrimsson. Die Selbstdarstellung des Skalden, in: Deutsche Vierteljahrsschrift für Literaturwissenschaft und Geistesgeschichte 6 (1928) S. 199–241; aufgenommen in Geschichte der Autobiographie. Band II, 1. Hälfte, Frankfurt a. M. 1955, S. 131–177.

Von uns Dreien tausend herzliche Grüße. Lassen Sie baldigst von sich hören. Sie wissen, kleinste Details entzücken meinen frauenhaften Sinn.

Immer Ihr H.

Ob man nicht einige der Bilder vergrößern kann und sollte??

60   König an Plessner

Tübingen den 6. Juni 1928
Karlstraße 2^{II}

Lieber.   Dank für Ihren ausführlichen Bericht. Ich kann leider im Moment nicht darauf antworten und muß doch schon schreiben, da Sie den Croce erwarten werden. Ich bin feste am Schreiben und habe hier bisher so bescheiden und ganz auf mich zurückgeworfen gelebt, daß ich gar nichts berichten kann. Zum Kölner Fixum gratuliere ich herzlich; ich werde es natürlich geheim halten. Zu den übrigen Aussichten viele gute Wünsche.
Also kurz in Eile zu Croce. Ich habe ihn mit Vergnügen gelesen; die Briefe sind köstlich, besonders in dem, was sie verraten. Welch merkwürdiges Dasein! Diese doch irgendwie ganz echte, ganz unsnobistische, ganz aphilologenhafte Bezogenheit des Deutschen auf das mare mediterraneum! Er möchte sogar seine Bücher lieber lateinisch als Deutsch schreiben! Er hat mich fast erschüttert, gerade in seiner fast linkischen und eben doch auch wiederum gelehrtenhaften Simplizität. Das Problem dieser Schwerpunktsverlagerung wird mir hier anders lebendig und doch ebenso lebendig wie bei Nietzsche. Herrlich auch der Satz: Antiquitas diis proxima et omni scientia referta![1] – Kurz: m. M. n. kann[2] das sehr gut gedruckt werden. Aber ich schließe in Eile. Leben Sie wohl; leben Sie bestens. Ich grüße Sie herzlich

Ihr König

---

[1] Lateinisch: Das Altertum war den Göttern sehr nahe und reich an jeglichem Wissen. Vgl. Croce (Anm. 11 zu Br. 59), S. 12.
[2] Im Ms.: „ganz".

Ps.: Sie schreiben von „Vergrößern". Ich möchte es hier nicht versuchen; vielleicht später mal. Wenn Sie es Ihrerseits versuchen wollen, so stehen Ihnen die Films jederzeit zur Verfügung. Schreiben Sie also nur, welche Sie evtl. gern möchten, dann schicke ich sie Ihnen zu.

61 *König an Plessner*

Tübingen Karlstraße 2 ^{II}
2. Juli 28

Lieber. Von Muthmann erhalte ich eben aus Konstantinopel einige Abzüge, von denen Ihnen seit langem schon Exemplare zugedacht waren. Muthmann hat beide selbst auf Naxos in diesem Winter aufgenommen; ich hatte [bei] ihm verschiedene Abzüge bestellt; jetzt kommen sie. Übrigens ist er ein bißchen sehr verärgert. Ich kann's nicht ändern. Er fragt nur an, wieviel Geld er mir noch schuldet, und erzählt sonst nichts. – Von hier nichts Neues – Stellungskrieg; daher auch meine Schweigsamkeit. Ich werde den Sommer über hier bleiben. Erwarte Anfang August einen Besuch von Hennecke, der, wie er andeutete, gerne auch Ihnen in Wiesbaden einen Besuch machen möchte. Um den 10. August herum kommt dann Fräulein von der Groeben. Wir wollen vielleicht eine Woche zusammen verbringen. Ende September möchte ich weg von hier. Vielleicht Göttingen, vielleicht Berlin. Es ist noch durchaus unsicher. Und Sie: was werden Sie tun? Wird es diesmal so sein, daß ich es bin, der in Deutschland von Ihnen Grüße aus dem Süden bekommt? – Leben Sie wohl. Ich grüße Sie herzlich

Ihr König

Wiesbaden 9. 8. 28
Taunusstr. 2

Lieber, ich komme in großer Bedrängnis zu Ihnen, um Sie zu bitten, die einliegende Übersetzung des Croceaufsatzes zu überprüfen und das Italienische auf den letzten 9 Seiten (von S. 12–21) zu übersetzen. De' Negris Übersetzungskunst reichte nicht weit, da er zu schlecht Deutsch spricht; ich habe mit ihm die Hauptseiten Wort für Wort übersetzen müssen. Wir wurden nicht fertig, er reise schon Ende Juli. Die Übersetzung konnte ich aber nicht früher beginnen, da der Auftrag Croces zu spät eintraf. Alles hatte an dem Verlag gehangen, der erst Ende Juni sich definitiv zur Weiterführung des „Anzeigers" entschloß. De' Negri ist mir zu unzuverlässig, als daß ich ihm die letzten Seiten mit nach Italien gegeben hätte! So seien Sie mir nicht böse, wenn ich Ihnen diese Ungelegenheiten mache. Wenn Sie zu sehr im Druck sind, hilft uns vielleicht Fräulein v. d. Groeben. Nur bitte ich Sie um möglichste Beschleunigung, damit das Ms wenigstens Mitte/Ende nächster Woche in Druck gehen kann. Ich plane übrigens stärkere Stoßkraft für den „Anzeiger": ein Heft „Geistige Welt der Primitiven", eins Entwicklung der Phänomenologie, eins Raum-Zeitproblem, eins Anthropologie.[1]

Ich möchte Anfang nächster Woche gern zu Ihnen. Geht das? Wie steht es mit den Besuchen v. d. Groebens und Henneckes. Sie wissen ja, ich würde auch gern arbeiten – wenn Sie sich hinter den Schreibtisch klemmen – und bin zu jeder Schandtat bereit. Bitte schreiben Sie mir umgehend, ob Ihnen so was recht ist.

Herzlichste Grüße von den Eltern.

Von mir Alles Gute

Ihr HP.

Bitte schreiben Sie *baldigst!*

Mein Vater geht Dienstag nach Schonach (Schwarzwald bei Triberg) für 14 Tage. Eventuell begleite ich ihn ein Stück.

---

[1] Die geplanten Sonderhefte wurden nicht realisiert; vgl. aber zum ersten Thema: W. Mayer-Groß und H. Lipps: Das Problem des primitiven Denkens, in: Philosophischer Anzeiger 4 (1929/1930) S. 51–80; zum Raum-Zeit-Problem K. Grellin: Die Philosophie der Raum-Zeit-Lehre, in: Philosophischer Anzeiger 4 (1929/1930) S. 101–128 und O. Becker: Die apriorische Struktur des Anschauungsraumes, ebd. S. 129–162.

Tübingen Karlstr. 2 [II]
Freitag den 10. August 28

Lieber. Meine Zeit langt einfach nicht mehr, um das Manuskript[1]
noch genauer durchzusehen. Denn ausgerechnet *morgen* kommt
Fräulein von der Groeben; ich fahre ihr morgen bis Stuttgart entgegen. Damit Sie nun das Manuskript wenigstens in Druck geben können, habe ich den Rest auf beiliegenden Blättern übersetzt (Wie
schwer ist übersetzen!) und nur *ganz flüchtig* das schon Übersetzte
gelesen. Falls die Korrekturbogen erst im September oder Ende August kommen, will ich dann gerne nochmal durchkontrollieren. Sie
müßten dann nochmal den Originaltext mitschicken.
Wie gesagt: Morgen kommt Fräulein von der Groeben. Unser
Plan ist 4–5 Tage hier, 4–5 Tage irgendwohin, vielleicht Bodensee,
vielleicht Richtung Bamberg. Könnten Sie also Ihre Reise nach hier
nach dem 22. August legen? Anfang September will Hennecke für
ein paar Tage kommen. Sie schreiben „ich bin zu jeder Schandtat bereit". Wie mich das erinnert. Überflüssig zu sagen, daß und wie ich
mich freuen würde, Sie hier zu sehen. Aber wenn Sie kommen, so
plädiere ich für 2, 3 Tage. Ich muß, muß mich ja an das Arbeiten machen. Lassen Sie mich auf jeden Fall umgehend Ihre Adresse für die
nächste Zeit wissen. Grüßen Sie vielmals bitte Ihre lieben Eltern und
verleben Sie schönste Ferientage
Von Herzen

Ihr König

---

[1] Von Croces Aufsatz; vgl. Anm. 11 zu Br. 59.

Tübingen Sonntag den
26. August 28
Karlstr. 2[II]

Lieber. Herzlichen Dank für Karte[1] und Grüße. Bitte auch Ihrem Herrn Vater Dank für Grüße, die ich lebhaft erwidere. Ich bin seit Freitag nachmittag zurück. Wir waren am – Bodensee! Standquartier Friedrichshafen. Von dort sahen wir Konstanz, Lindau, Bregenz, Meersburg. Schöne Tage – nur die Überfüllung! Heute Sonntag vor 8 Tagen war die Masse fast unerträglich. Ich verlasse Tübingen bestimmt zwischen dem 12. und 15. September. Gehe zunächst *direkt* nach Göttingen, wo ich sicher 4–6 Wochen und höchstwahrscheinlich überhaupt bleibe, wenn ich nur einigermaßen erträgliche Zimmer finde. Nun Ihr Kommen nach hier. Wir können darüber ja ganz rückhaltlos sprechen. Ich will und muß kontinuierlich und viel arbeiten; also an ein Ferienmachen auch in beschränktem Sinn ist nicht zu denken. Und *insofern* fürchte ich natürlich, daß Ihr Hiersein das stören könnte. Kämen Sie soz. ganz auf eigene Faust, ohne jede Rücksicht auf mich, so können Sie sich denken, daß mich das freuen würde. Denn natürlich sitzt man nicht immer über dem Arbeiten. Ich hätte dann außer der Arbeitsruhe obendrein noch Sie hier. Die Frage ist nur, ob unter diesen Voraussetzungen Sie ebenso auf Ihre Rechnung kämen wie ich. Tübingen ist ja ganz nett, aber auch kaum mehr. Und wenn ich an all die schönen Orte denke, die Sie sich da unten auch zum Arbeiten wählen können, so fühle ich mich verpflichtet, Ihnen abzuraten. Es gibt hier so gar nichts „Beschwingendes"; es ist eben nett, still. Nun müssen Sie entscheiden. Hennecke wollte Anfang September für einige Tage kommen; ich habe aber bis dato noch nichts weiter von ihm gehört. Morgen fahre ich bis Mittwoch abend nach Nürnberg. Erhielt soeben ein Telegramm in bezug darauf von Fräulein von der Groeben. Mittwoch abend, spätestens Donnerstag früh bin ich wieder hier. Lassen Sie bitte baldigst Ihre Entscheidung wissen. Ich schließe schnell, damit der Brief wegkommt.
    Von Herzen

Ihr König

---

[1] Nicht erhalten.

Göttingen Grüner Weg 4[1]
23. Oktober 28

Lieber. Ein paar Zeilen müssen nun endlich weg. Sie wissen wie
schwerfällig ich bin, wie langsam ich reagiere. Und nun Göttingen,
wo doch so Vieles auf mich eindringt, so viele bewußte und mehr
noch unbewußte Eindrücke. Das ganze Göttinger Bild, das alte, das
relativ fertig in mir lag, ist natürlich in einer langsamen Drehbewegung begriffen: so wie sich eine große Eisscholle zu bewegen anfängt, wo man dann nicht weiß, wo und wie sie sich später einmal
„festmacht". Das fing schon an beim Wohnungssuchen. Zuerst läuft
man mechanisch im alten Geleise – merkt dann auf einmal, daß einem das nicht mehr gemäß ist. Sogar das ganze geographische „Posi-
tionalitätsverhältnis" hat sich verwandelt. (Ich wohne jetzt Grüner
Weg. Das ist die erste Querstraße oberhalb des Friedländerwegs zwischen Hainholzweg und Herzbergerlandstraße) Ich wohne leidlich
angenehm in bezug auf das Haus und die Wirtin und die Zimmer; 2
sehr schön in bezug auf den Blick über Gärten auf die Bäume des
Friedländerwegs, die mir freilich auch jede weitere Aussicht ab-
schneiden. Das Zimmersuchen war eine schwere Geburt!
  Gesehen habe ich zunächst natürlich Misch. Ich kann und mag
von seiner Güte gegen mich (es gibt kein anderes Wort) nicht viel berichten. Aber sie ist außerordentlich und – nicht im mindesten
„blind". Ich war oft bei ihm. Schmalenbach sah ich dann noch bisher
und Geiger. Es ist gut, daß ich hierhergegangen bin; es war glaube
ich höchste Zeit. Man ist natürlich wenig erbaut davon, daß ich noch
immer nicht fertig bin,[1] man stutzt und ist unzufrieden. Unzufrieden
ist selbstverständlich auch Misch – vielleicht oder sicher sogar am
meisten; aber das drückt sich von verschiedenen Seiten verschieden
aus; Sie werden sich das schon ausmalen können. Ich persönlich
kann heute nichts anderes machen als was ich eben nach Kräften tue:
arbeiten. Der alte Refrain: es geht vorwärts aber Stück um Stück
langsam. Der Zwang zum Aussprechen, Fragen und Gespräche bei
Misch fördern sehr. Es kommt darauf an, daß sich meine Sache ins

---

[1] Mit der Habilitationsschrift.

Enge zieht und da ist Göttingen jetzt der beste Platz. Wenn ich nicht amor fati[2] hätte, müßte und würde ich fragen: weshalb bist du nicht eher hierhin gegangen. Lipps ist noch nicht hier. So sehe ich außer Misch fast nur Fräulein von der Groeben, deren Dasein mir ein großer Trost ist. Einige Schüler von Geiger lernte ich kennen, vor allem Herrn Brock, der neulich hier summa promoviert hat. Da stoße ich, junger Mann, nun auf die „Jugend". Die Situation ist ein bißchen komisch. Ich möchte schon so jung mich geben und vor allem sein, wie sie; möchte schon mit ihnen, wie früher, die Nächte durch diskutieren; aber es „geht" einfach von Innen nicht mehr. Sie müssen bedenken, daß das alles mir ein Novum ist. Schon dies, daß Erkenntnisse und Tendenzen, die 1922 noch Emotionen erregten und vom Hauch des Geheimnisses, des Esoterischen umschüttert waren, heute wie Brombeeren feil sind. Mir geht es jetzt in Vielem wie einem neugeborenen Kinde, das noch kein richtiges Schätzungsvermögen hat. Man hat mich viel nach Ihnen gefragt; ich habe von den „jungen Leuten" noch keinen getroffen, dem nicht Ihr Name und opus intensiv bekannt war. Heidegger steht freilich im Mittelpunkt der Diskussion. Auch für Misch. Ich selbst kann nicht eingreifen und werde es nie können, wenn mir nicht gelingt, mich zu mir selbst hinzufinden.

Ein Privat-Persönliches folgt hier anbei: Geiger ist sehr ungehalten über den Aufsatz von Reidemeister im „Philosophischen Anzeiger"[3] und *über Sie*, weil Sie ihn so ohne weiteres gedruckt haben. Ich sagte ihm: ich hätte durch Sie vom Aufsatz gehört und auch die Druckbogen flüchtig eingesehen; ich sei gewiß, daß Ihnen das gegebenenfalls soz. „passiert" sei, da Sie sich in dieser Ihrem Spezialgebiet fernliegenden Materie doch wesentlich nur als Redakteur betrachteten. Aber das schlug nicht durch; er sprach von der Stammler-Geschichte,[4] die mir unbekannt war. Ich sprach später mit Misch darüber, der sich nicht recht äußerte, da er noch kein klares Bild von der Sache hatte. Geiger ist der Ansicht, daß Reidemeister ihn durchaus ungenügend interpretiere, so daß er es daraufhin leicht habe, Schlüsse gegen

---

[2] Bei Nietzsche der Begriff zur Bezeichnung seiner Haltung einer Art fatalistischer „Gottergebenheit".
[3] K. Reidemeister: Exaktes Denken, in: Philosophischer Anzeiger 3 (1928/1929) S. 15–47.
[4] Nicht zu ermitteln.

ihn zu ziehen. Wie immer: er ist enragiert – und daß Geiger sehr „difficile"[5] ist, wissen Sie. Misch findet überdies, daß Sie schon früher ihn bei dem Metaphysik-Aufsatz[6] schlecht behandelt hätten. Ich erinnerte mich dabei Ihres Athener-Briefes an Geiger; sagte auch Misch, wir hätten damals flüchtig darüber gesprochen und Sie fühlten sich da ganz unschuldig. Aber das schlug nicht recht durch. Ihre Redakteur-Sorgen![7]

Ich schließe, der Brief soll weg. Haben Sie Dank noch für Ihre Karte[8] in die Lohbergstraße 6[III]. Schreiben Sie bitte mal, wie es mit Ihrer Sekretariatsgeschichte[9] steht. Ich habe selbstverständlich kein Wort hier darüber verlauten lassen. Von Kroll erhielt ich einen Brief, der mich sehr freute und dessen herzlichen reizenden Ton ich wohl mit auf Ihr Konto schreiben muß. Sagen Sie ihm schon vielen Dank. Selbstverständlich antworte ich demnächst. Ich lese eben nochmal den Brief durch. Meine Situation hier ist – abgesehen von Misch, zu dem ich auch ein durchaus persönliches Verhältnis habe – sehr einfach: man ist nicht „unzufrieden" sondern mißtrauisch – und ich kann das Niemand verübeln. Auf dieser Erde wird alles in bar gezahlt – und wie sollten da 3 Jahre im Süden eine Ausnahme machen. Aber Schluß: leben Sie wohl – alle Wünsche und herzliche Grüße

immer Ihr König

Ps.: Die Croce Sonderdrucke werden in Ihrer Hand sein. Sie kamen irrtümlich nach hier. Ich habe mir gestattet, 5 Sonderdrucke zu eigener Verfügung hier zu behalten – soz. als praemium laborum. War das recht so? Sollten Sie sie aber benötigen, so schreiben Sie bitte gleich.

---

[5] Italienisch: Schwierig.
[6] Unklar, worauf K sich bezieht.
[7] Im folgenden Heft wurde veröffentlicht: M. Geiger: Entgegnung (auf K. Reidemeisters Exaktes Denken), S. 261–264; dazu: K. Reidemeister: Schlußwort, S. 265.
[8] Nicht erhalten.
[9] Nicht zu ermitteln.

[Göttingen]¹ Sonntag den 4. November 28

Lieber. In einiger Eile: und ganz vertraulich entre nous. Ich höre
en passant durch Misch, daß Sie Geiger noch nicht auf dessen Brief
in puncto „Anzeiger"-Aufsatz (von der Existenz dieses Briefes habe
ich auch nur dunkel durch Misch hören sagen) geantwortet haben.
Soviel ich von Misch ersehen konnte (es ist dies wieder eine bloße
Konjektur von mir), nimmt er die Sache durchaus nicht tragisch; nur
ist ihm jede Differenz mit Geiger, wohl eben dessen „Empfindlich-
keit" wegen, unangenehm. Also freundschaftlicher Rat: nehmen
auch Sie die Sache innerlich nicht tragisch *und* behandeln Sie sie eben
deshalb konziliant und korrekt. Vielleicht ist diese ganze suada überflüssig. Umso besser. Ich schreibe sie aus guter Absicht.

Eine zweite Sache – aber bitte nur für Sie. Misch schreibt an einer
Abhandlung über Heidegger. Eine Art von Kritik. Es werden vielleicht 4–5 Bogen; sie wird in ca. 3 Wochen fertig. Er möchte sie *sofort* drucken lassen und sprach auch vom „Anzeiger": meinte aber,
Sie hätten wohl für die nächste Zeit schon alles projektiert – und außerdem werde sie zu lang sein. Ich schreibe dies hier ohne sein Wissen; überflüssig zu sagen, daß sie *sehr* schön ist und daß ich meine,
Sie könnten dafür wohl andere Projekte etc., wenn es eben faktisch
geht, zurückstellen. Dann müßten Sie aber *sofort Bestimmtes* Ihrerseits über die Möglichkeiten des Drucks von sich hören lassen. Wenn
Sie also Lust haben, so schreiben Sie bitte baldigst entweder an mich
oder auch direkt an Misch. In letzterem Fall müßten Sie dann zweck-
mäßig schreiben, Sie hätten durch mich davon gehört u. s. f. – Misch
diskutiert darin den Unterschied zwischen Heidegger und Dilthey.²
– Ich schließe in Eile.

Von Herzen

Ihr König

¹ Wegen des nahen Umgangs mit Misch.
² G. Mischs große Auseinandersetzung mit Heidegger und Husserl erschien im Philosophischen Anzeiger in drei Lieferungen: G. Misch: Lebensphilosophie und Phänomenologie. Eine Auseinandersetzung mit Heidegger 3 (1928/1929) III. Heft,
S. 267–368; Lebensphilosophie und Phänomenologie (Fortsetzung: Die Lebenskate-
gorien und der Begriff der Bedeutung), IV. Heft, S. 405–475; Lebensphilosophie und
Phänomenologie (Schluß) 4 (1929/1930) III., IV. Heft, S. 181–330. Separat: Bonn
1930, 2. Aufl. Leipzig und Bonn 1931, 3. Aufl. Darmstadt 1967.

Göttingen Grüner Weg 4[1]
[vor dem 26.] Januar 29.

Lieber. Ich habe eine Bitte und will zunächst sie Ihnen sofort vortragen: also Fräulein v. d. Groeben möchte gerne aus dem Italienischen übersetzen. Sie denkt z. B. an *Gentile* „teoria dello spirito come atto puro";[1] und weiterhin überhaupt an spezifisch modernitalienische Autoren – in erster Linie Philosophie – philosophische Politik – u. s. f. Ich persönlich finde, daß das einen deutschen Verleger reizen könnte: Gentile als „faschistischen" Philosoph u. s. f.! Könnten Sie ihr bei der Realisation dieser Absichten irgendwie durch Rat oder gar Vermittlung bei Verlegern behilflich sein? Mit Misch werden wir darüber noch sprechen. Schmalenbach scheint nach dem, was mir v. d. Groeben erzählte, keine Lust zu haben, sich dafür zu interessieren. Vielleicht können Sie etwas tun. Es käme ja zunächst nur mal auf eine Fühlungnahme mit Verlegern an. Könnte nicht auch De' Negri raten? Für die Güte der Übersetzung wäre in diesem Fall garantiert. Wollen Sie bitte mal darüber schreiben? Vielleicht an Fräulein v. d. Groeben direkt, von der ich Sie vielmals grüßen soll und die Ihnen schon im voraus vielmals dankt.

Von mir selbst ist wenig zu berichten. Ich leide einfach jetzt an dem nicht fertig sein. Es ist ein durch und durch ungemäßer Zustand. Kein Wort darüber zu verlieren. Ich habe mir noch eine kurze Frist gesetzt, in der ich im üblichen Stil weiter mache; dann nehme ich mir eine Schreibmaschine und schreibe einfach - coûte que coûte – und sollte es der größte Unsinn werden. Es ist wirklich „kein Wort darüber zu verlieren" – und ich sage das Obige auch nur für Sie. Mein ganzer Wunsch ist zunächst nur, Misch, der solange auf mich gewartet hat, nicht zu blamieren. – Ich habe Heidegger noch einmal gründlich durchgearbeitet,[2] bin noch dabei. Ich kann nicht verheh-

---

[1] G. Gentile: Teoria generale dello spirito come atto puro, erschien Pisa 1916. Die geplante Übersetzung kam offenbar nicht zustande.
[2] Gemeint ist „Sein und Zeit".

len, daß mein erster starker Eindruck sich noch vertieft hat. Die Göttinger Existenz ist weder langweilig noch kurzweilig. Ich merke wenig von ihr. Ein andermal mehr – hoffentlich. Herzlichste Grüße

immer Ihr König

68 König an Plessner

Göttingen Freitag. 26. 1. 29.

Lieber. Herzlichsten Dank für Karte[1] und Sendung. Ich werde an v. d. Groeben alles ausrichten. Ihre Adresse ist übrigens Hainholzweg 2–4. – Sie haben da ja einen regelrechten Faustschlag gegen Heidegger geführt.[2] Und im Grunde bin ich ja Ihrer Meinung. Wenn ich bei ihm lese:[3] „Dasein *hat sich* ... je schon auf eine Welt ... *angewiesen*" (S. 87) und natürlich auch schon auf eine Natur angewiesen („hat sich was!"), so kann einem das Erbrechen kommen. Was diese Sache immer wieder paralysiert ist die innere Philosophizität, die ich heute noch weit höher stelle als damals in Athen. Entscheidend scheint mir jetzt sein Begriff der Endlichkeit. Exemplarisch dafür: die Ableitung der Unendlichkeit der „Weltzeit" aus der Endlichkeit der Zeitlichkeit. Ich *versuche* das so prinzipiell wie möglich zu nehmen – als prinzipiell neuen Typus von Philosophie, der die ganze Begriffsbildung durchsetzt. Es liegt darin – so scheint mir heute – eine echte Radikalität, die – so weit gefaßt – alles Kleinliche verliert. Die Immanenz der Diesseitigkeit darin finde ich außerordentlich. Das Dasein – formal – das perpetuum mobile. Vieles ist reiner Münchhausen.[4] In Marburg formulierte er mal: das Dasein selbst ist eine

---

[1] Nicht erhalten.
[2] Möglicherweise Anspielung auf Ps Rezension von H. Freyer: Theorie des objektiven Geistes, in: Deutsche Literaturzeitung für Kritik der internationalen Wissenschaft 49 (1928) Sp. 2543–2550.
[3] Sein und Zeit (vgl. Anm. 1 zu Br. 36).
[4] G. A. Bürger: Wunderbare Reisen zu Wasser und zu Lande, Feldzüge und lustige Abenteuer des Freiherrn von Münchhausen, wie er dieselben bei der Flasche im Zirkel seiner Freunde selbst zu erzählen pflegt (1786).

Grundmöglichkeit seiner selbst. Aber Münchhausen ist schließlich die Philosophie „im Element der Vorstellung". Hegel bestimmt das Leben als an sich selbst nichts als „Reproduktion" seiend. – Sie verstehen: ich nehme Heidegger – als interessanten Fall – als echtes Beispiel.

Dank für die durch Brock überbrachten Grüße. Schreiben Sie mir vertraulich mal bei Gelegenheit Ihren Eindruck. *Mir* ist er nicht gemäß – weiß aber nicht präzis – warum. Wenn er mir von philosophischen Dingen (z. B. von Hartmanns Sachen) erzählt, wird mir schlecht vor einer *ganz merkwürdigen,* physiologisch-psychologischen Langerweile. Ich gerate dann in eine Art von Lähmungszustand (wörtlich!).

Und nun nochmal eine große Bitte: Brock erzählte mir von Hartmanns Arbeiten zur Kategorienlehre. Das regt mich natürlich sehr auf. Die „Metaphysik der Erkenntnis" und den Kategorienaufsatz im „Anzeiger"[5] (Sie erzählten mir davon damals in Sorrent, als wir nach dem Verlassen des Hotels den Hang hinaufstiegen auf der Fahrt nach Ravello !!) werde ich lesen. Vielleicht könnten Sie mir nun *darüber hinaus* noch literarische Hinweise geben; oder wohl gar eine kurze Exposition der gegenwärtigen Ideen Hartmanns zu „Kategorie". Misch hat noch keine Zeit gehabt zum Weiterschreiben. Das bisher Getippte bekomme ich morgen von ihm. Ich berichte Ihnen dann noch. Nochmals Dank und herzliche Grüße

Ihr König

69 *König an Plessner*

Göttingen den 1. August 29.

Mein Lieber. Verzeihen Sie diesen schlechten Bogen. Ich möchte jetzt im Moment schreiben, habe aber nichts Besseres zur Hand. Sie sollen nur Grüße und Wünsche für gute Ferien haben. Ich bleibe selbstverständlich hier. Das Schreiben geht schneckenhaft, noch immer ist alles ungewiß. Ich halte erst auf S. 84 – das sagt alles. Aber

---

[5] N. Hartmann: Kategoriale Gesetze, ein Kapitel zur Grundlegung der allgemeinen Kategorienlehre, in: Philosophischer Anzeiger 1 (1925/1926) S. 201–266.

vielleicht komme ich doch irgendwie durch. Etwas gelockerter fühle ich mich schon, obgleich es mehr zuständlich ist – am Geschriebenen selbst merke ich es noch nicht.[1]

Sonst ist hier so ziemlich alles unverändert. Ich möchte heute Ihnen noch ganz im Vertrauen einiges berichten. Klostermann, der junge, war neulich hier bei Misch; ich war zufällig auch da. Dabei kam durch ihn die Rede auf Ihre Scheler-Stufen-Differenzen.[2] Ich sage Ihnen wohl nichts Neues – leider – wenn ich andeute das Alberne und καθ' αὑτὸ[3] Dumme, daß sich anscheinend in Köln und Bonn mit leichten Filiationen anderswohin das Gerede redet, Sie hätten bei Scheler doch allerhand Anleihen gemacht, die nicht schön wären. Ich schreibe Ihnen das, weil ich vermute, daß Sie darunter, wie nur zu selbstverständlich wäre, leiden. Und da will ich Ihnen nur sagen, daß Sie bedenken müssen, daß es auch noch Leute gibt, die – nicht aus einfachem blindem Vertrauen sondern aus Erkenntnis Ihrer spezifischen Haltung dies Geschwätz für das halten, was es ist, für ebenso dummes wie teils leichtfertiges teils böswilliges Gerede. Und dazu gehört *Misch* durchaus. Von mir brauche ich ja nichts zu sagen. Ich habe neulich nochmal ausführlich mit Misch darüber geredet – nach Klostermann; und wir waren ganz einer Meinung. Und gestern erzählte mir Misch – das ist der äußere Anlaß dieser Zeilen – daß er in einem Brief an Husserl en passant die Sache berührt habe und dabei mit seiner Ansicht nicht hinter dem Berge geblieben sei. Dies im Vertrauen – aber es wird Sie ja freuen. Mit Lipps habe ich nicht darüber gesprochen, aber ich kann mir, möchte mir nicht denken, daß er im wesentlichen anderer Meinung sei. Scheler in Ehren. Ich könnte mir denken, daß Sie viel von ihm gehabt haben – wozu schreibt und redet denn auch einer. Ich könnte mir auch denken, daß Ihr Verhältnis zu ihm nicht durchweg das Richtige war. Aber gemach! Es genügt doch Ein Blick auf Ihre Entwicklung und Ihren inneren Duktus, von dem Ziel des ganzen noch nicht Geschriebenen ganz zu schweigen, um die wesentlichen Differenzen zu sehen. Ich glaube nicht, daß Scheler sich dort, wo er eigentlich er selbst war, sich mit seinen heute verdächtig lauten Verehrern solidarisch fühlen würde.

---

[1] Gemeint ist das Manuskript von „Sein und Denken".
[2] Vgl. Ps Brief 46.
[3] Griechisch: An sich.

Ohne Ihrem eigenen Instinkt, auf den man sich ja schließlich allein stützen darf, in die Wege treten zu wollen, möchte ich Ihnen zur Ruhe raten. Das Ganze ist eine Konstellation, die eines Tages sich von selbst in ihr eigenes Nichts auflösen wird. Seien Sie vor allem vorsichtig – und schreiben Sie im übrigen weiter ohne Seitenblicke – an Ihren eigenen Ideen. Noch dies: Ihr hübscher Schelerwitz ist schon recht bekannt geworden. Sie sollten ihn nur vortragen, wenn Sie wirklich sicher sind, bei befreundeten oder wahrhaft verständigen Leuten zu sein. „Wir hier" haben wirklich nichts darin gefunden, sondern rechten und anständigen Spaß dabei gehabt. Aber das Echo ist nicht überall dasselbe. Sie verstehen – und Sie sind nicht verletzt durch diese offenen ratenden Vorgriffe – nicht wahr? Nehmen Sie die Sache auch nicht von hier aus zu wichtig, weil ich einen ganzen Brief eigens darüber schicke. Das machte sich zum Teil sehr zufällig. Was sagen Sie zum neuen Heidegger?[4] Gewiß gut gemacht, gewiß kann man vieles daraus lernen, wenigstens kann ich es – aber Kant? Kritik? *Kritik* als „Wiederholung" der Aristotelischen πρώτη φιλοσοφία[5]? Da bin ich doch ganz positiv und bestimmt einer toto coelo anderen Meinung.

Und Schluß. Verleben Sie schöne Tage. Grüßen Sie Ihre verehrten Eltern herzlich. Und Ihnen gute Dinge und Grüße

von Ihrem König

70 *Plessner an König*

Wiesbaden Taunusstr. 2
10. 3. 31

Lieber Jupp! Herzliches Beileid zum Umzug.[1] Warum ließ sich der nicht vermeiden? Ich möchte gern bald kommen und mir den Schaden besehen – aber was sagst Du dazu? Am liebsten risse ich Dich

---

[4] M. Heidegger: Kant und das Problem der Metaphysik, Bonn 1929; jetzt in: Gesamtausgabe Band 3, hg. von F.-W. von Herrmann, Frankfurt a. M. 1991.
[5] Griechisch: Erste Philosophie. Ursprüngliche Bezeichnung der Metaphysik.
[1] Umzug von K innerhalb von Göttingen im März 1931.

mal ganz heraus und machte mit Dir – und wenn's nur 8 Tage wären – irgendeine Reise, Fußtour durch den Harz oder Ähnliches. Mein ernsthafter Vorschlag. Denn in Göttingen sitzt Schmalenbach und ist böse, wenn ich nicht bei ihm wohne. (Ob übrigens jetzt auch noch, nachdem das mit ihm in Köln schief ging? – Ich erzähle gleich.) Also mein Vorschlag ist: ich komme in etwa 14 Tagen und hole Dich zu einer kleinen Erholungsreise ab. Ich bin fest überzeugt, daß Dir das mehr nützt als diese acht Tage Kleben am Schreibtisch. Es gibt die Arbeitsökonomie des Unterbrechens; die solltest Du gewaltsam anwenden, wenn Du keine Lust hast.

Die Kölner Liste ist nach langen Kämpfen und trotz zeitweiliger Verzögerungstaktik des Dekans unter Dach (auch von der Fakultät beschlossen!): aequo loco Haering und Heimsoeth, außerdem – auf keiner „Stelle" lokalisiert – ich. Die Kommission bestand aus: Sierp (Botanik) als Dekan, Hartmann und Schneider, Jachmann, Bertram, Försterling (Theoretische Physik) und Kroll. Gegen mich bestand das von Kroll vor Jahren aufgestellte Prinzip, das freilich nicht zum Beschluß erhoben worden ist, des Nichtaufrückens am Ort. Besonders aktuell durch einen kurz vorher gewesenen Krach um die Besetzung der Musikwissenschaftsprofessur. Am Ort haben wir da als a. o. Professor einen der Zentrumspartei angehörenden eminenten Schwachkopf, Bücken, den die Fakultät unter keinen Umständen haben will und auf ihre seiner Zeit dem Ministerium eingereichte Liste von 3 Namen nicht draufgesetzt, ja nicht einmal in unverbindlicher Form erwähnt hat. Der Krollsche Grundsatz war präventiv gegen Bücken gedacht. Dieser Bücken hat sich aber unter das Zentrum gebückt. Da außerdem alle Berufungen durch das städtische Kuratorium geleitet werden – eine aus Stadtverordneten und Geldgebern zusammengesetzte, unter Vorsitz des Oberbürgermeisters tagende Körperschaft, die zwar kein Vetorecht besitzt, wohl aber in getrennter Form Bemerkungen zu den Fakultätslisten machen darf – die Listen *müssen* im übrigen an das Ministerium weitergeleitet werden, so ist natürlich jeder Fakultätsvorschlag politischen Einwänden ausgesetzt (antiprotestantisch, antisemitisch). Nun zahlt bis 1932 Köln die Universität unbeschadet ihres staatlichen Charakters 100 prozentig. Ab 1932 50 prozentig (wie Frankfurt). Und das Kuratorium bewilligt die Gelder; also! Die Bückengeschichte ging bis in die Kölnische Volkszeitung, die seit diesem Fall mit einer Kampagne gegen die

Universität drohte, der sie systematische Katholikenfeindschaft vorwirft. Einen gewissen Anstoß gab damals die renitente Haltung der Fakultät gegen Lindowsky, die ihn nach Prag gehen ließ, vor 3 ½ Jahren. Hartmann und Kroll kämpften gemeinsam; beide wollen letzten Endes mich. Taktisch machten sie das so, daß sie *Geiger* gegen mich aushandelten. Die Fakultät will nach dem Romanisten Spitzer, der vor einem Jahr gekommen ist und sich als sehr expansiv erweist, zunächst keinen Juden mehr. Vor allem, weil auch hier das Kuratorium hinter den Kulissen einen Zentrumskandidaten präsentierte, der aber wissenschaftlich inakzeptabel war. So war auch hier das Zentrum auf die Füße getreten. Hartmanns Kandidaten waren: Heimsoeth, Geiger und ich. Um von Geiger loszukommen, nahmen sie mich in Kauf. Auf Hartmanns und Krolls Seite stand Försterling. Auf der Gegenseite Schneider, Bertram und Jachmann. Der Dekan schwankte. Haering wurde konzediert. Jachmann und Bertram brachten Schmalenbach, später Herrigel, der neben Haering und Janssen (Münster und zugleich Professor an der Pädagogischen Akademie Dortmund) Schneiders Kandidat war. Zwischen 17. Januar und 18. Februar verlegte sich der Dekan auf Verzögerung, so daß die ernstliche Gefahr bestand, daß das Semester zu Ende ging – und Hartmann aus der Fakultät zum 1. April ausschied, ohne daß die Kommission zu Ende gekommen war. In der Sitzung vom 18. II. klappte es dann mit einstimmigem Beschluß: nur 3 Namen, alle anderen fielen aus. Meine Nennung sollte so erfolgen, daß das Kuratorium keinen Bruch des Fakultätsprinzips gegenüber Kölner Nichtordinarien konstatieren konnte. – Ich kann Dir mündlich die Sache genau vorführen. Die Erfindung der Form stammt von Kroll. – Die Aussichten für mich sind nicht so schlecht, da als Gegenkandidat nur Heimsoeth in Frage kommt. Haering will niemand, vor allem Berlin nicht. Heimsoeths Aktien sind aber in Berlin sehr gefallen. Richter will Heimsoeth an sich nicht, während er mir gegenüber sehr positiv steht. („Über Plessner höre ich andauernd Gutes" hat er zu Hartmann gesagt.) Mir hat auch Rothackers Aktion in Bonn sehr genützt. Hinzu kommt die Schwierigkeit der Regelung der Bonner Verhältnisse. Zwei Vollordinariate, eines katholisch, eines protestantisch sind mit Dyroff und Rothacker besetzt. Bleibt die 3. Stelle, um die seit 3 Jahren der Kampf geht, ob sie protestantisch oder katholisch besetzt werden soll. Früher war das ein planmäßiges Extraordinariat (also mit keinem Fakultätssitz verbunden), an dem die politischen Parteien kein Interesse hatten. Seit 19 ist das ein persönliches Ordinariat mit Fakultätssitz. Ergo Krach. Jetzt hat man das salomonische Urteil gefunden: es wird ein 4. Ordinariat gegründet, um die Parität zu wahren! Auf die 3. Stelle kommt der Kathole Behn gleichzeitig mit einem neu zu holenden Protestanten, wobei auf die besonderen Interessen der evangelischen Theologen Rücksicht genommen werden soll. Rothackers Kandidat von früher her, neben mir, war Grisebach (Jena), der zwar nicht Phänomenologe ist, aber Beziehungen zum religiösen Sozialismus – d. h. also Kultusminister Grimme – hat. Andererseits weiß ich, daß zu Anfang des Wintersemesters aus Bonn eine Anfrage an den Nationalökonomen v. Beckerath über mich gekommen war mit dem Wunsch, die zu nennen, die günstig über mich referieren würden. Es könnte sein, daß die Regierung dahinter steckt. Nicht ausgeschlossen, falls die Kölner Heimsoeth haben wollen, daß Berlin mich dann nach Bonn schickt, selbst gegen den Willen der Fakultät. – Kuratoriumsitzung wird erst Ende April sein. Bis dahin ruht alles. Gut, daß Hartmann das Ohr des Ministeriums hat. Natürlich ist sein Herz geteilt zwischen Heimsoeth und mir. Mich hält er für die größere Kraft, das weiß ich aus anderen Quellen. Auch Kroll will mich und nicht Heimsoeth. Aber Heimsoeth ist Kölner! Und sitzt acht Jahre im fernen Osten.[2]

Eben lese ich, daß Snell das Ordinariat in Hamburg gekriegt hat. Freue mich riesig für ihn. Wohnte ja kürzlich bei ihm. (Er verdankt es der Furcht des Universitätsreferenten v. Chapearouge vor den kommenden Bürgerschaftswahlen, die einen mächtigen Zuwachs an Nationalsozis bringen werden. Deshalb hat er den an 2. Stelle stehenden Juden Hermann Fränkel übergangen! Heil Hitler.)

Heute bekam ich von Misch den „Kaiser Maximilian".[3] Mein Büchlein „Macht und menschliche Natur" erwarte ich jeden Tag. – Erzähle doch gelegentlich Misch den Verlauf der Kölner Affäre, damit er orientiert ist.

Die Eltern grüßen herzlich, fragen sehr nach Dir. Ich hoffe auf

---

[2] Heimsoeth wurde 1931 von Königsberg nach Köln berufen.
[3] G. Misch: Die Stilisierung des eigenen Lebens in dem Ruhmeswerk Kaiser Maximilians, des letzten Ritters, in: Nachrichten von der Gesellschaft der Wissenschaften zu Göttingen, Philologisch-Historische Klasse 1930, Fachgruppe IV, Nr. 8, S. 435–459.

baldige Nachricht und keine negative. Möchte Dir auch sonst allerhand erzählen. Von der Indianerin.[4] Von Rostock und Kiel[5] (hier großer Erfolg). Von Plänen, die noch keine sind.

Tausend Grüße

Dein Helmuth

71 *Plessner an König*[1]

Wiesbaden
Wilhelmshöhe 9
14. 10. 33

Lieber Josef, in letzter Zeit haben sich Chancen für mich in Konstantinopel ergeben. Vor kurzem war ich in Zürich, um mit den Beauftragten der türkischen Regierung zu verhandeln. Kölner Kollegen, die Rufe nach dort erhalten haben, der Zoologe Bresslau und der Romanist Spitzer, haben sich sehr für mich eingesetzt. Geplant ist eine zweite Philosophieprofessur – die erste hat *Reichenbach*. Man denkt, in 6–8 Monaten das Projekt durchführen zu können. Jedenfalls haben mir alle dringend geraten, diesen Winter bereits unten zu lesen; Mittel sind mir in Aussicht gestellt. So habe ich mich entschlossen, bereits mit Spitzer am 19. von Venedig abzufahren („Vienna" Lloyd Triestino), die bekannte Route Brindisi Piräus. Am 22. nachmittags sind wir in Istanbul. Ich wohne vorerst *Hotel Tokhatlian, Beyoglu, Istanbul.*

Schade daß ich zu spät – erst durch Snell, hinterher – von Deinem Hamburger Aufenthalt[2] und von Hartmanns Gutachterei erfahren habe. Ich hätte Dir vielleicht besser raten können. Ich hoffe sehr für

---

[4] Ursula von Wiese, Tochter des Soziologen Leopold von Wiese. (Mitteilung von Frau Dr. Monika Plessner.)

[5] In Rostock hielt P am 22. Januar 1931 den Vortrag „Gibt es einen Primat der Phänomenologie in der Philosophie?" Vgl. Kant-Studien 36 (1931) S. 219; der Vortrag wurde nicht veröffentlicht. Über den Kieler Vortrag ist nichts weiter bekannt.

[1] Zu diesem und dem folgenden Brief vgl. Ps Selbstdarstellung, Ges. Schr. X, S. 332f.

[2] Im Zusammenhang mit dem Plan der philosophischen Fakultät der Universität Hamburg, K auf den frei gewordenen Lehrstuhl von E. Cassirer zu berufen.

Dich, wenn ich auch keinen großen Glauben habe. Einer Habilitation [in] Göttingen würde aber doch nichts im Wege stehen? Wie weit sind denn Deine Dinge?[3]

Ich bitte Dich nun mich ein wenig auf dem Laufenden zu halten, vor allem über Deine Dinge, und auch von Zeit zu Zeit über die Gesamtlage. Grüße bitte Groeben und sage ihr meinen herzlichsten Dank für ihre freundlichen Worte. Dann grüße herzlich Misch, worum ich besonders bitte, und Lipps mit dem Stahlhelm.[4] – Entwickeln sich die Dinge unten gut, werde ich erst Ende Mai zurückkommen, falls mir dann noch die Rückkehr offen steht. Bei dringenden Nachrichten schreibe per Luftpost.

Jedenfalls halte durch, wie ich es in einer vielleicht doch schwierigeren Lage versuchen will. Zunächst *reise* ich einfach zu Studienzwecken. Auswanderung liegt nicht vor. Ich würde das bitte betonen. Meine Mutter läßt Dich sehr herzlich grüßen.

Ich hoffe auf ein gutes Wiedersehen

Stets Dein Helmuth

Den Ordinariatsplan äußere nur zu Misch und Snell.

72 Plessner an König

12. Dezember 1933
Wiesbaden Wilhelmshöhe 9

Lieber Josef, nun sind in zwei Tagen es gerade zwei Monate her, daß ich Dir vor meiner Abreise nach Istanbul schrieb, und jetzt hat es sich entschieden, daß ich mit Hülfe eines Nichtarierstipendiums nach Groningen komme, Forschungsstelle am Physiologischen Institut bei Buytendijk. Die Hoffnung, die man auf die Türken setzen konnte,

---

[3] K habilitierte sich erst im August 1935 in Göttingen; vgl. dazu H.-J. Dahms: Aufstieg und Ende der Lebensphilosophie: Das philosophische Seminar der Universität Göttingen zwischen 1917 und 1950, in: H. Becker/H.-J. Dahms/C. Wegeler (Hg.): Die Universität Göttingen unter dem Nationalsozialismus. Das verdrängte Kapitel ihrer 250jährigen Geschichte, München–London–New York–Oxford–Paris 1987, S. 180.
[4] Anspielung auf die Mitgliedschaft von H. Lipps im „Stahlhelm".

haben sich für mich nicht erfüllt. Es war ja auch ein Experiment, mit nur Chancen hinunterzufahren; hätte man's nicht gemacht, bekäme man sicher Vorwürfe zu hören, die Chance nicht nachdrücklich genug verfolgt zu haben.

Das Äußere ist bald beschrieben. Ich fuhr am 17. Oktober über Basel Mailand nach Venedig, traf mich dort mit dem Romanisten Spitzer und seiner Familie – er war ja nach Stambul berufen – und schiffte mich, nach einem Tag Aufenthalt ein: Vienna, Lloyd Triestino, II. Klasse. Ein vorzüglich gehaltener 10 000 Tonner aus dem Jahre 1913. In Brindisi diesmal an Land gegangen. Am Peloponnes vorbei zum Piräus durch den Korinther Kanal. In Athen an Land, mit einer vom Schiff arrangierten Autoexkursion zu den Stätten unserer Schandtaten. Vorbei am Teepavillon der Russin im Phaleron, dann die große Autostraße nach Athen. Akropolis in märchenhaftem Orangelicht, das Museum oben, Blick auf die Stadt, die noch gigantischer geworden ist und das ganze Becken Hymettos – Tatoi – Straße nach Eleusis ausfüllt. Zum Stadion und zum Platz vor dem Schloß, wo wir neben der damaligen Teestube (rechts unten, nicht verzogen) Kaffee tranken. Hier solltest Du eine Karte kriegen, die aber nicht über die Adresse hinaus gedieh. Es ging zu rasch. Als wir an Sunion vorüberkamen, war es schon zu dunkel. Eine herrliche sternenübersäte Nacht zwischen den Inseln. Der nächste Tag, fühlbar wieder kühler, schon in den Dardanellen. Erbsensuppenfarbe, latente Kriegsschauplatzlandschaft, alte Ruinen. Nachmittags, am 22. Einfahrt in Konstantinopel, in der Nähe verwirrend die Fülle der Moscheekuppeln und Minaretts. Zunächst deprimierend schlechtes Wetter, zwei Tage. Man wohnt im klassischen Europäerviertel Pera, im besten Hotel – na ja, inmitten tosenden Lärms. Pera liegt, ein Gewirr von Straßenschluchten – die als „Galata" zum Goldenen Horn und Marmarameer abfallen, auf einem Berg, dessen Fortsetzung auf dem Hochplateau in Richtung Balkan heute von neuen Vorstädten (Schischli, Matschka etc.) gebildet wird. Ein spitzes Dreieck mit rasch sich verbreiternder Basis – Richtung Balkan. Die Seiten werden vom Goldenen Horn und Bosporus gebildet, die Spitze ragt ins Marmarameer. Auf der anderen Seite das rein türkische, viel dörflichere, ruhigere Stambul, dessen Spitze das Serail bildet; unmittelbar dahinter Irenenkirche, Hagia Sophia, Hippodrom, Sultan Ahmedmoschee; flankiert vom Marmarameer. Wenn man einmal so weit ist, daß man

Goldenes Horn und Bosporus, eine Art Rhein, aber mit Schwertfischen, Delphinschwärmen und Quallen, nicht mehr verwechselt, erschließt sich einem die Stadt.

Nach fünf Tagen hatte ich in der Yeniçarşı caddesi 82 (Neue Marktstraße), in Pera, einer ziemlich schauerlichen Schlucht, in der Nähe der Französischen Botschaft, mit märchenhaftem Blick vom Lokus – bis zu den Prinzeninseln –, und zwei sehr sympathischen Mitmietern, einem deutschen General Müller (Instrukteur dieser Rasselbande) und einem norwegischen Architekten Reppen, der vom Vater her eine große Schiffsagentur hat und zeitweise unten sein muß, Wohnung bei einer alteingesessenen österreichischen Familie Runzler gefunden. Zimmer Göttinger Stil, sagen wir, altes Geheimratshaus 1860 in der Riemannstraße. Preis 35 türkische Pfund = 70 Mark! pro Monat. Dafür Essen recht billig: Mittag und Abend pro Tag 15 Pfund = 30 Mark; geliefert von einer armenischen Familie, die ein Eßbelieferungsinstitut hat. Nicht immer für uns genießbar. Z. B. Quitten mit Hammel warm; Kalter Fisch in Öl. Süßspeisen in Hammelfett. Aber nur einmal habe ich mir den Magen an einem Granatapfel verdorben, den ich bisher nur aus dem Stadtwappen von Granada kannte, da ich die Kerne mitgegessen hatte. Das einzige europäische Restaurant ist die Aégouce, von Russen geleitet, einigen reizenden Frauen. Einen Ball habe ich da miterlebt – da ist der ganze Kölner Karneval langweilig dagegen, einen ganz gewöhnlichen Samstagabendtanz.

An der Universität hatte ich kaum etwas zu tun. Sie liegt auf einem der höchsten Punkte Stambuls, im alten Seraskeriat, dem früheren Kriegsministerium, neben der alten Bayazitmoschee und der verträumten Suleimanye Moschee. Ich habe ein paarmal das Philosophische Seminar inspiziert, auch mit Reichenbach – der übrigens philosophisch unglaublich primitiv und eng ist und mich sehr enttäuscht hat, persönlich übrigens hilfsbereit und auskömmlich, wenn auch flach und amusisch. Eigenartig deprimierend diese Europäisierung: die bekannten Schmöker, der Ueberweg,[1] der Eisler[2] and the other

[1] F. Ueberweg: Grundriß der Geschichte der Philosophie von Thales bis auf die Gegenwart. 3 Teile, 1863–1866; 12. Aufl. in 5 Bänden, hg. von K. Praechter, B. Geyer, M. Frischeisen-Köhler, W. Moog und T. K. Oesterreich, Berlin 1924–1928.
[2] R. Eisler: Wörterbuch der philosophischen Begriffe und Ausdrücke, Berlin 1899; 4. völlig neubearbeitete Aufl. in 3 Bänden, Berlin 1927–1930.

people, Descartes in der Tannery Ausgabe,[3] der Oxford Plato[4] und das steht in dem früheren Konak[5] einer ägyptischen Prinzessin aus dem Hause Osman und schaut auf geheimnisvolle Kuppeln einer sagenhaften Welt hinunter. Stambul muß viel verloren haben gegen früher. Noch sieht man verschleierte Frauen in der tiefschwarzen Seide – sie sehen wie Femerichter aus –, aber der Fez ist ganz verschwunden. Nur Ägypter tragen ihn. Turban ist den Geistlichen vorbehalten. Natürlich ist der anatolische Bauer kein europäischer Anblick, nur die Bettler mit ihren wirklichen Lumpen-Kostümen und Lupus-Verstümmelungen[6] geben einem die Gewißheit, daß eine andere μοῖρα[7] über ihnen waltet. Die Türkei sieht also wie ein Balkanstaat aus. Nur in den Moscheen ist noch die alte Würde Arabiens.

Die Stadt ist unsagbar schmutzig, nicht nur durch die schlechte Pflasterung, auch nur der Hauptstraßen, die zahllosen Brandstätten und Schutthalden. Der Mohammedaner schont das Leben der Tiere. Wanzen gehören ebenso wie Läuse zum Haus eines ordentlichen Gläubigen. Der Floh ist eine Selbstverständlichkeit. Von einem Ausflug nach Anadolu Hissar, einem Byzantiner- und Genueserschloß auf der asiatischen Seite des Bosporus, nahe dem Schwarzen Meer, habe ich allein 10 mitgebracht. Aber alle die Schwierigkeiten der ewig überfüllten Elektrischen, die z. T. als Turngeräte benutzt werden, und der furchtbar gepflasterten Straßen erträgt man bei Sonne. Ich hatte großes Wetterglück, selbst den leichten Regenmantel mußte man meistens über den Arm nehmen.

Eine Welt vor der Ausgrabung. Wie Rom vielleicht noch zur Goethezeit und auf den Piranesibildern. Diese Unbekümmertheit und Verträumtheit im alten Stambul und in den Städtchen und Dörfern der Umgegend, die griechische Eleganz der Prinzeninseln, die zauberhaft sind, habe ich auch nicht mehr in Griechenland gefunden. Ich habe viel photographiert, aber die großen Räume der halben Landstraßen in Stambul lassen sich nicht festhalten. Theben damals war ein türkischer Eindruck.

---

[3] R. Descartes: Oeuvres. 11 Bde., hg. von Ch. Adam und P. Tannery, Paris 1897–1913.
[4] Platonis Opera. 5 Bde., hg. von J. Burnet, Oxford 1899–1906.
[5] Größeres osmanisches Holzgebäude auf einem Steinsockel.
[6] Hautkrankheit (Hauttuberkulose und Schmetterlingsflechte).
[7] Griechische Schicksalsgöttin.

Die Entwicklung meiner Angelegenheit wurde durch den Wechsel im Kultusministerium ungünstig beeinflußt. Man hat kein Geld und ist fremdenfeindlich. 35 Deutsche Professoren waren ihnen eben genug. Dabei ist die Edebyat (Literatur) Fakultesi nur 4 Köpfe stark oder 5, davon nur 3 Deutsche, Reichenbach, Spitzer und Kessler (Soziologie, früher Leipzig, bestens unbekannt). In der juristischen Fakultät sitzen noch 10 türkische Ordinarien, auch in der naturwissenschaftlichen noch einige – diese macht übrigens den besten Eindruck. Die Organisationsform ist die französische. Gesprochen wird außer türkisch nur französisch. Deutsch verstehen nur wenige. Alle Kollegs müssen mit Dolmetscher gehalten werden. In den gewöhnlich auf 5 Jahre abgeschlossenen Verträgen steht, daß möglichst nach 3 Jahren türkisch gelesen werden sollte. Aber unsere Militärs, die Erfahrung haben, erklären das für unmöglich.

Unser Projekt, damals in Zürich mit dem Schweizer Organisator Malche, einem Genfer Professor, besprochen, sah im Rahmen der Universität die Gründung einer Sprachschule vor, die in ihrem elementaren Unterbau die Hauptsprachen incl. Latein und Griechisch lehren sollte und darüber einen Oberbau haben sollte, der in die wissenschaftliche Terminologie, nach Fakultäten gegliedert, einführen sollte. Ich sollte Leiter dieser Abteilung werden und zugleich philosophische Vorlesungen halten. Das Ministerium hat aber diesen Plan nicht bewilligt. Sparsamkeitsgründe. Als kleiner Lektor für Deutsch mit 100 Pfund im Monat kann man aber dort nicht leben. Die ursprünglichen Gehälter für die wissenschaftlichen Lektoren waren mit 250.- Pfund geplant. Gedacht war die Sache als Übergang zu einem 2. Ordinariat für Philosophie. In dem Augenblick, als sich der Plan endgültig zerschlagen hatte, kam eine Anfrage Buytendijks aus Groningen, wie es mit Stambul stünde und ob ich Lust hätte, mit einem vom Hilfsausschuß für vertriebene nichtarische Intellektuelle gestifteten Stipendium auf etwa 2 Jahre an sein Institut zu kommen. Ich habe natürlich sofort telegraphiert und fuhr dann sehr bald zurück – mit dem (Simplon-)Orientexpreß über Sofia Belgrad bis Laibach, von da 3. Klasse über die Tauern Salzburg München hierher. Mitten in Serbien fing der Schnee an und begleitete uns bis Aschaffenburg, dabei meist blauer Himmel.

Anfang Januar gehe ich über Köln, wo ich auch wegen der Unterbringung meiner Bücher – ein paar Tage bleiben will, direkt nach

Groningen. Wenn es geht, will ich an Hand von Beobachtungen der Anlage und Regulation des Netzes über den Raumsinn der Spinnen arbeiten, eine alte Idee von mir. Dann mit Buytendijk über den „Schrecken" – schlägt er wenigstens vor.[8] Natürlich ist das Ganze ein Provisorium. Man muß versuchen, irgendwo für Dauer unterzukommen. Die Nähe zu meiner Mutter ist tröstlich, aber die Sorge auch für ihre Existenz bedrohlich.

Wie stehen nun Deine Sachen? Hat sich mit Hamburg etwas entschieden? Wie hat sich Hartmann verhalten? Wie stehen die Dinge in Göttingen? Wohnt Geiger noch da? Bekommt er einen Nachfolger? Hast Du noch Lust an einer Habilitation? Wie steht die Arbeit?

Schreib mir bitte mal ausführlich. Ich schicke Dir mein Hartmann„Bild". Grüße die Bekannten und Freunde herzlich.

Mutter und ich senden Dir die herzlichsten Grüße

immer Dein Helmuth

---

[8] Aus der Zusammenarbeit mit Buytendijk entstanden in dieser Zeit die Aufsätze: Die physiologische Erklärung des Verhaltens. Eine Kritik an der Theorie Pawlows, in: Acta Biotheoretica, Series A, Vol. 1, Pars 3, Leiden 1935, S. 151–172; jetzt in: Ges. Schr. VIII, S. 7–32. Tier und Mensch (ohne Nennung von Ps Namens), in: Die neue Rundschau 49 (1938) S. 313–337; vgl. die Schlußanmerkung zu „Mensch und Tier" (1946), in: Ges. Schr. VIII, S. 65.

Anhang

Josef König: Briefessay über Helmuth Plessners „Die Einheit der Sinne", Anzio 25. 7. bis 27. 8. 1927

Einführung

Die „Einheit der Sinne", die Helmuth Plessner – dreißigjährig – im Frühjahr 1923 im Bonner Verlag von Friedrich Cohen veröffentlicht, stellt den Versuch einer umfassenden Philosophie der Sinne dar. Dieses Buch, sein frühes Hauptwerk, besitzt für die Entwicklung von Plessners Denken eine besondere Bedeutung: Es ist als ein Werk des Übergangs einerseits der Abschluß seiner durch die Auseinandersetzung mit Phänomenologie und Kritizismus geprägten Frühphase und andererseits die Eröffnung des Weges zu seiner spezifischen Form einer philosophischen Anthropologie.

Nun wäre es allerdings verfehlt, wollte man in der „Einheit der Sinne" nur einen ersten Schritt zur Anthropologie der „Stufen" erblicken. Eine solche Interpretation, die einer Überprüfung an den Texten im übrigen nicht standhielte, hat Plessner selbst – in seiner späten „Selbstdarstellung" von 1975 – abgelehnt: „Mit diesem Buch hatte ich, wenn ich meine späteren Arbeiten heranziehe, zwar keine Basis gefunden, auf der ich stetig fortschreiten durfte, aber doch eine Art Durchbruch zu einer Konzeption erreicht, die mir erlaubte, Phänomenologie und Kantische Philosophie miteinander zu verbinden ..." (Ges. Schr. X, S. 318) Er sah – zweifellos zu Recht – in der „Einheit der Sinne" die Eröffnung neuer philosophischer Möglichkeiten, die ihn, nur wenige Jahre später, zum Entwurf einer Grundlegung der philosophischen Anthropologie führen sollte, wie ihn die „Stufen" darstellen. Diesen Aspekt hat Plessner rückblickend hervorgehoben: „Für meine Entwicklung bedeutet ,Die Einheit der Sinne' den Durchbruch zur philosophischen Anthropologie auf einem ganz eigenen Wege, der von Dilthey und nicht von Uexküll ausging." (Ges. Schr. X, S. 322)

Die „Einheit der Sinne" besitzt nun allerdings nicht nur diese – zweifellos vorhandene – entwicklungsgeschichtliche Bedeutung. Das

Buch stellt einen bedeutenden eigenständigen philosophischen Entwurf dar, der allerdings nur wenig Resonanz in der philosophisch-wissenschaftlichen Öffentlichkeit gefunden hat. Der Grund hierfür liegt nicht zuletzt in der wenig übersichtlichen Anlage des Werkes, in seiner komplizierten Systematik und der nur schwer zugänglichen Argumentation. Diese Schwächen seines Buches hat Plessner übrigens später verschiedentlich selbstkritisch eingeräumt.

Plessner stellt sich in seinem Buch dem Problem der Sinne; sein Ziel ist es – kurz gesagt –, die „Bedeutung" der Sinne zu begreifen, d. h. die sinnliche Organisation des Menschen zu „verstehen". Damit wendet er sich zunächst gegen die traditionelle Auffassung, nach der die Sinne nur verkürzend unter dem Aspekt ihrer Wahrnehmungs- bzw. Erkenntnisfunktion betrachtet wurden.

Gegen diese restringierende Erfassung der Sinne, die für nahezu die gesamte Tradition der Erkenntnistheorie typisch ist, setzt Plessner sein Projekt einer alle Aspekte integrierenden philosophischen Wesensanalyse der Sinne und der Eigenart der verschiedenen sinnlichen Modi. Plessner will – mit E. Straus gesagt – den „Sinn der Sinne" verstehen. Konsequent hat er daher später bekannt, sein Unternehmen laufe auf eine „Hermeneutik der Sinne" hinaus (Anthropologie der Sinne [1970], Ges. Schr. III, S. 380; vgl. Ges. Schr. X, S. 320).

Den Mittelpunkt seiner Bemühungen bilden die verstehende Analyse der einzelnen sinnlichen Modalitäten, die Abgrenzung dieser Modalitäten und die Erforschung ihrer spezifischen Leistungsmöglichkeiten. Plessner konzipiert das von ihm intendierte Unternehmen – unter Anknüpfung an ein Wort Goethes – als eine „Kritik der Sinne". Durchgeführt wird diese Kritik als „Ästhesiologie des Geistes", d. h. Plessner versucht den Sinn der verschiedenen sinnlichen Modalitäten unter der Perspektive einer neuen, umfassenden Theorie des Geistes zu ermitteln bzw. zu „lesen". Den Weg zu dieser neuen Theorie des Geistes, die das systematische Zentrum der „Einheit der Sinne" bildet und formal an Kants kritisches Unternehmen angelehnt ist, weist die Kulturphilosophie, genauer: Diltheys hermeneutische Philosophie der Geisteswissenschaften (vgl. Ges. Schr. III, S. 142 ff. und 279–283). Plessner begreift den „Geist" als Totalität der möglichen menschlichen Sinngebungen. Die tragenden Kategorien seiner Theorie der Sinngebungen gewinnt er durch eine quasi-transzendentale Analyse derjenigen drei Wertbereiche, die ausschließlich auf einer Kooperation sinnlicher und geistiger Faktoren beruhen: Kunst, Sprache und Wissenschaft. Ästhesiologisch bedeutsam sind nun für Plessner diejenigen kulturellen Phänomene, bei denen nur eine Sinngebungsform mit nur einer Sinnesmodalität eine Verbindung eingegangen ist. An diesen so ausgezeichneten kulturellen Gebilden – es sind die Geometrie und die Musik – entwickelt Plessner differenzierte Ästhesiologien des Sehens und Hörens und gewinnt dadurch Einblick in den jeweiligen „Sinn" dieser Modi.

Leitend bei seinen ästhesiologischen Analysen ist also ein strikt durchgehaltener „Primat des Geistes". Die Philosophie der Sinne muß – wie Plessner bemerkt – „die natürliche Rangordnung zwischen Geist, Körper und Organ wiederherstellen und die Besonderheit der Funktionen zuerst begründen, um von da aus schließlich die morphologischen und physiologischen Befunde zu verstehen" (Ges. Schr. III, S. 260, vgl. 264).

Auf dem Hintergrund des entwickelten „kritischen" Systems des Geistes als Einheit der möglichen Sinngebungen werden die materiell-sinnlichen Modi, also der akustische Stoff und die optische Funktion, einer phänomenologisch geführten Strukturanalyse unterzogen (vgl. Ges. Schr. III, S. 284). Insofern unternimmt Plessner mit seiner „Einheit der Sinne" den komplexen Versuch, Kritizismus mit Phänomenologie und hermeneutischer Theorie der Geisteswissenschaften zu vermitteln. In den „Stufen" hat Plessner die Intention der „Einheit der Sinne" noch einmal klar umrissen. Er schreibt: „Dort [in der „Einheit der Sinne"] war das Ziel, unter geisteswissenschaftlichem Aspekt, genauer gesagt, unter dem Problemaspekt der Erfahrung, die wir von geistigen Gebilden der Kultur haben, zu einem Verständnis des bedingenden Charakters, des Prinzipiencharakters unserer Sinne zu kommen. Denn für die naturwissenschaftlich-psychologische Empirie sind die Sinne selbst bloßer Inhalt der Erfahrung, die ihnen je zugeordneten Empfindungen etwas Letztes und Hinzunehmendes, über dessen Eigenart nicht diskutiert werden kann. Sehen und Hören werden auf die Funktionen der Augen und Ohren zurückgeführt, deren Faktoren die Naturwissenschaft analysiert. Durch die an der spezifischen Leistungsfähigkeit orientierte Wert*kritik* der Sinne zeigten sich dagegen ästhesiologische Gesetze, nach denen die verschiedenen Modalitäten der Sinnesempfindungen prinzipielle Bedeutung für den Aufbau der Person als eigentümlicher

Einheit von Leib und Seele besitzen. [...] Körperlich-seelische Eigenschaften zeigten mit einem Male eine apriorische Seite." (Ges. Schr. IV, S. 123f.)

Neben erkenntnistheoretischen und ästhetischen waren es vor allem naturphilosophische Probleme, die Plessner zur Konzeption und Ausarbeitung seines Projekts einer „Ästhesiologie des Geistes" motivierten, und man kann mit gutem Recht eine letzte Intention seines Buches in der Rehabilitierung einer (hermeneutischen) Naturphilosophie erblicken. Außerdem beansprucht Plessner, mit seinem Werk der Lösung einer Reihe zentraler Probleme der Philosophie den Weg bereitet zu haben. Dazu zählt etwa das Problem der Wahrnehmung.

Sein Buch gliedert sich in fünf Teile. Im ersten Teil, „Sinnesorganisation und Erkenntnis", untersucht Plessner die Antworten der beiden klassischen Formen der Erkenntnistheorie, des Rationalismus und des Sensualismus, auf seine Leitfrage. Als Ergebnis dieser Untersuchung stellt er das Scheitern dieser erkenntnistheoretischen Positionen nicht nur am Modalitätenproblem, sondern auch am Erkenntnisproblem selbst fest.

Der zweite Teil, „Die Einheit der Anschauung", enthält eine entsprechende kritische Auseinandersetzung mit dem kantischen Kritizismus und dem Intuitionismus, unter dem er die Phänomenologie Husserls sowie Bergsons Lebensphilosophie faßt. Auch hier ist das Ergebnis im Hinblick auf seine Problemstellung negativ: weder der Kritizismus noch der Intuitionismus vermag das Problem der Sinne befriedigend zu lösen.

Plessners eigener Ansatz zur Lösung des Sinnenproblems wird im dritten Teil, „Die Einheit des Sinnes", entwickelt.

Ausgehend von der hier ausgearbeiteten Theorie des Geistes, die durch Dilthey inspiriert und formal an Kant orientiert ist, bringt der vierte Teil, „Die Selbständigkeit der Sinneskreise", ästhesiologische Untersuchungen der einzelnen Sinnesmodalitäten. Im Mittelpunkt dabei stehen das Hören und das Sehen.

Der abschließende fünfte Teil, „Die Einheit der Sinne in ihrer Mannigfaltigkeit", entwickelt neben der Grundlage von Plessners Wahrnehmungstheorie seinen Begriff einer „Einheit" der menschlichen Sinne.

Die große Spannweite der Problematik von Plessners „Einheit der Sinne" spiegelt sich in Königs, man ist versucht zu sagen, meditativer

Analyse der wesentlichen systematischen Komponenten dieses Werks wider. König bietet – wie er selbst einräumt – in seinem großen Briefessay keine streng systematische und stringent ausgearbeitete Auseinandersetzung, sondern er versucht sich dem Projekt des Freundes zu nähern, indem er an einigen zentralen Punkten von Plessners systematischer Entwicklung seiner Konzeption einsetzt und kritisch nachfragt sowie Klärungs- und Interpretationsversuche unternimmt. Gegen Ende des Essays gesteht er ein – man bemerkt den leicht resignierenden Unterton –, er sei unfähig, die „Einheit der Sinne" durchgehend zu interpretieren, und er habe daher auch Schwierigkeiten, den eigentlichen Punkt seiner Kritik zu präzisieren.

König bezeichnet seinen Briefessay als „längeren Bericht" über seine Bemerkungen zur „Einheit der Sinne" bzw. als „Versuch zu einem schriftlichen Gespräch". Erläuternd fügt er hinzu: „Nicht alles, was ich thetisch hin setzen werde, kann ich beweisen, noch lege ich mich darauf als ‚Überzeugung' fest; z. T. sind es nur Tendenzen und Vermutungen. Und eine Reihe kritischer Einwände sind im Grunde *Fragen* an Sie und oft reine Interpretationsfragen."

Zwar läßt sich dem Essay nicht konkret entnehmen, was König letztlich zur Abfassung seines ungewöhnlich detaillierten und ausführlichen kritischen Berichts über das Buch seines Freundes motiviert hat, sein besonderes Interesse an der „Einheit der Sinne" hängt aber „sicher ganz eng mit Kant und dem Begriff einer ‚Kritik' zusammen". Und dieses Thema berührt nun ganz zentral das Methodenproblem der Philosophie, dem sich König besonders nachhaltig gewidmet hat. Neben dem Methodenproblem der Philosophie wird Königs breitangelegte Kritik wohl nicht zuletzt auch durch ein Bedürfnis nach Klärung einiger philosophischer Grundprobleme, die Plessner in seinem Buch aufgeworfen und zu lösen versucht hat, sowie die grundsätzliche Herausforderung, die das Unternehmen des Freundes für König darstellen mußte, mitveranlaßt.

Königs kritische Anmerkungen und Nachfragen richten sich vor allem auf zwei zentrale Problemfelder:

1) auf den Sinn von Plessners Ausgangsfrage nach dem „Wahrheitswert" bzw. der „Gegenständlichkeit" der Sinne und in Korrelation dazu auf den „Interpretationssinn" von Plessners Antwort, die er in seiner These einer „Objektivität der Sinnesqualitäten" gefunden zu haben glaubt;

2) auf den mit diesem Komplex zusammenhängenden Beweis für Plessners These, als dessen „Kernstück" König den „Nachweis einer harmonischen Einheit des Sinns" ansieht.

Daneben spricht König noch eine Reihe von Einzelfragen und Interpretationsschwierigkeiten an, die aber nicht gleicherweise in das Zentrum von Plessners „Ästhesiologie" führen.

In seiner Auseinandersetzung mit Plessners Konzeption, die über weite Strecken eher ein intensives, völlig unpolemisches Bemühen, ja man könnte bald sagen: Ringen um eine angemessene Interpretation des von Plessner Intendierten ist, wird deutlich, daß König vor allem große Schwierigkeiten mit der kategorialen Fassung der von Plessner behandelten Gegenstände hat. In diesem Sinne notiert er einmal: „Die Einwände von mir sind nicht formallogisch im üblichen Sinn, wohl aber formal, als unter der Frage stehend: welche Art von Logik müßte auf Gegenstände dieser Art notwendig Anwendung finden? Damit kreuzt sich dann allerdings die andere Frage: sind die Gegenstände, so wie Sie sie herausstellen, spekulative Gegenstände?" Daß König gerade an diesen Fragen ein nachhaltiges Interesse besitzt, ist evident, gehören sie doch zum zentralen Fragenkomplex seiner Dissertation „Der Begriff der Intuition".

Man wird nicht fehlgehen, wenn man annimmt, daß König in der Tat der Ansicht ist, daß es sich zumindest bei einigen der von Plessner benutzten Begriffe zweifellos um spekulative Begriffe im Sinne Königs handelt. Er selbst weist in seinem Essay u. a. auf die Begriffe „Versinnlichung", „Einheit" und „Stufen" hin. An dieser Stelle liegt ohne Zweifel der Punkt der größten philosophischen Distanz zwischen Plessner und König. König muß nämlich in Plessners Vorgehen eine unkritische, „naive" Begriffspolitik vermuten, und er ist bemüht, diese an vielen Stellen der „Einheit der Sinne" zu identifizieren und namhaft zu machen. So ist es dann auch nicht überraschend, wenn König, geradezu als Quintessenz seiner Kritik an Plessners Buch, festhält: „mal finde ich spekulative Gegenstände unspekulativ behandelt; mal glaube ich eine Art spekulativer Behandlung von durchaus unspekulativen Gegenständen zu gewahren".

Hans-Ulrich Lessing

224

Porto d'Anzio
fermo in posta 25. Juli 1927

Lieber. Herzlichen Dank für die neue Sendung mit Brief und Karte.[1] De'Negri wird sehr willkommen sein. Tanti auguri für Münster und für gute Wirkung der Schwefelbäder! Anzio ist etwas erträglicher als in den beiden vorhergehenden Jahren. Ich bin gleich mit Arbeitsabsichten hergegangen, die ich auch durchführe. Im übrigen fast alles unverändert. Vielleicht wenn ich mal ganz alt bin und wir bei einer guten Flasche bei mir oder bei Ihnen zusammensitzen, erzähle ich Ihnen mal die „italienische Geschichte". Pfui[?]! was für ein dummes müdes Bild ist das!! Via – al diavolo!

Ihre Muthesius-Zitat-Nachricht[2] hat mich sehr gefreut: Kavalleriepferde fangen eben ganz automatisch an auszuschlagen, wenn die Trompete dröhnt. Sehr erfreut auch, daß meine Misch-Bemerkung[3] Ihnen begründet scheint. Die neuen Bogen habe ich noch nicht gelesen, weil ich zunächst die „Einheit der Sinne" nochmals studiert habe und gerade vor 5 Minuten das Buch zuklappte. Ich will Ihnen im folgenden einen längeren Bericht über meine Bemerkungen dazu schreiben, der Ihnen hoffentlich auch dort, wo er kritisch ist, etwas Spaß macht. Wie Sie sehen habe ich mein Schreiben unterbrochen – so sehr lag mir an einer Konfrontation mit dem Ihrigen.

Was ich nun darüber sagen werde müssen Sie natürlich als Versuch zu einem schriftlichen Gespräch auffassen.[4] Nicht alles, was ich the-

[1] Nicht erhalten.
[2] Vgl. Br. 49.
[3] Vgl. Br. 47 und 49.
[4] Auf Ks großen Essay ging P weder in einem Brief ein noch hat er ihn in seiner Selbstdarstellung berücksichtigt; vgl. Ges. Schr. X, S. 319: „mein Buch von 1923, das... nie eine ernsthafte Besprechung bekam..." Er bestätigt ihn lediglich am Anfang von Br. 55.

tisch hin setzen werde, kann ich beweisen, noch lege ich mich darauf als „Überzeugung" fest; z. T. sind es nur Tendenzen und Vermutungen. Und eine Reihe kritischer Einwände sind im Grunde *Fragen* an Sie und oft reine Interpretationsfragen. Ich überlegte, ob es jetzt auf Grund des neuen Buches,[5] sowie Ihres „Krötenaufsatzes",[6] den ich leider nicht nochmal studiert habe, überhaupt rechten Sinn hat, mich gerade auf dies Eine Werk zu konzentrieren. Es liegt darin etwas Provisorisches, aber ich hoffe, daß Sie das schon von sich aus zurechtrücken.

Wenn ich nun ganz ab ovo anfangen wollte, so müßte ich zu formulieren versuchen, woher es denn kommt, daß mir seit Florenz das Ihrige so hart auf den Leib rückt, was es früher – bei aller gefühlsmäßigen Nähe – eben doch nicht tat. Natürlich ist mir das ganz unmöglich, weil es auf Einen Prozeß zurückgeht, der eben im Gang ist. Aber es hängt sicher ganz eng mit Kant und mit dem Begriff einer „Kritik" zusammen. Alles, was ich jemals zu Ihnen – in Remscheid z. B. – von einer Inkohärenz zwischen systematischer Einkleidung und tatsächlichem Gehalt sagte, nehme ich in blocco zurück. Daß da ein Anhang über das Kantische System[7] erscheint, ist mir heute klar, verständlich. Auch die Darstellung ist von der ersten bis zur letzten Seite so aufeinanderbezogen, ineinandergefügt, daß mir meine damaligen Ideen sehr kurios erscheinen. Aber ich mag von diesem ganzen Komplex, der ja letzthin das Methodenproblem der Philosophie befaßt, gar nicht anfangen, weil da bei mir alles im Fluß ist. Nur dieses soz. als Hinweis: daß ich – *in Grenzen*, d. h. soweit ich es formulierte und ohne Hinzunahme tieferer Aspekte – meine Polemik gegen Sie in der „Intuition" doch noch für richtig halte. Ihre Exposition der Gegenstellung von Kritizismus und Intuitionismus gefällt mir zwar sehr gut und ich lese sie jetzt mit ganz anderen Augen. Aber ich glaube nicht, daß die Antithese von „Einheit der Haltung" und „Einheit im Begriff" und folglich „Einheit im Gegenstand" gegenüber intuitionistischen Philosophien von Rang (Hegel z. B. – Schelling vor allem – auch Spinoza) haltbar ist. Auch der Intuitionismus erstrebt

---

[5] Die „Stufen".
[6] Gemeint ist „Die Deutung des mimischen Ausdrucks".
[7] Kants System unter dem Gesichtspunkt einer Erkenntnistheorie der Philosophie, in: Die Einheit der Sinne, Bonn 1923, S. 299–404; jetzt in: Ges. Schr. II, S. 323–435.

Einheit *in* seinem Gegenstand – schon bei Bergson klar – und er *kann* sie auch *positiv* ausdrücken: z. B. *Stufen*kategorien sind ein Index für erstrebte Einheit im Gegenstand auf Grund intuitiver Methode. Sind Sie bei der Formulierung dieser Antithese nicht zu stark an dem Bild *Husserls* orientiert gewesen?

Was ich aber nun im wesentlichen und ausführlicher sagen will, liegt woanders. Es betrifft 1) den Sinn Ihrer Frage nach dem „Wahrheitswert" der Sinne oder nach „der Gegenständlichkeit" der Sinne – den *Sinn* dieses Problems – schon *als Problem*. Und korrelativ dazu den *Interpretationssinn* Ihrer Antwort: „Objektivität der Sinnesqualitäten". 2) mit dem ersten eng zusammenhängend den Beweis, den Sie für diese These führen und als dessen Kernstück ich wohl richtig den Nachweis einer harmonischen „Einheit des *Sinns*" ansehe. – Was ich dagegen setze, ist, wie schon gesagt, z. T. nur Vermutung und Versuch. Ich glaube nicht, daß Ihnen der Nachweis der „Einheit des Sinns" in dem von Ihnen intendierten Sinn gelungen ist. Mir ist ferner ad 1) schon der Sinn des *Problems als solchen* problematisch. Über dies Letzte und für mich selbst Wichtigste kann ich mich aber nur vermutungsweise äußern. Sie sagen 47 [63][8]: „Denn die Berührung mit der Wirklichkeit wird ... den Grundakt jeder Erkenntnis bilden." Ich glaube, diesen Satz bestreiten zu müssen. Im Grunde halte ich es mit der Goethe-Piklerschen[9] Theorie – mit dem Unterschied, daß ich *Ihre* Argumente dagegen selbstverständlich anerkenne. Mir schwebt eine Philosophie vor, die beides dadurch vereinigt, daß sie zwar das immanente Raisonnement gegen diese Theorie anerkennt, aber *nachweist*, daß das Raisonnement *als Ganzes* auf einem unkritischen Gebrauch von immanent ganz klaren Bedeutungen (Reiz, Wirklichkeit, Wirkung u. s. f.) beruht. Ich kann nicht den Versuch machen, hier positiv meine Ansicht zu entwickeln (was ich in der „Intuition" über die wesentliche Zweideutigkeit schlechthin *aller* Begriffe sagte, geht in diese Richtung); aber Sie müssen im Auge halten, daß ich meine Einwände gegen Ihre Ausführungen aus diesem Gesichtswinkel heraus mache. Und da scheint mir zunächst, daß Ih-

---

[8] Im folgenden wird in eckigen Klammern zur Originalpaginierung die jeweilige Seitenzahl des Wiederabdrucks innerhalb der Ges. Schr. hinzugesetzt.
[9] Vgl. J. Pikler: Theorie der Empfindungsqualität als Abbildes des Reizes, in: Schriften zur Anpassungstheorie des Empfindungsvorganges. Heft 4, Leipzig 1922.

rer Verwendung des Begriffs „Gegenstand" eine Äquivokation zugrundeliegt. (wie sie meinem Erachten nach auch bei Kant vorhanden ist. Ding an sich. Ich würde so formulieren: Kant hat das Ding an sich zwar durchaus *als* Grenzbegriff *intendiert*, aber er hat nicht die kritisch einwandfreie Formulierung, Zugang zu ihm, erreicht. Ich halte das „Ding an sich" durchaus fest – es liegt mir nur anderswo – nicht mir gegenüber, sondern soz. unter der Kugel des Lebens – es ist das dunkle Wasser auf dem[10] der Lichtball unserer Welt schwebt – auch der Geist ist in diesem Sinn „Erscheinung", d. h. Phänomen *innerhalb* des Lichtballs, für Sie ist er das in der „Einheit der Sinne" nicht) – Sie nennen, wenn ich recht sehe, z. B. den Tisch vor uns einen *Gegenstand* – überhaupt sind doch für Sie alle *präsentativen Gehalte Gegenstände*. Sie entwickeln demgemäß 83 [99] das Problem der Gegenständlichkeit als Problem der Möglichkeit unseres Wissens von den „unstofflichen Baukomponenten der Erscheinung". Ihr Problem aber der „Gegenständlichkeit der Sinne" (276 ff. [293 ff.]) setzt m. E. einen anderen Sinn von „Gegenstand" voraus – eine Art von „Ding an sich", denn Sie sprechen 293 [310] von „absolutem, d. h. vom Bewußtsein losgelöst beharrendem Sein, der Stoff, die Materie". Dem liegt eine Gegenüberstellung von „Geist" und absoluter „Materie" zugrunde. Freilich nennen Sie nicht diese absolute Materie „Gegenstand" – und insofern ist es keine Äquivokation – aber Sie konstruieren für sich selbst, ohne es auszusprechen, das Verhältnis von Geist und Materie dem Verhältnis von Wahrnehmendem und wahrgenommenem Gegenstand analog. Und insofern würde ich von einer Äquivokation [sprechen] oder (was für mich ja im Grunde dasselbe ist, da „Äquivokation" für mich ja nicht einfach ein lapsus ist) [von] eine[r] unkritische[n] transzendierende[n] Verwendung der Bedeutung „Gegenstand". Ganz präzis: Sie „schließen" („Schluß", dessen Möglichkeit auf jener Äquivokation beruht): daß die Modalitäten die „möglichen Modi gegenständlichen Daseins" sind. Auf Grund Ihres Ansatzes von der „Selbständigkeit" des *präsentativen* Bewußtseins würde *ich* sagen: die *Gehalte* des präsentativen Bewußtseins sind die Modi gegenständlichen Daseins.

Ich weiß wohl, wohin blickend Sie sich *mit Recht* energisch dagegen verwehren, sich eine Metaphysik geleistet zu haben. Aber von

---

[10] Im Ms.: „denen".

meinem Gesichtspunkt aus, ist mir noch viel zu viel Metaphysik in dem Buch. Ich bin natürlich äußerst kritisch eingestellt gegen die metaphysischen Versuche – Ausblicke – im letzten Teil – und zwar nicht gegen das Einzelne sondern prinzipiell: Zugrundelegung physikalischer Einsichten als wahr und Inbeziehungsetzen der ästhesiologischen Resultate zu ihnen. Freilich steht damit das ganze Problem der Physik vor mir (Denken Sie daran, daß vieles nur „Tendenzen" meines Arbeitens sind!). Schade, daß es kein wirklich gutes modernes Buch über den Wert der anschaulichen Bilder in der Physik gibt, ein ganz immanent geschriebenes Buch! In dieselbe Richtung geht der Zweifel an Ihrem Satz 34 [51]: „Das Prinzip der biologischen Nutzeinheit der Sinne ... setzt voraus das Prinzip ihrer *gegenständlichen* Funktion." (Übrigens hier wird doch die „Äquivokation" ziemlich deutlich). Werden hier die Sinne – und überhaupt alle Organe – nicht als Etwas vorgestellt, mit deren Hülfe wir uns soz. an dem Leben und in dem Leben festhalten? *Innerhalb* des Lebens sind die Sinne *nachweisbar*, evident, nützlich. In dem angezogenen Satz aber bin ich geneigt, eine „transzendente" Verwendung dieses innerhalb des Lebens gewonnenen und dort auch berechtigten Begriffs zu sehen. So bestreite ich auch nicht die rechtmäßige Bildung Ihres Begriffs eines „realen Reizes" im Gegensatz zu Piklers „intentionalem Reiz" (S. 10 [27]). Ich sehe auch, daß man in die Philosophie gar nicht hineinkommt, wenn man sich nicht über die Naivität Piklers, diesen Unterschied nicht zu beachten, gründlichst verwundert hat. Trotzdem ... idem: Ihr Begriff der absoluten „Materie" ist ja, weiß Gott, nicht derjenige Begriff der „Materie", der auftritt, im Spiel ist, wenn Sie z. B. einen präsentativen Gehalt stets aus Stoff (Materie) und Form bestehen lassen. Ihre Theorie besagt ja gerade, daß die absolute Materie notwendig in diesen „Materien" erscheint und erscheinen muß, insofern sie für ein Bewußtsein gegenständlich sein soll. Trotzdem behaupte ich, mache ich den Ansatz: daß hier eine Äquivokation (nicht im geringsten ein Denk*fehler*!! Ich müßte hier natürlich, um ganz deutlich zu sein, eine Theorie dieser Äquivokationen vorausschicken, – zu der ich jetzt nicht imstande bin) vorliegt: an dem, was wir an einem anschaulichen Gehalt „Stoff" nennen, ist „etwas", das uns auf Grund der „Natur" unseres Denkens zur – rechtmäßigen aber *transzendenten* Bildung eines solchen Begriffs von „absoluter Materie" hinführt. – *idem*: Sie sprechen 284 [301] (cf. auch 287, 296

[304, 313]) von einer doppelten „Gegensinnigkeit" zweier „realer Bestandstücke" der Wahrnehmung: 1) von der Gegensinnigkeit im intentionalen Bezogensein, die „zum Sinn eines Bewußtseins, das wir
Wahrnehmung nennen, gehört" 2) von der Gegensinnigkeit als realer
gegensinniger Seinsbeziehung „die sich aus der wissenschaftlichen
Erforschung der Wahrnehmung als objektives Problem ergibt" (284
[301]) – das eine ist die psychische, das andere die physische „Komponente" der Wahrnehmung. Das Problem der Möglichkeit der
Wahrnehmung ist Ihnen das Problem der Möglichkeit einer selbst
wieder gegensinnigen Verbindung dieser beiden Komponenten. In
gewisser Weise sind diese Komponenten für Sie „Ansichten" der
„Inhalte des Bewußtseins" (287 [304]). Es handelt sich für Sie darum,
eine Theorie zu finden, die es gestattet, diese beiden Ansichten ineinander überzuklappen (283 [300]) oder eine *wahrhafte* Metabasis
εἰς..." zu vollziehen. Das Kantische Konstitutionsproblem deuten
Sie als Findung eines solchen Verfahrens, resp. einer solchen Theorie
(287/288 [305]). In gewissem Sinn schürzt sich das ganze Werk ja in
diesem Knoten zusammen. Was ich zunächst unter dem gegenwärtigen Gesichtspunkt dazu sagen werde, tangiert diesen „Knoten" nur
sehr einseitig. Ich lasse vor allem noch jede Reflexion auf den Satz
288 [305], nach welchem „die Einheit der Sinne als harmonisches *System* ... die Objektivität des Aussehens der Welt in unserem Bewußtsein von ihr..." „*garantiert*". (Nebenbei – brauchen wir denn
eine „*Garantie*" für die *Objektivität* des Aussehens der Welt? Die ist
doch vielmehr Voraussetzung dafür, daß das Problem überhaupt in
Gang kommt. „Objektivität" übt hier eine „zweideutige" Funktion
aus – „Funktion" innerhalb des Gedankengangs.

Sie haben noch einen *dritten* Begriff von „Objektivität": Objektivität eines *Sinnes* (ein Sinn ist „ideal", „objektiv", „bestimmt".) Dieser *dritte* Begriff fungiert natürlich auch hier – und wesentlich. Aber
von dieser Seite sehe ich eben im folgenden zunächst ganz ab. Weshalb sind diese Komponenten (obwohl „Inhalte des Bewußtseins")
„*reale*" Bestandstücke? Ich interpretiere wohl richtig, wenn ich sage:
weil die eine der physischen *Realität* (Körperwelt) die andere der
psychischen *Realität* (Welt der Seele) angehört. Damit leiten Sie,
wenn ich recht sehe, eine Identifizierung ein zwischen Ihrem Problem der Möglichkeit der Wahrnehmung und Ihrem Problem des
Verhältnisses von Leib und Seele. Beide Probleme scheiden Sie klar

296 [313], wenn Sie sagen: Die „Modalitätstheorie der Wahrnehmung" ermögliche 1) das „intentionale Verhältnis von Subjekt und Objekt" und 2) das „reale Verhältnis psychischer und physischer Faktoren in der Einheit der menschlichen Person wie in der Einheit der Person mit ihrer Umwelt", d.h. „die Verbindung von Seele und Körperleib." (296 [313]) Dagegen macht mir S. 284 [301] und der ganze Zusammenhang den Eindruck, als ob Sie soz. das Eine Problem mit dem anderen und umgekehrt lösen wollten (cf. 297 [314]: „Diese Einsicht zeigt, daß unsere Kritik der Sinne *unmittelbar* eine Theorie von Leib und Seele enthält...", was ich *nicht* bezweifele, wenn ich das Problem der Wahrnehmung, ihrer Gegenständlichkeit, und seine Lösung aus dem Komplex herausnehmen darf). Das Verhältnis von Seele und Leib ist Ihnen ein „reales" Verhältnis „psychischer und physischer Faktoren"; dagegen ist das Verhältnis von Subjekt und Objekt ein „intentionales" (296 [313]). Das Problem des *Wie* der Möglichkeit der Wahrnehmung ist also das Problem des Wie der Möglichkeit dieses intentionalen Verhältnisses. Wenn Sie also von 2 realen Bestandstücken der Wahrnehmung sprechen, so kann ich dafür einsetzen: daß das intentionale Verhältnis eine in sich selbst gegensinnige (umklappbare, ineinander umklappbare) Verbindung einer physischen und einer psychischen Komponente sein soll.

Nun habe ich zunächst schon dieser deskriptiven Problemexposition gegenüber größte Interpretationsschwierigkeiten, die selbstverständlich noch dadurch vermehrt werden, daß ich den Versuch mache, hier noch von der Einheit des Sinns und der Funktion des *repräsentativen* Bewußtseins für Ihren Duktus abzusehen. Daß das im Grunde nicht möglich ist, weiß ich wohl. Ich versuche mir so gut zu helfen als es geht und vorerst mir Ihre Exposition auf meine Art wenn auch immer im Anschluß an den Text klar zu machen.

Sie scheiden zunächst den „Geist" als „Einheit der Sinngebung" von dem „Träger der Wahrnehmung" (283 [301]). Darf ich für „Geist" – *Subjekt* einsetzen? Ich tue es hier. – „Träger der Wahrnehmung" ist dann wohl irgendwie der seelische Einheitspunkt, soz. das seelische Subjekt? Was ist nun die *„physische* Komponente" der Wahrnehmung? Ich denke, sie ist das gegensinnige Verhältnis von Körper-Leib (*Leib*-Körper) und *Ding*körper. Die psychische Komponente der Wahrnehmung wäre dann das ebenfalls gegensinnige Verhältnis von a) Träger der Wahrnehmung und b) soz. getragener

Wahrnehmung, d. h. wahrgenommenes, angeschautes, gehabtes Ding qua angeschaut, qua getragen. Die Wahrnehmung zeigt nun eine ineinander überklappbare Verbindung dieser Komponenten. Wie ist es möglich (frage *ich*), daß sie das schon *zeigt*? Sehen wir zu: die psychische Komponente zeigt sich *für* [den Blick] und *ist* zugleich derjenige „Blick", der soz. *in* der Verbindungslinie zwischen Seele und Angeschautem *darin*liegt:

Die physische Komponente zeigt sich *für* einen Blick (aber *ist* nicht zugleich dieser Blick), der sich soz. seitwärts aus S herausgedreht hat und von Außen *auf* die Linie S–D heraufschaut. So daß wir das totale Bild hätten:

Der Blick von Außen sieht den Leib-*Körper* und den Ding-*Körper* und beide zusammen *in* der „Welt". Beide Körper sind ihm gegenständlich gegeben und zwar auf Grund sinnlicher Qualitäten. Der Blick des Trägers der Wahrnehmung (der Seele) sieht oder hat ein Angeschautes, *gleichsam* eine „Vorstellung" und er sieht gleichsam auch seinen Leib – als jenen „Hintergrund" des Seelischen, als mit dem Seelischen (der quasi Vorstellung) „gleichlaufendes Substrat". (269 [286f.]) (Der seelische Gehalt „koinzidiert" im Bewußtsein mit Zustandsempfindungen (cf. 255 [272]) – im Beispiel hier etwa mit Augenmuskelempfindungen) – und so ist ihm auch das Psychische *gegen*ständlich und auf Grund sinnlicher Qualitäten gegeben. Von hier aus wäre das eigentliche Problem der Wahrnehmung das Problem der Abspaltung des Blicks von Außen, daß dieser Blick, *in* welchem sich die physische Komponente *als* Komponente zeigt, sich aus S heraus drehen kann? Und in anderer Blickrichtung wäre es dasselbe Problem, wenn wir fragten: wie ist es möglich, daß die Wahrnehmung, in deren Einer Komponente das Ding eine bloße Vorstellung, eine Quasi-Vorstellung ist, trotzdem das Ding *selbst* und nicht unsere Vorstellung von ihm gibt? Mir scheint, als hätten ähnliche Überlegungen (immer dabei im Auge haltend, daß das Problem des repräsentativen Bewußtseins künstlich hier übergangen wird) Ihnen vorgeschwebt und zu folgender Antwort geführt: beides ist möglich auf Grund der Vorzugsstellung unseres Leibes, gemäß der der Leib 1) Körper und 2) Hintergrund, Substrat der Seele ist. Weil er dies ist, kann er *von Außen* und *gleichsam* von Innen gesehen werden (genau besehen ist ja Ihr Ausdruck, der Leib werde *als* Hintergrund des Seelischen erlebt nicht gleichbedeutend mit dem selbst noch klärungsbedürftigen, er werde „von Innen" erfaßt. Das letztere würde vielleicht *zusammen* mit Ihrem Ausdruck auf die Binnentheorie des Seelischen führen, in deren Ablehnung ich selbstverständlich mit Ihnen einig gehe, *obwohl* ich das was *Sie* dagegen setzen nicht ganz verstehe: das Ihrige scheint mir zusehr in seiner *Fassung* durch den negativen Blick auf die Binnentheorie bestimmt.) Wir erfassen ferner den Körper *selbst*, weil sich unser Blick auf ihn von Innen (in der Richtung auf ihn) – kraft der Doppelstellung des Leib-Körpers mit unserem Blick auf ihn von Außen verbindet, überdeckt. Oder kürzer: die quasidoppelte Gegenständlichkeit unseres Leibes (a) physischer Gegenstand b) psychischer Gegenstand. Und „quasi", weil ja nicht streng psychischer Gegenstand sondern nur Hintergrund psychischer Gegenständlichkeit) ist der Grund dafür, daß wir in der Wahrnehmung nicht eine Vorstellung sondern den Gegenstand *selbst* gegeben haben. Oder: unser Leib *ist* gleichsam seiner Substanz nach so ein Ineinanderumklappbares, und darauf beruht es, daß der Ding-Körper 2 Aspekte zeigt (1) Angeschautes, psychischer Inhalt 2) das Selbst), die in der angegebenen Weise *als* ineinander umklappbare aufgewiesen werden. Die „Brücke" (284 [301]) zwischen Physischem und Psychischem ist also weder selbst physisch noch psychisch, ist überhaupt nicht „selbst wieder ein inhaltlich definierbares Element" (284 [301]), sondern diese Brücke ist – *nicht* unser Leib, wohl aber die *Vorzugsstellung* selbst dieses Leibes, welche Vorzugsstellung soz. seine Substanz ausmacht.

Auf diese Weise könnte ich mich dem Verständnis wenigstens nähern in bezug auf den Satz 284 [301 f.]: „die Brücke … kann nur die Art und Weise sein, in welcher sowohl Psychisches als Physisches objektiv gegenständlich existieren." Aber ich sehe wohl, daß für Sie die Sinnesqualitäten und letzthin ja die Modalität der Qualitäten selber und als solche die Brücke sind, nicht die „Vorzugsstellung als

Substanz" –; und wenn beide Begriffe auch darin übereinkommen, eigenst zur Lösung eines Konstitutionsproblems „eingeführte" Begriffe zu sein (288 [305]), so sind sie doch auch sehr verschieden.

Ich überlegte einen Augenblick, ob ich angesichts dieser Interpretationsschwierigkeiten nicht besser abbrechen sollte. Aber in der Hoffnung, daß das Folgende doch noch Weiterführendes bringt, fahre ich fort, indem ich zunächst einmal ansetze, daß das Vorstehende doch auch irgendwie Ihrem Gedankengang sich nähert.

Dann würde ich nun sagen, daß von einem echten Ineinanderüberklappen hier nicht gesprochen werden darf. Die beiden realen Komponenten sind nicht von gleichem Rang. Die physische Komponente ist *Inhalt* eines Blicks von Außen, aber nicht selbst dieser Blick. Die psychische Komponente ist *in* einem „Blick" gegeben, mit dem sie zugleich irgendwie „koinzidiert". Ferner (damit komme ich auf den Punkt, von dem aus ich gerade hier das ganze Problem schon angeschnitten habe) scheint mir hinsichtlich der „physischen Komponente" der Gedankengang auf jener metaphysischen „Äquivokation" zu beruhen, insofern Sie unter physischer Komponente 1) – das in dem Blick von Außen Erfaßte, also die beiden „Körper *in* der Welt" von denen der Eine den Anderen wahrnimmt – verstehen 2) aber den physikalisch-physiologischen „Prozeß" des Wahrnehmens, einer „Wahrnehmung", so wie ihn sich diese Wissenschaften vorstellen.

Nun gebe ich ja zu, daß das im Blick von Außen Erfaßte *Ausgangspunkt* (Anlaß) dafür ist, daß jene Wissenschaften hier einen solchen „Prozeß" ansetzen. Aber deshalb kann ich doch nicht Ihre Meinung teilen, daß die Umklappbarkeit der beiden Komponenten im entwickelten Sinn dasselbe bedeutet wie das Problem der Umklappbarkeit der physikalischen Quantitätsansicht in die bewußtseins-immanente qualitative Ansicht. Auch wenn es gar nicht eine Naturwissenschaft gäbe, die uns diesen Quantitätsaspekt vorstellig macht, so würde doch jenes Problem der Möglichkeit des sich-Herausdrehens des Blicks aus S in B bestehen, und damit das Problem eines möglichen Ineinanderumklappens; nur glaube ich eben um der Ungleichwertigkeit beider Komponenten willen, daß man es besser nicht als ein solches Ineinanderüberklappen exponiert. Sie werden vielleicht hier – neben vielem andern auch das antworten: aber die „Wahrheit" der exakten Wissenschaften steht doch auch für Sie fest?! Gewiß – hier liegt ein Punkt (übrigens hübsches Bild – Sie halten mir den Stil zugute – ich schreibe, wie es in die Feder kommt), zu dessen Behandlung das ganze Problem exakter Wissenschaft (Physik etc.) in extenso gelöst sein müßte. Lassen Sie mich ihn übergehen. Ich habe darüber Vermutungen, die höchstwahrscheinlich von Ihren Ansichten gar nicht so weit differieren. In der „Einheit der Sinne" war mir z. B. wichtig, daß Sie die Mathematik (als reinen Fall) „primär" auf Wahrheit und „sekundär" auf Unterstützung des Handelns aussein ließen. Die Diskussion schon dieses „primär" und „sekundär" wäre für unseren Fall nicht uninteressant. Doch ich lasse diesen Faden hier fallen.

„Überhaupt" finde ich, daß man nicht fragen sollte: *wie* ist Wahrnehmung möglich? Diese Frage scheint mir nicht vergleichbar zu sein mit der Frage: wie ist Naturwissenschaft möglich. Überein kommen beide Fragen zwar darin, daß das *Daß* bei der Wahrnehmung *fest* steht, bei der Wissenschaft mit gutem Gewissen als feststehend angesetzt werden kann. Wenn sich ein Gelehrter an den Schreibtisch setzt und rechnet und dann zu anderen Menschen oder sich selbst sagt: morgen um $7\underline{15}$ verfinstert sich die Sonne für x Minuten – dann hat die Frage: *wie* ist das möglich, daß der das voraussagen kann – einen gesunden Sinn. Entwirft dann die Philosophie ein Weltbild, das diese Möglichkeit „garantiert", d. h. aus deren Voraussetzungen sich die Notwendigkeit dieser Möglichkeit ergibt, so hat sie zweifelsohne etwas geleistet, wenn auch nur im theoretischen, der Wissenschaft vor- oder nachhinkenden Sinn. Aber die Frage: wie ist Wahrnehmung möglich? scheint mir nur innerhalb der Physik und Physiologie einen Sinn zu haben. Wahrnehmung ist eben präsentatives Bewußtsein – Wissenschaft gehört in die Sphäre *re*präsentativen Bewußtseins. Als in diese Sphäre gehörend können wir immer fragen: wie ist ein „Prozeß" möglich, der zu *diesen* objektiven Resultaten führt? Aber Wahrnehmung ist in keinem Sinn Prozeß, sondern Voraussetzung zu jedem Prozeß. Wenn Sie S. 270 [287] den Geist eine „Voraussetzung der Realität" nennen, so möchte ich viel eher die *Anschauung* eine solche Voraussetzung zu jeder überhaupt möglichen Realität nennen. Kurz: ich halte die Frage nach dem Wie der Möglichkeit *re*präsentativen Gehalten gegenüber für möglich, sinnvoll; ich halte sie für unmöglich präsentativen Gehalten gegenüber. Präsentativen Gehalten und Funktionen gegenüber scheint mir *Beschreibung und Konstruktion* ineins zu fallen, resp. ineinanderfallen zu sollen. (Darf ich Sie auf den Schluß der Einleitung zur „Intuition" hinweisen, wo ich dies Zusammenfallen anvisierte?) In dieser Sphäre sind diejenigen Momente, die man *als* das totale Phänomen ermöglichend herausstellen kann, zugleich diejenigen notwendigen Momente, ohne deren Vorhandensein wir nicht mit Sinn von „diesem" Phänomen sprechen können. Die Kantischen Momente der Möglichkeit sind aber so wie Ihre Modalitäten als Möglichkeitsmomente der Sinngebung nicht selbst Aufbaumomente der fraglichen Phänomene (Naturwissenschaft – Musik – etc.) sondern stehen dazu irgendwie „quer".

Ich nähere mich mit diesen Thesen dem Bereich des repräsentativen Bewußtseins, und fixiere im folgenden diese Sphäre direkt an. Um des Zusammenhangs mit dem Vorigen willen lege ich Ihnen zunächst (der Form nach thetisch – der Sache nach fragend) meine Interpretation vor über die Rolle, die diese Sphäre und der Umweg über sie für das Problem der Gegenständlichkeit der Sinne spielt. Damit übe ich dann notwendig Epoché gegenüber dem Problem als solchem aus. Mir scheint nun, als ob Sie in der „Gegenständlichkeit" des Sinns die „Garantie" sähen für die „Gegenständlichkeit" der präsentativen Gehalte und damit ihrer Materie, d. h. der Sinnesempfindungen. Dabei setze ich Ihren Nachweis, daß gewisse Sinngehalte in Reinheit mit gewissen Sinnesgebieten durch Modalität notwendig verknüpft sind. (ich kann hierin aber keine „Verschmelzung" von präsentativem und repräsentativem Bewußtsein sehen. Durch das präsentative Bewußtsein sind wir u. a. z. B. auch mit Tönen bekannt geworden. Das Tonhafte am Ton ist aber derart, daß wir durch es, gemäß seiner auf die Idee kommen konnten, damit Musik zu machen. Die funktionelle Tragweite des Begriffs der Modalität beschränkt sich also für mich auf den Bereich des repräsentativen Bewußtseins. Modalität ermöglicht nicht das präsentative sondern das repräsentative Bewußtsein. Darüber vielleicht noch nachher. Was ich jetzt hinter dem Klammerschluß schreibe, setzt diese Auffassung der Modalität nur insofern voraus, als es glaubt von dieser Funktion der Modalität absehen zu können) Das könnte ich nur anerkennen, wenn der „Gegenstand" des präsentativen Bewußtseins und *das „Gegenständliche"* eines Sinngehalts soz. dasselbe wären. Nur in diesem Fall würde für mich der Nachweis, daß sich *Sinn*gehalte in bestimmter Weise versinnlichen müssen, ohne weiteres den Nachweis der Notwendigkeit dafür bedeuten, daß sich die absolute Materie nur auf Grund dieser Sinnesqualitäten einem Bewußtsein präsentieren kann. (hinter diesem Ansatz liegt dann in der Ferne sogar eine Identifikation von „absoluter Materie" und „Sinn", und auf der anderen Seite existiert doch auch eine, zwar unausgesprochene aber dem Ansatz nach vorhandene Identifikation dieser selben absoluten Materie mit dem Quantitätsaspekt der Physik!)

Auch sonst hätte ich bei dieser Fassung des Problems größte Schwierigkeiten: Sie exponieren 83 [99] das Problem der Gegenständlichkeit des präsentativen Bewußtseins als ein „Formproblem" – und zwar implizit als Formproblem in doppeltem Sinn: einmal ist die Form eine Komponente des Seins, „welche unserer ... Gesetzmäßigkeitsvoraussetzung entgegenkommt" –, dann am Ende exponieren Sie dasselbe Gegenständlichkeitsproblem als die Frage: „wie wissen wir von jenen unstofflichen Baukomponenten der Erscheinung, die uns in der Empfindung nicht präsent werden?" Diese unstofflichen Komponenten sind die „Formen" zu den „Materien" der präsentativen Gehalte, die nur als solche in Form stehende Materien bewußt werden können. (88 [104]). (Rein immanent mache ich hier zunächst die Bemerkung, daß zwischen den Formen, die eo ipso im präsentativen Gehalt präsent werden und denjenigen Formen, die die *Gesetze* der Erscheinung sind, eine, wenn auch vielleicht ineinander überführbare Differenz besteht. So ist die „Dingkategorie" zwar eine Form im ersten Sinn; ob sie aber eine Form im zweiten Sinn ist oder wenigstens als Differential zu einer solchen Form dienen kann, ist ein in der Physik selbst unausgemachtes Problem. Ferner haben auch füllende Gehalte selbst wieder *Formen* – nach Ihrem Ansatz – aber *diese* Formen können doch gewiß nicht Differentiale zu Gesetzesformen sein. So daß ich schon *rein* immanent mit dieser Exposition des Problems der Gegenständlichkeit nicht zurecht komme.) Daß Sie nun das Problem der Gegenständlichkeit des präsentativen Bewußtseins in die Frage fassen: *wie* wir von den nicht empfindungsmäßigen Baukomponenten der präsentativen Gehalte *wissen* können – nehme ich als Index dafür, daß meine obige Interpretation nicht ganz verfehlt sein kann. Ihre Antwort ist offenbar: wir sehen am *re*präsentativen Bewußtsein, daß Unsinnliches und doch Präsentes, Gegenwärtiges wesentlich nur „mit Hülfe" von Sinnlichem erscheinen kann, also ist auch im präsentativen Bewußtsein eine solche Notwendigkeit anzusetzen. Worauf ich zunächst nur das schon oben über diese „Garantie" Gesagte wiederholen könnte. (Sehr klar ziehen Sie ja auch diesen „Schluß" S. 285 [302]) Ferner: wäre es so, dann müßte die Korrespondenz doch *so* sein: daß z. B. die Sinngehalte des Schematismus die Formen für antreffende Anschauung enthielten, was doch nur hinsichtlich des Geometrischen, resp. des Figuralen der Fall ist und beim „Ding" oder bei „Ursache" u. s. w. nicht zutrifft. Ingleichen müßte der thematische Sinn*gehalt* in demselben Sinn zugleich *Form* für das hyletische Datum, überhaupt für alle füllende Materie sein. Wenn ich nun auch z. B. ein musikalisches Thema mit gutem Sinn eine *Form* der Töne nennen kann, die dieses Thema bilden, so ist doch diese „Form" evident eine toto coelo andere Form als *die*, von der Sie z. B. 87 [103] sprechen, wenn Sie sagen: „Auch im einfachen hyletischen ... Gehalt müssen wir das Moment des puren Stoffs und das Moment der puren *Form* ... unterscheiden." M. E. nach müßten diese beiden Formen schlechthin identisch sein, wenn ein solcher „Schluß" S. 285 [302] gültig sein sollte. Ich verstehe ferner nicht, wie Sie einerseits die beiden Bewußtseinsarten ganz getrennte Reihen sein lassen, derart, daß es unmöglich sein soll, sie „aufeinander zurückzuführen" (187 [204]) und anderseits de facto doch offenbar das präsentative Bewußtsein irgendwie auf das repräsentative Bewußtsein zurückführen.

Ich sehe wohl, daß für Sie die echte Metabasis vermittelst der Modalität, als eines in kritischer Methode zur Lösung von Konstitutionsproblemen eingeführten Begriffs, sowohl das Ineinanderumklappen von qualitativem und quantitativem Aspekt im Erkenntnisproblem als auch das Ineinanderumklappen von präsentativem und *re*präsentativem Bewußtsein bedeutet. Daß soz. der Witz der Sache darin liegt, daß beide Probleme ineinandergeschürzt sind, weshalb ja auch meine Exposition und Kritik des Ineinanderumklappens im ersten Sinn notwendig unvollständig war. Aber Sie sehen Ihrerseits wohl, daß das für mich ein sachlich notwendiges Übel war, insofern ich 1) weder im ersten noch im zweiten Sinn die Möglichkeit eines *echten* Ineinanderumklappens bewiesen sehe und 2) die Verknüpfung dieser beiden Arten von Umklappen in *Einer* Garantie aus den angeführten Gründen für unmöglich halte.

Aber ganz davon abgesehen und rein formal, in äußerster Abstraktheit betrachtet – also auch in Abstraktion davon, daß die konkrete Erscheinung dieser Garantie ein sowohl faßbares und durchaus für mich Tiefes und Merkwürdiges wie die „Modalität" ist, über die nachher noch Einiges – abgesehen also davon hat für mich diese ganze systematische Struktur: 2 voneinander absolut getrennte Haltungsreihen, die auch nicht aufeinander zurückgeführt werden, und die trotzdem durch eine „Garantie" irgendwie identifiziert werden, durch eine „Garantie", d. h. durch ein Etwas, von dem es anscheinend unmöglich ist zu sagen, ob es etwas Ontologisches oder etwas Transzendentales oder gar einfach Logisches ist (es ist ein „eigenst eingeführter Begriff") – Etwas sehr Verständliches und unmittelbar mich Berührendes.

Ich komme zum letzten Hauptpunkt meiner Einwände: zu Ihrem Nachweis einer harmonischen Einheit des Sinns, d. h. der Sinngehalte und zu der Funktion, die dieser Nachweis im ganzen Werk hat. 288 [305]: „Die Einheit der Sinne *als harmonisches System* garantiert die Objektivität des Aussehens der Welt in unserem Bewußtsein von ihr, sie bedeutet die Lösung des Problems der Gegenständlichkeit der Sinne." Dazu darf ich wohl en passant *rein* interpretierend hinzufügen: genau genommen nicht die „Einheit der Sinne" sondern die „Einheit des *Sinns*" d. h. der Sinngehalte (Schema, Tagma, Thema). Die Einheit der „Sinngebung", d. h. des Geistes selbst, ruht durchaus auf der objektiven Einheit der Sinn*gehalte*. Und ebenso ruht, gründet die Einheit der *Sinne* auf der Einheit der Sinngehalte, auf dem System der „reinen Fälle". Nur deshalb also, weil ein Nachweis möglich ist, daß die Sinngehalte nicht mehr und nicht weniger sein können (177 [194]), ist es erlaubt, auch von den im präsentativen Bewußtsein gegebenen Sinn*en* als einer Einheit zu sprechen. Auf Grund dieses Nachweises glauben Sie nicht nur beweisen zu können, daß die absolute Materie, insofern sie *für* ein Bewußtsein werden soll, in sinnlichen Modi erscheinen muß, sondern auch, daß sie in *diesen und nur* in diesen Modi erscheinen muß. (Nebenbemerkung: Sie garantieren damit nicht nur die Objektivität dessen, was nun einmal erscheint, sondern auch die *Totalität* der Erscheinung im strengen Sinn. Die absolute Materie erscheint nicht nur objektiv, sondern sie erscheint auch total, sie hält nichts für sich zurück. Wie steht das aber zu dem Quantitätsaspekt, z. B. zu dem Spektralkontinuum: Elektrizität etc. Halten Sie auf Grund dieses doppelten Ansatzes eine Metaphysik der Natur für möglich, die soz. die physikalischen Aussagen im Sinne Ihrer Totalitätsthese korrigiert, die soz. in und aus der Mitte zwischen diesen beiden *gleich* bejahten Ansätzen operiert? Ich hätte zu einer solchen Konzeption kein rechtes Verhältnis.)

Um Ihnen nun meine Bedenken gegenüber diesem Nachweis vorzutragen, muß ich auch Einiges über Ihre Darstellung des repräsentativen Bewußtseins selbst sagen. Bevor ich jedoch damit anfange, will ich einige Thesen voranschicken, die für mich im gegenwärtigen Stadium noch immer lediglich Tendenzen, Einstellungen u. s. w. sind, um Ihnen soz. psychologisch auch den Grund deutlich zu machen, aus dem letzthin alle meine Einwände herkommen. Mir scheint im Moment als läge darin der entscheidende Unterschied zwischen meinen Arbeiten und dem Ihrigen (wobei ich mich natürlich auf die „Einheit der Sinne" allein beziehe).

Ich sagte schon gleich zu Anfang: so sehr ich immanent verstehe, daß Sie behaupten, sich keine Metaphysik geleistet zu haben, so sehr ich Ihnen der These nach zustimme, wenn Sie S. 287 [305] von einem Problem sagen, es sei „ebensowenig empirisch als metaphysisch zu lösen" (kann für mich durchaus z. B. sagen: Die erstrebte metaphysikfreie Philosophie als Wissenschaft liegt in dem Bereich des „ebensowenig empirisch als metaphysisch" Lösbaren und *doch* auf beide irgendwie Bezogenen. Metabasis!), so finde ich doch, daß gegenüber dem, was ich unter „Metaphysik" verstehe und als solche definiere, Ihr Werk letzthin für mich ein metaphysisches ist. Erlassen Sie mir eine genaue und soz. für mich endgültige Definition dessen, was mir „Metaphysik" zu sein scheint. Nur einen Punkt, der mir allerdings zentral zu sein scheint, will ich berühren. Wir Menschen sind, soweit wir echte Philosophen sind (ich halte es durchaus mit Schelling „je mépris Locke, Madame"),[11] durchaus imstande, uns zu dem Gedanken einer Möglichkeit zu erheben, die der Wirklichkeit *vorhergeht*. Dabei macht mir die Art der Auffassung eines solchen „Vorhergehens" gar keinen so großen Unterschied. Es gibt Leute, die glauben, die Geschichte der europäischen Philosophie auf die Differenzen in der Auffassung dieses „Vorhergehens" zurückführen zu können. Ich weiß mich mit Ihnen einig in dem Lächeln über eine solche Naivität. Nicht das macht mir eine philosophische Haltung zur „Metaphysik", daß in ihr der Gedanke einer solchen Möglichkeit auftaucht und eine

---

[11] Französisch: Ich verachte Locke, Madame. – Bei Schelling nicht zu ermitteln.

wesentliche Rolle spielt. Im Gegenteil: ohne diese Kategorie fehlt der Philosophie schlechthin ihr Element. Wohl aber bin ich geneigt, Metaphysik jede Linienführung zu nennen, die aus einer solchen Möglichkeit einen Beweis zieht für die Notwendigkeit von irgend etwas Wirklichem und in welcher Hinsicht immer. Ich sehe das Paradoxe daran klar: daß „Möglichkeit" ein *wesentlicher*, Philosophie geradezu konstituierender Begriff sein soll, und daß *trotzdem* die Philosophie nicht das mit ihm tun soll dürfen, was in seiner immanenten Struktur ohne alles unser Zutun, in seiner immanenten Meinung soz. darin liegt. Wie dem immer sei: auf jeden Fall gehe ich auf eine Philosophie zu, die das Paradoxe an diesem Paradox ganz und gar hinwegnimmt. Nur darin liegt für mich im letzten die Bedeutung aller „Lebensphilosophie". Eine solche Philosophie müßte aus der „menschlichen Situation" erklären können, daß wir – sofern wir nur gute Philosophen sind – diesen Begriff legitim bilden können und müssen; durch eine solche „Erklärung" müßte sie zugleich ihn „begrenzen" in seiner Anwendungsmöglichkeit. Alles echt Metaphysische hat in der lebendigen Situation seinen Ursprung – aber auch sein Ende. *Es geht den metaphysischen Augen nicht besser als den irdischen realen Augen: hinter den Raum können sie nicht gucken.* Mir kommt ein Mensch, der ernsthaft an der Realisierung einer Fahrt auf den Mars arbeitet, viel „metaphysischer" in gesundem Sinn vor, als Plato und Nachfolger.

Dies als psychologische Parenthese, die zu dem Text selbst nichts beiträgt. Aber Sie können verstehen, wie von hier aus Ihre Seite 12 [29] für mich der erste – und im Grunde letzte – Stein des Anstoßes wurde. Denn dort prospektieren Sie Ihre These, Ihr Werk als unter der Hinsicht stehend: das Zum Ausdruck Kommen einer „teleologischen Notwendigkeit" in den tatsächlich gegebenen Sinnen zu entwickeln. Von dieser Absicht her verliert dann der Begriff der „Garantie" für mich seien eigentlichen Reiz, da er, anstatt in Einem Anfang und Ende zu sein, zu einem bloßen Mittel wird, um eine metaphysische These („metaphysisch" im definierten Sinn) damit zu beweisen. Natürlich kommen Sie zu dieser „metaphysischen" Haltung [nicht] aus Inklination zu ihr – weiß Gott nicht – aber m. E. geraten Sie in sie hinein – auf Grund Ihrer Fassung des Gegenstandsproblems. Trete ich dann in dieser Blickrichtung von Ihrem Werk zurück, betrachte es von weitem, so verschwindet die Fülle der tiefen

Einzelheiten, verschwindet auch der Begriff der „Garantie". Zurück-
bleiben: ein Geist – eine absolute Materie – und eine menschliche
aber der Haltung nach transzendente Erkenntnis, die uns sagt: daß
der Geist (oder auch die Materie), wenn er einem menschlichen Bewußtsein erscheinen will, sich so offenbaren *muß*, wie er sich faktisch offenbart. Und daß man hier ins Schwanken kommt, Geist *oder*
Materie sagen muß, daß man fragt aber keine präzise Antwort bekommt, ob der Geist als Subjekt, als Einheit der Sinn*gebung* oder als
Objekt soz. als Einheit der Sinngehalte oder gar die absolute Materie
das Primäre ist und welche „Beziehungen" zwischen ihnen bestehen
– all diese unmöglichen Fragen, die Sie ja niemals auch nur im Traum
anvisiert haben und die m. E. nach doch ihrer letzten kategorialen
Haltung nach wesentlich *möglich* sind, nehme ich als Index dafür,
daß Sie eine im oben definierten Sinn „metaphysische" Haltung in
diesem Werk einnehmen. Eine Haltung allerdings, die vollkommen
durchkreuzt und soz. vernichtet wird, durch die immanente Wirkung der Kategorie der „Garantie". Vielleicht beruht die große,
größte Schwierigkeit, die ich im Verstehen Ihres Buches immer emp-
fand, auf diesem Ineinanderliegen zweier Unverträglicher. (Wir sprachen einmal anläßlich Hegels von letzten eigentlich-uneigentlich ge-
meinten philosophischen Formulierungen!)

Das Vorstehende war nun nochmals eine Art Parenthese; ich glaube, daß Ihnen mein Gesichtswinkel, aus dem ich alles Gegenwärtige
schreibe, deutlich geworden ist, so daß ich nicht mehr besonders darauf hinweisen werde. Ich werde also einige Bemerkungen zum
„repräsentativen Bewußtsein" machen. Und natürlich in der gegenwärtigen Perspektive. Dabei werde ich möglichst wenig von der
Sphäre des Tagmas und des Seelischen reden, obwohl sie mich, was
das Einzelne angeht, gegenwärtig am meisten interessiert. Aber ich
verstehe da zu wenig von Ihrem Text und werde diesen Brief mit
Fragen in bezug darauf beschließen.

Ich sehe dabei zunächst von demjenigen „Verstehen" ab, das Dil-
theyschem Sprachgebrauch entspricht und das Sie ja 136 [152] so
streifen: „Ich lebe mit Menschen … zusammen… Ich ‚verstehe' sie
auch ohne daß wir uns… ,untereinander verständigen'." Auch von
der Verbindung, die Sie auf Grund der Leibeshaltungen zu dem eigentlich repräsentativen Bewußtsein herstellen, und deren Kernstück
die 271 [288] entwickelte „theoretische Garantie" sui generis „des

verstehenden Kontakts" ist, sehe ich zunächst – und wohl überhaupt ab, weil es zu weit führen würde, und ich da auch sehr viel mehr mit Ihnen gehen kann. Hier kann ich natürlich ein „Möglichkeitsproblem des Ausdrucksverstehens" 271 [288] glatt akzeptieren. Einige Bedenken hinsichtlich des Sprachgebrauchs (nicht so sehr des allgemeinen Sprachgebrauchs als vielmehr des Sprachgebrauchs der besonderen historischen Situation – Dilthey!) habe ich, wenn Sie „erklären" „bedeuten" und „andeuten" implizit Arten des Verstehens nennen. Natürlich nennen Sie z. B. nicht das Erklären als solches ein Verstehen: das Erklären stellt etwas her, produziert etwas, einen Sinngehalt eben, den wir dann verstehen. Während eben das spezifisch Diltheysche Verstehen etwas *nicht* Hergestelltes, einen soz. vorhandenen, naturhaft seienden Sinngehalt versteht. Wir „verstehen" dann, in einem durchaus legitimen weiteren Sinn von „Verstehen", sowohl z. B. eine „Erklärung" oder einen Bedeutungszusammenhang – als auch ein irgendwie naturhaft Seiendes, einen „Ausdruck" eben. Darin liegen für mich keine Schwierigkeiten, obwohl mich diese Bemerkung zu der sachlich weiterführenden trägt: daß sie beim repräsentativen Bewußtsein merkwürdig wenig davon sprechen, daß Schema, Tagma, Thema doch *unsere Erzeugnisse, unsere „Schöpfungen"* („Schöpfung" in einem ganz präzisen originären Sinn) sind. Gewiß sprechen Sie von „Sinn*gebung*", der Geist ist Ihnen Einheit der Sinn*gebung*, (aber doch auch Einheit des *Sinns*! – der „Sinngehalte") aber, um es gleich mit Einem Wort zu sagen: Darauf daß der „Geist" *wesentlich* und im tiefsten Gegensatz zu allem Sonstigen dies Merkwürdige ist, in einem schwer enträtselbaren Sinn *beides zugleich* zu *sein*, daß die fragliche Sphäre die Sphäre der menschlichen Erzeugung eines Unerzeugbaren ist, das ist zwar bei Ihnen durchaus *vorhanden*, aber Sie reflektieren darauf nicht. Nur so kann ich es verstehen, daß Sie einer Sphäre, in der das „Produzieren" genau so wichtig ist, wie das Erfassen – und beides wesentlich gleich wichtig ist – den einseitigen Titel des „Verstehens" geben.

Bevor ich dies näher anvisiere, will ich auf eine Schwierigkeit hinweisen, die Ihnen aus dem mangelnden Hervorheben des „Produzie*rens*" erwächst, aus welcher Schwierigkeit ich dann auch Ihren Nachweis der totalen Einheit des Sinns zu erschüttern versuche. Sie sprechen von Sinn*gebung*; Sinn*geber* ist der Geist. *Wem* gibt der Geist Sinn? Diese Frage kann ich nun von *meinen* Ansätzen aus nicht eindeutig beantworten. Ihre Antwort darauf ist ebenfalls nicht eindeutig, aber aus einem tieferen und von Ihrer Konzeption aus gewissermaßen entschuldbaren Sinn. Oder präziser: Sie antworten hier nicht naiv, sondern sofort schon in einem von Ihrer These her bestimmten Sinn. Mir scheint dagegen, man müßte diese Frage naiv stellen und naiv beantworten. In concreto: Ihre Antwort ist schon legiert soz. mit der These, daß „die Reihe der Anschauung und die Reihe der Auffassung zu einer Reihe des *geistigen Ausdrucks verschmelzen…*" (175 [191 f.]) (En passant: in dieselbe Richtung thetischer und naiver Darstellung scheint mir zu gehören, daß Sie Tafel 172 [189] die *Formen* des *Gehalts* der *Anschauung* durch darstell*bar*, präzisier*bar* charakterisieren. So von vornherein charakteris*iert* ist dann Konkordanz kein Wunder mehr. Natürlich bestreite ich die Aussage als solche nicht, wenigstens intendiere ich das hier nicht. Wohl aber bestreite ich die Berechtigung, zur Charakterisierung der g*etrennten* Reihe der Anschauung einen Terminus zu wählen, der schon Resultat Ihrer Verschmelzungsthese ist. M. a. W. *Daß* z. B. „Gestalt" „darstellbar" *ist*, daß „Darstellbarkeit" ein *objektives* Charakteristikum von „Gestalt" ist, das wäre zu *beweisen*. Nun verstehen Sie ja durchaus diesen Beweis zu geben. Aber in dieser doch selbst zum Beweis gehörenden Tafel führen Sie das, was Sie beweisen wollen als Beweis*mittel* ein. Daß früher (S. 63/64 [79]) die Gehalte der antreffenden Anschauung ohne jeden Hinblick auf das repräsentative Bewußtsein und also ohne jeden theoretischen Vorgriff als „darstellbar" charakterisiert wurden, entkräftigt m. E. obigen Einwand nicht. Im Gegenteil: Denn auf diesen Seiten 62/63 [79 f.] ist „Darstellbarkeit" mit Wiedergebbarkeit durch „*Nachahmung*" identifiziert (welche Charakterisierung mir durchaus plausibel scheint); nun ist aber doch offenbar eben dies das Problem: *ob* und, wenn ja, *wie*, in welchem Sinn, die Darstellbarkeit als „Nachahmung" und die durch „konstruktive" oder „kompositive" Rekonstruktion ermöglichte Darstellbarkeit der durch Wiedergabe darstellbaren Erscheinungen identisch sind. Ich urgiere an dieser Stelle nur, daß dies nicht bewiesen ist, sondern vorausgesetzt wird, um es mit Hilfe dieser Voraussetzung zu beweisen. Meine Meinung ist allerdings die, daß es auch nicht richtig ist. Liegt hinter dieser Identifizierung nicht auch im Grunde eine „Abbildtheorie" der Erkenntnis? Überhaupt: ist nicht die Fassung Ihres Problems der Gegenständlichkeit nicht – eben der *Problemfas-*

sung, nicht der Lösung nach – von einer solchen Abbildtheorie abhängig?)

Infolge dieser Legierung nun könnten Sie gleichsam die Frage: *wem* gibt der Geist Sinn? – der Theorie nach legitim in der doppelten Weise beantworten: 1) der Geist gibt dem z. B. Nachahmbaren Sinn 2) er erzeugt einen „geistigen Ausdruck" (z. B. eine Erklärung) und er „erzeugt" diesen „Ausdruck" derart, daß er in dem von ihm Erzeugten einen von ihm, dem Erzeuger, unabhängigen – objektiven – Sinn verstehen kann. Er gibt also soz. seinem eigenen Erzeugnis Sinn. Und bei Beschränkung auf das vorliegende Beispiel der Wissenschaft wäre dann die Verbindung von 1) und 2) die: daß er durch den „geistigen Ausdruck", mit seiner Hülfe oder auf Grund dieses Ausdrucks *auch* dem Nachahmbaren Sinn „gibt", oder einfacher: daß er das Nachahmbare erklärt, *erkennt, begreift*. Natürlich: für *Sie* ist die Verbindung von 1) und 2) eine Identität. Nun ist Identität wesentlich Identität Verschiedener. So daß ich meinen Einwand auch so formulieren könnte: daß Sie zwar von Verschiedenen (präsentativem Bewußtsein und *re*präsentativem Bewußtsein) *ausgehen*, daß aber *in* Ihrer Identifizierung die Verschiedenheit *absolut* verschwindet (was sie nicht darf), welches *absolute* Verschwinden einerseits bei anderseits dem Ansatz nach festgehaltener Verschiedenheit sich in einer hier m. E. nach tadelnswerten Äquivokation z. B. im Begriff der „Darstellbarkeit" äußert.

Ich kann hier natürlich nicht den Versuch machen, meine positive Ansicht diesem Problem gegenüber zu entwickeln. Das Problem ist ja durchaus einer noch abstrakteren Fassung (was ist „Erkenntnis" z. B.) zugänglich. Einige Grundlinien meiner Auffassung stehen in der „Intuition", und es tut mir leid, daß ich sie in Rom gelassen habe, sonst könnte ich Seitenzahlen angeben. So gehört z. B. mein Nachweis der sachlichen Unmöglichkeit einer Reduktion Goethes auf Newton oder umgekehrt, und das im letzten Abschnitt über das Ineinanderscheinen von 2 Gegenstandsbegriffen, resp. Gegenständen Entwickelte hierher. Ich beschränke mich auf kritische Einwände, und suche zunächst für mich selbst die Frage zu beantworten: *wem* gibt der Geist Sinn?

Auf Grund des oben Entwickelten glaube ich dabei *auch* in *Ihrem* Sinn *zunächst* von der Sinngebung sui generis *innerhalb* des repräsentativen Bewußtseins absehen zu können. Auch Sie werden zunächst mit mir antworten können: der Geist gibt den Gehalten der *Anschauung* Sinn (also der Gestalt, dem Erlebnis, der Empfindung und Idee). Daß dabei der Geist wissenschaftlich, sprachlich (bedeutend), künstlerisch *allen* Gehalten gegenüber verfahren kann, und daß z. B. wissenschaftliche Sinngebung nicht auf „Gestalten" als dem Feld seiner Sinngebung beschränkt ist, tangiere ich selbstverständlich *nicht*. Die Idee eines Verfahrens gemäß „reinen Fällen" greife ich in keiner Weise an. Die Art und Weise der „Funktion" der „Auffassung" wird wesentlich nicht davon berührt, ob die Funktion in Reinheit oder nicht in Reinheit sich entfalten kann. Darauf ziele ich also nicht ab, wenn ich sage: thematische oder schematische Sinngebung sind schon *als* „Sinngebung" *wesentlich* verschieden, *so* verschieden, daß nicht mehr in einem identischen Sinn von „Sinngebung" gesprochen werden kann. (Antizipierend: dagegen erkenne ich *innerhalb* der Sphäre des *repräsentativen* Bewußtseins einen solchen *identischen* Sinn von „Sinngebung" an. Darüber gleich im folgenden).

Nicht im gleichen Sinn „gebe ich einem Anschauungsgehalt Sinn", wenn ich z. B. schematisiere (wissenschaftlich verfahre) und wenn ich thematisiere (Kunstwerke hervorbringe). Wissenschaft und Kunst kommen darin überein, menschliche Schöpfungen zu sein, und insofern auch das wissenschaftliche Werk (gleich wie das Kunstwerk) ein „geistiger Ausdruck" *ist*, also einen Sinn in sich hat, den es zu „verstehen" gilt, einen Sinn, den *wir in dem* Werk *investiert* haben, insofern sind Wissenschaft und Kunst *Sinngebungen*. Aber: wenn ich, wie ich doch *auch* – und sowohl der Sache als Ihrer Tafel nach – muß, auf die Weise reflektiere, in der einem Anschauungsgehalt wissenschaftlich und in der einem Anschauungsgehalt künstlerisch Sinn gegeben wird, dann entdecke ich m. E. n. eine tadelnswerte Äquivokation (α) im Begriff „Sinngebung". Wie immer man über wissenschaftliches Tun, über „Erkennen" also denken mag, so gehört es zum phänomenalen Sinn der Erkenntnis, daß sie die Gehalte, auf die sie sich hinwendet, *so erkennen will, wie sie sind*. Darin liegt, daß *in der Blickrichtung* auf den zu erkennenden Gehalt von Sinn*gebung* nicht gesprochen werden darf. Es handelt sich für die Wissenschaft vielleicht darum, den in den Sachen verborgenen, investierten Sinn zu entdecken, ihn „aufzudecken" (ἀλήθεια), aber das ist kein Sinn*geben*, und es ist dies vor allem nicht in *dem* Sinn, in dem allerdings auch in der Wissenschaft – nur eben *in der Blickrichtung* auf den

„geistigen Ausdruck (den ein wissenschaftliches Werk sichtbar macht) – von *echter* Sinn*gebung* gesprochen werden kann. Den Sinn der Gehalte *Ent*decken und in einem wissenschaftlichen Werk einen geistigen Ausdruck schaffen und sichtbar machen sind *Verschiedene*, und *schlechthin* identisch (unter Verlust der Verschiedenheit) sind sie nur in einer schlechten Kantinterpretation im panlogistischen Sinn, cf. Ihre schöne Seite 130 [146], aber weder an sich noch auch bei Ihnen.

In gleicher Weise nun kann man bei der Kunst *in der Blickrichtung auf den Anschauungsgehalt*, dem die Kunst durch Thematisieren Sinn geben soll, entweder überhaupt nicht sprechen oder auch, wenn man es schon mal tut, dann in einem Sinn, der *wesentlich* unterschieden ist sowohl von der wissenschaftlichen Sinnentdeckung als auch von der Sinngebung in der Blickrichtung auf das Kunstwerk selbst.

(Doch, um mich verständlich zu machen, muß ich eine längere Parenthese machen: Auf Grund Ihrer Konkordanzthese zwischen der Reihe der Anschauung und der Reihe der Auffassung (187 [204]) bin ich berechtigt zu formulieren: Kunst gibt durch Thematisieren Anschauungs*gehalten* Sinn. Ich beschränke mich nun auf den *Gehalt*, bei dem der reine Fall heraustritt: dieser Gehalt ist 1) Empfindung 2) Idee. Die Gehalte der „füllenden Anschauung" sind im Unterschied zu den beiden anderen Gehalts-Arten „einfach", d. h. strukturlos (86–89 [102–105]). Nichtsdestoweniger ist sowohl der Empfindungsgehalt wie die Idee als Gehalt aus einer Stoff- und einer Formkomponente aufgebaut (87 [103]). Das „Wesen oder die Idee" (70 [86]) zerfällt nochmals für sich in „kategoriale Wesen" und, sagen wir der Kürze halber, nicht kategoriale Wesen (71 [87]).

Ich kann Ihnen übrigens nicht verhehlen, daß mir diese Einteilung, die darin manifestierte Auffassung von „Wesen", die Parallelisierung von Empfindungen als echten Gehalten und Wesen als echten Gehalten, die Unterscheidung „strukturlos" aber doch „in Form stehend", endlich überhaupt die Konstitution einer „füllenden Anschauung", als besonderer Anschauungsart, und endlich endlich die Vereinigung dieser Thesen mit Ihren sonstigen im Werk immanent und explizit niedergelegten Auffassungen über „Erkenntnis", die größten Schwierigkeiten macht. Wenn ich aber dem im einzelnen nachgehen wollte, würde der Brief nie fertig.

Und nun frage ich: gibt Kunst *diesen* Gehalten (a/ Empfindung b/

Idee) Sinn? Und wenn ja, was könnte hier das Wort „Sinngebung"
bedeuten? In welchem Sinn können wir nun von einer Sinngebung
dem *Empfindungs*gehalt gegenüber sprechen? Kunst sagen Sie, *deutet* den Gehalt, sie deutet ihn an oder aus. Aber *in dieser Blickrichtung* ist mir das schlechthin unvollziehbar. Kunst benützt vielleicht
(oder sicher) die Empfindungen (dann aber sicher nicht den *Gehalt*),
um – nicht einen Sinn zu deuten – sondern einen erzeugten und
selbst deutbaren Sinn zu versinnlichen, in die Sichtbarkeit (im weitesten Sinn) zu stellen. Es besteht zwar ein wesentlicher Unterschied
im Aussagesinn; wenn ich einmal z. B. sage: Raffael benützt Kohle
und Papier, um einen Sinn zu versinnlichen; ein andermal: es gibt an
gewissen Empfindungen etwas Empfindungshaftes, das sie in einen
ihnen wesentlichen Mittel-Bezug zum Zweck der Versinnlichung von
thematischen geistigen Ausdrücken bringt. Der Kohle ist dieser Bezug nicht *wesentlich*, gewissen Empfindungen (aber dann sicher
nicht in Form stehenden Empfindungen, d. h. prägnanten Gehalten)
ist dieser Bezug allerdings (und darin glaube ich eine große Entdek-
kung Ihres Werkes zu sehen) wesentlich. In dieser Perspektive könnte man sagen: gewisse Empfindungen sind notwendig möglicherweise „Mittel an sich" – und in derselben Perspektive: Kunst, *qua reiner
Fall*, ist ein Zweck an sich, objektiver Zweck. Allgemein: Sinngehalte
qua reine Fälle sind objektive, d. h. dem Menschen *notwendigerweise
mögliche* Zwecke, (das ist die neue Zweckkategorie, von der ich im
letzten Brief hinsichtlich „Kritik" schrieb,[12] und die in meiner
„Logik"[13] (!) vermutlich eine große Rolle spielen wird.

Das Erkennen ist dem Menschen notwendigerweise möglich, objektiver Zweck, resp. Ziel.) Aber wie immer Kategorie sui generis:
die Empfindungen sind *Mittel* der Versinnlichung, nicht *zugleich*
Feld und Gegenstand thematischer Sinngebung. Will man trotzdem
hier von Sinngebung reden, so führt man definitorisch einen neuen
Terminus ein, von dem aber dann klar ist, daß er ein schlechthin anderer Begriff ist als im Erkennen: die Welt, die erkannt werden soll;
besser: die Gehalte, die erkannt werden sollen, sind nicht die Mittel
zur Versinnlichung eines wissenschaftlichen Sinngehalts, auch nicht
wesentliche Mittel; sie sind Instanz und Maßstab des wissenschaftli-

---

[12] Vgl. Br. 47.
[13] Sein und Denken.

chen Werks in schlechthin anderem Sinn, als man z. B. das akustische Material der Musik Instanz gegenüber dem künstlerischen Gehalt nennen könnte.

Inwiefern dann „Ideen", als prägnante *Gehalte*, dasjenige sein könnten, dem thematische Formung Sinn verleiht, kann ich mir überhaupt nicht denken, da hier auch der Ausweg über den Materialsinn des Sinnlichen ungangbar ist. Überdies sollen ja schlechthin *alle* Gehalte thematisierbar sein, so daß die *hier* notwendig geforderte Vorzugsstellung der „Idee" als Feld thematischer Sinngebung tangiert wird. An die Lösung dieser Schwierigkeiten treten Sie nun von Ihrem Gang her auf S. 160, 161 ff. [176 ff.] und 173–175 [189–192] heran. Kernstück im formalen Sinn ist darin wohl das 175 [192] von dem Übergehen der Einheit aus der vertikalen in die horizontale Richtung Gesagte. Ich versuche interpretierend mit eigenen Worten Ihre Ansicht auszusprechen. Dabei kann ich allerdings nicht umgehen, mich *Ihres* Ausdrucks „Verschmelzung" rein „signitiv" zu bedienen, obwohl mir eben eine begriffliche Einsicht in ihn und in den in Grenzen äquivalenten Ausdruck „Konkordanz" fehlt. Ich könnte die ganzen gegenwärtigen Einwände ja auch so zusammenfassen, daß ich eine *begriffliche* Entwicklung und Analyse dieser Termini vermisse.

Nach 174 [191] beruht Kunst nun *einerseits* wie Wissenschaft und Sprache auf einer „Verschmelzung" *mit* thematischer Formung, d. h. Kunst ist *einerseits* ebenfalls Verschmelzung [von] präsentativem mit repräsentativem Bewußtsein. Aus dieser Perspektive entnahm ich das Recht zu den oben entwickelten Einwänden, die allerdings „einseitig", „schief" sind. Die Sonderstellung der Kunst soll nun darin bestehen: *anderseits* auch eine „Verschmelzung" *durch* thematische Formung zu sein. Oder: wenn Sinngebung überhaupt eine Verschmelzung von Gehalten durch Formung (die „Funktionen" in der Reihe der Auffassung) *mit* Gehalten (sc. der Reihe der Auffassung) ist, so ist Kunst überdies noch eine andere „Verschmelzung" *durch* Formung, und zwar durch die spezifische Formung „Thematisieren". Wie dies „einerseits" „anderseits" (*Ihr* Ausdruck 174 [191]: „...*durch* – nicht mehr bloß *mit*...") in der Einheit der Kunst „eigentlich" zusammenhängt, ob durch ein einfaches „und" – oder in welcher Fundierung etwa u. s. w., ist mir nicht klar.

Ich betrachte zunächst die durch das „anderseits" eingeleitete Seite. Was hier durch Formung verschmilzt sind die *Arten* der prägnanten Gehalte der füllenden Anschauung. Mir fällt es schwer dem Sinn Ihrer Kunstthese nachzugehen, weil ich schon größte Schwierigkeiten in dem schlichten Verständnis des Begriffs „Arten füllender Anschauung" habe *innerhalb* des präsentativen Bewußtseins. Auch bei Anerkennung dieser Einteilung muß man doch wohl auch ohne thematische Formung und schon innerhalb des präsentativen Bewußtseins eine, wenn dann auch andere Verschmelzung dieser „Arten" anerkennen müssen. (Stoßseufzer: Kritisieren ist ein schreckliches Geschäft. Da ich über „Wesen" so ganz anders denke, habe ich hier größte Schwierigkeiten und bin mir bewußt, fortlaufend in Gefahr zu sein, Ihnen Unrecht zu tun. Daß z. B. in der Idee selbst Stoff und Form zu unterscheiden sind, kann ich zwar sagen, ja sie scheint mir das Feld *echter* Identität von Stoff und Form zu sein, aber in einem toto coelo anderen Sinn als Sie es meinen. Die „luzide Fülle der reinen Idee" (160 [177]) – gewiß – aber nur als erster Anfang oder allerletzte deskriptive Versiegelung einer vorangegangenen begrifflichen Analyse könnte ich damit was anfangen. Natürlich aber liegt diese Anmerkung irgendwie schief zu Ihrem Gang.) So scheint mir doch auch nach Ihren Aufweisungen folgende These möglich: in darstellbaren und präzisierbaren Gehalten herrscht, als sie geradezu konstituierend, Verschmelzung von Empfindungen und zum mindesten *kategorialen Wesen.* Wenn es z. B. das Wesen „menschliche Situation" „gibt", so ist dies doch eben *Wesen* eben *der* menschlicher Situation, also irgendwie *Form* der Situation. Also sind „Wesen" überhaupt, auch wenn sie nach Ihrem Ansatz als eine *Art* füllender Anschauung *neben* anderen Arten stehen, auch wenn sie in sich selbst luzider in Form stehender Stoff sind, zugleich doch auch in bezug auf anderes (zu welchem „anderen" auch Sinnesempfindungen gehören) *lediglich Formen.* Welcher Unterschied besteht aber zwischen Wesen als bloßen Formen und etwa den *Gesetzesformen,* auf denen unsere Regelmäßigkeitshoffnung beruht? (Idee gegen Gesetz: von diesem Feld des Parteistreits zwischen Intuitionismus und einseitig verstandenem Kritizismus sprechen Sie nie. Und doch kann m. E. nur in der Blickrichtung darauf überhaupt der genuine Sinn solcher Termini wie „Ontologisieren" und „Funktionalisieren" ausgemacht werden.) Wenn man ferner also – in welchem Sinn immer – von einer Formung durch Wesen hier reden kann, so ist das doch sicher nicht thematische Formung, es sei denn, man identifiziere mit Pythagoras und Kepler Idee und Gesetz und spreche diese schlechte Identität als harmonia mundi aus.

Zweifelsohne machen Sie diesen Ansatz nicht; Sie werden, wenn ich recht sehe, auch dann, wenn Sie eine solche „Formung" *durch* Ideen akzeptieren würden, nicht behaupten, es sei dies eine thematische Formung, eine Verschmelzung durch thematische Formung. Dies aber vorausgeschickt und einmal als richtig angenommen, stehe ich vor einem Interpretationsdilemma Ihrer These „Verschmelzung von Empfindung und Idee durch thematische Formung". Denn entweder sind dann die „Ideen", die durch Thematisieren verschmolzen werden, eben diese *bestimmten* (*in sich* unbestimmten, gegen andere, gegeneinander bestimmten Ideen. Ideen sind „Individuen") Ideen, die z. B. die Kontemplation des Philosophen faßt und auf seine Art versinnlicht, mitteilbar macht. Dann müßten Sie sagen: diese Ideen können mit dem sinnlichen Stoff auf zweierlei Weise verschmolzen werden: 1) unthematisch – das ist aber keine Verschmelzung als menschliche Schöpfung 2) thematisch. Das wäre im Grunde die These: Kunst ist Erkenntnis. Oder: Sie müßten eine dritte Art von „Ideen" ansetzen; müßten sagen: die Welt unterstehe nicht nur theoretischen, sondern auch spez[ifisch] künstlerischen Ideen. Der Künstler erfasse mit seinen Künstleraugen kontemplativ diese andere Seite der Welt und versinnliche sie im Sinnenstoff. Das wäre ebenfalls „Kunst ist Erkenntnis". Und ob das ihre Meinung ist, brauche ich Sie im Hinblick auf 161 ff. [178 ff.] gar nicht zu fragen: es ist bestimmt *nicht* Ihre Ansicht. Ich könnte Ihnen die Schwierigkeit, die mir aus diesem Gegeneinander erwächst, fast an jedem tragenden Satz dieser Seiten auch in rein signitiver Gegenüberstellung Ihrer Definitionen sichtbar machen. Z. B. 174 [191]: „...daß Ideen prägnante (nicht darstellbare) *Gestalt* haben..." Aber nach 88 [104] sind „Gestalten" – gleichgültig ob darstellbare oder nicht darstellbare – „kom*plex*", Ideen dagegen nach 87 [103] „einfach". Aber das hätte ja keinen Sinn. Wesentlich für meinen Gang ist nur die Feststellung, daß mich auch die Diskussion der Seite des „Anderseits" auf unlösbare Schwierigkeiten bringt. Damit schließe ich diese lange Parenthese.)

Ich ziehe aus allem Gesagten nochmals den Schluß: daß „Sinngebung", verstanden als Sinngebung, die ein *Feld hat, dem* sie Sinn gibt (und so ist zweifelsohne der definitorische Sinn Ihres Begriffs) 1) ein der Diskussion noch im höchsten Grade bedürftiger Begriff ist, insofern sich hinter dieser Definition gerade das eigentliche Problem: ob der Sinn nämlich nur aus den für sich selbständigen, selbstgenügsamen Gestalten des präsentativen Bewußtseins nur herausgelockt, nur aufgedeckt – und wie dann – oder ob er ihnen schlechthin und wie „gegeben" wird – verbirgt. 2) daß er dann in Betrachtung der 3 Kulturbereiche solche Unterschiede zeigt, daß nicht mehr in einem identischen Sinn weder von Aufdecken noch purem Geben des Sinns gesprochen werden darf. Wenn ich endlich früher den Ansatz machte, daß vielleicht in anderer Blickrichtung – nicht auf das Feld, sondern auf den Erzeuger, insofern jedes echte Kulturprodukt, jeder echte geistige Ausdruck Schöpfung des Menschen und eine der menschlichen Situation *notwendigerweise mögliche Schöpfung* ist (diese Formulierung scheint mir nicht schlecht zu sein und ich bin Ihnen dabei in vielem zu Dank verpflichtet.) von einer subjektiven Einheit der Sinngebung gesprochen werden könne, so füge ich hier verbessernd hinzu, daß das nicht eigentlich mehr Sinn*gebung*, sondern präzis Sinnschöpfung ist. Mir stellt sich also das Kulturproblem (und, was die „Intuition" angeht, so stellte sich mir darin das Erkenntnisproblem) so: es gibt eine Sphäre echter Sinnschöpfung, die, für sich betrachtet, absolut unabhängig ist (in und aus und durch sich selbst) und die trotzdem in einem *wesentlichen* Bezug zu einer in sich ebenfalls nachweisbar absolut unabhängigen anderen Sphäre steht. Welcher *wesentliche* Bezug zwischen *absolut Getrennten* nur ein absolut wechselseitiger sein kann. (Aus der Betrachtung dieser wechselseitigen Abhängigkeit ergab sich dann: die Idee bedingt die Existenz *real*; die Existenz bedingt die Idee *ideal*).

Ehe ich nun Ihren Nachweis der *Einheit des Sinns* betrachte, muß ich Einiges über meine Auffassung von Sinn*schöpfung*, d. h. für mich meine Auffassung des von Ihnen „repräsentatives Bewußtsein" Genannten vorausschicken. Sie sagen 137 [153]: „Verständnis ... ist eine Bewußtseinshaltung, die in klar umschriebener Weise Gegebenes deutet. Das Gegebene ... steht *als* etwas da, in dem der Verstehende es auffaßt." Für Sie ist doch nun zweifelsohne das *„Gegebene"* der *Gehalt* des präsentativen Bewußtseins. Wäre es nicht so, wie es doch anderseits aus jedem Satz hervorleuchtet, vor allem aber aus der Tafel 172 [189] und der darauf bezüglichen Diskussion, so wäre mir es absolut rätselhaft, was es heißen soll, daß die Sphäre des präsentativen Bewußtseins ein Gebiet von spezifischer Klarheitsart ist, von spezifischem Evidenztypus (gegenüber dem Verstand), daß endlich die anschauende und die verstehende Bewußtseinshaltung nicht aufeinander rückführbar sind. Sie dürfen also in ihrem Sinn das Gegebene um keinen Preis etwa mit sinnlichen „Affektionen" gleichsetzen. Der Geist deutet also die *Gehalte* der *Anschauung*. Er versteht den Gehalt des präsentativen Bewußtseins *als* Etwas. Das Etwas, *als* welches ein Gehalt verstanden wird, ist der *Sinn* – eben des Gehalts. Diesen Sinn gibt der Geist den Gehalten. Wenn nun Ästhesiologie „Wissenschaft von den Arten der Versinnlichung…" ist (261 [278] – das *Weitere* zitiere ich hier noch nicht mit großer Absicht), wenn sie sogar – vielleicht „ganz den Begriff der Philosophie der Kontemplation deckt", dann muß ich aus *diesen* Ansätzen unwiderleglich 2 Schlüsse ziehen: 1) Anschauungsgehalte sind für Sie, isoliert genommen, *sinnlos* 2) die Sphäre dessen was sich dem Bewußtsein präsentiert ist die Sphäre der Versinnlichung des Geistes, ist lokaliter der versinnlichte Geist, der sich so und nicht anders versinnlichen muß, wenn er sich versinnlichen will. ad 1) was heißt dann aber noch, daß Anschauung qua *Anschauung* von *Gehalten* (denn von Affektionen ist evident nicht die Rede – und würde ja auch ganz in schlechteste Kantinterpretation zurückfallen) notwendiges Element im Ganzen der Erkenntnis von „eigenem Evidenztypus" ist? ad 2) läuft vollkommen konform mit dem früher über „Metaphysik", das damalige bestätigend, zusammen. 3) noch ad II) so ausgedrückt wäre es vollendetster Panlogismus – und zwar Grundlage beider seiner Arten: a) Sinn*gebung* – Marburg[14] b) Sinn*aufdeckung*: schlechtest verstandener Hegel.

Sie sind nicht Panlogist – ich weiß es – mir scheint es nur aus diesen Ansätzen strikt zu folgen. Ich zitiere oben (261 [278]) nicht weiter. Sie sagen nicht Ästhesiologie sei Wissenschaft von der Versinnlichung des Geistes zur Welt, sondern – und ich stimme Ihnen bei (ich habe weiß Gott nichts gegen Ihre Ästhesiologie) – „von den Arten der Versinnlichung der *geistigen Gehalte*" – also nicht der Anschauungsgehalte. Diese geistigen Gehalte sind nach Ihrer Tafel 172 [189], an die ich mich zunächst anschließe: Begriff, Bedeutung, Sinn

---

[14] Anspielung auf die Marburger Version eines Neukantianismus.

schlechthin. Und das, was Sie nun m. E. n. zu allererst hätten klären und entwickeln müssen (und da liegt – ganz abgesehen von den Einwänden gegen die allgemeine Haltung der Kern meiner sachlichen Einwände) wäre eine *ohne* jeden Bezug auf das präsentative Bewußtsein entworfene, wahrhaft genuine Tafel des repräsentativen Bewußtseins gewesen. In dieser Tafel (ganz abgesehen hier von der Möglichkeit einer totalen Tafel in diesem Feld, eine Möglichkeit die mir allerdings wahrscheinlich ist) stände an Stelle des „Gegebenen" des präsentativen Bewußtseins der *versinnlichte* Gehalt. Und damit hätten Sie vor der Notwendigkeit gestanden, folgende Ansätze zu vollziehen: 1) der Sinn und der versinnlichte Sinn sind identisch und doch verschieden. 2) Das Etwas, das als Etwas verstanden wird, ist eine dreieinige Ganzheit im strengen Sinn 3) das Etwas, das *als* Etwas *per se* verstanden wird, ist verschieden und zunächst absolut getrennt von demjenigen „*Etwas*", das vermittels oder auf Grund oder gemäß des ersten Etwas erkannt wird. So ist z. B. „*ein Löwe*" *per se* Löwe (Löwe ist hier das erste Etwas und ein Ganzes) – dieser Löwe aber da, der jetzt vor mir hier aufspringt, ist von einem „ein Löwe" streng unterschieden. „Ein Löwe" kann nicht erschossen werden, wohl aber „dieser Löwe". Freilich gilt trotz aller Getrenntheit, trotz aller *absoluten* Getrenntheit (ohne welche man m. E. n. dem Erkenntnisproblem das „erregende Moment" nimmt) die *wesentliche* Beziehung beider aufeinander, die sich in dem Urteil „dies ist ein Löwe" manifestiert. 4) Das Verstehen ist eine Bewußtseinshaltung sui generis, in der wir einen von uns erzeugten geistigen Ausdruck *als* einen *Ausdruck* von Sinn, von Geist eben oder *als einen solchen* verstehen, ganz abgesehen also *primär* davon, daß wir freilich auch „damit" – ein gegebenes Etwas – nun nicht im guten Sprachgebrauch „verstehen", sondern etwa „erklären" oder eben „erkennen". Man „versteht" doch nicht eigentlich Sachverhalte, sondern man „*erkennt*" sie und *versteht* die wissenschaftliche Darlegung dieser Erkenntnis.

Damit wäre auch, wie ich schon sagte, eine deutlichere Basis zur *Exposition* des Dilthey-Problems gehabt, dessen einfacher Ansatz mir der zu sein scheint: Verstehen ist im Unterschied sowohl zu Anschauen als auch zu *Erkennen* im engeren Sinn immer Verstehen eines geistigen Ausdrucks. Nun gibt es 2 Arten geistiger Ausdrücke: 1) von uns erzeugte 2) von uns evident nicht erzeugte. Daher der Ansatz, daß beim Verstehen alle „Mittel" des Erkennens (in welchem

Sinn von „Mittel" immer) wegfallen. Trotzdem ist das Verstehen (und ich beziehe mich damit im folgenden zunächst nur auf das Verstehen von von *uns* erzeugten Sinnzusammenhängen) nicht etwas, was uns in den Schoß fällt. Obwohl *wir* den geistigen Ausdruck *erzeugen* und obwohl wir daher auf Grund der *Identität* von versinnlichtem Ausdruck und *darin* versinnlichtem *Sinn* auch den Sinn schaffen, erschaffen, müssen und können wir das von uns Erzeugte verstehen. Liegt nicht darin das eigentliche Rätsel (allerdings ein meiner Überzeugung nach immanent auflösbares Rätsel, *analog* zum Rätsel des präsentativen Bewußtseins – daher hier Beschreibung und Konstruktion identisch werden müßten, schlecht identisch werden, nur 2 Worte für Ein und dasselbe sein müßten – „Tendenz!") des geistigen Schaffens, daß wir ein von uns Unabhängiges, eben Objektives schaffen können! Um dessentwillen sprechen wir doch auch von geistigen „Schöpfungen". Und die Idee des „Schöpfergottes" ist mir nur eine transzendente Äquivokation dieses Schöpfertums. Verstehen und Erzeugen dessen, was man versteht, sind hier identisch. „Versinnlichung" geistiger Gehalte ist Etwas ganz Eigenes, das nicht ohne weiteres in dem Begriff „Versinnlichung" seinen adäquaten Ausdruck hat.

Wenn mir z. B. Jemand die Lage und Bauart einer Villa beschreibt, so kann er mir die Beschreibung durch eine Zeichnung versinnlichen. Hier ist das, was versinnlicht wird, ein Bestimmtes an sich selbst und mit sich selbst *als* einem Versinnlichten *nicht „identisch"*. Das Versinnlichen ist hier ein Prozeß, der im Hinsehen auf das zu Versinnlichende versinnlicht. Und „Prozeß" ist, streng genommen, das „Versinnlichen" *nur hier*. Die Bestimmtheit des Versinnlichten ist hier eindeutig und einseitig abhängig von der Bestimmtheit des zu Versinnlichenden. Dagegen ist die Versinnlichung geistiger Gehalte dadurch charakterisiert, daß hier das Versinnlichte die *Bestimmtheit* des zu Versinnlichenden *ist*, das für sich genommen (wie es freilich streng gar nicht genommen werden *kann*; da es sich bei diesen Polen um *echt* spekulative *Momente* handelt) absolut unbestimmt ist. Das Versinnlichen ist also hier *zugleich „Bestimmen"*, und da alles, was es in irgendeinem Sinn „gibt", ein Bestimmtes ist und nur deshalb in welchem Sinn immer „ist", ein Sein hat, weil und insofern es ein Bestimmtes ist, so ist das Versinnlichen, das Bestimmen ist, zugleich, absolut streng, *Erschaffen*, ins Sein erheben – aus dem Nichts. Deshalb ist das Versinnlichen hier auch in keinem Sinn ein selbständiges Glied und als solches „Prozeß". Ich könnte, um noch einen Moment lang bei dem Formalen zu verweilen, das Ganze so „versinnlichen": (welches „Versinnlichen" aber hier kein echtes Versinnlichen im spekulativen Sinn ist. Dann das was ich versinnlichen will, ist schon *in sich bestimmt* und ich blicke während der Versinnlichung auf das in sich Bestimmte (das hier eben im Unterschied zum Villabeispiel ein Geistiges ist – ein Verhältnis, das sehr interessant ist aber hier gar keinen Unterschied macht) als auf das Urbild hin.):

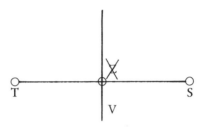

1) T sei ein Punkt und respräsentiere den *Träger* des Verstehens; 2) S sei eben so ein *Punkt* und repräsentiere den *absolut unbestimmten* Sinn. 3) Die zur horizontalen Linie senkrecht stehende Gerade V sei das Moment des versinn*lichten* oder bestimmten Sinns. Der Punkt Z, der Schnittpunkt der Linie bedeutet nichts; ich habe ihn wieder ausgestrichen.

Dann kann ich das Rätsel des absoluten Verstehens, wie ich einmal das Verstehen *innerhalb* des *re*präsentativen Bewußtseins nennen will (m. E. nach ist hier ein (nicht der einzige) ursprünglicher Situationsort zur Ermittlung der Bedeutung „das Absolute", angesichts dessen man also ganz schlicht fragen kann: wie kommen wir „Menschen" zum Begriff des „Absoluten" – unter gewissen anderen Aspekten ist das ja eine rätselhafte Fähigkeit unseres Geistes), so charakterisieren, daß es eine *Koinzidenz* dreier „Bewegungen" ist: 1) eine rein auffassende (rein verstehende) Bewegung von T nach V (*dieses* Auffassen ist auf Grund der Koinzidenz schon Auffassen des Etwas *als* eines solchen; es ist natürlich von dem „Auffassen" Ihrer „Reihe der Auffassung" streng unterschieden, weil *Ihr* Auffassen schon den Bezug auf das Etwas des *präsentativen* Bewußtseins bedeutet) 2) eine von T zwar „ausgehende", nichtsdestoweniger aber in der Richtung von S nach V der *Sache* nach prozedierende Bewegung: das *Versinnlichen* (ich kann *mir* geistige Gehalte nur dadurch versinnlichen, daß ich *sie* (d.h. die Gehalte) selbst versinnliche) 3) eine *rein* „ontologische" Bewegung von S nach V, über die ich hier nichts weiter sagen will, weil ich sonst erst meinen Begriff des „Ontologischen" exponieren müßte. (In der „Intuition" spreche ich hier von einer *„Produktion* des Teils *aus* dem Ganzen") – Synthetischer Mittelpunkt scheint mir von diesen dreien Nr. 2) zu sein: *mir* etwas versinnlichen, *indem* ich *es* versinnliche. Jeder geistige Schaffensprozeß verrät diese Struktur, insofern er nicht *so* prozediert: daß man 1) einen geistigen Gehalt *hat* und ihn „dann" 2) versinnlicht; sondern daß wir nur durch Versinnlichen der geistigen Gehalte zu ihnen selbst *als* Gehalten kommen, obwohl wir stets nach Maßgabe ihrer versinnlichen. Oder das Prozeßphänomen: des *Sich selbst* Verstehens, Sich selbst Klar-werdens.

Ich versuche, das Gesagte an einigen Beispielen zu illustrieren und wähle zuerst ein mir von Ihnen selbst entgegengebrachtes. Sie unterscheiden 239–241 [256–259] sehr gut das „Feld" mathematischer Konstruktion von dem „Gesichtsfeld" oder den „Raum der reinen Figur" von dem „Sehraum" oder den „optischen Sinneskreis" von dem „realen Gesichtssinn" oder den „figuralen Sinn der geometrischen Wahrheit" von der „Zeichnungsgestalt" oder „die Figur selbst" von dem „Figurbild". Es verhält sich also z. B.

$$\frac{\text{Zeichnungsgestalt}}{\text{figuralem Sinn}} = \frac{\text{Figurbild}}{\text{Figur selbst}} = \frac{\text{Sehraum}}{\text{Raum der reinen Figur}}.$$

Und da Sie 241 [258] von einer „Ebenbildlichkeit" des Figurbildes zur Figur selbst sprechen, so darf ich wohl „Ebenbildlichkeit" als Konstante aller dieser Proportionen ansprechen. Ferner ist nach Ihnen das Verhältnis *so,* daß das Bestimmen*de* in diesem Verhältnis die Figur selbst ist; das Bestimmte dagegen das Figur*bild.* Einseitige Abhängigkeit. Obwohl Sie es nun leider nicht ausdrücklich sagen und entwickeln, glaube ich doch, Sie getreu zu interpretieren, wenn ich sage: die „Figur selbst" oder „der figurale Sinn" (oder endlich auch der „Raum der reinen Figur") sind das *Schema.* Ferner: nach Tafel 172 [189] ist dann der „geistige Gehalt" der *Begriff* (z.B. Dreieck). Endlich 143 [159]: „Schematisieren heißt Vereinfachen ... Weglassen

nach einem *bestimmten Prinzip*" – und obwohl Sie hier kein bestimmtes Beispiel für ein solches Prinzip angeben, so glaube ich ganz
getreu zu interpretieren, wenn ich z. B. sage: die „Figur selbst" (eines
Dreiecks) ist Schema und als solches erreicht („entstanden", hervorgegangen aus) durch Weglassen nach Maßgabe des *Begriffs* „Dreieck", welcher Begriff in *dieser* seiner Maßfunktion dem zu erreichen-
den Schema gegenüber „Prinzip" ist. Damit stellen Sie also eine einseitig (in derselben Richtung laufende) gerichtete Abhängigkeitsreihe
her: 1) das Schema hängt einseitig ab vom Begriff 2) das „Figurbild",
die „Zeichnungsgestalt" hängt einseitig ab vom Schema. Also 1) Begriff → (bedingt) 2) Schema → 3) Zeichnungsgestalt. Über den Sinn
dieses „Abhängens" vielleicht später noch.

Von diesen Ihren Ansätzen aus, die ich mir *in ihrer vorstehenden
Isolierung,* aber nur in ihr, zu eigen machen kann, sage ich nun im
Anschluß an die oben entwickelte formale Situation: der Begriff
(„Dreieck") wird versinnlicht durch das Schema. Der Begriff entspricht also dem *„Punkt"* S der Zeichnung. Das Schema ist der versinnlichte geistige Gehalt und entspricht der Geraden V. *Ich* versinnliche *mir* den Begriff, indem ich *ihn* versinnliche. Ferner: ich erfasse
im Blick auf das Schema *unmittelbar* (und „unmittelbar" erfassen
kann ich nur in dieser Blickrichtung) das Versinnlichte *als* das, was es
ist, als Dreieck nämlich. Ferner: Indem ich den Begriff versinnliche,
bestimme ich ihn allererst: das Schema *ist* die ganze Bestimmtheit des
in sich absolut unbestimmten Begriffs (darüber gleich mehr). Ich *er-
schaffe* also den *bestimmten Sinn,* und der *„bestimmte Sinn"* ist die
Identität von geistigem Gehalt und seiner Versinnlichung, hier von
Begriff und Schema. Endlich: das Schema ist *Teil* des Begriffs als eines Ganzen, *denn* es gibt (sind möglich) *unendlich viele reine Figuren selbst* (also auf Zeichnungsgestalten ruht hier noch gar nicht der
Blick), die voneinander differieren und trotzdem darin übereinkommen *reine* Versinnlichungen des Begriffs zu sein. Der „bestimmte
Sinn" ist also in sich allgemein (ohne jede Reflexion darauf, daß der
Begriff „Dreieck" auch abstrakter Begriff von Zeichnungsgestalten
oder gar von in der Natur vorkommenden dreieckigen Gebilden ist);
das Schema ist das Moment der Besonderheit; und die echte Identität
von Schema und Begriff ist das Moment der Einzelheit (Individuali-
tät). Das Schema ist also wesentlich immer *„ein Schema"* (aus *belie-
big* vielen, die sich in ihrer *Funktion* zur Bestimmung von Zeich-

nungsgestalten und Naturgebilden restlos vertreten können), und dies wesentliche ein „ein Schema"-Sein steht in *einer* Linie mit dem oben über „ein Löwe" Gesagten. (Auf die Unterschiede beider brauche ich *hier* gar nicht zu reflektieren). Wie komme ich nun zur wesentlichen Behauptung: der Begriff (das Moment des Begriffs im Ganzen des bestimmten Sinns) sei absolut unbestimmt, derart daß *seine* Versinnlichung, das Schema, die totale Bestimmtheit (und das Versinnlichen das totale Bestim*men*) des Begriffs sei, obwohl doch anderseits der Begriff *Prinzip seiner* Ver*sinnlichung* ist? Problem der *Geburt der Bestimmtheit aus dem apeiron.*[15] (aber so gefaßt ist es ein metaphysisches Problem – das Problem ist aber etwas ganz Schlichtes, Unmetaphysisches – und ist der Grund, aus dem diese bestimmte metaphysische Problematik (die „legitim gebildet" ist) *erklärt* und dadurch unwirksam gemacht werden kann). Wie kann ein in sich absolut Unbestimmtes Prinzip eines Bestimmten sein?

An die unmetaphysische Diskussion dieses Problems gehe ich mit einigem Herzklopfen heran. Zunächst: wenn ich mich auf das *repräsentative* Bewußtsein beschränke (wie ich muß – aber: den letzten und sinnfälligsten Grund für die echte Absolutheit des repräsentativen Bewußtseins habe ich noch nicht ausgesprochen; das Obige ist in gewissem Sinn noch immer formale Behauptung) und dann frage: was ist denn *innerhalb* seiner der Begriff? So kann ich nur antworten: er ist ein „*Wort*" – nichts mehr und nichts weniger. Z. B. „Dreieck". Als bloßes Wort kann dieser Punkt S natürlich nicht Prinzip sein. Als solches bloßes Wort *bezeichnet* oder *benennt* es aber gewisse Gegenstände, die uns durch das *präsentative* Bewußtsein „gegeben" werden. Hier kommt also wesentlich die Sphäre des präsentativen Bewußtseins in Sicht; aber ich erinnere daran, daß ich mir bewußt bin, die Absolutheit des repräsentativen Bewußtseins, ungeachtet dieses wesentlichen Insichtkommens, noch beweisen zu müssen. (welcher Beweis identisch sein muß mit einer Definition von „Absolutheit"). Zunächst darauf aber nicht reflektierend fahre ich fort: „dies *ist* ein Dreieck" *kann* meinen: dies *nenne* ich ein Dreieck oder „Dreieck" ist das *Wort* zur Benennung dieses Gegenstandes. Aber auch als Benennung kann „Dreieck" nicht Prinzip sein, denn dann

---

[15] Griechisch: Das Unbegrenzte, das Unendliche. – Grundbegriff der Kosmologie des Vorsokratikers Anaximander.

wäre die Konstruktion Nachahmung. Ich mache also einen zweiten Versuch, indem ich mich erinnere, daß das Wort nicht nur benennt, sondern auch bedeutet. Indem das Wort „Dreieck" ein „Dies da" benennt, *kann* es dies „Dies da" *als* Allgemeines „meinen" (z. B. Ihre Seite 152 [168] – auf *Ihren* Zusammenhang reflektiere ich hier noch nicht). Das *als* Allgemeines gemeinte dieses-Dreieck ist die *Bedeutung* des Worts, durch welche Bedeutung es *Begriff* wird. „Begriff" ist *hier* also ein Wort, das zugleich 1) präsentierte Gegenstände benennt und 2) eine Bedeutung – eben *die* der benannten Gegenstände – *hat*. Einen solchen Begriff „*bilden*" wir (großes Problem dahinter, aber hier noch nicht diskutierbar und auch noch nicht diskussionsfähig) und zwar „bilden" wir ihn (wie viele Schwierigkeiten auch darin liegen mögen – wie ja auch im Ausdruck „als Allgemeines *meinen*", welche Ausdrücke äquivalent sind) durch *Ausgehen von* den *präsen*tierten Gegenständen: wir „steigen" zum Begriff „auf". Begriff ist übrigens hier bestimmt das von Hegel „abstrakter Begriff" Genannte.

Und nun hat es den Anschein, als sei das Ziel erreicht, denn das *Wort*, das eine Bedeutung *hat*, der ein Gegenstand entspricht, der ein Gegenstand gemäß ist, derart, daß wir sagen können: dies „Dies da" *ist* ein solches – *dies* Wort also scheint Prinzip einer versinnlichenden Konstruktion sein zu können. Aber hier fängt nun das eigentliche Problem erst an exponierbar zu werden. Im Hinblick auf das früher formal Entwickelte fällt mir zunächst auf, daß das Wort, das eine Bedeutung hat, der ein präsentierter Gegenstand entspricht, ein *bestimmter* Begriff ist, der geistige Gehalt aber soll eben absolut unbestimmt sein. Ferner würde „Versinnlichen" hier nur das oben gegen das echte Versinnlichen abgehobene „Illustrieren" sein. Und endlich: wenn das Schema der geistige Gehalt *als* versinnlichter ist, dann fielen hier Schema und Zeichnungsgestalt oder auch präsentierter Gegenstand schlechthin zusammen. Sie sind aber – und dies auch bei Ihnen – verschiedene. (Trotzdem gibt es schlechteste Philosophen, die damit das Problem des „ist" für gelöst erachten, und die z. B. den Platonischen ὁδὸς ἄνω und κάτω[16] so interpretieren: vom Einzelnen zum Allgemeinen. Dann Umkehr: vom Allgemeinen zu Einzelnen. Als ob es sich um einen Spazierweg von A nach B und zurück von B

---

[16] Griechisch: Weg nach oben und nach unten; vgl. Politeia 527 B.

nach A handelte.) Von hier aus wäre nun ein Ansatz geschaffen, nochmals Ihre Auffassung des Erkenntnisproblems an Hand der Konkordanztafel 172 [189] zu studieren. Ich glaube, sie läuft der Kantischen Exposition des „ist" im letzten Kern analog. Doch das vielleicht später. Zunächst gehe ich meinen eigenen Gang weiter, indem ich, obige Aporie stehen lassend auf ein im Bisherigen noch gar nicht berührtes Feld der Betrachtung hinweise.

Daß es so Etwas wie „Begriffs*bildung*" *tatsächlich gibt*, beweist uns z. B. die Wissenschaft der Zoologie, wenn sie z. B. den Begriff „Katze" zu bilden versucht. Eine solche Begriffs*bildung* vollzieht sich zweifelsohne (und darin liegt eines ihrer Rätsel) unter der Herrschaft einer Tendenz auf eben einen *allgemeinen* Begriff, resp. auf eine *allgemeine* Bedeutung. Sie geht ferner vom Einzelnen zum Begriff und vom Begriff zum Einzelnen hin und her, denn sie kann den Begriff nach Maßgabe neuer Erfahrungen korrigieren, ihn umbilden; sie kann auch einem Exemplar gegenüber von Mißbildung u. s. w. sprechen. Eine Entscheidung des Problems, ob die Exemplare dem Begriff gehorchen oder ob der Begriff den Exemplaren „gehorcht" ist hier *wesentlich* unmöglich. Die schlecht-platonische und die rein empiristische Logik sind nichts als Kehrseiten einer und derselben Medaille. Sie sind ferner nichts als transzendierende Formulierungen der vorliegenden wesentlichen Unmöglichkeit einer Entscheidung. Das „ist" in den auf dieses Feld bezogenen Wissenschaften ist ein seiner philosophischen Qualität nach wesentlich problematisches und in den Wissenschaften selbst ein per definitionem *rein* analytisches.

Es gibt aber auch ganz andere Felder, die dadurch charakterisiert sind, daß in ihnen das „ist" seiner „philosophischen Qualität" nach kategorisch ist. Nach Beispielen brauche ich mich nicht lange umzusehen: wenn ich von Ihren „Ideen" als prägnanten Gehalten abstrahiere, so gehören z. B. die prägnanten Empfindungsgehalte dazu. Das Wort „Farbe" benennt ja zweifelsohne z. B. „dies Rotdatum" – es hat ferner eine allgemeine Bedeutung. Daß aber „dies Blaudatum" z. B. eine Farbe *ist*, wirklich eine Farbe ist, das ist der „philosophischen Qualität" nach ein schlechthin kategorisches Urteil. Aber dasselbe gilt nicht nur von Empfindungsdaten, sondern auch z. B. von Anschauung, Vorstellung; daß das, was ich jetzt vollziehe oder habe, eine Anschauung und nicht eine Vorstellung „*ist*", wirklich ist (Täuschungsmöglichkeiten sind ja kein Einwand) weiß ich schlechthin kategorisch. Und die Phänomenologie behauptet ja, daß es überhaupt nichts Präsentiertes und Präsentierbares „gibt", von dem es nicht, wenigstens *auch*, gelte. Wie immer es damit stehen mag, ich darf mich hier an einzelne Beispiele halten, z. B. eben „Farbe". Daß wir den Begriff „Farbe" „gebildet" haben, kann man schwer ableugnen, sicher aber ist das Bilden in diesem Fall im Vergleich zu obigem anderen Fall ein anderes. Zweifelsohne hätten wir niemals die Intention auf das Allgemeine vollzogen, wenn nicht eben mehrere voneinander verschiedene Fälle eines solchen Allgemeinen faktisch präsent gewesen wären. Der entscheidende Unterschied in beiden Fällen ist der von Husserl „singuläre Fundierung" genannte Sachverhalt.[17] Daß prinzipiell, nicht faktisch, ein *einmaliges* Gegebensein genügt, um zum Begriff aufzusteigen. Ich halte diese These für absolut richtig, aber für ganz wesentlich besser formulierbar und vor allem für der Diskussion im Blick auf die Möglichkeit des Behaupteten äußerst bedürftig, aber auch fähig.

Hier sage ich nur dies: der Hinblick auf z. B. die Farbe bringt die anschauliche Grundlage des früher entwickelten synthetischen Satzes in Sicht, daß wir *uns* die Farbe versinnlichen, indem und dadurch daß wir *sie* versinnlichen. „Farbe" ist 1) ein Wort, das einen präsenten Gegenstand bezeichnen kann (dies nenne ich „Farbe") 2) hat es eine allgemeine Bedeutung und ist also Begriff 3) aber es ist kein *bestimmter Begriff*, denn der bestimmte Wortlaut (Farbe, couleur u. s. w.) macht den Begriff nicht zu einem Bestimmten. Bestimmt ist ein Begriff immer nur, wenn er – von uns – bestimmt worden ist. Der Zoologe kann daher seine Behauptung „dies ist eine Katze" *beweisen*; daß „dies da" eine Farbe ist, kann nicht bewiesen werden (resp. beweist sich selbst). „Farbe" ist daher ein „geistiger Gehalt", dessen *ganze* Bestimmtheit eine von uns versinnlichte besondere Farbe ist. Diese von uns versinnlichte besondere Farbe ist ein *Schema* gegenüber den präsentierten Farben.

---

[17] Vgl. auch Intuition S. 346 und 365 f.; der Begriff „singuläre Fundierung" findet sich nicht bei Husserl, vgl. aber E. Husserl: Logische Untersuchungen. 2. Band: Untersuchungen zur Phänomenologie und Theorie der Erkenntnis. Zweiter Teil. Husserliana Band XIX/2, hg. von U. Panzer, The Hague/Boston/Lancaster 1984, S. 673 ff. und E. Husserl: Ideen zu einer reinen Phänomenologie und phänomenologischen Philosophie. Erstes Buch. Husserliana Band III/I, hg. von K. Schuhmann, The Hague 1976, S. 13 ff.

Zur Versinnlichung eines Löwen gibt es kein Schema (von der Kunst sehe ich hier noch ganz ab) – hier gibt es also keine *reine* Versinnlichung. Ich kann mir zwar einen Löwen vorstellen, mir bildlich einen Löwen ausmalen und dies auch zeichnen. Wie immer diese meine bildliche Vorstellung eines Löwen von all den Löwen, die ich in der Natur oder in Abbildungen kennen gelernt habe, differieren mag, so ist dies Ausmalen in sich selbst dadurch charakterisiert, daß sie auf ein solches Urbild zurückgeht, *sich* als darauf zurückgehend *weiß* (fehlte dies Moment, so wäre es keine Vorstellung, würden wir sie nicht „Vorstellung" *nennen*), was sich anderseits darin ausdrückt, daß sie für die der Vorstellung, dem Vorstellen, eigene Freiheit des *Abweichens* vom *Urbild* kein *immanentes Maß* hat. Wir können uns z. B. blaue Löwen vorstellen und fragen: sollte es sie vielleicht geben? Warum nicht? Der Zoologe wird das auf Grund seines bestimmten, aus Erfahrung gewonnenen Begriffs vielleicht verneinen.

Vorstellung ist also durch das Ineins der beiden Momente 1) absoluter Gebundenheit an die Urbilder (das faktisch Gesehene) 2) absoluter Freiheit im Abweichen vom Urbild *in sich selbst* charakterisiert. Der Blick auf die „besondere Farbe" dagegen, die ich oben *ein* Schema neben unendlich vielen anderen möglichen Schematen für *dieselbe* Farbe oder auch eine echte reine Versinnlichung des absolut unbestimmten Begriffs „Farbe" nannte, ist keine *vorgestellte* Farbe. Wenn ich mir z. B. eine Farbe (oder auch z. B. eben eine Vorstellung) vorstellen will, so kann ich entweder mir eine bestimmte schon gesehene Farbe vorstellen wollen – aber dann will ich nicht streng mir eine Farbe *vorstellen*, sondern mich einer bestimmten Farbe erinnern, mir sie erinnernd vergegenwärtigen. Oder aber: ich will mir „irgendeine beliebige" Farbe als irgendeine, d. h. als Beispiel für „Farbe" „vorstellen", aber dann fehlt diesem „Vorstellen" das dem echten Vorstellen wesentlich zugehörige Moment absoluter Freiheit und ich erlebe, bin mir bewußt einer absoluten Gebundenheit an ein *selbst unsichtbares Maß*. Dies erlebte absolute Wissen um die Gebundenheit an ein selbst unsichtbares, aber einen „Spielraum" gewährendes *Maß*, ist natürlich dasselbe - nur von anderer Seite her – als unser absolutes Wissen davon, daß dies-Da wirklich eine Farbe *ist*. Davon noch nachher.

Dies selbst unsichtbare Maß nun, dessen „Wirkung" sich aber fühlbar macht, wenn wir eine Farbe „vorstellen" wollen, wird der

„Punkt" S, d. h. der geistige Gehalt oder der *Begriff* sind schlechthin dasselbe. (a propos: „schlechthin" scheint identisch zu sein mit „schlechter Identität"). Und ich nehme nicht den geringsten Anstand, das Vorstellen einer Farbe (das aber eben kein echtes „Vorstellen" ist) eine geistige Schöpfung zu nennen. Es ist mir ein *echtes* Differential geistigen Schaffens, das man nur von dieser Basis aus beschreiben und erfassen kann. Indem nun bei diesem „Vorstellen" sui generis an Stelle des Moments absoluter Freiheit das Moment sinnvoller geistiger Gebundenheit tritt, indem, anders ausgedrückt, die vorgestellte Farbe (= V) *als* eine von S, d. h. von sich selbst qua Maß *regierte* „erfahren" (rein erfahren, erlebt) wird, *vernichtet* diese „Bewegung" soz. absolut die andere *auch* vorhandene Bewegung innerhalb des präsentierenden Bewußtseins, die ihrerseits ja von den gegebenen einzelnen Farben *zum* Begriff „Farbe" aufsteigt. Beide „Bewegungen" sind aber offenbar aufeinander „bezogen". Auf das „Wie" dieser „Beziehung" sui generis will ich hier nicht reflektieren. Aber die wechselseitige Vernichtung bei vorhandener Beziehung ist der Grund für das von Husserl „singuläre Fundierung" Genannte; im Hinblick darauf wird die Aussage deutlich, verständlich, daß „prinzipiell" ein einmaliges Gegebensein genügt. Desgleichen beruht hierauf und nur hierauf die Möglichkeit material-apriorischer Wesensgesetze. Denn wenn wir z. B. eine Farbe „vorstellen" (eben dieses vom echten Vorstellen ganz verschiedene Vorstellen sui generis. In der „Intuition" sagte ich oft dafür: „den Teil als Teil haben") so sind wir uns in der Gebundenheit doch gewisser *Variationsmöglichkeiten* (Spielraum) dabei bewußt. Und material-apriorische Gesetze formulieren nichts anderes als diese auf einen allgemeinen Ausdruck gebrachten Momente des Maßes. Das Maß selbst, der Punkt S hat natürlich keine „Momente"; eher [?] aber kann unser sich Orientieren am Maß in verschiedene momenthafte Richtungen aufgespalten werden. Dies allgemein ausgedrückt ergibt ein material-apriorisches Wesensgesetz.

Das absolut Unbestimmte kann also Prinzip eines Bestimmten sein, wenn dasjenige, was wir *uns* „versinnlichen", *als* Versinnlichung gemäß einem Maß, gemäß einem Prinzip, und das heißt eben *als Versinnlichung eben dieses Prinzips* geistig erfahren wird. In (verschränkt) ähnlicher Weise wird die „Welt" als Inbegriff des anschaulich Gegebenen und Gebbaren im Anschauungsbewußtsein selbst erlebt *als* aus einem selbst unsichtbaren Kern *herausgeboren*; die „Welt" ist für uns nicht einfach da, sondern *tritt uns entgegen* nicht so, daß *in* der Welt nun auf einmal z. B. ein Vogel auf uns zufliegt, oder wir, in übelster Bildersprache, bei einer Blickwendung von links nach rechts z. B. sagten: diese neue Ansicht, der wir uns jetzt zuwenden, tritt uns gleichsam entgegen. Sondern gesetzt auch wir säßen stundenlang in einer und vor einer absolut unbewegten Einöde, so *tritt* dies „Bild" uns doch ewig *entgegen*. Beide Aspekte, die sich natürlich noch sehr viel besser beschreiben lassen, auf den Begriff gebracht: die „Welt" des Anschauungsbewußtseins ist „an sich für uns" – die „Welt" des *re*präsentativen Bewußtseins (Ihr Begriff in meinem Sinn natürlich) ist „für uns *an sich*".

Die „Absolutheit" beider Bewußtseins-„Arten" (!!) beruht auf der absoluten Wechselbedingtheit *innerhalb* jeder der Arten: 1) zwischen dem was anschaulich erscheint und dem Kern der „Welt" 2) zwischen dem versinnlichten Sinn (V) und dem absolut unbestimmten Sinn („Intuition": die „Idee" ist ein Ganzes (sc. von Ganzem und Teilen) in der Form eines Gegenstandes; die Existenz ist dasselbe „in der Form eines Zustandes") – Es ließe sich darüber noch eine Unmasse sagen; ich muß auch noch, um einen Boden für die Kritik zu haben, einige Punkte herausgreifen. Zunächst: was ergibt sich von hier aus über die Qualität des „ist" in dem Urteil „Dies da *ist* eine Farbe"? Wir haben etwa vor uns präsent eine Farbe; wir können sie „als Allgemeines meinen", können ferner dieser Bedeutung das Lautzeichen „Farbe" zuordnen, sie so benennen und per consequentiam dann auch dies „dies da" „Farbe" *nennen*. Schon hier *ist* das „Dies da" eine Farbe, ist es als eine Farbe *seiend* intendiert. Aber, *wenn* dies das ganze Verhältnis wäre – und nicht nur eine Seite davon, dann hätte das „ist" eine *wesentlich* problematische Qualität. Nun können wir aber auch – und zwar wesentlich – jedes beliebige *Wasdatum* (= präsentiertes Datum) *uns* versinnlichen, indem wir *es* versinnlichen. Wir können „es" (d. h. hier das Wasdatum) *gemäß* dem unsichtbaren Punkt („aus ihm heraus") vorstellen, wissen damit (weil wir es ja selbst „vollzogen" haben), daß es *seinem* Prinzip entsprechend *ist*. Und zwar genau *dieses* Wasdatum unter Abzug des – Kontextes *in* dem es steht und der Reihe der Kontexte, in dem der erste Kontext selbst wieder steht. Also ist das erzeugte oder versinnlichte Datum (das Schema) irgendwie identisch mit dem präsentierten Datum und auch irgendwie verschieden davon. Die Verschiedenheit *kann nicht* auf ein Hinzukommen eines „Meinens" zurückgeführt werden, derart, daß man sagen könnte, das versinnlichte Datum (= V) ist das *als* versinnlichtes *Gemeinte* präsentierte Datum. Denn das echte reine Versinnlichen ist schlechterdings kein „Meinen"; das kann man so genau sehen, wie man blau von rot sehend unterscheidet. Und wäre es so, dann könnte es ja auch keine Urteile geben, in denen das „ist" von wesentlich problematischer Qualität ist. Und es gibt doch solche. Die Frage ist einfach die: eine „Hinsicht" zu finden, in der *Wasdatum* und *Teil* (= V) identisch und verschieden sind oder unter der sie als „Arten" eines Allgemeinen begriffen werden können. Ich mache den aussichtslosen Versuch dieses Findens hier nicht, sondern gehe zunächst weiter: man kann nämlich evident (und doch sehr rätselvoll) sagen: daß das *Versinnlichen* (= Vorstellen = Erzeugen des gegebenen Was) soz. der *Beweis* dafür *ist*, daß das *gegebene* Was wirklich eine „Farbe" *ist*. Aber das ist anscheinend ein Beweis, der auf einer quaternio terminorum beruht, insofern ja das Was, für das der Beweis geführt wird, und dasjenige Was an dem oder vermittelst dessen der „Beweis" geführt wird, verschieden sind. Wir „meinen", daß das gegebene Was wirklich eine Farbe ist; daß der *Teil* dagegen eine Farbe ist, meinen wir nicht, sondern *tuen* es soz. – Den Zusammenhang beider kann man auch so aussprechen: jedes gegebene Was *kann* notwendig möglicherweise *als Teil* versinnlicht werden. Oder: jedes gegebene Was hat notwendig möglicherweise sich selbst zum Schema seiner selbst. Oder auch: jedes Was ist potentia dasjenige, was es als Teil actu ist. Auf diesem Zusammenhang gründet das Urteil „dies *ist* eine Farbe".

Natürlich sind damit terminologische Verschiebungen verbunden, die über die Sache nichts ausmachen. Ich bezeichne vor allem die wichtigste: Versinnlichung und Schema. Oder genauer *„reine* Versinnlichung". Da Sie von „reiner Versinnlichung" eben nur bei Ihren *reinen* Fällen sprechen; ich meinerseits von „reiner Versinnlichung" ganz allgemein und ohne jede positive oder negative Hinsicht auf *Ihre* reinen Fälle rede, so brauchen wir uns darüber terminologisch nicht zu streiten. Ich behaupte nur das Phänomen als solches, das ich reine Versinnlichung nenne, und bei dem m. E. von „Versinnlichung" in präzisem Sinn gesprochen werden muß. Nun bin ich von dem Dreiecksbeispiel ganz abgegangen, weil es komplizierter liegt, und weil hier nun *Ihr* „reiner Fall" in Sicht kommt. Die Diskussion wird hier schwierig und läßt sich nicht in Eine gerade Linie bringen; es folgen eine Reihe Einzelbemerkungen, die ich Sie so als Einzelbemerkungen zu lesen bitte. Mein nächstes Ziel ist dabei eine Diskussion der Konkordanztafel S. 172 [189] – das weitere Ziel immer noch die Diskussion Ihres Beweises der „Einheit des Sinnes".

Eine nun der Komplikationen im geometrischen Gebiet, die vielleicht in Ihren Bemerkungen über die Apriorität der Richtung eine Auflösung finden können, die Sie aber nicht berühren, ist die Tatsache (sit venia verbo), daß z. B. die Gerade der geometrisch-wissenschaftlichen Idee nach eindimensional ist, während die gezeichnete Gerade dies nie ist und nie sein kann. Damit hängt ja ferner zusammen die Möglichkeit exakter Konstruktion, z. B. Undimensionalität des Schnittpunkts zweier Geraden u. s. f. Ihre Bemerkungen über Sehfunktion, Richtung u. s. w. will ich gar nicht antasten, weil sie mir einfach tief zu sein scheinen. Ich sehe auch wohl, daß das keine isolierte Tatsache ist, sondern eben Glied in einem Ganzen ist. Aber hier im kritischen Gang will ich tunlichst dies Gebiet nicht berühren. Abgesehen nun von diesen „Komplikationen" (eine andere „Komplikation" noch: den Raum sehen wir doch, erfassen wir doch, welche Genesis immer dies Erfassen haben mag; *die* Farbe dagegen ist nicht so etwas in der Gegenstandsfläche selbst Erscheinendes.) finde ich das Farbenbeispiel und das Dreiecksbeispiel durchaus gleichlaufend. In beiden ist gegeben (beispielhaft): 1) ein Begriff 2) ein Schema (Das Dreieck *als* Schema, als rein Versinnlichtes, d. h. die *gemäß dem Begriff* sich vollziehende „Vorstellung" sui generis *eines* Dreiecks, in welchem Vorstellen dann hier die obige „Komplikation" gegenüber der Farbe eintritt: daß nämlich exakte Dimensionen denkend vorgestellt oder vorstellend gedacht, gemeint werden) 3) eine Zeichnungsgestalt, wobei ich im Moment keinen Unterschied sehe, ob ich nun ein Dreieckschema zeichne oder ein Farbschema mit Pinsel und Farbe tatsächlich hinmale. Und es gilt hier *in dieser Isolierung* eine eindeutige Abhängigkeitsbeziehung zwischen 1) Begriff → 2) Schema → 3) Bezeichnetem. Schema und Begriff sind nicht dasselbe, denn das Schema ist in allem Wesentlichen durchgehend bestimmt. Aber zwischen Begriff und seinen unendlich vielen möglichen Schematen besteht *„partielle* Identität", und um dieser partiellen Identität willen gilt der am Schema geführte Beweis für schlechthin alle „Fälle" des

Begriffs Dreieck. (Eine andere „Komplikation" könnte darin gesehen werden, daß „das" Dreieck ja nun ein *bestimmter Begriff* ist. Aber 1) geht das „Dreieck" wie alle Figur letzthin auf den Raum, als in ihm enthaltene und ihn bestimmende Figur zurück. 2) scheint mir eben darin das eigentlich Charakteristische der Mathematik zu liegen, daß hier *bestimmte* Begriffe sich als Ganzes zu Teilen (Schematen) verhalten. Jedes rein versinnlichte Dreieck ist ein Teil des Begriffs Dreieck. Daß wir hier recht eigentlich „konstruieren" können, liegt doch daran und heißt ja auch nichts anderes als daß wir *bestimmte* Begriffe rein versinnlichen können. Dies beides zusammengenommen: 1) daß jede Figur notwendig möglicherweise eine reine Versinnlichung und Bestimmung des an sich absolut unbestimmten Raumes ist 2) daß *bestimmte* Begriffe *bestimmter* Figuren wiederum rein versinnlicht werden können – darin liegt mir das mathematische Problem. Wir konstruieren hier primär den Begriff selbst, d. h. wir geben ihn anschaulich.)

Von hier aus wende ich mich noch einmal zurück und betrachte Ihre Konkordanztafel 172 [189]. Sie stellen gegenüber Reihe der Anschauung und Reihe der Auffassung. Ich glaube Sie richtig zu interpretieren, wenn ich sage: die Reihe der Auffassung faßt auf eben die Reihe der Anschauung. Das was aufgefaßt wird ist die Reihe der Anschauung, und sie wird aufgefaßt durch oder mit Hülfe der Reihe der Auffassung. Wir haben so z. B. 1) antreffen – 2) die angetroffene Gestalt 3) die „Form" dieses Gehalts: Darstellbarkeit. Nun muß ich doch wohl auf Grund der Tafel sagen: wird diese Möglichkeit (sc. die Darstell*keit*) realisiert, so *konstruieren* wir. Statt „konstruieren" kann ich, wenn ich recht sehe, auch „schematisieren" sagen. Wir schematisieren oder konstruieren nun die angetroffene Gestalt und zwar *gemäß* einem Prinzip, welches Prinzip doch wohl der „Begriff" sein muß, also der „*Gehalt*" der Reihe der Auffassung. Und nun kann ich mir die Frage nicht beantworten: *was* denn hierbei „*aufgefaßt*" wird? Von vorstehender allgemeiner Exposition des Verhältnisses der Reihen aus muß ich sagen: aufgefaßt wird die angetroffene Gestalt. Aber da in der Reihe der Auffassung selbst sowohl eine „Funktion" als auch ein ihr entsprechender „Gehalt" erscheint, so müßte ich doch sagen: aufgefaßt wird durch Schematisieren der Begriff.

Ich sehe in dieser Verlegenheit natürlich direkt noch keinen Einwand, sondern nur einen Index für einen möglichen Einwand. Aber noch dies: von hier aus ist es mir auch wirklich unbegreiflich, wie Sie das Schema als „Form des Gehalts" bezeichnen können; daß also z. B. die Form des Begriffs das Schema sein soll. Aber damit habe ich Sie natürlich noch nicht interpretiert. Ich denke, Sie sagen so: aufgefaßt wird die angetroffene Gestalt. Und zwar *vermittelst* ihres Begriffs. Vermittelst des Begriffs fasse ich die angetroffene Gestalt auf *als* das was sie ist. Dies Auffassen der Gestalt als das was sie ist leistet Konstruktion resp. Komposition eben dieser Gestalt. Die konstruierte resp. komponierte Gestalt aber, d. h. die als das, was sie ist, aufgefaßte resp. verstandene Gestalt ist gegenüber der bloß angetroffenen Gestalt ein schematisch Vereinfachtes, hat also soz. das Schema, den Schema-Charakter zu ihrer Form, als ihre Form. Wissenschaft will erkennen – das anschaulich Gegebene – als das was es ist. Dies erreicht sie durch Konstruktion resp. Komposition – nicht unserer Meinungen über sie – sondern der gegebenen Gehalte selbst. Aber eben in diesem Konstruieren der Gehalte selbst vereinfacht sie methodisch die Gehalte, wird also der ursprüngliche Gehalt formell zu einem Schema.

Ehe ich mich nun mit diesen Aufstellungen im Einzelnen konfrontiere, versuche ich noch Ihre Darstellung des „reinen Falls" in diesem Gebiet auf meine Weise zu interpretieren. Wenn ich recht sehe, könnten Sie *so* sagen: Wissenschaft überhaupt ist eine Art möglicher Sinngebung, deren differentia specifica gegenüber anderen Arten von Sinngebung darin liegt, daß sie die Gehalte der Anschauung in schematischer Vereinfachung darstellt. Ein durch schematische Vereinfachung dargestellter Anschauungsgehalt ist ein im wissenschaftlichen Sinn sinnvoller Gehalt. Wissenschaft also ist *in sich selbst* Darstellung, Wiederholung, von Anschauungsgehalten. (Natürlich methodische Darstellung oder Vereinfachen gemäß einem Prinzip, welches Prinzip letzten Endes durch „unser Interesse an Ausdehnung und Sicherung unseres Aktionsfeldes" 143 [159] bestimmt wird. – A propos: aus diesem „Prinzip" leiten Sie dann 143 [159] ab, daß dem „Wechsel der Erscheinungen, die ausgebreitet sind und dauern, die Kontinua des Raumes und der Zeit zugeordnet werden" *müssen*. Wollen Sie damit sagen, daß das Kontinuierliche an der anschaulich gegebenen Ausbreitung und Dauer eine subjektive Zutat von uns ist?)

Unter den mancherlei möglichen Arten von Anschauungsgehalten gibt es nun solche, die in sich selbst dadurch charakterisiert sind, daß sie eine nachahmende Wiederholung oder Darstellung gestatten. Es sind dies die Gestalten der antreffenden Anschauung. Wissenschaft als solche geht immer auf Darstellung aus (von sich aus), gleichgültig ob der Gehalt, den sie darstellen will und aus ihrem Wesen heraus darstellen muß, darstellbar ist oder nicht. Hat sie einen Gehalt vor sich, der nicht darstellbar ist, so entwickeln sich aus diesem Zusammentreffen einer in sich, aus sich auf Darstellung ausgehenden Sinngebung und einem aus sich selbst heraus nicht darstellbaren Gehalt synthetische hier nicht interessierende Methoden, die diesen Zwiespalt in welcher Weise immer überbrücken. (En passant: das müßte doch geradezu ein Deduktionsprinzip für bestimmte Kategorienfelder ergeben) Aber wenn Wissenschaft auf darstellbare Gehalte trifft ist *auch noch* nicht der reine Fall gegeben. Der „reine Fall" ist nur *dann* gegeben, wenn der Gehalt, an den sich die Wissenschaft wendet, nicht nur darstellbar schlechthin, sondern *selbst rein darstellbar* ist. (cf. 144 [161]: „Gewinnt also das Schematisieren in dem Spezialfall seiner Anwendung auf *rein* darstellbare Phänomene der antreffenden Anschauung die Form der Konstruktion..." Es gibt also Gehalte der Anschauung, die *in sich selbst rein darstellbar* sind. Dann muß doch das Kontinuierliche der Erscheinung, das doch für mathematische Konstruktion wichtig ist, an der Erscheinung selbst schon „vorhanden" sein).

Anschauungsweise und Sinngebungsweise durchdringen sich dann restlos „durch etwas in ihnen Gleichartiges" 178 [195]. In diesem Fall ist dann folgendes gegeben: daß eine „rein darstellbare", d. h. *konstruierbare* Gestalt konstruiert wird. Dies ist „Konkordanz zwischen Anschauung und Sinngebung" (287 [304]), welche Konkordanz Ästhesiologie zu begründen hat (261 [278]). Konkordanz ist also dadurch ausgezeichnet, gewinnt dadurch soz. ihr besonderes Gewicht und Gesicht: daß z. B. wissenschaftliche Sinngebung *rein von sich aus*, aus *ihrem eigensten Wesen heraus, also noch ohne jeden Hinblick auf das Feld, dem sie Sinn gibt*, soz. zu ihrer wirklichen Aktualisierung, zu ihrer wahren, echten, reinen Verwirklichung *darstellbare Gehalte* bestimmter Charakterisierung (eben „*rein* darstellbare Gehalte") *fordert*. Daß dieser Forderung eine Erfüllung entspricht, entgegenkommt, daß es Gehalte *gibt*, die sich, *ebenfalls ihrer eigensten*

Natur nach, zu wissenschaftlicher Darstellung eignen, die das mit sich soz. machen lassen, was Wissenschaft ihrem Wesen gemäß mit jedem Gehalt „machen" *muß*, das ist zunächst ein rätselhaftes Faktum („Konkordanz" von Ihnen genannt, ein Faktum aber, dessen Faktizitätscharakter Philosophie überwinden will und in der Ästhesiologie auch überwindet. Die Entdeckung der „Akkordanz der optischen Funktion zur geometrischen Konstruktion") 245 [262] *ist* und *bedeutet* Überwindung des Faktizitätscharakters der Konkordanz von antreffender Anschauung und wissenschaftlicher Sinngebung. Oder: Akkordanz ist der Grund für die Tatsache der Konkordanz.

Und die Kritik? Zunächst wieder ein Stoßseufzer: denn ich bin mir ja bewußt, daß meine eigene Basis keineswegs gesichert oder vollständig ist, und auch dessen, daß interpretatorische Dunkelheiten noch immer vorhanden sind. Lesen Sie das Folgende also wie das Vorhergehende: als Fragen, Anregungen, Einwände wie sie ein Gespräch zu tage förderte.

Zunächst handelt es sich hier ja um eine Wissenschaftstheorie, die von erkenntnistheoretischen Fragen absieht. Das Erkenntnistheoretische der Sache diskutieren Sie an anderem Ort. Diese Wissenschaftstheorie nun ist äußerst pragmatistisch. Zweck des wissenschaftlichen Tuns ist Beherrschung der Natur. Und dagegen möchte ich nichts einwenden. (Wenn das „Sinngebung" ist, dann ist die vollkommen beherrschte Natur die vollkommen sinnvolle Natur! Natürlich wissenschaftlich sinnvolle) Wie erreicht der Mensch diesen Zweck? Eben durch Wissenschaft. Hier beginne ich nun schon leicht zu reagieren. Denn ich könnte mir zwar denken, daß die Beherrschung der Natur ein *notwendig möglicher* Zweck der Wissenschaft ist, wenn man sie nämlich zu diesem Zweck verwenden will, aber daß Wissenschaft soz. ein bloßes vom Menschen ausgedachtes Mittel ist, um die Natur zu beherrschen, daß Wissenschaft sich also im Grunde zur Herrschaft über die Natur nicht anders verhält wie der Stuhl zum Sitzen, das ist mir doch sehr fraglich. Natürlich bin ich mir größter Schwierigkeiten auch bei meinem Ansatz bewußt: daß Naturbeherrschung ein *notwendig* möglicher Zweck der Wissenschaft ist. *Ich* muß mich fragen: worauf beruht diese *notwendige* Möglichkeit? – Wie erreicht, verwirklicht nun Wissenschaft ihren Zweck bei Ihnen? Anders gefragt: was ist *infolgedessen* das Ziel der Wissenschaft? Das Ziel der Wissenschaft ist *Darstellung* der anschaulich gegebenen Gehalte; genauer: Darstellung in methodisch streng vereinfachter Weise. Die Spannung, die in der „Konkordanz" als soz. einem zunächst glücklichen Fall ihre Beruhigung findet, resultiert also daher, daß der Mensch soz. von Hause aus einen dringenden Zweck hat und daß nun die Frage entsteht: ist die Welt so, daß der Mensch in ihr diesen seinen dringlichen Zweck verwirklichen kann? Ja! Und Ja infolge der Konkordanz. Denn die Autonomie, das Selbstwesen der Wissenschaft (von dem ich oben bei der Exposition der Konkordanz sprach) ist ja nur eine aus diesem Zweck *derivierte* Autonomie. Wie alle „Mittel" hat Wissenschaft ihr „Wesen" von einem Andern.

Im Hinblick nun auf „Darstellung" als Ziel der Wissenschaft betrachte ich zunächst diesen Ihren Begriff von „Darstellung" *überhaupt*. Nach 144 [160] ist Darstellung, zum mindesten *auch*, „Wiederholung", so sehr „Wiederholung", daß Sie 2 Arten von „Wiederholung" nebeneinanderstellen: a) künstlerische Nachahmung b) schematische Konstruktion in mathematischer Weise. Jede „Wiederholung" des Gegenstandes kann man ja auch eine „Erzeugung" des Gegenstandes nennen. Und so sagen Sie ibidem 144 [160]: „Mathematik erzeugt ... den Gegenstand der darstellbaren Anschauung." Noch deutlicher ist 183 [200], aus dem ich entnehme: Darstellung ist „Erzeugung der Anschauung" des betreffenden Gehalts. Derjenige Gehalt dann, dessen Anschauung gemäß einem Prinzip erzeugt worden ist, ist dann ein *erklärter Gehalt* (im Anschluß an 145 [161]).

Diesen Bestimmungen gegenüber erhebt sich für mich dann ein Kumulus von Fragen und Einwänden. Wenn z. B. der Astronom eine Sonnenfinsternis voraussagt und die Natur dann das fragliche Phänomen darstellt, würden Sie das Erzeugung der Anschauung des Phänomens durch die Wissenschaft nennen? (Ich meine diese Frage nicht im mindesten hinterlistig – ohne Ausrufungszeichen also.) Ich hätte die größten Bedenken dagegen. Die Chemie anderseits erzeugt ja tatsächlich in ihren Synthesen und Analysen die Anschauung gewisser Stoffe. Man spricht ja auch von „Darstellung" in diesem Gebiet. Das müßte doch soz. das Urphänomen von Darstellung sein. Aber das kann ich dann mit dem vorigen Fall und auch vielen sonstigen Fällen nicht unter einen Hut bringen. (In Ihrem neuen Buch sprechen Sie von „Feststellung" [18] – das gefällt mir viel besser).

---

[18] Stufen, Ges. Schr. IV, S. 171 ff.

Die erklärende Wissenschaft sucht sich freilich eine Vorstellung davon zu machen, wie gewisse Phänomene vor sich gehen, zustande kommen. Und aus ihren Vorstellungen erwachsen ihr die Möglichkeit Experimente zu ersinnen, in denen, vermittelst derer sie ihre Vorstellungen auf ihre Richtigkeit prüft, sie verifiziert. Ich würde im Hinblick darauf folgende vagste Formel für wissenschaftliches erklärendes Verfahren wagen: Anschaulich gegeben sind gewisse Erscheinungen und gewisse Zusammenhänge dieser Erscheinungen. Einige solcher Zusammenhänge werden als klar hingenommen, z. B. Druck und Stoß (weshalb dies, will ich hier nicht diskutieren, habe auch nur Vermutungen darüber), andere nicht (z. B. magnetische Anziehung). Die Wissenschaft erstrebt Rückführung des anschaulich „unklar" Gegebenen auf anschaulich klar Gegebenes. („Klar" vielleicht das, was der Mensch selbst erzeugen kann – einfachste Geräte u. s. w.). Sie supponiert also, daß die Natur in der Erzeugung ihrer Phänomene nicht anders verfährt als der Mensch. So entwirft sie allerdings eine Anschauung von der Natur, die von der tatsächlich gegebenen Anschauung ausgeht und auf sie bezogen bleibt. (Experiment. Feststellung!)

Aber ich glaube nicht, daß diese vorstellungsmäßig erzeugte Anschauung der Natur irgendwie eine nach einem Prinzip vereinfachte Wiederholung der ursprünglich gegebenen Natur ist. Ich könnte auch, wenn es so wäre, nicht begreifen, wie dadurch die eigentümlichen Erfolge der Wissenschaft zustande kommen. Nehmen Sie etwa ein anschaulich gegebenes Phänomen wie Rudern oder Segeln. Wie das möglich ist, wie das zustandekommt, ist anschaulich „unklar". Einer Erklärung des Ruderns nähern wir uns mechanisch, d. h. wir substituieren zunächst dem Vorgang ein auf Druck und Stoß beschränktes Modell. Und *dann* erst fragen wir: wie müssen wir uns die Beschaffenheit des Wassers vorstellen, damit wir den Vorgang gemäß diesem Modell begreifen können. Und dabei kommen wir dann auf ganz merkwürdige in der ursprünglichen Anschauung gar nicht enthaltene Bestimmungen des Wassers. Aus diesen Bestimmungen ziehen wir dann Anregung zu verifizierenden Experimenten. Aber das „Modell" ist hier nicht Prinzip einer schematischen Wiedergabe weder des Ruderns noch des Wassers, obwohl es freilich Prinzip der Erklärung ist. Indem die gewonnenen Bestimmungen zwar von der Anschauung ausgehen und in experimentellen Feststellungen zu ihr zurückstreben, haben sie doch selbst etwas eigentümlich zwischen Anschauung und Begriff Schwebendes. Ein Eigentümliches, in das mir noch jede echte Einsicht fehlt. Ein anderes gutes Beispiel sind ja die Lichttheorien, der Äther (Lenard, Graetz contra Einstein)[19], u. s. f. – Ferner: Druck und Stoß sind in der Anschauung gegeben. Das Modell stammt aus der Anschauung, ist für die Wissenschaft also von vornherein etwas *relativ* Sinnvolles, ohne Sinngebung durch Darstellung.

Ich komme auf einen anderen Punkt. Welcher Begriff von „Schema" liegt Ihrer Bezeichnung „Schema = Form des aufgefaßten Gehalts" zugrunde? Schematisieren, sagen Sie, ist Vereinfachen des präsentierten Gehalts nach einem Prinzip. Ich sehe dabei einen Augenblick von der bestimmten Natur des Prinzips ab. Dann entspricht dieser Schemabegriff in der Tat dem im gewöhnlichen Leben vorkommenden Schema-Begriff, der in einer Linie steht, dasselbe nur von anderer Seite her sagend, wie der gewöhnliche Begriff von „Versinnlichung". Ich glaube nicht, daß man den in Eine Linie stellen darf mit dem Kantischen Begriff des Schemas (Ihre Seite 173 [190]). Es handelt sich dann in der Tat um Versinnlichung eines schon Versinnlichten. Welche Versinnlichung nach mancherlei Prinzipien, die sämtlich dem Gegenstand äußerlich sind, prozedieren kann. Und auch „Beherrschung der Natur" ist ein dem Gegenstand äußerliches Prinzip.

Nur dann, wenn das Prinzip der versinnlichenden Schematisierung dem Gegenstand nicht äußerlich ist, d. h. wenn es der *Begriff* des zu Versinnlichenden ist, haben wir philosophische Versinnlichung und philosophisches Schema. Und das scheint mir freilich in der Wissenschaft der reinen Geometrie zuzutreffen. Aber dafür verkehrt sich mir dann auch die Auffassung der Geometrie und, last not least, des Verhältnisses der Geometrie zu den anderen Wissenschaften, welches Verhältnis bei Ihnen das parataktische von Arten ist.

M. E. konstruieren wir in der Geometrie weder den Gehalt (das Figurbild) noch den Begriff des Figurbildes, sondern durchaus die *„Figur selbst"*, d. h. das Schema, das nicht etwas am Gehalt (z. B.

---

[19] Vgl. P. Lenard: Über Äther und Materie. Heidelberg [2]1911; Über Relativitätsprinzip, Äther, Gravitation, Leipzig [3]1921; Über Äther und Uräther, Leipzig 1921 und L. Graetz: Die Atomtheorie in ihrer neuesten Entwicklung. 6 Vorträge, Stuttgart [2]1920.

Form des Gehalts) ist, sondern etwas *Selbständiges* und von Figurbild wie Begriff deutlich Unterschiedenes, obwohl eben auf beide
rätselhaft „Bezogenes" ist. Nimmt man dem Schema diese „*Selbständigkeit*", die es trotz und vielleicht gerade durch seine doppelte Bezogenheit hat, so nimmt man ihm seine philosophische Bedeutung,
Funktion und „Rätselhaftigkeit".

Das scheint mir aber beim Schemabegriff des üblichen Lebens und
Sprachgebrauchs der Fall zu sein. Wenn das Schema der gemäß einem ihm äußerlichen Prinzip vereinfacht reproduzierte Gehalt ist,
dann hat es keine eine Beziehung *ermöglichende Mittelstellung* mehr,
sondern ist ein durch Mensch und äußerliches Prinzip zugleich ver-
mitteltes Extrem zu dem anderen Extrem des Gehalts. Weder kann
ich einsehen, daß dieser Schemabegriff wesentliche Dienste zum Verständnis des Verfahrens der Naturwissenschaft leistet, noch halte ich
ihn mit dem der Geometrie wesentlichen Schemabegriff für identisch. Die Beziehung, das Verhältnis beider Schemabegriffe scheint
mir dasselbe zu sein wie das Verhältnis der obigen beiden Begriffe
von „Versinnlichung"; und natürlich liegt darin ein Problem sui generis. M. E. also konstruiert Geometrie das Schema selbst. Und echte
Konstruktion im weitesten Sinn scheint mir nur ein anderes Wort zu
sein für das, was ich oben[20] ein an einem selbst unsichtbaren Maß
orientiertes „Vorstellen" sui generis nannte. Das Schema als Mittleres
zwischen Begriff und Angeschautem verrät seine „Mitte" auch dadurch, daß es von dem Angeschauten das Gegebensein (das Angeschaute ist in sich etwas Gegebenes, nicht Produziertes), von dem
Begriff das Erzeugt- oder Gebildet- oder Gedacht-Sein hat. Indem
das Schema ferner Versinnlichung des Begriffs, Bestimmung des Begriffs, ist, können wir ebensogut sagen, daß Geometrie den Begriff
darstellt, die Erzeugung der Anschauung des *Begriffs* gibt, den Begriff durch Erzeugung seiner Anschauung legitimiert oder endlich:
den *Begriff konstruiert*. Und da hier eben das Verhältnis sui generis
besteht, daß der Begriff durch das Schema hindurch auch die Zeichnungsgestalt *bestimmt*, so kann *insofern* endlich auch von einer Konstruktion der Zeichnungsgestalt, also eines *nach* der Konstruktion
anschaulichen Gehalts gesprochen werden. Aber dieser Gehalt ist
„darstellbar" nur weil er *schon dargestellt worden ist*. Natürlich

---

[20] Vgl. oben S. 263

kommt ihm auch an sich eine Art von Darstellbarkeit zu, aber *diese* „Darstellbarkeit" ist dann „schlechte" Darstellbarkeit im Sinne von Wiederholbarkeit. Oder: *daß* es überhaupt „*rein* darstellbare Phänomene" „gibt" (144 [161]), das ist niemals durch Betrachtung der Reihe der Anschauung und ihrer Gehalte auszumachen. Eine solche Betrachtung kann aber nur zum Prädikat „Darstellbarkeit" im Sinne von Wiederholbarkeit, Nachahmung vordringen. Von rein darstellbaren Phänomenen wissen wir nur, weil und insofern wir sie eben rein dargestellt, d. h. *konstruiert haben*. Und hier möchte ich noch in anderem Sinn das Kantische Wort verwenden, daß man nicht wissen kann, wie weit … u. s. f.[21] – Ich kann daher nicht zugeben, daß Sie 144 [161] von einer „*Anwendung*" des Schematisierens „*auf* rein darstellbare Phänomene" sprechen. Dasjenige Schematisieren, das *auf* Phänomene *angewandt* werden kann, ist m. E. nicht dasjenige Schematisieren, das Kant, Fichte und Hegel meinen.

Damit fällt für mich in gewissem Sinn das Rätselhafte der Konkordanz weg, weil die eigentümliche Spannung zwischen den getrennten Reihen wegfällt. Aber, genauer gesprochen, kommt es für mich anders zu liegen. Den Ansatz dazu skizziere ich noch kurz: Da weise ich zunächst auf den Unterschied hin, der zwischen einer durch geometrische Konstruktion bestimmten Zeichnungsgestalt (auf Papier mit Bleistift, Zirkel und Lineal) und einer in der Natur vorkommenden, ihr ähnlich oder gleichen Figur (etwa an Kristallflächen) besteht. Wenn ich konstruierend ein Dreieck tatsächlich hingezeichnet *habe*, so ist das ja auch *dann* ein anschaubarer Gehalt in der Natur, obwohl es zugleich, wie z. B. ein Stuhl, ein menschliches Produkt ist. Aber daraus, daß ich konstruierend Dreiecke hinzeichnen kann, folgt noch nicht, daß mir die *Natur* Dreiecke anschaulich präsentieren muß. Diese Unabhängigkeit wird ja gut illustriert durch die Tatsache, daß wir frei entworfenen, geometrisch gesetzmäßigen Kurven z. B. gegenüber fragen: Kommen sie auch in der Natur vor? Auf denselben Sachverhalt, nur von einer anderen Seite komme ich, wenn ich sage: gewiß besteht einseitige Abhängigkeit in der Richtung a) Begriff b) Schema c) Zeichnungsgestalt. *Aber* ebenso bestimmt besteht eine eindeutige einseitige Abhängigkeit in der Richtung: a) *ursprünglich* von

---

[21] Unklar, worauf sich K konkret bezieht.

der Natur präsentierter Gehalt b) Schema c) Begriff. Und beide Abhängigkeitsreihen sind „gleichzeitig".

Endlich noch einen letzten Punkt: ich bleibe infolge des Entwikkelten doch der traditionellen Auffassung getreu, die in Mathematik eine Wissenschaft von *ganz besonderer* Art erblickt, von so besonderer Art, daß eine parataktische Nebeneinanderordnung mit anderen Wissenschaften unmöglich ist. *Sie* müssen doch im Grunde sagen: Wissenschaft ist Schematisierung; darin kommen alle überein. Die Einteilung erfolgt dann aus dem Gesichtspunkt: a) reine Schematisierung, reiner Fall b) unreiner Fall der hier nicht näher interessiert (wobei natürlich in „*unrein*" kein negatives Werturteil liegt bei Ihnen). Negativ habe ich mich dazu im Vorstehenden schon geäußert. Positiv kann ich mich nur schwer und könnte ich mich nur sehr unvollkommen äußern. Ich glaube nicht, daß Mathematik „durch Zeichnung und Rechnung schematisch den Gegenstand der darstellbaren Anschauung" *erzeugen* kann, wie Sie 144 [160] sagen. Ich kann mir sogar streng nichts dabei vorstellen, wenn ich an konkrete Gegenstände darstellbarer Anschauung denke. Mathematik erzeugt immer nur *sich selbst*, Zeichnungsgestalten, die schon zur *Mathematik gehören*. Wohl aber könnte ich von einer *Anwendung* der Mathematik (nicht des Schematisierens, sondern mathematischer Erkenntnisse schlechthin. Z. B. 2 × 2 = 4. 2 Äpfel × 2 Äpfel sind 4 Äpfel) auf Naturbetrachtung sprechen. So geht, konkret gesprochen, der Physiker mit seinen Ansätzen zum Mathematiker und läßt sich diese Ansätze mathematisch „bearbeiten". Jede solche Entwicklung unterliegt der Interpretation auf das physikalisch Mögliche hin. cf. die wundervollen Bemerkungen Hegels in der Quantitätsanmerkung der großen Logik hinsichtlich Lagranges.[22] Schon Goethe hat darüber in seiner Polemik gegen Newton[23] herrlichste Dinge gesagt. Aber ich weiß nicht einmal genau, ob das Sie trifft, glaube es eigentlich nicht, obwohl mich der oben zitierte Satz und das sonst kritisierte Parataktische stutzig macht.

Ich breche hier ab, lasse Musik ganz beiseite; von Sprache nachher

---

[22] G. W. F. Hegel: Theorie-Werkausgabe Band 5: Wissenschaft der Logik I. Erster Teil: Die objektive Logik, Frankfurt a. M. 1969, S. 309f.
[23] J. W. v. Goethe: Zur Farbenlehre. 2 Bände, Tübingen 1808–1810.

noch, und betrachte Ihren Nachweis der Einheit des Sinns. Es ist ein ganz merkwürdiger Beweis, für den ich eine allgemeine Charakterisierung nicht finden kann. Die „Einheit des Sinns" ist für Sie ja nicht Einheit der Gattung (172 [189]) sondern „innere Einheit". Ich würde also zunächst einen Nachweis derart erwarten, daß Sie den Sinn als echtes Ganzes von Teilen herausstellen. Vielleicht ist das auch Ihre Absicht, aber dann ist die Beweis*art* etwas ganz Singuläres. Abgesehen nun davon beweisen Sie sowohl die Totalität der Sinngehalte als auch „die feste Stufenfolge" derselben mit Hülfe der Bestimmungen: objektiv, bestimmt, ideal. Da Sie zweierlei sagen: einmal, daß *jeder* Sinngehalt bestimmt, objektiv und ideal ist, sodann daß Bedeutung zwar ideal und objektiv, aber bestimm*bar*, Begriff zwar ideal aber objektivierbar und bestimmbar ist, und da Sie nun 175–177 [192– 194] den Beweis durchaus mit diesen Termini führen, so nehme ich also an und muß annehmen, daß Bestimmbarkeit und Objektivierbarkeit durchaus dasselbe sind wie Bestimmtheit und Objektivität, nur eben als Möglichkeit ausgedrückt. Es ist das ja eigentlich selbstverständlich. Und nun will ich nachweisen, daß Sie sie zwar im Beweis als so identische formal behandeln, daß sie aber der Sache nach nicht identisch sind.

So ist ja z. B. bei Ihnen der *pure* thematisch geformte Sinn ideal, objektiv, bestimmt, aber weder objektivierbar, noch bestimmbar. Eine Bedeutung dagegen ist ideal und objektiv, aber bestimmbar. Nun muß ich dies „bestimm*bar*" doch wohl so auffassen, daß eine einzelne konkrete – eben bestimmte – Bedeutung (wie wir sie etwa als Beispiel für eine „Bedeutung" geben) bestimm*bar* soz. *gewesen ist*, d. h. –: eine konkrete Bedeutung ist *immer bestimmt* (cf. 176 [193]: „Ideal, objektiv, bestimmt muß ein Sinn unter allen Umständen sein."); die Aussage, die sie „bestimmbar" nennt, meint damit, daß die Bestimmtheit jeder Bedeutung wesentlich von uns mit Freiheit erzeugt, hervorgebracht, festgesetzt ist; daß es zum Wesen von „Bedeutung" gehört, daß seine Bestimmtheit von uns mit Freiheit erzeugt wurde. (En passant: bringt der Künstler denn nicht, wie sehr er immer *auch* wesentlich Gebärender, Empfangender ist, Bestimmtheit, Objektivität, ja auch Idealität des Gehalts hervor? Ist nicht gerade *seine* Freiheit in der Erzeugung des Sinns am größten? cf. 189 [205 f.]) Haben wir aber einmal eine „Bedeutung", so ist sie objektiv, ideal *und* bestimmt. Und nun wird m. E. zur Schlüssigkeit Ihres Beweises u.a. *wesentlich* gefordert, daß diese „Bestimmtheit" einer konkreten Bedeutung und die „Bestimmtheit", die ein thematischer Sinn hat, identisch sind. Das aber ist m.E.n. nicht der Fall.

Ich betrachte das im Einzelnen: die Bestimmtheit eines *puren* Sinns, also eines thematisch geformten Sinns kann doch wohl überhaupt wie auch gemäß Ihrer S. 176 [193] oben, nichts anderes sein, als was Sie „Prägnanz" nennen, d.h. (nach 67 [83]): ein purer Sinn ist unterscheidbar von anderen. Ob man es erkennen und formulieren kann, inwiefern sich ein purer Sinn vom anderen unterscheidet, kann dabei ganz dahingestellt bleiben. Sie dürfen sich dabei nicht an dem Ausdruck „Prägnanz" stoßen.

Sie sprechen ja sogar von „Prägung". Ich will ja nur ganz sicherstellen, daß ich unter „Bestimmtheit" eines puren Sinns dieselbe Bedeutung habe, die auch Sie im Auge haben, ohne dabei in eine Diskussion zwischen der Prägnanz von Anschauungsgehalten und der Bestimmtheit von hier z.B. einem Auffassungsgehalt auszulaufen. Es handelt sich eben darum, daß jedes konkrete Thema eben *dieses* Thema und *nicht jenes* Thema ist. Dies also vorausgesetzt, sage ich zunächst, daß in *diesem* Sinn von „Bestimmtheit" natürlich *auch* eine „Bedeutung" *bestimmt ist*; als konkrete Bedeutung muß sie natürlich bestimmt sein, sonst wäre sie ja gar nicht, sonst könnte man nicht urteilen „dies ist eine Bedeutung". Wäre nun *diese* „Bestimmtheit" in Ihrem Beweis im Spiel, dann müßte also gelten, daß sie beim puren Sinn nicht „bestimmbar", dagegen bei der „Bedeutung" bestimmbar ist. Aber die Betrachtung der Sache zeigt, daß diese *Bestimmtheit* einer Bedeutung ebensowenig oder auch ebensosehr bestimmbar ist wie die eines puren Sinns, und daß auf keinen Fall jener eigentümliche Gegensatz besteht, den Sie statuieren. Nehmen Sie etwa als Beispiel „Verschiedenheit" und „Ähnlichkeit". Da haben Sie 2 bestimmte Bedeutungen, wobei es hier ja keinen Unterschied macht, daß der Versuch, auszusprechen, inwiefern sie verschieden sind, hier vielleicht möglich ist. Beide Male, sowohl beim Komponisten z.B. wie beim Sprachschöpfer, können wir von einem bestimm*enden* Tun des Menschen reden, beide heben, jener das Thema, dieser eine Bedeutung, *dadurch* daß sie sie bestimmen ins *Sein*, d.h. machen sie allererst zu Etwas. Natürlich besteht ein Unterschied: der Komponist findet frei sein Thema, wenn er es vielleicht auch vorher *als* dieses bestimmte sucht; der Sprachschöpfer dagegen hebt irgendein ihm anschaulich gegenwärtiges Objekt (Ding, Sachverhalt, Moment, Struktur, Tagma) indem er es meinend benennt, bezeichnet, in das Reich des Mitteilbaren oder, wenn Sie vorziehen, in das Reich des Sinns. Also Schaffen oder Erzeugen eines Themas und Erzeugung einer Bedeutung sind verschiedene. Aber diese Verschiedenheit untersteht nicht dem von Ihnen aufgestellten Gesetz. Und auch das Absehen vom Schöpfer und das Reflektieren auf den Hinnehmenden, auf den das Geschaffene Aufnehmenden, Auffassenden führt nicht weiter. Sie sprechen dabei von „Deutung" und sagen: „Was an Freiheit der Deutung verloren geht, wird so … an Freiheit in der Erzeugung des Sinnes wiedergewonnen." (189 [206]).

Es sind hier 2 Begriffe von Deutung im Spiel, die ich für unvereinbar halte. Die Wendung eines Musik Hörenden, der das Gehörte zu deuten versucht, der sich etwas „unter dem Thema" vorstellen will, ist ja nach Ihren eigenen Aufstellungen eine im Grunde, der Sache nach unmögliche, verkehrte, und sie ist vor allem toto coelo verschieden von der keineswegs im Grunde verkehrten sondern schlechthin notwendigen Wendung, die wir vollziehen, wenn wir eine Bedeutung „deuten", d.h. eben verstehen. Was heißt „eine Bedeutung deuten"? Es kann hier nicht heißen, etwa ihren Unterschied zu anderen Bedeutungen zu entwickeln oder gar den Versuch zu machen, sie zu definieren; also besagt es: sich den Gegenstand gegenwärtig machen, auf den sie sich vermittelst des Worts bezieht, den sie „bedeutet", meint. Und das kann ich 1) nur gezwungen „Deutung eines Sinns" nennen und 2) wenn ich es mal so nenne, dann finde ich es schlechthin *wesens*verschieden von dem obigen Versuch der Deutung resp. Ausdeutung eines Kunstwerks, so verschieden also, daß ich sie nicht unter einen gemeinsamen Begriff von Deutung zusammenfassen kann. Das korrespondiert dem oben, früher über „Sinn*gebung*" Entwickelten.

Ich betrachte dasselbe auch von der anderen Seite und frage direkt: was verstehen Sie unter „Bestimmbarkeit" einer Bedeutung? Und da kann ja nun kein Zweifel sein, cf. 188 [205]: „Der Sinngehalt … meint und wird dadurch, daß er auf ein Bestimmtes, einen Gegenstand gerichtet ist, selbst bestimmbar." Ganz verständlich ist mir auch dieser Satz nicht; ich versuche ihn zunächst zu interpretieren: die Bestimmtheit einer Bedeutung ist einseitig abhängig von der Bestimmtheit dessen, was sie bedeutet. So ist die Bestimmtheit der allgemeinen Bedeutung „Löwe" eindeutig, einseitig abhängig von der Bestimmtheit des oder der existierenden Löwen. (Trifft vielleicht für Löwe zu – ich reflektiere hier aber auf die immanenten Probleme dieses Ansatzes nicht) – Das Realisieren dieser einseitigen Abhängigkeit, das Realisieren dieses Überfließens von der Bestimmtheit des Gegenstandes in die Bedeutung, die durch dieses Überfließen allererst zu einer bestimmten und damit überhaupt zu einer Bedeutung wird, ist menschliches Tun, Sinngebung, ist Bestimmen der Bedeutung. Und da Bedeutung in dieser Realisierung erst entsteht, so ist sie ein wesentliches Bestimmbares. Der Unterschied zur Kunst besteht darin, daß bei der Kunst kein bestimmter und den Sinn *einseitig* bestimmender Gegenstand vorhanden ist. M. a. W. daß eine Bedeutung wesentlich bestimmbar ist, ist nur ein anderer Ausdruck dafür, daß sie sich auf einen Gegenstand bezieht. Und da dies „sich auf einen Gegenstand, ihn meinend, Beziehen" eben das Wesen einer Bedeutung ist, ohne das sie überhaupt nicht ist, was sie ist, und also überhaupt kein Sein hat, so besagt die Aussage, daß eine Bedeutung bestimmbar ist, nichts anderes als daß sie eben eine Bedeutung ist. Und Ihre komplexere Aussage, die ich so zusammenfasse: „Eine Bedeutung ist wesentlich bestimmbar, ein purer Sinn dagegen nicht", besagt m. E. nichts als dies: eine Bedeutung ist eben eine Bedeutung; und ein „purer Sinn" ist keine Bedeutung. – Oder anders ausgedrückt: das Prädikat des puren Sinns: „wesentlich *nicht* bestimmbar" ist ein rein kontradiktorisch gebildetes Prädikat, das den Gegenstand nicht bestimmt. Es ist so als wenn man sagte „nicht-grün". Es müßte aber den Gegenstand bestimmen, wenn sich diese Sinngehalte *als Stufen* zueinander verhalten sollen. Sie fühlen das ja auch und machen auf S. 188 [205] und sonst den geistreichen Versuch, dem Prädikat das rein Kontradiktorische zu nehmen: Sie sagen etwa der Idee nach so: gewiß bezieht sich der pure Sinn schlechterdings eben *nicht* auf einen ihn bestimmenden Gegenstand; nichtsdestoweniger („darin liegt ja gerade...") gehört diese Stufe als Stufe eben schon zum repräsentativen Bewußtsein. Hier wird nicht Etwas *als Etwas*, sondern Etwas *als* ... soz. schlechthin aufgefaßt. (Purer Als-Charakter). Das rein Negative „nicht bestimmbar" heißt also *positiv* „unendlich bestimmbar" „unendliche Freiheit der Deutung" als Wesensmerkmal. Ich finde das wirklich „nur" geistreich, sehr geistvoll, aber nicht richtig. Meine Begründung dieser Ablehnung habe ich zum größten

Teil schon früher [24] gegeben, als ich den nicht in einem Gemeinsamen verankerbaren Unterschied hervorhob von a) einem Material durch Erkenntnis Sinn geben, z. B. der Welt Sinn geben, und b) einem Material, z. B. Tönen, und daher genauer *mit* einem Material einen Sinn versinnlichen.

Wäre es ferner so, dann müßten Sie Ihren Wertakzent gegenüber dem Versuch, Etwas *unter* einem puren Sinn zu verstehen, sehr verändern. Und in der Tat finde ich auch ein Schwanken darin bei Ihnen, wenn ich etwa S. 163 [179] mit S. 188/189 [204–206] vergleiche. Nur durch „*grundsätzliche* Identifizierung von Sinn und Bedeutung" wäre es ja überhaupt möglich, den Sinn *als Stufe* vor der Stufe der Bedeutung zu exponieren. Und auf 188 [205] und überhaupt tun Sie es doch, wenn Sie das Kunstverstehen als eine Stufe des *re*präsentativen Bewußtseins bezeichnen. Was heißt „*grundsätzliche*" Identifizierung anders als eben dies? Diese grundsätzliche Identifizierung würde ja den Unterschied von Sinn und Bedeutung nicht ausschließen, im Gegenteil: sie würde ihn allererst als echten Unterschied möglich machen. Sie müßten also dem Menschen, der vor einem Kunstwerk steht, sagen: die adäquate Art der Aufnahme eines Kunstwerks besteht in einem kontinuierlichen Versuch freier Deutung bei und in dem vollen Bewußtsein, daß dieser Versuch wesentlich niemals gelingt, ja sogar ungerechtfertigt ist, denn es fehlt in der Tat schlechthin der Gegenstand, den das Kunstwerk bedeutet. Wie sollten anders als durch „grundsätzliche" Identifizierung Bedeutung und Begriff aus dem thematischen Sinn „entspringen" können? (177 [194]).

Was nun „objektiv" und „objektivierbar" betrifft, so sind hier meine Einwände teils gleichlaufend mit den Vorstehenden, teils auch komplizierter und soz. delikater, da ich hier von Ihren Anschauungen überhaupt sehr differiere. Ich versuche, so gut es geht mich hindurchzuwinden. Ich fange vom für mich weniger wichtigsten, wenigstens in dieser Linie weniger wichtigsten, an: der scharfen Trennung von Begriff und Bedeutung. Aber was heißt schließlich „scharfe" Trennung: eben daß dies *zwei* verschiedene *Stufen* sein sollen, worin doch liegt, daß mit dem Begriff ein qualitativ Neues anhebt, wie sehr es auch im übrigen aus der Sphäre der Bedeutung „entspringt". Ich muß darauf Ja und Nein zugleich sagen.

---

[24] Vgl. oben S. 246–248.

Ich greife zunächst den Kernsatz 189 [206] heraus: „Indem auch der Gegenstand, den die Bedeutung meint ... erzeugt wird, kann kein Schwanken in der Meinung des ... Zeichens mehr stattfinden. Der Deutung ist keine Freiheit mehr gelassen und durch Bestimmbarkeit und Objektivierbarkeit der *höchste Grad* der Eindeutigkeit erreicht." Zunächst finde ich es schon merkwürdig verwirrend, daß hier auf einmal vom „Zeichen" die Rede ist, so als ob Bestimmtheit und Objektivität in der *Bestimmtheit* der *Zuordnung* zwischen bestimmten Zeichen und bestimmter Bedeutung beständen, welche Zuordnung ja wesentlich doppelseitig ist, insofern das Zeichen sowohl die Bedeutung als auch den Gegenstand der Bedeutung bezeichnen kann.

(Die Erwähnung des Zeichens, als eines Etwas von *sinnlicher* Natur scheint mir *hier* nicht wesentlich zu sein, wie wesentlich es sonst für Sie, und mit Recht, sein mag. Und doch habe ich interpretative Bedenken darüber, ob Sie es nicht hier vielleicht doch wesentlich nehmen und etwa sagen: der Musiker ist in der Versinnlichung des Sinns gebunden, d. h. will er z. B. das Thema b - a - c - h [25] versinnlichen, so muß er eben b - a - c - h wählen; dagegen ist der Sprachschöpfer zwar auch an das Sinnliche überhaupt verwiesen, aber er hat hier größte Freiheit oder sehr viel Freiheit in der Bestimmung des Materials. Dann wäre also z. B. die Bedeutung – ganz anders wie ich oben interpretierte – *deshalb* bestimmbar, weil das Zeichen, die Bestimmtheit des Zeichens von uns in Grenzen wählbar ist. Erzeugung des Sinns wäre dann ein anderer Ausdruck für *Versinnlichen*, Wahl des sinnlichen Materials. Und ob Ihnen dieser Gedankengang *ganz* fern liegt hier, bezweifele ich, obwohl Sie anderseits gewiß zugeben, daß er hier querliegt, nicht weiter führt. Wäre dies die richtige Interpretation, dann würden sich die Einwände, auch rein immanent interpretativ, häufen. Es kann das z. B. deshalb nicht zutreffen, weil Sie 189 [206] unter Erzeugung die konstruktive Erzeugung des *Gegenstands* verstehen. Und dieser Terminus von „Erzeugung" ist doch im Spiel, wenn Sie weiter unten von der „Freiheit in der Erzeugung des Sinns" sprechen, auf der ja die Stufung der Reihe beruht. Wäre es ferner so, dann wäre ja die Bestimmtheit eines Sinns identisch mit

---

[25] Drittes Thema der letzten, unvollendeten Fuge von J. S. Bachs „Kunst der Fuge", von Schumann, Liszt und Reger für eigene Kompositionen benutzt.

der Bestimmtheit des sinnlichen Materials als solchen, was ja gewiß nicht Ihre Meinung ist und auch nicht sein kann, denn eine „Bedeutung" ist doch nicht bestimmt, weil ihr Zeichen bestimmt ist; sie ist bestimmt an sich selbst, qua Bedeutung; und nur deshalb, weil sowohl sie als auch ihr Gegenstand *einerseits*, das Zeichen *anderseits beide* bestimmte sind, ist die Zuordnung beider *selbst* eine bestimmte, wie sie es sein muß, aber auch nur so sein kann.)

Ich lasse also das Zeichen als solches zunächst beiseite. Dann würde der Sinn des Satzes folgender sein: daß eine bestimmte Bedeutung, z. B. *b*, Bedeutung eben *dieses* bestimmten Gegenstands, z. B. g, wirklich ist, d. h. daß b nicht *nur* die Bedeutung sondern der *Begriff* von g ist, darüber kann nur dann kein Schwanken entstehen, wenn g *gemäß* seinem Begriff konstruiert werden kann. Daß das an Hand oder auf Grund strenger Konstruktion sinnlich gezeichnete Dreieck wirklich ein Dreieck *ist*, ist gewiß und *per consequentiam* ist also auch die Zuordnung von Wort „Dreieck" und „diesem Gebilde da" absolut eindeutig. *Also* bedeutet Ihnen „Objektivierung" Erzeugung des Gegenstands eines Begriffs *aus* oder gemäß diesem Begriff. Durch diese „Objektivierung" also wird die mögliche Objektivität dieser Stufe in eine wirkliche Objektivität übergeführt. Daß auf dieser Stufe der Sinngehalt objektivier*bar* ist, heißt dementsprechend, daß der Gegenstand des Begriffs konstruier*bar* ist.

Nun könnte ich zunächst genau dasselbe und mit gleichem Recht wie bei der „Bedeutung" auch hier sagen: daß damit eben nichts anderes gesagt ist, als daß zum wissenschaftlichen Begriff – nach Ihnen – wesentlich ein konstruierbarer Gegenstand gehört, daß aber zum puren Sinn weder ein konstruierbarer noch überhaupt ein Gegenstand gehört, auf den er sich bezieht; so daß also eine rein kontradiktorische nicht ineinander überführbare Gegenüberstellung vorliegt.

Ich kann es aber auch, immer in der Blickrichtung auf Erschütterung Ihres Beweises, anders wenden; und diese Wendung ist ebenfalls hinsichtlich der Bedeutung möglich. Wenn nämlich „*Objektivierung*" Erzeugung des Gegenstands des Begriffs ist, dann folgt doch daraus, daß die *Objektivität* des Begriffs *entweder* eben dieser konstruierte Gegenstand selbst ist *oder* – vielleicht besser – die Tatsache, daß eine solche Konstruktion möglich ist. M. a. W. Sie können dann unter der Aussage: „ein Begriff ist objektiv" gar nichts anders meinen, verstehen als eben die Aussage: „ein Begriff hat einen konstruierbaren (oder komponierbaren) Gegenstand." Nun soll aber (und ist ja auch) *jeder* Sinngehalt „objektiv" sein, und „objektiv" muß, wenn der Beweis schlüssig sein soll, immer dasselbe bedeuten (also etwa nach S. 175 [192]: „nicht in das Erleben auflösbar"); hier aber ist evident, daß er gar nicht dasselbe im Beweis bedeutet, daß sie also mit einer Äquivokation des Terminus „objektiv" arbeiten. Sie könnten hierauf ähnlich, wie oben schon entwickelt, sagen: daß die Objektivität des puren Sinns eine soz. unendliche ist; aber 1) würde ich dann ebenfalls genau dasselbe Obige wiederholen 2) wenn sie eine unendliche wäre, wäre sie dann nicht erst recht objektivierbar, im höchsten, eben unendlichen Grade objektivierbar? Und 3) würde dem Prädikat des puren Sinns (sc. unendlich objektivierbar) das andere Prädikat (sc. nicht in das Erleben auflösbar) unvereinigt gegenüberstehen.

(Hier bemerke ich übrigens, daß in einer gewissen philosophischen Haltung, deren Parteigänger Sie *nicht* sind, doch diese beiden Prädikate ineinander übergeführt werden könnten; wenn man nämlich alle „Objektivität" auf die anschaulich gegebenen Gehalte einschränken würde, dann könnte man ja sagen: Ein anschaulich gegebener Gehalt ist nicht in das Erleben auflösbar, eben deshalb heißt er „objektiv". Objektives und anschaulich gegebene Gehalte sind dasselbe. – Diesen Weg gehen Sie sicher nicht; immerhin – es bleibt ein Etwas zurück. Ich persönlich kann mich in dieser Perspektive nicht dazu äußern, weil ich, wie ich schon früher andeutete, 2 ineinander scheinende Begriffe von „Objektivität" anerkenne. Allgemein formuliert, gehört für mich zur Objektivität eines Etwas *dies*, daß es aus *seinem Grund* uns *entgegentritt*.)

Bevor ich nun die *Form* Ihres Beweises auf den Seiten 176–177 [193 f.] betrachte, mache ich noch einige Nebenbemerkungen in der Richtung des bislang Entwickelten. Wenn Sie z. B. die dritte Stufe der Wissenschaft dadurch charakterisieren, daß Sie hier den Begriff objektivierbar und bestimmbar, aber vor allem eben *„objektivierbar"* nennen, so sehe ich darin u. a. auch einen klarsten Beleg für Ihre Mathematisierung aller Wissenschaft (obwohl Sie ausdrücklich dagegen Front machen). Wenn nur das ein Begriff ist, dessen Gegenstand konstruktiv erzeugbar ist, dann ist eben streng genommen nur der mathematische Begriff (wenn ich von philosophischen Konstruktionen absehe) erzeugbar und [?] also Begriff. Sie werden mir darauf antworten, daß ich ganz und gar die Weite Ihres Begriffs von Konstruktion und Darstellung übersehe. Aber ich übersehe Ihre Intention nicht, wohl aber kann ich mich damit nicht einverstanden erklären; ein Teil des oben über „Darstellung" Gesagten gehört ja hierher.

Aber hier ecke ich an einen Punkt, der vielleicht das uns am meisten Trennende scharf bezeichnet: insofern ich einen größten Unterschied mache, ob etwas aus *seinem* Begriff oder aus *unserem* Begriff von ihm behandelt wird. Und dabei glaube ich eben, daß die Behandlung eines Etwas aus *seinem* Begriff nicht tauglich ist, uns über den existenziellen kausalen Hervorgang eines Etwas aufzuklären. Ich könnte ja z. B. den Gang der „Intuition" so darstellen, daß ich sagte: sie untersuche die Behandlung eines Etwas aus *seinem* Begriff *und* aus *unserem* Begriff *und* das Verhältnis beider Betrachtungsarten. Daher kann ich mich ja auch mit Ihren Ansichten über „Definition" nur teilweise identifizieren. Vom Dreieck ist eine *genetische* Definition möglich; vom „Löwen" nicht, denn das „und" in der Koppelung „genus proximum *et* differentia specifica" ist keine Anweisung zu welcher Konstruktion immer. Und schließlich könnte man z. B. einen chemischen Stoff durch sein Darstellungsverfahren, als dessen Resultat, definieren. Aber diese genetische Definition und die genetische Definition eines Dreiecks sind wieder aufs tiefste verschieden. Jedoch ich breche hier ab, da ich mir bewußt bin, daß diese meine Behauptungen auch ihrerseits größte Probleme enthalten. Nur dies noch: wenn z. B. der Historiker die Geschichte Roms objektiviert, darstellt, so wäre nach Ihrer Ansicht diese Darstellung ohne weiteres Darstellung eines Sinngehaltes. Mir ist das zu „formal"; ich würde sagen „die Geschichte Roms" ist nicht der Begriff dieser Geschichte Roms; was der Begriff und damit der Sinn ist, das ist damit erst Problem.

Noch eine letzte Bemerkung zu Ihrer Unterscheidung der Stufen von „Bedeutung" und „Begriff". Daß beide sehr eng zusammenhängen, sehen Sie natürlich, schreiben Sie doch 153 [170]: „Bedeutung ist ... das Wort als Begriff, dem ein Gegenstand entspricht ... ist seine zwar nicht schematische, wohl aber syntagmatische Begrenzung." Und 188/189 [205 f.] sagen Sie im Grunde dasselbe. Sie wenden dort, wenn ich richtig interpretiere, Ihre Ansicht so, daß Sie sagen: der (wissenschaftliche) Begriff ist immer eindeutig, wesentlich eindeutig, die Bedeutung dagegen hat zwar soz. in sich wesentlich die Tendenz zur Eindeutigkeit, obwohl sie diese Tendenz faktisch nicht immer realisieren kann. Trotzdem ist aber Bedeutung nicht schlechthin ein mangelhafter Begriff, sondern etwas Eigenes; denn es gehört eben zu *ihrem* Wesen, daß sie trotz dieser Tendenz zur Eindeutigkeit eine gewisse „Freiheit" in der Deutung und damit doch eine gewisse Mehrdeutigkeit erlaubt. Hier macht mir rein logisch dies Schwierigkeit, zu entscheiden, ob Sie sagen: die Bedeutung ist *wesentlich mehrdeutig*, oder: die Bedeutung ist wesentlich eindeutig, rein faktisch u. U. mehrdeutig. Sie müßten aber sicher das erstere ponieren, wenn sie eine echte Stufe gegenüber der Stufe des Begriffs sein soll.

Etwas weiter unten 189 [206] wenden Sie dann dasselbe noch mal anders, und da wird es mir formal sehr viel klarer. Ich meine den Satz: „Der *Sinn*, auf der thematischen Stufe wohl mit sich identisch, aber als solcher nicht erfaßt, wird auf der syntagmatischen Stufe intuitiv, doch nicht objektiv identifizierbar, um auf der schematischen Stufe des Begriffs als mit sich identisch verstanden zu werden." Es ist dies vielleicht überhaupt, wie ich jetzt sehe, der klarste Satz ad propositum. Ich gebe mir daher noch einmal einen Ruck und versuche, ihn a fondo zu interpretieren. Da Sie davon sprechen, daß der Sinn auf der schematischen Stufe als mit sich identisch verstanden wird, so ist das ein guter Index zur Eruierung Ihres Begriffs von „Sinn". Denn auf dieser Stufe wird doch „identifiziert" der Begriff mit der zur „Figur selbst" ebenbildlichen „Zeichnungsgestalt". (Ich wähle dies Beispiel, weil es am klarsten ist, aber auch, weil ich mit gewissen anderen Beispielen gar nicht durch käme von meiner Position aus. Aber auch anläßlich *dieses* Beispiels erinnere ich an das oben über diese „Darstellung" Gesagte, daß das „Verstehen als" hier rein analytisch ist, weil wir ja schon *wissen*, daß diese Gestalt *aus* dem Begriff konstruiert *worden ist*; Es handelt sich daher hier gar nicht um einen *echten* verstehenden Identifizierungsprozeß; es ist nichts anderes – in Grenzen – im Spiel, als ob ich einen Stuhl mir anfertige und dann natürlich rein analytisch diesen Stuhl *als* Stuhl verstehe. Bei der Bedeutung muß ich den umgekehrten Einwand machen: *wenn* die Bestimmtheit der Bedeutung *einseitig* abhängig ist von der Bestimmtheit des Begriffs, und wenn ferner *wir* die Realisierung dieser einseitigen Abhängigkeit bewußt vollziehen, dann ist doch das Wissen, daß diese Bedeutung die Bedeutung *dieses* Gegenstandes ist, ein rein analytisches. Im ersten Fall erzeugen wir den Gegenstandspol, im zweiten Fall den Sinnpol. „*Echt*" ist m. A. n. der Identifizierungsprozeß nur in dem von mir oben reines Versinnlichen Genannten. Und ein Identifizierungsprozeß von noch soz. viel echterer Art sui generis ist dann gegeben, wenn wir z. B. von dem Umriß einer Kristallfläche sagen: dies *ist* ein Dreieck.)

Unter Sinn verstehen Sie dann m. E. zweifellos die Identität (echte Identität) eines Sinngehalts mit einem anschaulich gegebenen oder gebbaren *Gegenstand, dessen* Sinn eben der Sinngehalt ist. Der Sinngehalt ist also nur der eine *Pol* des Identitätsverhältnisses, das als solches Verhältnis allererst *der* „*Sinn* überhaupt" ist. Sie nennen dies ein Verhältnis der *R*epräsentation, weil der Eine Pol (der Gegenstandpol) den anderen Pol (den Gehaltspol) repräsentiert. (Nur um mich Ihnen verständlich zu machen, erinnere ich hier daran noch einmal, daß ich gegen diese Konzeption polemisch mich verhalte; das habe ich ja im Geschriebenen z. T. entwickelt.)

Nun entwickeln Sie in dem Satz die Stufen des Sinns und damit seine „Einheit" nach dem Prinzip *unseres Erfassens* der Identität oder eben des Sinnes. Die Identität ist immer vorhanden, seiend, besteht immer; aber wir erfassen sie und also den Sinn jeweils in verschiedener Weise. Damit führen Sie die Stufung des Sinns auf eine Stufung in unserer Auffassung seiner zurück. 1) Zunächst „besteht" Identität zwar, aber sie wird als Identität nicht erfaßt – 2) auf der syntagmatischen Stufe ist die Erfassung der Identität nur „intuitiv" möglich 3) auf der schematischen Stufe können „objektive Kriterien" für das Bestehen der Identität gegeben werden.

Interpretatorische Einzelfrage: was besagt „intuitive Identifizierung"? Für den Sprach*schöpfer* ist doch die Bedeutung und ihr Gegenstand evident „identisch"; so identisch, daß man überhaupt nicht mit Sinn „objektive Kriterien" dafür verlangen kann. Also müssen Sie hier an einen Auffassenden denken, d. h. an Jemanden, der ein Wort, das sein Gesprächspartner gebraucht, mit dem Gegenstand identifizieren will. Meinen Sie also etwa so: das Ideal soz. sprachlicher, überhaupt geistiger Mitteilung ist natürlich Eindeutigkeit, derart, daß wir mit den Symbolen (hier werden auf einmal wieder die sinnlichen Symbole wesentlich) dasselbe meinen. Nach objektiven Kriterien ist aber Herstellung einer solchen Eindeutigkeit nur dann möglich, wenn folgender „Prozeß" möglich ist: a) selbst bedeutende Entwicklung des Begriffs, d. h. Definition b) Konstruktion an Hand der Definition und gemäß ihrer c) sinnliche Darstellung des Konstruierten. Nur dann kann ich sagen zu einem anderen: wenn du diesen Prozeß wiederholen kannst, nachvollziehen kannst – und er ist objektiv nachvollziehbar – dann können wir uns wirklich über die Bedeutung „Dreieck" z. B. einigen; dann kann kein Schwanken mehr im wechselseitigen Verständnis des Symbols „Dreieck" zwischen uns aufkommen; ist solche „Darstellung" nicht oder noch nicht möglich, dann haben wir die Stufe der „Bedeutung".

Wie einigen wir uns nun auf eine Bedeutung? Sie sagen „intuitiv" und ich kann das nachvollziehen. Im Grunde werden wir das, wie mir scheint, immer durch *Zeigen* des Gegenstandes zu bewerkstelligen versuchen, wobei wir dann bemerken, daß gewisse Gegenstände nicht aufzeigbar (z. B. „Ähnlichkeit" – Kategorien) oder wesentlich nicht eindeutig aufzeigbar, mit dem Finger aufzeigbar sind. Zeigen wir z. B. einen Gegenstand, etwa eine Rose, so kann die Form, die Farbe, die Rose selbst, ihre Schönheit u. s. f. der aufgezeigte Gegenstand sein. Es ist immer eine Art „Erraten" von der anderen Seite dabei im Spiel. Erinnern Sie Helen Keller? [26] Die Lehrerin hatte ihr schon oft ihr Zeichen „Wasser" in die Hand geklopft und dabei sie mit „Wasser" in Berührung gebracht. Helen hatte aber die Meinung nicht verstanden. An einem Sommermorgen ließ die Lehrerin ihr kühles Brunnenwasser über die Hand rieseln und klopfte ihr bedeutungsvoll das als solches ihr schon bekannte Zeichen in die andere Hand. Und dann kam der „Aha-Moment", wo Helen verstand. Und überhaupt gehört ja schon ein „Erraten" zu der ganzen Situation des Mitteilens als solcher. Blicken Sie auf *diese* Verhältnisse hin, wenn Sie von intuitiver Identifizierung sprechen? Ich glaube ja, nehme es im folgenden an; dann könnten Sie sagen: konstruktive Darstellung eines Gegenstandes ist *diejenige* Art, den Gegenstand einer Bedeutung mit dem Finger zu zeigen, zu deren Wesen die Möglichkeit *eindeutigen* Zeigens gehört.

Lege ich nun aber diese Auffassung zugrunde, die mir ja nicht willkürlich sondern aus gewissen angegebenen Wendungen des Textes zuwächst, dann habe ich 1) die obigen Einwendungen gegen die wesentliche Berücksichtigung des Zeichens hier zu wiederholen 2)

---

[26] Sie war blind und taub und lernte von ihrer Lehrein Anne Sullivan Macy die Sprache durch das Fingeralphabet.

fällt damit mein obiger Ansatz, der doch ebenfalls nicht willkürlich ist, über die Bedeutung von „Sinn" und „Identität" und „Identifizieren". Denn dann würden Sie hier unter „Identität" das Zuordnungsverhältnis von bestimmtem Gegenstand einerseits und bestimmten Zeichen anderseits verstehen. Sie würden also soz. in diesem Zuordnungsverhältnis von Zeichen und Bezeichnetem das Urphänomen der Identität erblicken, was doch gar nicht Ihre Ansicht ist und sein kann. Das richtige Verständnis einer Bedeutung und eines Begriffs ist kein Prozeß der Identifizierung. Wir reden ja auch hier von „Verstehen" – „ich verstehe" sagen wir zwischendurch zu unserem Partner, aber dies Verstehen ist ein Wissen um das Statthaben 1) dieses Zuordnungsverhältnisses überhaupt und 2) seiner konkreten Bestimmtheit im gegenwärtigen Fall. „Identifizieren" dafür zu sagen, wäre mir ein Beispiel für eine Rückwanderung philosophischer Termini in die Alltagssprache.

Ich komme also auch in der einfachen Interpretation dieses Satzes nicht vom Fleck; es liegen m. E. n. in ihm 2 verschiedene Gedankengänge, von denen überdies keiner imstande ist, mir eine gesicherte Einsicht in das echte Stufenverhältnis zu geben. (Hier wäre ja eigentlich der Ort, die Kategorie der „Stufe" a fondo zu entwickeln; ich glaube nicht, daß man sich ihr anders als spekulativ nähern kann; würde natürlich von vornherein zugeben, annehmen, daß es „analoge" nicht-spekulative Stufen, z. B. schon Treppenstufen gibt.) Auch der andere Satz 189 [206]: „Stetig verengt sich ... das geistige Blickfeld ... vom puren Erfassen der Anschauungsgehalte ... u. s. f." führt nicht weiter, denn „Anschauungsgehalte" *kann* hier *und* bedeutet hier auch de facto das Doppelte: 1) anschauliche *Gegenstände*, die einen Sinn *haben* und 2) sinnliche Materien (die ja auch „Anschauungsgehalte" sind) die entweder einen Sinn schlechthin versinnlichen oder einem Sinn zeichenmäßig zugeordnet sind und ihn so auch, aber in anderem Sinn, „versinnlichen".

(An dieser Stelle fällt mir ein, daß Sie einen Unterscheidungsgrund zwischen *echter* Versinnlichung z. B. eines Begriffs und *echter* Versinnlichung der Kunst gar nicht betonen, aber auch von Ihrer Anschauung aus freilich nicht betonen können (obwohl Sie es anderseits in Ihren Ausführungen über die Modi des Hörens und Sehens selbstverständlich explicite sagen, nur *verwenden* Sie es nicht an dieser Stelle – d. h. bei der Herausstellung der Einheit des Sinns.) Ich meine so: Kunst und Wesensschau („Wesensschau" als *irgendwie* ein Glied im Ganzen der Erkenntnis betrachtet – ohne Rücksicht also darauf, inwiefern sie „Glied" ist) haben dies *echte Gemeinsame*, daß sie *rein versinnlichen*, d. h. *aus* einem für sich selbst unsichtbaren Punkt heraus maßvoll versinnlichen. Und wenn ich nun sage: sie unterscheiden sich darin, daß der Kunst das *Schema* fehlt oder auch, daß in ihr Zeichnungsgestalt und Figur selbst koinzidieren (echt koinzidieren, nicht schlechthin identisch sind), so ist *das* keine kontradiktorische Bestimmung. Hier wäre m. E. nach der Zugang zu den echt *spekulativen* Kunsttheorien (Hegel, Schelling z. B.), die Sie m. E. n. – und ich glaube, ich wäre imstande Ihnen das exakt nachzuweisen – auf Ihren Seiten 161 ff. [178 ff.] gar nicht berührt haben. Darauf beruht es ja auch, um das von ferne anzudeuten, daß z. B. Hegel eine Einheit des Sinns in den Gestalten der *Kunst* und der Wissenschaft *der Philosophie* anerkennt – aber niemals eine Einheit zwischen Kunst und Wissenschaft schlechthin. Daher spricht Hegel von Darstellung der Idee *in der Anschauung* (bei der Kunst) – und spricht *nicht* davon hinsichtlich von Zeichnungsgestalten oder gar *Zeichen*. Und als erster Ansatz scheint mir das schlechthin exakt zu sein.)

Und auch der letzte Satz auf S. 189 [206] führt mich nicht weiter. Sie sprechen dort von dem kunstwissenschaftlichen Begriff „apollinischer Charakter bei Raffael". Da, wenn ich recht verstehe, dieser Begriff als Beispiel für einen Sinngehalt der schematischen Stufe dient, so wollen Sie an ihm die Identifizierung nach objektiven Kriterien illustrieren. *Ausdruck* dieser vollzogenen Identifizierung wäre dann das Tagma „*derselbe* apollinische Charakter bei dem Raffael der Stanzen und der Loggien".

Was würde hier identifiziert? Ich komme an diesem Beispiel überhaupt nicht weiter, noch weniger als bei den früheren. Wir nehmen an den Stanzen- und Loggienbildern von Raffael eine gewisse Ähnlichkeit in *explizit* zunächst uns verborgener Hinsicht wahr. Explizieren wir dies, so kommen wir zur Fixierung der Hinsicht „apollinischer Charakter". Aber diese Hinsicht wird so wenig identifiziert, daß sie vielmehr als identische der Sache nach Voraussetzung des Erfassens der Ähnlichkeit ist. Oder wie Wolff sagt: similitudo *est* identitas eorum, per quae entia a se invicem discerni debebant.[27] – Sagt

---

[27] Chr. Wolff: Philosophia prima sive Ontologia, § 195 (vgl. Anm. 3 zu Br. 39).

dann irgendein Kunsthistoriker „*derselbe* apollinische Charakter …
hier und dort", so ist das *formal* jenes schlechte Wiederherabsteigen
vom Begriff zum Exemplar, das zu nichts führt (der frühere Spaziergang von A nach B und von B zurück nach A) – ein pures Hendia-
dyoin [28] – *obwohl* in anderer Hinsicht und Absicht ein solches Tagma
sehr sinnvoll sein könnte, wenn z. B. hinterher dann eine Feststellung
folgender Art käme: „in seinen letzten Jahren verliert sich dieser
Charakter … u. s. f." Über das gegenwärtige Problem klärt mich
auch dieses Beispiel nicht auf.

Ich hatte zunächst vor, nach Besprechung dieser Einzelheiten noch
abschließend den Beweis selbst, den Sie auf S. 177 [194] an Hand eines Vergleichs mit Funktionen von einer und zwei Variabeln führen,
einer Kritik zu unterziehen; ich wollte den Vergleich ganz ernst nehmen und die Berechtigung zu ihm und seine mögliche Tragweite diskutieren. Aber auf Grund der vorgelegten schon rein interpretato-
risch mir unüberwindlichen Schwierigkeiten verzichte ich darauf,
könnte es ja auch gar nicht durchführen. Die Idee einer „Einheit des
Sinns" ist mir natürlich sehr zugänglich. Aber, noch abgesehen von
Differenzen in der Bestimmung von „Sinn überhaupt", kann ich kein
Verhältnis und kein Verständnis zu Ihrem Begriff von „*Einheit*", so
wie *Sie* ihn hier fassen, gewinnen. Was ich hier ganz persönlich vermute und denke, erraten Sie gewiß: sei es beabsichtigte oder unbeab-
sichtigte Nichtberücksichtigung des spekulativen Einheitsbegriffs
bei, der Sache nach, *notwendig* vorhandener Richtung (nicht Tendenz) auf ihn hin.

Und damit hätte ich ja nun den Umfang meiner Bemerkungen in
dem anfangs angekündigten Sinn erschöpft. Ich könnte jetzt abschließend meine Fragen über „Sprache" und „Seelisches" vortragen.
Aber bei diesem Abschluß kann ich mich nicht beruhigen. Dies Buch
als Ganzes genommen hat für mich durch das Gesagte noch nichts
von seinem Wert und seinem Interesse verloren. Ich will also in derselben kritischen Bewegung wie bisher noch einige andere Punkte
angehen in der doppelten Absicht: 1) einer Konfrontation mit Ihrem
Gang 2) in der Hoffnung den Punkt zu eruieren, von dem aus ich

---

[28] Ausdruck der Rhetorik: „Eins durch zwei", das bedeutet die parataktische Zer-
legung logisch subordinierter Begriffe.

mir mein auch wiederum schlechthin positives Verhältnis zu Ihrem Werk klar und damit für mich fruchtbar machen kann.

Ich habe einige Tage im Schreiben pausiert und fahre nun fort. Aber ich schicke voraus, daß es jetzt fast ganz fragend wird, denn mir ist die Materie äußerst schwierig und ich habe auch gar keine Lust zu sehr daran herumzutasten, um mir selbst den Zugang nicht zu verbauen.

Zunächst die Konkordanz zwischen Auffassung und Haltung oder *Körperleib* als *Einheit* der Haltung. Die „Reihe der Haltung" auf S. 203 [220] hat für mich etwas sehr Überzeugendes; und die fragliche Konkordanz ist mir sehr viel zugänglicher als die Konkordanz von Anschauung und Auffassung. Wenigstens rein gefühlsmäßig, intuitiv. Noch einmal wäre hier ja Gelegenheit, Ihr Stufengesetz des Sinnes zu diskutieren. Ich lasse es, weil Sie ja wohl sofort sehen, daß die Art von Einwänden, die ich früher darüber machte, sich hier mit leichten Veränderungen wiederholen würden. *Trotzdem* ist nun diese „*Reihe*" für mich überzeugender, aber ich weiß nicht genau weshalb. Vielleicht, weil hier immer ja der Leib zugrundeliegt, weil das Herauswachsen soz. von Kundgabe und Handlung aus dem Leib etwas Evidentes ist. Aber dies wäre eine sehr profane Deutung, die Ihnen ja nichts nützen würde, denn zu zeigen wäre das (natürlich genetisch – philosophisch – nicht faktisch in welchem Sinn immer) Hervorgehen von Kundgabe und Handlung aus dem *Ausdruck*, qua Ausdruck. Die Handlung z. B. müßte doch irgendwie *Synthesis* von Ausdruck und Kundgabe sein, wenn echte Stufung vorläge (so wie Mensch als Synthesis von Pflanze und Tier – wie Sie – ihn exponieren). Aber das ist mir hier nicht vollziehbar. Die Reihe entwickelt sich zur Reihe durch „eine Zuspitzung auf etwas außer" (188 [205]) = halb Liegendes. Das leugne ich nicht; im Gegenteil; ich betone es kritisch. Konkret z. B. Wissenschaft *wendet sich* an Seiendes, um es zu erkennen. Das ist für mich – gegenüber der Kunst – ein *derart* qualitativ Neues, daß sich für mich *jeder* Sinn von „Herausentwickeln" verliert. Es ist eine Möglichkeit (und wohl sicher eine notwendige Möglichkeit) des *Menschen*, der menschlichen Situation; und da man ja vermuten kann, daß „menschliche Situation" eine immanente Einheit ist, so kann ich Ihre *Tendenz* nur bejahen. Aber nicht so. Haben Sie übrigens mal beim Entwurf dieser Gedanken an die Trias: Fühlen – Denken – Wollen gedacht? Ich finde, sie steht in guter Entsprechung –

(nicht zur Reihe der Auffassung (denn Wissenschaft könnte ich nur notwendig möglicherweise mit Wollen in Verbindung bringen) –) – zur Reihe der Haltung.

Und nun komme ich zum Schwierigsten, zu dem was Sie soz. damit machen. Wenn ich hier von interpretatorischen Schwierigkeiten rede, so bin ich mir bewußt, daß das zum größten Teil an der Größe des Problems liegt. „Sinn" verhält sich bei Ihnen zu „Haltung" wie Geist zu Leib (203/204 [220f.]). Dies „Verhältnis" nun, das Sie 279 [296f.] als das einer durch „Modalität" garantierten Verbindung zwischen Geist (als Einheit der Sinngebung) und Körperleib als „Einheit der Haltung" charakterisieren, dient Ihnen dann 281ff. [298ff.] zur Lösung des Problems einer Verbindung von Geist und *Körper* schlechthin. Und in *diesem* Sinne sprechen Sie dann auch 287/288 [304f.] schlechthin von „Verbindungsweisen" zwischen Geist und *Materie* (d.h. „vom Bewußtsein losgelöst beharrendem Sein" 293 [310]). Das synthetische Glied in diesem Gang ist der „*Körper-Leib*", d.h. die „zentrale Stellung" des Leibes (269/270 [286f.]), der, grob gesprochen, die Synthese von purem Körper und Seele ist: Im Leib, als Einheit der Haltung, existieren Körper und Seele „ineinander verankert" (297 [314]).

Wie schon gesagt: mir ist das durchaus verständlich; ich muß nur für mich versuchen, Ihre Einsätze aus dem systematisch-begrifflichen Verband *zunächst* einzeln herauszulösen, um sie sowohl im Einzelnen als auch dann in Ihrer Ineinanderfügung zu übersehen.

Ich konstatiere zunächst, daß Sie eine absolute Materie kennen, die etwas „Stoffartiges" ist. Ferner muß irgendwie (cf. 293 [310]) folgende Überlegung wirksam sein: das bewußte sinnliche Material (die Affektionen) sind *auch* etwas „Stoffartiges"; und *darin* liegt ein Verbindungsglied zum absoluten Stoff, der in diesem sinnlichen Stoff für ein Bewußtsein wird. – Ferner: Sie kennen eine physische und eine psychische *Materie* (z.B. 89 [105]); diese beiden streng voneinandergetrennten „Materien" sind weder die absolute Materie noch auch die Sinnesmaterie [?] (so ist ja z.B. innewerdende Anschauung „sinnesorganfrei" 71 [87]). Sie kennen ferner ein Problem der „Spezifikation der Materie als Natur und als Seele" (89 [105]); und ich nehme an, daß dies Problem das Problem der Spezifikation der *absoluten Materie* ist. Mir ist nicht ganz deutlich, wo und wie Sie *dies so* gefaßte Problem lösen; denn da wo „Materie" faßbar wird, ist sie schon spezifiziert. Damit hängt zunächst zusammen die weitere Frage: was ist *physische* Materie? (Denn von seelischer, psychischer Materie ist nicht recht mehr die Rede). Oder dasselbe, ähnlich gefragt: Was ist „Körper"? Wie stehen physische Materie und Körper zueinander? M. E. nach muß ein Ansatz folgender Art vorhanden sein: Körper ist ein darstellbarer Anschauungsgehalt; physische Materie ist nicht ohne weiteres der Körper, sondern der Körper „hat" physische Materie, und *daß* er sie „hat", das zeigen uns die sinnlichen Affektionen, in denen physische Materie für ein Bewußtsein wird. Physische Materie ist geradezu die für ein Bewußtsein gewordene absolute Materie. Physische Materie und durch Sinne gegebenes Stoffliches sind also eigentlich dasselbe. Das ist nun natürlich nicht ganz exakt (cf. 286 [303]). Aber ich meditiere zunächst weiter.

Die „menschliche Person" (281 [299]) ist Einheit einer geistigen und körperlichen Seite. Die Verbindung beider Seiten ist durch die Qualitäten der Sinne gewährleistet (281 [299]). Von „Seele" ist hier noch nicht recht die Rede; denn die geistige (!) [?] Seite der Person ist ja wohl das Subjekt, insofern es Sinn gibt, d. h. *für Sie*, insofern es sich an idealen Werten orientiert, ihnen gehorsam ist (25 [41 f.]). Wie kommen wir von hier zum „Seelischen"?

Das Seelische kommt mit einem Schlag in Blick, wenn wir vom *Leib* sprechen. Die kategoriale Exposition des Leibes, seines Verhältnisses zu Körper einerseits und Seele anderseits, ist für mich vielleicht der schwierigste Punkt des Ganzen. Und damit hängt natürlich zusammen, daß die einzelnen „Verhältnisse", die überbrückt werden, schwierig zu verstehen sind:

$$\frac{\text{Geist}}{\text{Körper}} - \frac{\text{Geist}}{\text{Materie}} - \frac{\text{Geist}}{\text{Leib}} - \frac{\text{Seele}}{\text{Körper}} \, .$$

Gehe ich fehl, wenn ich folgenden Ansatz mache?: die Seele einerseits, der Körper anderseits sind irgendwie Etwas Substanzielles. Und insofern „mein Körper" *Körper* ist, ist er auch etwas Substanzielles. Man kann also sagen: der Leib ist *auch* ganz Körper. Und *Ein* Unterschied ist dadurch gegeben, daß der Leib in keinem Sinn „*auch* ganz Seele" ist. Der Leib steht zum Körper in einem eigenartigen Identitätsverhältnis; zur Seele hat er natürlich wesentliche Bezüge, aber ganz anderer Art. Vielleicht kann ich Ihre Ansicht so kurz und grob formulieren: der Leib ist *nicht* die Erscheinung des Psychischen, wohl aber notwendiges Mittelglied, damit und wodurch Psychisches erscheinen kann. Sie haben da 255 [272] die schöne und doch für mich kategorial noch rätselhafte Formulierung: „Der seelische Gehalt … *koinzidiert* … im Bewußtsein" mit „Zustandsempfindungen".

Hauptfrage ist mir nun: was für eine Kategorie ist auf „Leib" anwendbar? Ist er z. B. überhaupt schon „Etwas"? Und da hoffe ich nun, Ihre Meinung leidlich adäquat zu treffen, wenn ich sage: die Frage, welche Kategorie auf Leib anwendbar ist, ist im Grunde dieselbe wie die, welche Kategorie auf die Sinnesempfindungen anwendbar ist. So wie der Leib *ganz Körper* ist, und doch „noch" etwas anderes, so ist der Stoff der Sinnesempfindungen ganz physische Materie und „doch noch" etwas anderes. (Wenn ich recht sehe, ist von hier aus ein kategorialer Zugang zu Ihren Formulierungen im neuen Werk: daß das *Leben eine* neben anderen Eigenschaften ist, die aber nun eigentümlich übergreift über alle anderen Eigenschaften. – Aber ich reflektiere mit aller Absicht auf dies Neue nicht). Die Sinnesempfindungen aber sind nun im eigentlichsten Sinn „Brücken", „Verbindungsweisen" zwischen Verschiedenen. Und so wäre dann die Kategorie sui generis für *Leib* eben die: Brücke, Verbindungsweise zu sein. Der Leib wäre dann soz. die existierende *„Einheit der Sinne"*. Und diese „Einheit" würde gleichsam von 2 Seiten her gewonnen: einmal von der Seite des Körpers her, insofern der Leib ganz Körper und, qua Körper, körperliche Einheit ist; das anderemal von Seiten der Konkordanzbetrachtung her, wonach der Leib „Einheit von Haltungen" nicht geradezu *ist*, sondern etwa Fundament der Manifestation der in sich selbst gestuften Haltungen ist.

In erster Annäherung könnte ich mich nun dem Verständnis eines so fundamentalen Satzes wie 283 [300]: „Die Sinnesqualitäten sind die Brücken zwischen Geist und Körperleib *und damit* zwischen Geist und körperlicher Welt" nähern. Ich betrachte zunächst das Verhältnis von *Geist* und *Leib*. Nach 269 [286] ist dies Verhältnis das „Einheitsprinzip" für die Mannigfaltigkeit der Sinne. Was ist, ganz allgemein gefragt, das Wesen dieses Verhältnisses? Oder dasselbe anders: welche Kategorie könnte man auf dies Verhältnis anwenden? Oder noch anders gefragt: wie steht das Verhältnis $\frac{\text{Geist}}{\text{Leib}}$ zu dem

Verhältnis $\frac{\text{Geist}}{\text{Körper}}$? (Terminologisch unterscheiden Sie ab und zu nicht; so 270 [287] zweiter Absatz). Oder dasselbe noch anders: dies Verhältnis ist Ihnen Prinzip einer totalen Einheit. Also muß aus dem Prinzip auch die Mannigfaltigkeit als totale herleitbar sein. Wie lautet die wesentliche Bestimmung dieses Verhältnisses, aus der die Möglichkeit verschiedener seiner Arten (einer Verschiedenheit seiner „Arten") a priori einsichtig ist?

Sie merken, daß ich mit dieser letzten Formulierung in eine kritische Richtung hineinsteuere, die derjenigen in bezug auf die früheren Einheitsbegriffe ähnlich ist. Der Unterschied kommt hier lediglich dadurch herein, daß der Kreis der Zustandsmodalitäten nach 252 [269] Akkordanz zu irgendeiner Haltung nicht zeigt, so daß Sie hier einen neuen Weg gehen müssen.

Es ist nun sofort interessant, daß Sie, obwohl doch die Möglichkeiten dieses „Verhältnisses" bei Ihnen *drei* sind, und obwohl Sie ja auch soz. 3 Fälle sehr explizit entwickeln, trotzdem nur von 2 Möglichkeits-*Arten* dieses Verhältnisses sprechen. (cf. 270 [287]: „Nach ihren Arten dagegen betrachtet, ergeben sich 2 *weitere* Möglichkeiten...") . (Sie werden mich ja wohl richtig verstehen: natürlich ist mir die Sagazität und innere Folgerichtigkeit dieser und so vieler anderer Ihrer Wendungen absolut klar. Die Einwände von mir sind nicht formallogisch im üblichen Sinn, wohl aber formal, als unter der Frage stehend: *welche Art* von Logik müßte auf Gegenstände dieser Art notwendig Anwendung finden? Damit kreuzt sich dann allerdings auch die andere Frage: sind die Gegenstände, so wie Sie sie herausstellen spekulative Gegenstände? Und meine Kritik kreuzt sich in ihren Antworten auch: mal finde ich spekulative Gegenstände unspekulativ behandelt; mal glaube ich eine Art spekulativer Behandlung von durchaus unspekulativen Gegenständen zu gewahren.)

Ohne nun auf diese „Eigentümlichkeit" zunächst weiter zu achten, betrachte ich die einzelnen möglichen Fälle. Beispiel: ich gehe auf Grund zweckhafter, zweckbezogener Überlegungen von A nach B. Oder: ich bringe etwa beim Diskuswerfen meinen Körper zwecks Erzielung eines weiten Wurfs in eine bestimmte Haltung. Daß man in allen solchen Fällen, in denen wir „unseren Körper" zur Erreichung eines bestimmten Zwecks als Mittel benützen, von einem echten Verhältnis zwischen Geist und Leib sprechen kann, gebe ich zu.

297

Aber ich sage ausdrücklich hier, was Sie nur halb betonen: „*Leib*" – und nicht „Körper" schlechthin.

Als zweiten Möglichkeitsfall nehme ich den Ausdruck. Sie gebrauchen 270 [287] die Wendung: der Geist gebrauche hier die Körper als Materialien zur unmittelbaren Ausprägung eines Sinnes, während er sie im ersten Fall als Mittel zur „Verfolgung" („Materialisierung", wie Sie auch sagen, um die Analogie noch stärker hervorzuheben.) eines Sinnes benutze. Hier kann ich 1) von einem Verhältnis zwischen Geist und *Leib* nicht mehr sprechen. Denn das, was Sie als thematische Haltung 193 [210] heranziehen (z. B. „natürlicher Adel der Seele") ist gerade dadurch charakterisiert, daß in ihm ein solches echtes Verhältnis zwischen meinem Geist und *meinem* Körper fehlt, oder vielmehr, wenn es vorhanden sein sollte, wie es wohl ist, dann ist es ein „Verhältnis" von prinzipiell verschiedener Art im Hinblick auf das erste Verhältnis 2) wohl aber kann ich hier von einem Verhältnis zwischen Geist und Körper schlechthin sprechen; wobei ich allerdings nicht behaupten will, daß diese Formulierung sehr fruchtbar wäre. Ich ziehe es nur zur Abhebung gegen Fall Nr. 1 heran. Sie werden hier vielleicht mit dem reinen Fall der Musik replizieren, etwa mit dem Sänger, der in direkter Darstellung eines Themas z. B. einen „natürlichen Adel der Seele" in seiner thematischen Haltung verkörpert, versinnlicht. *Material* möchte ich darauf nichts sagen, dagegen nichts einwenden. Formal dagegen (und für das Systematische dann auch material werdend) halte ich mich an Ihren Ansatz: daß das Einheitsprinzip für die Mannigfaltigkeit der Sinne das Verhältnis von Leib und Geist ist.

Endlich der dritte Fall, der wichtigste vielleicht, der nicht eigentlich mehr bei Ihnen eine *Art* dieses Verhältnisses ist, wohl weil, wenn ich recht sehe, bei den zuständlichen Sinnesqualitäten eine „Akkordanz zu irgendeiner Stufe der Haltung" nicht gegeben ist. (Ein *rein* formallogischer Einwand, auf dessen tieferen Grund ich der Kürze halber nicht aussein will: *weil* diese Akkordanz fehlt, sagen Sie 252 [270], seien diese Qualitäten „ohne Beziehung zum Geist". Was mir natürlich, so isoliert, sehr verständlich ist. Aber wenn auch Ihr gegenwärtiger *dritter* Fall keine *Art* des Verhältnisses von Leib und Geist ist, so ist er doch *irgendeine Möglichkeit* dieses Verhältnisses, und dann herrscht eben doch irgendeine „Beziehung" zum Geist. Und wiederum haben Sie auch das gesehen. Es würde auf eine Diskussion Ihrer These 268 [285] auslaufen. Sie sagen dort von dem Kreis der Zustandssinne: „Er besitzt nicht im Material und nicht in der Funktion ästhesiologische Bedeutung. *Gerade* durch diesen charakteristischen Mangel zeigt er, daß er sie hat." ... er hat „eine besondere Beziehung (sc. wohl zum Geist, zur Sinngebung) nur durch die ihnen (sc. diesen Sinnen) eigene Sinnlosigkeit, *gemessen an* der ästhesiologischen Funktion des Gesichts und Gehörs.") Sie geben als das Wesen dieses Verhältnisses 269 [286] die „pure Vergegenwärtigung der Körper *im* Erleben" an. Ferner 270 [287]: „In diesem Verhältnis der Vergegenwärtigung hat das Subjekt nur hinzunehmen, was gegeben ist." Es hängt mit den obigen Problemen zusammen, wenn ich mir die Frage: wem wird gegeben? wer ist der Eine Pol dieses Verhältnisses nicht eindeutig beantworten kann. Sie brauchen den neutralen Terminus „Subjekt". Aber ist das *hier* der an Werten orientierte Geist oder der „Träger der Wahrnehmung" (283 [301])? Und was ist dieser letztere? Das „Subjekt" wird irgendwie beides sein; vielleicht später davon.

Und *was* wird diesem Subjekt gegeben? Ich gehe wohl nicht fehl, wenn ich sage: die physische Materie als oder insofern sie mit dem gesamten Sinnenmaterial identisch ist. Zu diesem gesamten Sinnenmaterial (Sinnesmaterie) gehören auch die optische und akustische Materie, insofern sie ja *auch*, auf ihrer untersten Stufe soz., zu dem Kreis der Zustandssinne gehören, über den sie sich nur notwendig möglicherweise erheben. 270 [287] sprechen Sie in diesem Sinn aus: daß das Subjekt das Sein der dinglichen Zustände *„in seinem ursprünglichen Selbst"* erfasse. Indem das Subjekt dies Sein erfaßt, wird das Sein „Bestandteil des seelischen Lebens" (270 [287]): in welcher Formulierung ich wohl eine andere Wendung sehen darf für die schon oben angezogene: daß der seelische Gehalt mit den Zustandsempfindungen im Bewußtsein „koinzidiere" (255 [272]). Ebendort sagen Sie auch 255/256 [272 f.]: da die Zustandssinne uns das Bewußtsein fremder Zustände doch stets an den Sinnesflächen des eigenen Leibes gäben, so sei darin eine „Distanzlosigkeit" manifest (wohl zwischen Geist und Körper, oder Subjekt und Objekt), in welcher Distanzlosigkeit der positive Ausdruck dafür liege, daß die Sinne des Zustands als solche dem Geist kein Material sein könnten. (Ich verstehe die immanente Linie in diesen Wendungen durchaus – es ist ja auch material klar. Nur einige Randbemerkungen dazu: Sie geben hier nur Beispiele aus dem Zustandskreis im engeren und dann allerdings auch eigentlichen Sinn. Damit hängt zusammen, daß der Terminus „Zustand" fremden Seins (251 [268]), der eine „objektive Eigenschaft eines Dinges" sein soll, sich für mich nicht abhebt gegenüber Eigenschaften, die – vielleicht – *kein Zustand* sind. Oder anders: ist Zustand eine *Eigenschaft* im strengen Sinn? Kann man Farbe und Wärme etwa in gleicher Weise als Eigenschaften des Objekts behandeln? Lippsche Probleme.[29]

Ferner ist mir der Sinn, in dem Sie von Distanzlosigkeit sprechen, nicht ganz deutlich. Der Tendenz nach wohl, aber im konkreten Einzelnen nicht. Unter Distanz verstehen Sie ja doch wohl diese merkwürdige Kluft zwischen dem Subjekt und dem Objektiven. Daß Sie dabei unter dem „Objektiven" sowohl z. B. den idealen Sinn eines Kunstwerks, als auch eine Norm, als auch schließlich (gemäß Ihrem Ansatz 83 [99]) einen präsentierten Gegenstand (Objekt) schlechthin verstehen, davon nachher. Aber da Sie es einmal so ansetzen, so finde ich, daß die „Distanz" in demselben Augenblick hergestellt ist, in dem ich Etwas *als Zustand* fremden Seins auffasse. Sie sagen ja selbst, daß das Sein der dinglichen Zustände *in seinem* ursprünglichen *Selbst* erfaßt werde. Und m. E. n. ist das *Erfassen* eines *fremden Selbst* nur ein anderer Ausdruck für Distanz, oder dasjenige, was das Distanzgefühl fundiert. Ich könnte das auch *so* wenden: daß die Reihe der Anschauung schon eo ipso *Distanz* zeigt, manifestiert, wie Sie es ja auch im Grunde im Früheren exponieren. Wenn Sie nun hier von „Distanzlosigkeit" sprechen, so kann ich nur annehmen, daß sich hier Ihnen, allerdings aus noch zu betrachtenden sehr systematischen Gründen, eine andere Nuance des Begriffs „Distanz" unterschiebt, eben die Distanz zum idealen Sinn.)

Nun könnte ich mir Ihren Ansatz eines „dreifachen Verhältnisses von Körper und Geist" so explizieren: der eine feste Pol dieses Verhältnisses ist immer das „Subjekt", welcher Terminus im gegenwärtigen Stadium noch etwas Problematisches an sich hat, von dem später. Der andere Pol sind die Körper schlechthin. Zu einem echten Verhältnis würde ich fordern, daß beide Pole fixe auf sich selbst beruhende sind, die überdies in einer medienartigen gemeinsamen Si

---

[29] Anspielung auf Lipps' Untersuchungen zur Phänomenologie der Erkenntnis. Erster Teil: Das Ding und seine Eigenschaften, vgl. Anm. 5 zu Br. 42.

tuation stehen müßten, die ein Verhältnis *zwischen* ihnen, wie z. B. das des Benützens des Leibes durch den Geist ist, möglich macht. (Hegel entwickelt z. b. diese „Situation" als eine durch Gewohnheit langsam hergestellte; für ihn ist die hergestellte Möglichkeit dieses Verhältnisses der Punkt dialektischen Übergangs zu *dem*, was Sie, wenn ich recht sehe, den ersten Fall, das Erfassen des fremden Selbst im Bewußtsein, nennen. Merkwürdige Umkippung.) Nun scheint mir, als ob Sie das Herstellen dieser *Situation* Ihrem ersten Fall zuschrieben, dem Erfassen der Körper. Als ob Sie sagten: *erst* müssen beide in einen einfachen Kontakt kommen; erst muß das Subjekt soz. das in die Hand bekommen, zu dem es *dann* in ein Verhältnis treten kann; cf. 255, 256 [273]: Der Sinn der Zustandssinne „erschöpft sich mithin in der bloßen Vergegenwärtigung (wie steht dieser Terminus zu „Anschauen" schlechthin?) des eigenen Körpers, die *nötig ist* (!), wenn Körper und Geist ... zusammenwirken sollen." Da hier die *Möglichkeit* echten Verhältnisses hergestellt wird, ist es quasi selbst schon ein Verhältnis; da die *Möglichkeit nur* hergestellt wird, ist es auch kein Verhältnis; es ist gleichsam das Verhältnis als sein eigener Anfang, und deshalb Fall, *Art* des Verhältnisses, aber auch wiederum nicht Art. Ich bin unsicher, ob Sie dieser Interpretation zustimmen. Für das Gegenwärtige und Folgende lege ich sie zugrunde. Oder vielmehr ich lege sie nicht zugrunde, denn das Hereinspielen solcher dialektischen Übergänge ist ja gewiß nicht hier am Platz. Ich könnte eben, in bezug auf ihren Einheitsbegriff hier nur schon Gesagtes wiederholen; also im letzten Fall den ihm zugrundeliegenden Begriff von „Verhältnis" betrachten und ihn gegen die übrigen Verhältnisse abheben.

———————

Ich breche hier ab.

In diesem Stil weiter zu reden, hat keinen Sinn. Ich bin mir ganz klar bewußt, daß ein großer Teil meiner kritischen Bemerkungen irgendwie zu Ihrem Gange schief liegt, daß Ihr Gang viel freier und elastischer ist, als wie ich ihn hier nehme.

Ich will gleich noch versuchen, auf meine Art diese „Elastizität" auszusprechen und mit den Einzelfragen zu verknüpfen. Aber ich schicke voraus, daß ich damit nicht durchkommen werde, denn eine nochmalige Lektüre Ihres [5.] Teils – und Ihrer Bemerkungen über die Ästhesiologie im neuen Buch[30] – zeigen mir, daß ich einfach Ihren Gedankengang nicht durchgehends interpretieren kann. Und infolgedessen kann ich nicht zum eigentlichen Punkt des Interesses oder der Kritik durchdringen.

Diese „Elastizität" ist ja im Grunde nichts als eben das, was Sie kritische Betrachtung nennen. Und ein gut Teil des Geheimnisses haben Sie ja 280 [297] enthüllt, wenn Sie den schönen Satz schreiben: „...allein dieses Faktum genügt, um uns in der betreffenden Sinnesmodalität das *Urphänomen* schauen zu lehren. Musik und Geometrie ... sind uns *nur Symptome* dessen, *was möglich ist*, (exakt interpretiert: mir ganz rätselhaft!) *Hilfsmittel* zum *Verständnis* dessen..." (*exakt* gefragt, dann ist mir auch „Hilfsmittel zum Verständnis" dunkel; aber eben nur dann dunkel, wenn ich *ganz genau* frage; sonst sehr klar). In der Ermittelung, Findung dieser Hülfsmittel besteht ja auch der „glückliche Griff". Und die „eigens eingeführten Begriffe", mit denen ein Konstitutionsproblem gelöst wird, sind ja soz. die Spezifikationen von „Hülfsmittel".

Wenn ich Ihr neues Buch lese, von Totalrelativität der Sinnesqualitäten auf die Einheit der menschlichen Person (so schon im Vorwort der „Einheit der Sinne") höre, so ist mir das unmittelbar nahe, wichtig, bedeutend. Aber wenn ich Ihren sytematischen Gang betrachte, mit dem das in der „Einheit der Sinne" herauskommt, und *das* betrachte, mit dem es in Ihrem Buch zusammengefügt ist, dann dissentiere ich erheblich. Da ich mir großer Interpretationslücken bewußt bin, ist es schwer und immer gewagt, den Stein des Anstoßes präzisieren zu wollen.

Ich versuche es trotzdem: Sie *deuten* das präsentierende Bewußtsein nach Maßgabe, unter Hinblick auf das repräsentierende Bewußtsein. Dabei ist diese Ihre Deutung bewußt metaphysikfrei. (Weder empirisch noch metaphysisch zu lösende Probleme). Und weiß Gott: Ihnen metaphysische Tendenzen unterzuschieben wäre schlechthin Zeichen von Barbarei. *Aber*: m. E. n. entgehen Sie so der Metaphysik nur gewaltsam. Ich bestreite also Ihre Fundierungsordnung in der *Problemlösung*. Die umgekehrte Ordnung wäre mir viel sympathischer, viel „menschlicher", natürlicher. Die Sinngehalte des repräsentierenden Bewußtseins sind Schöpfungen des Menschen. Und das ist

---

[30] Vgl. Stufen, Ges. Schr. IV, S. 71 ff.

keineswegs „banal". Denn es kommt darauf an, daß sie *notwendig mögliche* Schöpfungen sind. Der philosophische Blick (so wie Sie ihn bei der Betrachtung der reinen Fälle, und ganz besonders einfach und klar bei Musik, aktuieren) erkennt sie als mögliche nicht deshalb, weil sie wirklich sind, sondern deshalb weil sie an sich möglich sind, weil der Mensch *so* ist, daß er *seiende* Möglichkeiten vor sich hat. *Echte* „Vermögen", die mit den üblichen „Vermögen" und mit der Polemik gegen sie nichts zu tun haben. Betrachtung eines Etwas als eines solchen seiend *Möglichen* scheint mir der wahre (nicht historisch wahre) Sinn des Begriffs einer „Kritik" zu sein. Und so arbeiten Sie ja auch, *nur* übertreiben Sie soz. aus Furcht vor der „Banalität" und sprechen von einer „inneren Konformität unserer sinnlichen Organisation zu den möglichen Arten geistiger Sinngebung" (im *neuen* Buch S. 34).[31] Die leugne ich natürlich nicht, wohl aber die *Anwendung* erkenntnistheoretischer Art, die Sie in der „Einheit der Sinne" davon machen: daß die absolute Materie *so* erscheinen muß, daß der Geist, der sich soz. zur Welt versinnlicht, *so* erscheinen muß, daß endlich die unbestreitbare und von Ihnen so tief aufgewiesene Tatsache, daß zu bestimmten Sinngehalten sinnspezifische Materien wesensnotwendig gehören, die „Objektivität des Aussehens der Welt in unserem Bewußtsein von ihr" *garantiere* (288 [305]). Hier ist dann nicht mehr Konformität von Sinn und sinnspezifischem Material, sondern Konformität von menschlicher Sinnversinnlichung und soz. göttlicher Sinnversinnlichung zur Welt.

Und von hier empfangen dann auch fast alle Ihre Begriffe für mich ein, in Analogien begründetes, aber nicht m. E. n. richtig begründetes, Schillern. So z. B. Objektivität. 83 [99] sagen Sie: „Das Wesen der Gegenständlichkeit liege in der Beziehung der unstofflichen zu den stofflichen Baukomponenten der Erscheinung." *Dies* Problem *deuten* Sie mit Hilfe z. B. der Objektivität eines Themas, wo ja auch so eine Beziehung von Stofflichem und Unstofflichem vorhanden ist, wo auch von Objektivität gesprochen werden kann. Beides ist für mich zunächst einfach mal verschieden; und eine Verbindung beider würde ich auf diesem Weg nicht suchen. – Oder ein anderes Beispiel. 279 [297] sagen Sie: „Eine unmittelbare Bestimmung körperlicher Haltung durch Sinngehalte ... ist nur ... im akustischen Modus ...

---

[31] Stufen, jetzt: Ges. Schr. IV, S. 73.

möglich …" Ich bestreite das nicht, sondern halte es für eine ganz tiefe Einsicht. Die doppelte Akkordanz des akustischen Stoffs zur Thematik und zur Ausdruckshaltung will ich nicht bestreiten. Aber was machen Sie *im 5. Teil* mit dieser Einsicht? Was „deuten" Sie damit? Wie ist von dort eine Brücke möglich z. B. zum Phänomen eines tönenden Körpers, so wie es uns die Anschauung nachahmbar gibt?

Sie sagen 281 [299]: „In den Modalitäten, die nötig sind, um Geist und Leib in … Einheit der Person zu konstituieren … sieht, hört … das Subjekt die Dinge mit ihren Eigenschaften" (281/282 [299]). Ebendort: daß die Modalitäten „die qualitativ synthetischen Verbindungsarten zwischen Geist und Körper darstellen.." Hier entschwebt mir der Terminus „qualitativ synthetische Verbindungsart" in jenes Schillern. Denn an sich bedeutet er ja nichts, derart, daß es einen allgemeinen in sich strukturierten definitionsfähigen Sinn dieses Terminus gäbe (wie es z. B. bei Ursache der Fall ist). Also sehe ich auf das mit ihm benannte Phänomen und verstehe ihn dann, verstehe, daß die akustische Modalität eine Verbindungsart von Geist und Körperleib darstellt, daß man das so nennen kann. Und nun kommt doch irgendwie die „Analogie", daß auch die Wahrnehmung z. B. eines tönenden Körpers ein Verhältnis von Bewußtsein (= „Träger des Geistes" 281 [298]) und Körper ist, und daß, da die akustische Modalität eine der qualitativen synthetischen Verbindungsweisen von Geist und Körper-Leib ist, sie auch *als* solche Verbindungsweise in der Wahrnehmung der absoluten Materie fungiert, kraft welchen Fungierens es u. a. auch akustisch sich präsentierende Anschauungsgehalte gibt. Ein Schluß, den ich schlechterdings nicht „vollziehen" kann. Und mir hilft da auch nicht weiter, wenn ich darauf reflektiere, daß die Sinnesqualitäten Erregungen des *Leibes* sind, und daß also in gewissem Sinn die Wahrnehmung ein Verhältnis von Bewußtsein und *Leib*-Erregungen ist. Ich würde dann eben wieder auf die tiefe Verschiedenheit beider im Schluß durch Sie aufeinanderbezogenen Verhältnisse aus sein.

Mir geht es eben, um es mal ganz kindlich zu sagen, so: ich lese z. B. 280/281 [298] Ihre 3 Fragen, in die Sie das Problem der Gegenständlichkeit der Sinne aufteilen. Verstehe sie auch schlecht und recht. Dann sagen Sie: die Lösung dieses Problems ist mit der Erklärung der Sinnesmodalitäten als Verbindungsmodalitäten von Geist und Körperleib gegeben. Und dann kommt eine Ausführung, die ich durchaus verstehe. Aber daß dies die „Lösung" ist, das ist mir rätselhaft. Dabei ist mir natürlich ganz präsent, wie bewußt Ihnen selbst der eigentümliche Charakter solcher Termini wie „Lösung" „Deutung" u. s. f. hier ist. So sagen Sie 288 [306] raffiniert schön – in einem anderen Fall – Ihre dritte Theorie werde den beiden anderen nach einem „*ihnen fremden* Maßstab" gerecht. Wie sehr mich die Konzeption einer solchen singulären Synthese formal interessiert, brauche ich Ihnen ja nicht zu sagen. Mit solcher *Tendenz* bin ich ganz einverstanden; aber nicht mit dieser Ausführung. Ich halte die im letzten Sinn Kant-kritische Wendung für unzureichend, und nicht zuletzt deshalb, weil sie sich vor einem Auslaufen in metaphysische Formulierungen nur mit Gewalt zurückhalten kann. Es ist eben eine Deutung, die man selbst nicht wieder deuten darf.

Und wiederum ginge es jetzt in diesem Stil weiter. Und so breche ich denn jetzt endgültig ab.

Ich schließe mit kurzer Exposition einer Interpretationsschwierigkeit der Seite 284 [301]. Ich habe das früher schon mal herangezogen, will aber doch noch das Dubitative herausheben. Es handelt sich im wesentlichen um die „Gegensinnigkeit der beiden realen Bestandstücke der Wahrnehmung". Ich gebe folgende Figur dazu:

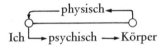

a) der physische Prozeß geht vom Körper zum physischen Zentrum der wahrnehmenden Person (das ich hier nicht besonders markiert habe und das natürlich nicht „Ich" ist)

b) der psychische Prozeß („psychisch" wohl deshalb, weil die „Affektionen" *auch* „Bestandteile des seelischen Lebens" oder „Leibeserregungen" sind) geht vom Bewußtsein als Träger des Geistes zu dem „Inhalt, der das Ding meint und darstellt".

Zunächst: geht dieser psychische Prozeß nicht durchaus auch zum „Ding *selbst*", also nicht nur zu dem Inhalt? Sie sagen das ja auch im Grunde, wenn Sie z. B. von der „Griffigkeit" des Sachdings sprechen. Aber die Redeweise von – wenn auch nicht dem „Ding" stricto sensu – der *erfaßten Sache selbst* ist weiter und *berechtigterweise* umfassender als „Griffigkeit".

Sodann: Sie nennen den psychischen Prozeß „zentrifugal". Gewiß; das ist er aber m. E. n. nur notwendig *möglicherweise.* Ich finde, jede originäre Anschauung ist auch und gerade psychisch durch eine *primäre* Zentripetalität charakterisiert; das anschaulich Gegebene steht einfach soz. in unserem Auge oder Sinn, aber *so* freilich, daß wir notwendigerweise uns zu ihm (in der „Aufmerksamkeit") hinwenden können. Hegel drückt das *so* aus: der Geist *findet* in sich den Inhalt. Und als *erste Stufe* der Reihe des Geistes schreibt er dieser Stufe nur eine *formale* Reproduzierbarkeit (eben durch Aufmerksamkeit) zu. Ich finde das präziser.

Ferner: finde ich eine Identifikation zwischen dem *physischen* Prozeß, wie er sich „aus der wissenschaftlichen Erforschung der Wahrnehmung als objektives Problem ergibt" (284 unten [301]) und eben diesem selben physischen Prozeß als einem durch und in der Wahrnehmung selbst Feststellbaren. (: „das gegensinnige Aufeinanderbezogensein von subjektiver Zuwendung im Sinnesfeld des Auges … und objektivem Einströmen des Lichtes … gehört zum Sinn eines Bewußtseins, das wir Wahrnehmung nennen.") Zweierlei ist mir hier dubitativ: 1) ob der physische Prozeß, so wie ihn die Wissenschaft behandelt, irgendwie mit dieser „subjektiven Hinwendung … und objektivem Einströmen" in Deckung gebracht werden kann. Was ist z. B. ein *gerichteter* physischer Prozeß? Ich denke z. B. an die Wärmetheorie, an Reversibilität und Irreversibilität, an die Gleichheit von Wirkung und Gegenwirkung u. s. w. Und da finde ich so gar keinen Anhaltspunkt für „Hinwenden – Einströmen" 2) was wichtiger ist, finde ich, daß diese für einen Blick von Außen feststellbare „Gegensinnigkeit" von „Hinwenden und Einströmen" eine *ganz andere* „Gegensinnigkeit" ist als die, zwischen dem zentripetalen physischen Prozeß und dem zentrifugalen psychischen Prozeß, die Sie zunächst exponieren. In der Zentrifugalität des psychischen Prozesses kann ich nur jene *aufmerksame* Hinwendung zu dem schon vor mir Stehenden (in mir Gefundenen) verstehen, nicht aber jene Hinwendung *von Einem zum Anderen in der „Welt".* Oder wenigstens finde ich, daß man beide Hinwendungen zunächst scharf trennen müßte, und daß ihre *evtl.* Verbindung gesondert behandelt und gerechtfertigt werden müßte.

Infolgedessen verstehe ich den zweiten Absatz 284 [301] überhaupt nicht recht. Auch die einzelnen Termini fangen mir dann an zu schwanken. Z. B. *rein formal*: „...daß die *Brücke* ... *für die reale* gegensinnige Seinsbeziehung ... *gangbar* sein muß." (Ich verstehe die Problemformulierung nicht mehr.)

Endlich: wage ich die *Vermutung*, daß diese ganze Exposition 284/285 [302 f.] nicht recht in Ihren eigenen deutenden Gang hineinpaßt, weil Sie hier etwas exponieren, das nachher an einem ihm *fremden Maßstab gemessen wird*, worunter rückwirkend die Exposition leidet. Sie führen 284/285 [302 f.] z. B. doch einen Beweis dafür „wie es einer Materie möglich ist, ... gegenständlich zu werden." Und auf *diesen 2 Seiten* reflektieren Sie *material* gar nicht auf das *repräsentierende* Bewußtsein. Infolgedessen macht auf mich Ihre Feststellung 285 [302]: „Materie wird ... gegenständlich ... in Qualitäten der Sinne" einen *faktischen* Eindruck. („Materie" ist hier ja auch a) physische b) psychische Materie). Was *mir* natürlich der Sache nach ganz recht ist. Die *Notwendigkeit* dieses Faktums ergibt sich nur *im repräsentierenden Bewußtsein*. *Hier* scheint es, als ob Sie dies repräsentierende Bewußtsein nur „formal" berücksichtigten. Aber *wenn* Sie es auch material hier berücksichtigen würden, wenn Sie also sagen würden: „die Notwendigkeit dafür, daß physische und psychische Materie in Sinnesqualitäten und nur in diesen einmal gegebenen Sinnesqualitäten gegenständlich wird, ergibt sich *daraus*, daß *Sinngehalte* sinnspezifische Materien für ihr einem Subjekt Gegenständlichwerden fordern" – würde ich sagen: dieser „Schluß" ist mir nur vollziehbar, wenn ich dem Begriff einer „Deutung" von Etwas durch ein Anderes einen so vagen Sinn gebe, daß ich ihn, was mich selbst angeht, nicht verwenden würde. Ich für mein Teil halte fest: daß das erste faktisch und daß das zweite innerlich notwendig ist, oder: daß die menschliche Situation *so* ist, daß Musik u. s. f. notwendig möglich sind.

Endlich: daß mir die Idee einer „Beziehung" dieser beiden Seiten aufeinander nicht fremd ist, brauche ich nicht zu sagen. Nur nicht präzis: *diese* Seiten; und nicht *diese* „Beziehung" eines Deutens.

─────────

Ich wollte noch des längeren über Ihre Idee einer „universellen Hermeneutik" sprechen; aber aus vielen teils äußeren teils in der Sache liegenden Gründen, mache ich nur einige kurze Bemerkungen. Vom neuen Buch sehe ich *ganz* ab. Auch Sprangers „Grundlagen der Geschichtswissenschaft"[32] kenne ich nicht. Seinen „Verstehensaufsatz" in der „Festschrift für Volkelt" von 1918[33] finde ich nicht einmal in der Problemerfassung hinreichend. Mir scheint nun – und damit wiederhole ich eine alte Remscheider Bemerkung – das eigentliche Dilthey-Problem einer Hermeneutik (wie es sich historisch, wenigstens in Deutschland, vorzüglich aus der Bibel-Forschung, z. B. Leben Jesu[34] u.s.w. entwickelt hat) mit *Ihrem* Problem „in den typischen Zusammenhängen zwischen physischen Symbolen und ihren psychischen Korrelaten sachlich Notwendigkeit zu entdecken" (265 [282]), keine *direkte* Beziehung zu haben derart, daß ich in der Verwendung des Ausdrucks „Hermeneutik" in diesem Sinn nur im Hinblick auf die philosophische Freiheit in der Wahl von sonst noch nicht ganz festgelegten Termini billigen kann.

Über „Verstehen" im allgemeinen sagte ich schon früher oben, daß es einen wesentlichen Unterschied mache, ob der „Ausdruck" ein von uns geschaffener oder ob er ein in der Natur vorgefundener sei. Aber selbst damit ist m. E. n. das Dilthey-Problem einer Hermeneutik noch nicht anvisiert. *Dilthey – historisch* handelt es sich bei der „Hermeneutik" um eine Deutung von selbst schon deutenden, aus sich selbst deutenden, geistigen Produkten. Z. B. um eine Interpretation des Jesu-Wortes: lasset die Toten ihre Toten begraben.[35] Oder: ich bin der Weg, die Wahrheit und das Leben.[36] u.s.w. – Solche Sätze sind zunächst schon an sich selbst geistige Produkte (eben als sprachliche und unmittelbar verständliche Äußerungen), die deuten, d. h. etwas meinen, etwas „bedeuten" – und hier z. B. eben: „lasset die Toten ihre Toten begraben."

---

[32] E. Spranger: Die Grundlagen der Geschichtswissenschaft. Eine erkenntnistheoretisch-psychologische Untersuchung, Berlin 1905.

[33] E. Spranger: Zur Theorie des Verstehens und zur geisteswissenschaftlichen Psychologie, in: Festschrift Johannes Volkelt zum 70. Geburtstag, München 1918, S. 357–403; jetzt in: Gesammelte Schriften VI: Grundlagen der Geisteswissenschaften, hg. von H. W. Bähr, Tübingen 1980, S. 1–42.

[34] Hauptrepräsentanten der Leben-Jesu-Forschung seit dem 18. Jahrhundert sind: H. S. Reimarus, J. G. Herder, D. F. Strauss, R. Bultmann; vgl. A. Schweitzer: Geschichte der Leben-Jesu-Forschung, Tübingen 1913 (die 1. Aufl. erschien Tübingen 1906 unter dem Titel: Von Reimarus zu Wrede).

[35] Lukas 9, 60.

[36] Joh. 14, 6.

Und erst dann, wenn ein Mensch hinzutritt und diesen sprachlich und situationsmäßig *verstandenen* Satz *nochmal* interpretieren will, treibt er Hermeneutik. Und in diesem Sinn fällt das Problem der Hermeneutik mit dem Problem einer *selbst geistigen Natur*komponente im geistigen Ausdruck, in jedem geistigen Ausdruck zusammen. Aber diese *selbst geistige Naturkomponente* im geistigen Ausdruck hat natürlich schlechterdings nichts zu tun mit der Naturkomponente im Sinne von physischem Material der Versinnlichung von Geistigem; so wenig damit zu tun, daß ich den Vergleich wagen möchte: so wenig und so viel wie der natürliche Herzschlag mit einem Gedanken.

Daß wir einen „Text interpretieren" heißt: *aus* ihm diese Naturkomponente eruieren und dann *aus* dem Eruierten, mit seiner Hülfe wiederum den Text „eigentlich" verstehen, ihn richtig deuten, evtl. emendieren, in unserem Bewußtsein korrigieren und aus dem so immanent korrigierten Text dann Schlüsse auf das Tatsächliche, eben in der Historie, ziehen. Es ist das natürlich der Diltheysche Verstehens-Zirkel. – Diese „Naturkomponente" kann natürlich sehr mannigfaltiger Art sein: Tendenz des Schreibers, Charakter des Schreibers, Situation, in der geschrieben wurde, Bewußtseinslage individueller und zeittypischer Art, Beruf des Schreibers, individuelle und überindividuelle Schreibgewohnheiten, Topen u.s.f. – Jeder solche geistige Ausdruck will ja zunächst per se etwas mitteilen, offenbaren – und zugleich *verrät* er *wesentlich* etwas. Es handelt sich, ontologisch gesehen, um ein Verständnis philosophischer Art der wesentlichen Notwendigkeit dieses Zusammens von Offenbaren und Verraten; gnoseologisch gesehen: um Methodik des Erfassens dessen, was verraten wird. Hermeneutik, allerdings schlechter Art, treibt Fichte, wenn er Locke als einen dem Bauche dienenden Philosophen charakterisiert.[37]

Nehmen Sie z.B. die „Autobiographie" von Misch;[38] sie ist ein methodischer Versuch der Ermittlung dieser verratenen Naturkomponente in Selbstdarstellungen. – Doch auch dies muß natürlich gesagt werden: daß m.E.n. in der „Deutung des mimischen Aus-

---

[37] Bei Fichte nicht nachzuweisen.
[38] G. Misch: Geschichte der Autobiographie. 4 Bände, 1907–1969, Leipzig und Berlin sowie Frankfurt a.M.

drucks" ein echtes Analogon zu diesem Verstehen und Interpretieren gegeben ist. Es würde sich dann, soviel ich sehe, um eine Präzisierung dessen handeln, was Sie *so* fassen, daß Sie sagen: Die Stufe der Zeichenhaltung, der „Kundgabe durch Zeichen", sei die Stufe *kontinuierlichen* Übergangs von der Ausdruckshaltung zur Handlungshaltung. Es würde vielleicht so zu fragen sein: ob nicht immer die „Ausdruckshaltung" ein durch die Haltung der zweiten Stufe *hindurch* „Eruiertes" ist; und ob, ontologisch umgekehrt, nicht immer die zweite Stufe aus der Ausdruckshaltung irgendwie hervorwächst.

Ich weiß nicht, wie Sie sich dazu stellen. Und überhaupt will ich – und nicht aus cortesia[39] – dieses lange Geschreibsel mit dem Bekenntnis schließen: daß das für Sie ja zentrale und als zentral behandelte *Leibes*problem – und *damit letzthin eben doch wiederum das Versinnlichungsproblem* – mich auf das tiefste erregt. – Ich erinnere deutlich, wie wir einmal in Remscheid am Fenster (in der „Bügelstube") standen und wie Sie vom Leibesbewußtsein sprachen. Wir werden ja wohl hoffentlich noch oft persönlich davon sprechen: ich glaube, man kann es nicht fundamental und wichtig genug nehmen.

Die Fragen über Seelisches und Tagma ein andermal.

---

[39] Italienisch: Höflichkeit.

Literaturhinweise

Dahms, Hans-Joachim: Aufstieg und Ende der Lebensphilosophie: Das philosophische Seminar der Universität Göttingen zwischen 1917 und 1950, in: Heinrich Becker/Hans-Joachim Dahms/Cornelia Wegeler (Hg.): Die Universität Göttingen unter dem Nationalsozialismus. Das verdrängte Kapitel ihrer 250jährigen Geschichte, München–London–New York–Oxford–Paris 1987 (S. 179–181 über König).

Giammusso, Salvatore: Bibliographie Helmuth Plessner, in: Dilthey-Jahrbuch für Philosophie und Geschichte der Geisteswissenschaften 7 (1990/1991) S. 323–341.

Patzig, Günther: Josef König, in: Jahrbuch der Akademie der Wissenschaften in Göttingen für das Jahr 1974, Göttingen o. J., S. 78–83 (mit Schriftenverzeichnis).

Plessner, Helmuth: Gesammelte Schriften. 10 Bände, hrsg. von Günter Dux, Odo Marquard und Elisabeth Ströker, Frankfurt a. M. 1980–1985 (zitiert: Ges. Schr.).

Plessner, Helmuth: Selbstdarstellung, in: Ludwig J. Pongratz (Hg.): Philosophie in Selbstdarstellungen. Band I, Hamburg 1975, S. 269–307; jetzt in: Gesammelte Schriften X, Frankfurt a. M. 1985, S. 302–341.

Plessner, Helmuth: Mit anderen Augen. Aspekte einer philosophischen Anthropologie, Stuttgart 1982 (S. 3–8: Autobiographische Einführung; S. 211: Biographische Notiz).

Rodi, Frithjof (Hg.): Dilthey-Jahrbuch für Philosophie und Geschichte der Geisteswissenschaften 7 (1990/1991) (enthält neben einer Reihe von Abhandlungen zum Werk von König und Plessner als Erstveröffentlichungen J. Königs Probevorlesung: Die offene Unbestimmtheit des Heideggerschen Existenzbegriffs [1935], hg. von Guy van Kerckhoven und Hans-Ulrich Lessing, S. 279–288, und H. Plessners Aufsatz: Lebensphilosophie und Phänomenologie [ca. 1949], hg. von Guy van Kerckhoven, S. 289–313).

Zeittafel zu Josef König

24. Febr. 1893	Geboren in Kaiserslautern
wohl ab 1897	in Remscheid
1912–1914	Studium von Philosophie, klassischer Philologie und experimenteller Psychologie in Heidelberg, Marburg, Zürich und München
Juli 1914 – Dez. 1918	Wehrdienst
ab 1919	Fortsetzung des Studiums in Göttingen mit langen Unterbrechungen wegen der Leitung des Geschäfts der Mutter
März 1923	Tod der Mutter; König wird Inhaber des Geschäfts in Remscheid
10. März 1924	Promotion zum Dr. phil. in Göttingen bei Georg Misch
Herbst 1924	Verkauf des Geschäfts
Ende Okt. 1924 – Herbst 1925	1. Aufenthalt in Rom
WS 1925/1926 – Juni 1926	in Marburg, wo er Heideggers Vorlesung hört und an seinem Seminar teilnimmt
Juni 1926 – Nov. 1927	2. Aufenthalt in Rom
Nov. 1927 – Mai 1928	in Athen
Mai – etwa Sept. 1928	in Tübingen
etwa ab Okt. 1928	in Göttingen
Aug. 1935	Habilitation in Göttingen
Sept. 1939 – Aug. 1945	Wehrdienst und Gefangenschaft
SS 1946 – SS 1953	Ordinariat in Hamburg
WS 1953/1954 – WS 1960/1961	Ordinariat in Göttingen
17. März 1974	gestorben in Göttingen.

Veröffentlichungen während des Zeitraums der Korrespondenz 1923–1933:
1. Der Begriff der Intuition (Diss.), Halle/Saale 1926 (Nachdruck Hildesheim 1981).
2. Rezension von Hans Lipps: Untersuchungen zur Phänomenologie der
Erkenntnis. Teil I, Bonn 1927, in: Deutsche Literaturzeitung 50 (1929) Sp.
891–895 (Wiederabdruck in: Dilthey-Jahrbuch für Philosophie und Geschichte der Geisteswissenschaften 6 (1989) S. 224–227).

Zeittafel zu Helmuth Plessner

4. Sept. 1892	Geboren in Wiesbaden
1910–1916	Studium von Zoologie und Philosophie in Freiburg, Heidelberg und Göttingen
1916	Promotion zum Dr. phil. in Erlangen bei Paul Hensel
1917–1918	ziviler Hilfsdienst als Volontärassistent am Germanischen Museum in Nürnberg
1920	Habilitation in Köln
1920–1926	Privatdozent in Köln
1924	im März und Mai/Juni bei Buytendijk in Amsterdam
1926	a. o. Professor in Köln
Frühjahr 1933	Entlassung aus dem Staatsdienst wegen seines jüdischen Vaters; Aufenthalt in Istanbul
Januar 1934	auf Einladung von Buytendijk nach Groningen
1939	Professor für Soziologie in Groningen
1943	Entlassung durch den Reichskommissar in den Niederlanden
1945	Wiederernennung in Groningen
1946	Ordinarius für Philosophie in Groningen
1951–1962	Ordinarius für Soziologie und Philosophie in Göttingen
1955	Präsident der Deutschen Gesellschaft für Philosophie
1958	Präsident der Deutschen Gesellschaft für Soziologie
1960/1961	Rektor der Universität Göttingen
1962–1963	Professur an der New School for Social Research in New York
1965–1972	Lehrauftrag für Philosophie an der Universität Zürich
12. Juni 1985	gestorben in Göttingen.

Zeittafel zu König – Plessner von 1923 bis 1933

1923	Kennenlernen bei einem Besuch Ks bei P in Köln (vgl. die Briefe vom 9. 9. [1972] und 20. 2. 1973) Besuche Ps bei K in Remscheid (vgl. die Briefe vom 31. 12. 1923 und 29. 1. 1924)
2. Hälfte des SS 1924	P wohnt bei K in Remscheid (vgl. die Briefe vom 9. 9. [1972], 20. 2. 1973, 28. 5. bis 31. 8. 1924)
öfter, zuletzt 1933	Besuche Ks bei P in dessen Elternhaus in Wiesbaden (vgl. den Brief vom 20. 2. 1973)
Ende Aug. bis Ende Sept. /Anfang Okt.	P besucht K in Italien (Rom, Anzio, Sorrent, Ravello) (vgl. die Briefe vom 9. 9. [1972], 20. 2. 1973, 19. 7. bis 16. 10. 1925, 6. 3. und 8. 4. 1926, 26. 1. 1929)
Anfang Juni 1927	kurzer gemeinsamer Aufenthalt in Florenz (vgl. die Briefe vom [12. 6.] bis 6. 7. 1927)
Frühjahr 1928	P besucht K in Griechenland (Athen, Peloponnes) (vgl. die Briefe vom 9. 9. [1972] und 20. 2. 1973, 20. 2. bis 29. 5. [1928])
wohl 1931	gemeinsame Reise in Mitteldeutschland (vgl. den Brief vom 10. 3. 1931).

Verzeichnis der Personen
und der wichtigsten erwähnten Texte

Personen- und Ortsverzeichnis beziehen sich nur auf den Briefwechsel selbst.

Adenauer, Konrad (1876–1967), 1917–1933 Oberbürgermeister von Köln; 1949–1963 Bundeskanzler: 172

Adorno, Theodor W. (1903–1969), Philosoph, Soziologe und Musiktheoretiker; 1931 Privatdozent in Frankfurt a. M.; 1933 Entzug der Venia legendi; 1934–1937 advanced student am Merton College in Oxford; 1938–1940 in New York; 1941–1949 in Los Angeles; 1950 apl. Prof., 1953 a. o. Prof., 1956 o. ö. Prof. in Frankfurt a. M.: 31, 33

Amelung, Walter (1865–1927), Archäologe; seit 1921 Leiter des Deutschen Archäologischen Instituts in Rom: 192

André, Hans (1891–1966), Biologe; 1927 Privatdozent in Köln; seit 1929 Prof. in Braunsberg/Ostpr.: 42, 74

Aristoteles (384–322 v. Chr.): 73, 112, 120, 122, 135, 136, 208

Aster, Ernst von (1880–1948), Philosoph; 1913 Prof. in München; 1920 in Gießen; 1933 entlassen; 1936 Prof. in Istanbul: 84, 191

Augustinus (354–430): 122, 125

Barth, Karl (1886–1968), reformierter Theologe; 1921 Prof. in Göttingen; 1925 in Münster; 1930 in Bonn; 1935 in Basel: 98, 113, 122

Baumgarten, Arthur (1884–1966), Völkerrechtler und Philosoph; 1909 Prof. in Genf; 1920 in Köln; 1923 in Basel; 1930 in Frankfurt a. M.; 1934 in Basel: 42, 74

Becher, Erich (1882–1929), Philosoph und Psychologe; 1909 Prof. in Münster; 1916 in München: 84, 156

Becker, Carl Heinrich (1876–1933), Orientalist; Prof. in Heidelberg, Hamburg, Bonn, Berlin; 1921 und 1925–1930 preußischer Kultusminister: 173

Becker, Oskar (1889–1964), Philosoph; seit 1928 Prof. in Bonn: 105, 108, 190

Beckerath, Erwin von (1889–1964), Nationalökonom; 1920 Prof. in Rostock; 1922 in Kiel; 1924 in Köln; 1939 in Bonn; 1958 in Basel: 158, 192, 211

Behn, Siegfried (1884–1970), katholischer Philosoph; seit 1931 Prof. in Bonn: 211

Bekker, Paul (1882–1937), Musikschriftsteller: 60

Bergson, Henri (1859–1941), Philosoph; seit 1900 Prof. am Collège de France: 72, 108, 120, 122, 125, 175, 227
Bertram, Ernst (1884–1957), Schriftsteller und Literarhistoriker; seit 1922 Prof. für deutsche Literatur in Köln: 66, 209, 210
Brauns, Ludwig, Möbelfabrikant; Freund von K: 51, 52, 53, 61, 70, 106, 108, 109, 110, 141, 143, 149
Bresslau, Ernst (1877–1935), Zoologe; 1925 Prof. in Köln; 1934 Emigration nach Brasilien: 191, 212
Breysig, Kurt (1866–1940), Historiker und Geschichtsphilosoph; seit 1896 Prof. in Berlin: 88
Brock, Werner G. (1901–1974), Philosoph, Schüler von M. Geiger; 1931–1933 Assistent Heideggers: 201, 206
Brunswig, Alfred (1877–1927), Philosoph; seit 1915 Prof. in Münster: 156, 175
Bubser, Eberhard, Philosoph; enger Schüler Ps: 29
Bücken, Ernst (1884–1949), Musikwissenschaftler; 1925 a. o. Prof. in Köln: 209
Bultmann, Rudolf Karl (1884–1976), evangelischer Theologe; 1916 Prof. in Breslau; 1920 in Gießen; seit 1921 in Marburg: 113
Buytendijk, Frederik Jacobus Johannes (1887–1974), Psychologe und Physiologe, Mitbegründer der modernen Tierpsychologie; 1919 Prof. der allgemeinen Biologie in Amsterdam; 1925 der Physiologie in Groningen; 1946 der Psychologie in Utrecht: 38, 40, 42, 43, 44, 47, 49, 74, 100, 213, 217, 218

Cassirer, Ernst (1874–1945), Philosoph; 1919–1933 Prof. in Hamburg; Emigration nach England; 1935 Prof. in Göteborg; 1941 Gastprof. an der Yale University (USA); 1944 Prof. an der Columbia University, New York: 84, 191
Chapeaurouge, Paul de (1876–1952), Jurist; 1925–1932 Universitätsreferent des Senats der Freien und Hansestadt Hamburg: 211
Clauberg, Johannes (1622–1665), Philosoph: 135, 136, 137
Cohen, Fritz (1872–1927), Verleger in Bonn: 41, 42, 43, 45, 46, 65, 66, 90, 100, 132
Cornelius, Hans (1863–1947), Philosoph; 1903 Prof. in München; 1910 in Frankfurt a. M.: 174, 191
Correggio, Antonio (um 1494–1534): 78
Croce, Benedetto (1866–1952), Philosoph, Historiker und Politiker: 194, 195, 197, 202
Curtius, Ernst Robert (1886–1956), Romanist; 1920 Prof. in Marburg; 1924 in Heidelberg; 1929 in Bonn: 49, 58, 99, 119
Curtius, Ludwig (1874–1954), Archäologe; 1913 Prof. in Erlangen; 1918 in Freiburg; 1920 in Heidelberg; 1928–1937 Direktor des Deutschen Archäologischen Instituts in Rom: 192

D'Annunzio, Gabriele (1863–1938), Dichter und Politiker: 78

Grassi, Ernesto (1902–1991), Philosoph; 1937 Prof. in Freiburg; 1938 in Berlin; 1948 in München: 194

Gredt, Pater Joseph (1863–1940), Benediktiner; seit 1896 Prof. für Philosophie an der römischen Hochschule der Benediktiner: 61

Grimme, Adolf (1889–1963), Pädagoge und Politiker; 1930–1933 preußischer Kultusminister: 211

Grisebach, Eberhard (1880–1945), Philosoph und Pädagoge; 1922 Prof. in Jena; 1931 in Zürich: 211

Groeben, Margarethe von der, Philosophin: 94, 97, 104, 161, 188, 196, 197, 198, 199, 201, 204, 205, 213

Groethuysen, Bernhard (1880–1964), Philosoph, Schüler Diltheys; 1931–1933 Prof. in Berlin; lebte später in Paris: 85, 86

Grünbaum, A. A. (1885–1932), Psychologe; seit 1927 Prof. in Utrecht: 42

Günther, Hans R. G. (1898–1981), Philosoph, Schüler von Spranger; 1932 Doz. in Berlin; 1940 apl. Prof., 1941 Prof. in Prag; 1946 Lehrbeauftragter in Erlangen: 88

Haering, Theodor (1884–1964), Philosoph; seit 1919 Prof. in Tübingen: 88, 187, 209, 210

Hals, Frans (1581/1585–1666): 40

Hartmann, Nicolai (1882–1950), Philosoph; 1909 Privatdozent und seit 1920 Prof. in Marburg; 1925 in Köln; 1931 in Berlin; 1946 in Göttingen: 42, 43, 49, 58, 59, 61, 62, 64, 84, 85, 87, 88, 95, 101, 105, 107, 108, 116, 117, 118, 119, 127, 130, 132, 133, 137, 138, 141, 150, 173, 174, 175, 180, 189, 190, 191, 192, 206, 209, 210, 211, 212, 218

Grundzüge einer Metaphysik der Erkenntnis (Berlin und Leipzig 1921, 2. ergänzte Aufl. 1925): 192, 206

Aristoteles und Hegel (Vortrag, gehalten auf der Tagung der Deutschen philosophischen Gesellschaft zu Weimar am 22. Mai 1923 [jetzt in: Kleinere Schriften Band II. Berlin 1957, S. 214–252]): 108

Vortrag auf der Tagung der Kant-Gesellschaft in Halle (Sommer 1925): 84

Hegel und die Erneuerung der Ontologie in unserer Zeit (Vortrag 1925): 108

Kategoriale Gesetze, ein Kapitel zur Grundlegung der allgemeinen Kategorienlehre (in: Philosophischer Anzeiger 1 [1925/1926] S. 201–266): 206

Ethik (Berlin und Leipzig 1926): 61, 130

Vorlesungen und Seminare:

WS 1925/26   Hausprivatissimum über den Begriff des Wesens: 119
SS 1926   Seminar über Hegel, Logik I. Buch: 108
WS 1926/27   Vorlesung: Philosophia prima sive Ontologia: 137
              Seminar: Ontologie: 137

Hartung, Gustav (1887–1946), Regisseur und Theaterleiter: 66

Hasenclever, Adolf (1875–1938), Historiker; 1922 a. o. Prof. in Halle/Saale; 1928 o. Prof. in Göttingen: 84

Hegel, Georg Wilhelm Friedrich (1770–1831): 33, 45, 58, 62, 72, 73, 79, 98,

103, 104, 105, 106, 108, 110, 111, 116, 119, 121, 122, 124, 125, 126, 127,
134, 135, 136, 137, 140, 144, 167, 171, 177, 179, 206, 226, 242, 253, 260,
276, 277, 291, 301, 306
  Phänomenologie des Geistes (1807): 62, 79, 134
  Wissenschaft der Logik (1812–1816): 108, 116, 124, 134, 135, 136
  Enzyklopädie der philosophischen Wissenschaften im Grundrisse (1817,
    ³1830): 126, 136
  Vorlesungen über die Geschichte der Philosophie (1833–1836): 116
Heidegger, Martin (1889–1976), Philosoph; 1915 Privatdozent in Freiburg;
  1923 Prof. in Marburg; 1928 in Freiburg: 58, 73, 82, 85, 87, 95, 96, 98, 99,
  101, 103f., 105f., 107, 108, 111–113, 118, 120–122, 123, 124, 125, 127f.,
  130, 166–171, 172, 174, 176–181, 190, 191, 194, 201, 203, 204, 205, 206, 208
  Dasein und Wahrsein nach Aristoteles (Vortrag, Köln 1924): 73
  Sein und Zeit (Halle a. d. S. 1927 [jetzt: Gesamtausgabe Band 2. Frankfurt
    a. M. 1977]): 166–171, 204f.
  Kant und das Problem der Metaphysik (Bonn 1929 [jetzt: Gesamtausgabe
    Band 3. Frankfurt a. M. 1991]): 208
  Vorlesung und Seminare:
  Logik. Die Frage nach der Wahrheit (Vorlesung, Marburg WS 1925/26
    [jetzt: Gesamtausgabe Band 21. Frankfurt a. M. 1976]): 103, 111–113,
    120–122, 123–126, 128f., 145
  Phänomenologische Übungen für Anfänger und Fortgeschrittene (Hegel:
    Logik, I. Buch), Marburg WS 1925/26: 103, 122
Heim, Karl (1874–1958), evangelischer Theologe; 1914 Prof. in Münster;
  1920 in Tübingen: 43
Heimsoeth, Heinz (1886–1975), Philosoph; 1921 Prof. in Marburg; 1922 in
  Königsberg; 1931 in Köln: 49, 84, 85, 87, 107, 133, 174, 191, 209, 210, 211
Heine, Heinrich (1797–1856): 71
Hennecke, Hans (1897–1977), Übersetzer und Schriftsteller: 85, 86, 87, 94,
  104, 133, 134, 138, 196, 197, 198, 199
Herrigel, Eugen (1884–1955), Philosoph; seit 1929 Prof. in Erlangen: 210
Heymans, Gerardus (1857–1930), Psychologe und Philosoph; seit 1881 Prof.
  in Groningen: 100
Hilbert, David (1862–1943), Mathematiker; seit 1895 Prof. in Göttingen: 86,
  87
Hill, Archibald Vivian (1886–1977), Physiologe; erhielt 1922 den Nobel-
  preis für Medizin: 44
Hölderlin, Friedrich (1770–1843): 86
Hofmann, Paul (1880–1947), Philosoph; seit 1922 Prof. in Berlin: 84, 108
Horn, Rudolf (1903–1984), Archäologe; seit 1954 Prof. in Göttingen: 29
Howald, Ernst (1887–1967), klassischer Philologe; seit 1918 Prof. in Zürich:
  88
Hübener, Gustav (1889–1940), Anglist; 1922 Prof. in Königsberg; 1925 in
  Basel; 1930 in Bonn; 1937 Emigration nach Kanada: 50
Humboldt, Wilhelm von (1767–1835): 164

Husserl, Edmund (1859–1938), Philosoph; 1887 Privatdozent in Halle; 1906 Prof. in Göttingen; 1916 in Freiburg: 72, 74, 87, 88, 105, 112, 117, 120, 127, 131, 144, 152, 175, 181, 190, 193, 207, 227, 262, 264

Jachmann, Günther (1887–1979), klassischer Philologe; 1920 Prof. in Göttingen; 1922 in Greifswald; 1922 in Basel; 1925 in Köln: 209, 210
Jacob, Hans (1898–1969), Fichte-Forscher; Schüler von Misch: 119, 133
Jacobi, Friedrich Heinrich (1743–1819), Philosoph und Schriftsteller: 136
Jacobsthal, Paul (1880–?), Archäologe; seit 1913 Prof. in Marburg: 118
Jaeger, Werner (1888–1961), klassischer Philologe; 1914 Prof. in Basel; 1915 in Kiel; 1921 in Berlin; 1936 in Chicago; 1939 an der Harvard University: 109
Jaensch, Erich R. (1883–1940), Psychologe; seit 1913 Prof. in Marburg: 60, 87, 108, 118
Janssen, Otto (1883–1967), Philosoph; seit 1921 a.o. Prof. in Münster und seit 1929 zugleich an der Pädagogischen Akademie in Dortmund: 210
Jaspers, Karl (1883–1969), Philosoph; 1909–1915 Volontärassistent an der Heidelberger Psychiatrischen Klinik; 1916 Prof. für Psychologie in Heidelberg; 1921 für Philosophie; 1937–1945 Lehrverbot; 1948 in Basel: 152, 190

Kant, Immanuel (1724–1804): 63, 68, 72, 112, 113, 120, 121, 123, 125, 127, 128, 131, 135, 136, 144, 153, 171, 180, 189, 208, 226, 228, 230, 236, 246, 253, 261, 274, 276, 305
Karo, Georg (1872–1963), Archäologe; 1905–1919 und 1930–1936 Direktor des Deutschen Archäologischen Instituts in Athen; dazwischen Prof. in Halle; 1938 Emigration in die USA; 1939–1952 verschiedene Gastprofessuren in den USA; 1954 Honorarprof. in Freiburg: 109
Katz, David (1884–1953), Psychologe; 1919 Prof. in Rostock; 1933 in Manchester; 1935 in London; 1937 in Stockholm: 132, 174
Keller, Helen (1880–1968), Schriftstellerin: 289
Kepler, Johannes (1571–1630): 251
Kessler, Gerhard (1883–1963), Soziologe; 1912 Prof. in Jena; 1927 in Leipzig; 1933 in Istanbul; 1951 Honorarprof. in Göttingen: 217
Kierkegaard, Sören (1813–1855): 122, 125, 180
Klemperer, Otto (1885–1973), Dirigent: 51
Klostermann, Vittorio (1901–1977), Verleger: 207
Köhler, Wolfgang (1887–1967), Psychologe; 1921 Prof. in Göttingen; 1922 in Berlin; seit 1935 in den USA: 60
König, Josef (1893–1974), Philosoph; 1935 Privatdozent in Göttingen; 1946 Prof. in Hamburg; 1953 in Göttingen
  Der Begriff der Intuition (Halle a.d.S. 1926, zitiert als „Intuition"): 31, 54, 57, 63, 65, 67, 68, 70, 73, 79, 85, 93, 97, 106, 116, 117, 119, 131, 138, 148 f., 154, 157, 160, 161, 226, 227, 236, 245, 252, 257, 264, 265, 286

321

Malche, Albert (1876–?), Prof. der Pädagogik in Genf; Berater der türkischen Regierung: 217

Mann, Thomas (1875–1955): 114

Menzer, Paul (1873–1960), Philosoph; seit 1908 Prof. in Halle: 84, 85

Metzger, Arnold (1892–1974), Philosoph; 1934–1937 Dozent an der Lehranstalt für die Wissenschaft des Judentums in Berlin; 1938 Emigration nach Paris, 1940 England, 1941 USA; 1946–1948 Dozent am Simmons College in Boston; 1952 Honorarprof. in München: 87

Michelangelo (1475–1564): 54, 78

Misch, Georg (1878–1965), Philosoph, Schüler Diltheys; 1905 Privatdozent in Berlin; 1911 a. o. Prof. in Marburg; 1916 a. o. Prof. und 1919 o. Prof. in Göttingen; 1939–1946 in England: 30, 39, 42, 43, 47, 48, 49, 59, 60, 61, 63, 69, 70, 74, 85, 86, 87, 88, 89, 90, 91, 93, 94, 95, 96, 97, 98, 99, 100, 101, 105, 107, 114, 116, 118, 119, 122, 132, 133, 141, 153, 156, 158, 161, 175, 188, 190, 191, 194, 200, 201, 202, 203, 204, 206, 207, 211, 213, 225

Der Weg in die Philosophie. Eine philosophische Fibel (Leipzig – Berlin 1926, zitiert als „Fibel" [2., stark erweiterte Aufl. Bern 1950]): 86, 94 f., 105

Egil Skalagrimsson. Die Selbstdarstellung des Skalden (in: Deutsche Vierteljahrsschrift für Literaturwissenschaft und Geistesgeschichte 6 [1928] S. 199–241 [aufgenommen in: Geschichte der Autobiographie. Band II. Frankfurt a. M. 1955, S. 131–177]): 194

Lebensphilosophie und Phänomenologie (in: Philosophischer Anzeiger 3 [1928/1929] S. 267–368 und 405–475; 4 [1929/1930] S. 181–330 [separat: Bonn 1930, 2. Aufl. Leipzig und Berlin 1931, 3. Aufl. Darmstadt 1967]): 203

Die Stilisierung des eigenen Lebens in dem Ruhmeswerk Kaiser Maximilians, des letzten Ritters (in: Nachrichten von der Gesellschaft der Wissenschaften zu Göttingen, Philologisch-historische Klasse 1930, Fachgruppe IV, Nr. 8, S. 435–459): 211

Geschichte der Autobiographie. II. Band: Das Mittelalter. Erster Teil: Die Frühzeit (Frankfurt a. M. 1955, zitiert als „Autobiographie"): 86, 309

Misch, Clara, geb. Dilthey, dessen Frau: 86, 94

Moses: 72

Müller, Kurt (1880–1972), Archäologe; seit 1919 Prof. in Göttingen: 53, 158

Müller, Reiner (1879–1953), Hygieniker und Bakteriologe; seit 1919 Prof. in Köln: 187

Nelson, Leonard (1882–1927), Philosoph; seit 1919 Prof. in Göttingen: 87

Newton, Isaac (1643–1727): 245, 277

Niemeyer, Hermann (1883–1964), Verleger in Halle: 42, 52, 56, 63, 70, 85

Nietzsche, Friedrich (1844–1900): 179, 195

Nohl, Herman (1879–1960), Philosoph und Erziehungswissenschaftler, Schüler Diltheys; 1919 Prof. in Jena; 1920 in Göttingen: 85, 86, 87

323

Oesterreich, Traugott Konstantin (1880–1949), Philosoph; seit 1916 Prof. in
Tübingen: 187
Otto, Rudolf (1869–1937), evangelischer Theologe; 1904 Prof. in Göttingen;
1914 in Breslau; 1917 in Marburg: 43, 118

Patzig, Günther (geb. 1926), Philosoph, Schüler Ks; 1958 Privatdozent in
Göttingen; 1960 a. o. Prof., 1962 o. Prof. in Hamburg; 1963 in Göttingen:
30
Peterson, Erik (1890–1960), evangelischer Theologe; 1924–1930 Prof. in
Bonn; später als katholischer Theologe in Rom tätig: 61, 63, 97
Pfänder, Alexander (1870–1941), Philosoph; seit 1908 Prof. in München:
105, 107
Pichler, Hans (1882–1958), Philosoph; seit 1921 Prof. in Greifswald: 190
Pikler, Julius (1864–1937), Soziologe, Rechtsphilosoph und Sinnesphysiolo-
ge; Prof. in Budapest: 227, 229
Piranesi, Giovanni Battista (1720–1778), Kupferstecher, Archäologe und
Architekt: 216
Plato (427–347 v. Chr.): 136, 216, 241, 260, 261
Plessner, Helmuth (1892–1985), Philosoph und Soziologe; 1920 Privatdo-
zent, 1926–1933 a. o. Prof. in Köln; 1939 Prof. für Soziologie, 1946 Prof.
für Philosophie in Groningen; 1951 Prof. für Soziologie und Philosophie
in Göttingen: 95, 96, 104, 159, 179, 210
Bücher:
Vom Anfang als Prinzip der Bildung transzendentaler Wahrheit. Begriff
der kritischen Reflexion (Dissertation, Heidelberg 1917): 68
Krisis der transzendentalen Wahrheit im Anfang [erweiterte Fassung der
Dissertation] (Heidelberg 1918, zitiert als „Krisis" [jetzt in: Ges. Schr.
I, S. 143–310]): 65, 131, 152, 182
Die Einheit der Sinne. Grundlinien einer Ästhesiologie des Geistes (Bonn
1923, zitiert als „Einheit der Sinne" oder „Ästhesiologie" [jetzt in: Ges.
Schr. III, S. 7–315]): 29, 44, 46, 59, 68, 69, 86, 130, 148, 152, 157–160,
162–164, 172, 175, 180, 225–310
Grenzen der Gemeinschaft. Eine Kritik des sozialen Radikalismus (Bonn
1924, zitiert als „Grenzen" oder „mein Buch" [jetzt in: Ges. Schr. V, S.
7–133]): 30, 37, 38, 45, 66, 153, 192
Philosophie der Gegenwart (nicht realisiert): 41, 50
Die Stufen des Organischen und der Mensch. Einleitung in die philosophische Anthropologie (Berlin und Leipzig 1928, zitiert unter den Ar-
beitstiteln „Kosmologie des Lebens", „Kosmologie des Leibes" und
„Kategorien des Lebens"; später als „Stufen", „Ihr werdendes Buch"
u. ä. [jetzt in: Ges. Schr. IV]): 29, 31, 71, 74, 100, 108, 129 f., 139, 141,
150 f., 154, 157, 159, 160, 162, 165–170, 173, 175–179, 192, 207, 226,
272, 296, 302, 303, 308
Philosophische Anthropologie (nicht realisiert): 182, 192–194
Macht und menschliche Natur. Ein Versuch zur Anthropologie der ge-

schichtlichen Weltansicht (Berlin 1931 = Fachschriften zur Politik und staatsbürgerlichen Erziehung Nr. 3 [jetzt in: Ges. Schr. V, S. 135–234]): 211

Abhandlungen und Vorträge:

Realität der Farben und Töne (Vortrag im März oder Anfang April 1924 im Physiologischen Institut in Amsterdam, unveröffentlicht): 40

Über die Möglichkeit einer Ästhetik und Zur Phänomenologie der Musik. Mitberichte anläßlich des 2. Kongresses für Ästhetik und allgemeine Kunstwissenschaft in Berlin 1924 (in: Zeitschrift für Ästhetik und allgemeine Kunstwissenschaft 19 [1925] S. 53–56 und 392–395, zitiert als „mein 2. Musikreferat", „Ihre beiden kleinen Vorträge" [jetzt in: Ges. Schr. VII, S. 51–57 und 59–65]): 60, 104 f.

Hören und Vernehmen (in: Melos 5 [1925] S. 285–290, zitiert als „Ihr Musikaufsatz"): 54, 82

Metaphysik und Philosophie, Korreferat zum 1. Abschnitt des Kongresses in Halle vom 4.–6. 6. 1925 mit dem Thema „Das Verhältnis zur Metaphysik"; eine kurze Zusammenfassung in: Kant-Studien 30 (1925) S. 631, unveröffentlicht: 84 f.

Vortrag in Amsterdam (Anfang Oktober 1925, offenbar unveröffentlicht): 88, 100

Vortrag in Groningen (Anfang Oktober 1925, offenbar unveröffentlicht): 88, 100

Die Deutung des mimischen Ausdrucks. Ein Beitrag zur Lehre vom Bewußtsein des anderen Ichs (zusammen mit F. J. J. Buytendijk, in: Philosophischer Anzeiger 1 [1925/1926] S. 72–126, zitiert als „Die Arbeit mit B.", „Amsterdamer Untersuchungen", „Krötenaufsatz" [jetzt in: Ges. Schr. VII, S. 67–129]): 47, 49, 58, 65, 70, 97, 105, 164, 226, 309

Wesensgesetze organischen Lebens (Vortrag in Rostock bei der Kant-Gesellschaft, 2. Juli 1926, unveröffentlicht): 132

Vortrag über Philosophie als Wissenschaft (Halle vor Juli 1927, offenbar unveröffentlicht): 152

Vortrag über die Sphäre des Politischen, gehalten im SS 1928 im Seminar des Nationalökonomen Erwin von Beckerath in Köln, offenbar unveröffentlicht: 192

Vortrag über das Nichtmechanische des Lebendigen, gehalten im Sommer 1928 auf einer Tagung der Gesellschaft Deutscher Chemiker in Köln mit dem Thema „Biochemie": 192

Gibt es einen Primat der Phänomenologie in der Philosophie? (Vortrag in Rostock, 22. Januar 1931, unveröffentlicht): 212

Vortrag in Kiel (vor dem 10. März 1931, offenbar unveröffentlicht): 212

Zeitschrift:

Philosophischer Anzeiger. Zeitschrift für die Zusammenarbeit von Philosophie und Einzelwissenschaft, in Verbindung mit A. Baumgarten – Basel, F. J. J. Buytendijk – Groningen, E. R. Curtius – Heidelberg, A. Grünbaum – Amsterdam, N. Hartmann – Köln, J. Hashagen – Hamburg, M. Heidegger – Marburg, H. Heimsoeth – Königsberg, G. Hübener – Basel, J. Kroll – Köln, G. Misch – Göttingen, G. Müller – Freiburg (Schweiz), K. Reidemeister – Königsberg, K. Schneider – Köln, V. v. Weizsäcker – Heidelberg, W. Worringer – Bonn, hg. von Helmuth Plessner (1.–4. Jahrgang, Bonn 1925–1930, zitiert als „Anzeiger"): 42, 46, 51, 57, 58, 59, 61, 65, 69, 74, 81, 82, 87, 90, 91, 93, 94, 100, 132, 194, 197, 201, 203

Vorlesungen und Übungen:

2. Hälfte SS 1924: Erklärung von Kants Kritik der reinen Vernunft, vierstündiges Seminar: 44

WS 1924/25: Hegels Phänomenologie des Geistes, zweistündige Vorlesung und zweistündige Übung: 62

WS 1925/26: Logik, vierstündige Vorlesung: 88, 118 f.
Der Begriff des Bewußtseins (im Anschluß an Husserls Logische Untersuchungen, II, 5), Seminar: 88

SS 1926: Elemente der philosophischen Kosmologie, zweistündige Vorlesung: 132

SS 1928: Erklärung von Kants Kritik der reinen Vernunft, vierstündige Vorlesung: 189 f.
Fichtes „Einleitung in die Wissenschaftslehre", Übung: 189

WS 1928/29: Ethik, Vorlesung; Übungen über Kants Kritik der praktischen Vernunft: 190

Plessner, Monika, dessen Frau: 32
Plotin (205–270): 149
Puccini, Giacomo (1858–1924): 63
Pythagoras (um 570–497/496 v. Chr.): 251

Raffael (1483–1520): 248, 291
Reichenbach, Hans (1891–1953), Philosoph; 1926 Prof. in Berlin; 1933 in Istanbul; 1938 an der University of California: 84, 212, 215, 217
Reidemeister, Kurt (1893–1971), Mathematiker; 1925 Prof. in Königsberg; 1933 in Marburg; 1955 in Göttingen: 49, 61, 201
Richter, Werner (1887–1960), Germanist und Kulturpolitiker; 1916 Prof. in Konstantinopel; 1919 in Greifswald; 1921 in Berlin; 1925–1932 Ministerialdirektor im Preußischen Ministerium für Wissenschaft, Kunst und Volksbildung; 1939 Prof. am Elmhurst College Ill./USA; 1948 am Muhlenberg College, Allentown Pa./USA; 1949 in Bonn: 210
Rickert, Heinrich (1863–1936), Philosoph; 1894 Prof. in Freiburg; 1916 in Heidelberg: 122, 177
Riehl, Alois (1844–1924), Philosoph; 1878 Prof. in Graz; 1882 in Freiburg; 1895 in Kiel; 1898 in Halle; 1905 in Berlin: 118
Rossini, Gioacchino (1792–1868): 78
Rothacker, Erich (1888–1965), Philosoph; seit 1928 Prof. in Bonn: 50, 190, 210, 211

Schaefer, Clemens (1878–1968), Physiker; 1910 Prof. in Breslau; 1920 in Marburg; 1926 in Breslau; 1946 in Köln: 118

Scheler, Max (1874–1928), Philosoph und Soziologe; 1919 Prof. in Köln; 1928 in Frankfurt a. M.: 30, 66, 73, 87, 88, 99, 107, 113 f., 116, 117, 150 f., 152, 156, 164, 172–174, 190, 191 f., 207 f.

Schelling, Friedrich Wilhelm (1775–1854): 131, 136, 177, 179, 226, 240, 291

Schiller, Friedrich von (1759–1805): 114

Schlick, Moritz (1882–1936), Philosoph; 1917 Prof. in Rostock; 1921 in Kiel; 1922 in Wien: 84

Schmalenbach, Hermann (1885–1950), Philosoph; 1923 Prof. in Göttingen; 1928 in Hannover; 1931 in Basel: 59, 84, 85, 94, 95, 97, 99, 107, 174, 190, 200, 204, 209, 210

Schneider, Kurt (1887–1967), Psychiater; seit 1922 Prof. in Köln: 42, 87, 209, 210

Schöffler, Herbert (1888–1946), Anglist und Kulturhistoriker; 1923 Prof. in Bern; 1926 in Köln; 1943 in Göttingen: 189, 191

Scholz, Heinrich (1884–1956), Philosoph; 1917 Prof. in Breslau; 1919 in Kiel; 1928 in Münster: 60, 118, 132, 175, 190

Schumann, Friedrich (1863–1940), Psychologe; 1905 Prof. in Zürich; 1914 in Frankfurt a. M.: 191

Shaw, George Bernard (1856–1950): 60 f.

Sierp, Hermann (1885–1958), Pflanzenphysiologe; 1920 Prof. in Tübingen; 1922 in Halle/Saale; 1923 in München; 1928 in Köln: 209

Smend, Rudolf (1882–1975), Staats- und Kirchenrechtler; 1909 Prof. in Greifswald; 1911 in Tübingen; 1915 in Bonn; 1922 in Berlin; 1935 in Göttingen: 32

Snell, Bruno (1896–1986), klassischer Philologe; seit 1931 Prof. in Hamburg: 31, 211, 212, 213

Spinoza, Baruch de (1632–1677): 226

Spitzer, Leo (1887–1960), Romanist; 1925 Prof. in Marburg; 1930 in Köln; 1933 in Istanbul; 1936 an der John Hopkins University in Baltimore: 61, 210, 212, 214, 217

Spranger, Eduard (1882–1963), Philosoph, Psychologe, Pädagoge und Bildungspolitiker; 1911 Prof. in Leipzig; 1920 in Berlin; 1946 in Tübingen: 88, 308

Stadie, Helmuth, Philosoph, Schüler von Misch: 59, 60, 61, 85, 87, 95, 97, 133

Stammler, Gerhard (1898–1977), Philosoph; 1937–1945 Prof. in Halle/Saale; seit 1949 Doz. am Katechetischen Oberseminar in Naumburg: 190, 201

Stendhal (1783–1842): 71, 75

Stenzel, Julius (1883–1935), Philosoph; 1925 Prof. in Kiel; 1933 in Halle: 96, 99, 191

Stern, William (1871–1938), Philosoph und Psychologe; 1907 Prof. in Breslau; 1916 in Hamburg; 1934 an der Duke University in Durham (USA): 84, 85

Störring, Gustav (1860–1946), Philosoph und Psychologe; 1902 Prof. in Zürich; 1911 in Straßburg; 1914 in Bonn: 174, 190
Suarez, Francisco (1548–1619), Jesuit; Theologe und Philosoph: 136

Thomas von Aquin (1225–1274): 125, 136
Titius, Arthur (1864–1936), evangelischer Theologe; 1900 Prof. in Kiel; 1906 in Göttingen; 1921 in Berlin: 43

Unger, Rudolf (1876–1942), Literarhistoriker; 1911 Prof. in München; 1915 in Basel; 1917 in Halle; 1920 in Zürich; 1921 in Königsberg; 1925 in Göttingen: 50

Van Gogh, Vincent (1853–1890): 39, 146
Vecht, Antiquar in Amsterdam: 40

Waetzoldt, Günter Adolf, Schul- und Studienfreund Ps; Mediziner am Hauptgesundheitsamt von Berlin: 83
Weinhandl, Ferdinand (1896–1973), Philosoph; 1935 Prof. in Kiel; 1942 in Frankfurt a. M.; 1958 in Graz: 87, 88, 105, 108
Weizsäcker, Viktor von (1886–1957), Neurologe; 1923 Prof. in Heidelberg; 1941 in Breslau; 1946 wieder in Heidelberg: 42 f., 49, 58, 61
Wentscher, Max (1862–1942), Philosoph; 1904 a. o. Prof. in Königsberg; 1907 in Bonn, 1918 o. Prof.: 174, 190
Werfel, Franz (1890–1945): 65
Wertheimer, Max (1880–1943), Psychologe; 1922 a. o. Prof. in Berlin; 1929 o. Prof. in Frankfurt a. M.; 1933 Prof. an der New School for Social Research in New York: 60, 174
Windelband, Wolfgang (1886–1945), Historiker; Personalreferent für die Universitäten im Preußischen Ministerium für Wissenschaft, Kunst und Volksbildung: 122
Wintgen, Robert (1882–?), Physiologe und Chemiker; 1922 Prof. in Göttingen; 1924 in Köln: 189
Wolff, Christian (1679–1754): 135 f., 137, 138, 291
Worringer, Wilhelm (1881–1965), Kunsthistoriker; 1925 Prof. in Bonn; 1928 in Königsberg; 1947 in Halle: 40, 42, 44, 66, 99, 173
Wust, Peter (1884–1940), katholischer Philosoph; seit 1930 Prof. in Münster: 45, 66

Ziegler, Leopold (1881–1958), Philosoph: 84

Ortsverzeichnis

Die Städte, über deren Universitäten etwas mitgeteilt wird, sind kursiv gesetzt.

Ägion 189
Amsterdam 30, 38, 39, 40, 42, 88, 93, 100
Ancona 161
Anzio 29, 31, 81, 83, 89, 92, 93, 140, 143, 155, 159, 160, 165, 225
Arles 146
Aschaffenburg 217
Assisi 161
Athen 139, 143, 150, 161, 162, 182, 183, 184, 185, 186, 187, 202, 205, 214

Bad Eilsen 150, 156
Bamberg 198
Basel 42, 74, 189, 214
Bassä 188
Belgrad 217
Bellagio 54
Berlin 43, 49, 54, 58, 60, 61, 83, 86, 88, 108, 118, 132, 190, 191, 196, 210, 211
Bonn 42, 47, 107, 174, 190, 191, 207, 210, 211
Bregenz 199
Brindisi 189, 212, 214

Cadix 187
Capri 88, 90
Cerveteri 109
Chiusi 147
Como 54

Darmstadt 57
Delft 40
Delos 185
Delphi 185, 189
Den Haag 40
Doorn 39, 40
Dortmund 210
Dresden 50

Edam 40
Eleusis 184, 214
Eleutherai 188
Enschede 32
Erlangen 60

Fiesole 154, 155, 156
Florenz 76, 149, 159, 160, 226
Frankfurt 74, 172, 173, 174, 191, 209
Freiburg 87, 189, 190
Friedrichshafen 199

Genf 217
Gießen 191
Göttingen 30, 31, 32, 37, 39, 49, 53, 59, 62, 71, 82, 85, 86, 94, 95, 96, 97, 99, 101, 103, 104, 106, 107, 111, 119, 122, 123, 126, 132, 133, 135, 161, 174, 190, 196, 199, 200, 201, 205, 209, 213, 215, 218
Groningen 74, 88, 93, 100, 213, 217, 218

329

Nachweis der Abbildungen

S. 24: Helmuth Plessner, ca. 1925 (im Besitz von Frau Dr. Monika Plessner, Göttingen)

S. 25: Josef König, ca. 1936 (Nachlaß König in der Niedersächsischen Staats- und Universitätsbibliothek Göttingen, Nr. 232, Umschlag Nr. 3, Bild Nr. 17)

S. 145: Handschrift von Josef König, Brief vom 31. Mai 1927 (Nachlaß Plessner in der Universiteitsbibliotheek Groningen, Nr. 29)

S. 178 Handschrift von Helmuth Plessner, Brief vom 22. Februar 1928 (Nachlaß König in der Niedersächsischen Staats- und Universitätsbibliothek Göttingen, Nr. 195)

*Von Josef König sind außer diesem Buch
bei Alber erschienen:*

Der logische Unterschied theoretischer und praktischer Sätze und seine philosophische Bedeutung. Herausgegeben von Friedrich Kümmel. 1994. Ca. 540 Seiten. Gebunden. ISBN 3-495-47786-1

Die von König in den hier publizierten Vorlesungen erstmals terminologisch eingeführte Unterscheidung theoretischer und praktischer Sätze betrifft radikal verschiedene Wissensformen. König betont den *formalen* Charakter der so genannten ontologischen Differenz. Indem er die *transzendentale* Differenz als *formale* auffaßt und von der *Spiegel*-Differenz her beleuchtet, wahrt König die Verbindung von Reinheit des Formalismus und Radikalität des Intuitionismus. In der Spannung zwischen diesen beiden Polen gewinnt Königs Denken zunehmende Aktualität.

Kleine Schriften. Herausgegeben von Günter Dahms. 1994. Ca. 270 Seiten. Alber-Reihe Philosophie. Gebunden. ISBN 3-495-47787-X

Das Buch bringt bisher ungedruckte Texte aus dem Nachlaß des Philosophen: die Vorträge »Bemerkungen zur Metapher« (1937), »Verantwortung in der Wissenschaft« (1952) und »Probleme des Begriffs der Entwicklung« (1958), außerdem die umfangreiche Ausarbeitung eines Vortrags zur philosophischen Situation 1934 in Deutschland mit Blick auf Martin Heidegger, Karl Jaspers und Ludwig Klages.

Vorträge und Aufsätze. Herausgegeben von Günther Patzig. 1978. 372 Seiten. Alber-Broschur Philosophie. ISBN 3-495-47397-1

Der Band vereinigt sämtliche von Josef König zu Lebzeiten veröffentlichten Vorträge und Aufsätze aus den Jahren 1937 bis 1967: Das spezifische Können der Philosophie als εὖ λέγειν (1937) – Das System von Leibniz (1946) – Über einen neuen ontologischen Beweis des Satzes von der Notwendigkeit alles Geschehens (1948) – Bemerkungen über den Begriff der Ursache (1949) – Die Natur der ästhetischen Wirkung (1957) – Einige Bemerkungen über den formalen Charakter des Unterschieds von Ding und Eigenschaft (1967).

Stephan Pietrowicz

Helmuth Plessner

Genese und System seines philosophisch-anthropologischen Denkens

1992. 540 Seiten. Gebunden. ISBN 3-495-47720-9

Das Buch ist der groß angelegte Versuch, das Gesamtwerk Helmuth Plessners zu rekonstruieren und kritisch zu würdigen. Wie Scheler, Jaspers, Heidegger, der späte Cassirer und Gehlen sucht auch Plessner nach dem Zusammenbruch der idealistischen Gedankensysteme und in Opposition gegen das naturalistisch-positivistische Denken des 19. Jahrhunderts zu einem neuen, anthropologisch fundierten Philosophiebegriff und Wirklichkeitsverständnis zu gelangen. Am Leitfaden der frühen philosophischen Schriften wird gezeigt, wie sich Plessner – in Auseinandersetzung mit den zeitgenössischen geistes- und kulturphilosophischen Strömungen – den methodischen und thematischen Weg erschließt, der zur eigentümlichen Konzeption seiner Anthropologie und der Lehre von der *exzentrischen Positionalität* führt: der Idee, den Menschen als Körper- und als Geistwesen aus *einer* Erfahrungsstellung zu begreifen und die kulturellen Ausdrucksformen als notwendige Funktionen seines Weltvollzugs zu erweisen. Durch die Einbeziehung des zeit- und geistesgeschichtlichen Kontextes, in den Plessners Denken eingebunden und aus dem heraus es zu verstehen ist, trägt das Buch über seine primäre Interpretationsabsicht hinaus zu einer Kultur- und Philosophiegeschichte des 20. Jahrhunderts bei.

Die Hauptkapitel: Einleitung – I. Der geistes- und philosophiegeschichtliche Hintergrund von Plessners philosophisch-anthropologischem Denken – II. Plessners Weg in die philosophische Anthropologie am Leitfaden seiner frühen philosophischen Schriften – III. Plessners Reflexionen zur Philosophie und zur Anthropologie – IV. Die methodische Entfaltung und systematische Durchführung der philosophischen Anthropologie Plessners am Leitfaden der »Stufen des Organischen und der Mensch« – Schlußwort – Literaturverzeichnis, Personenregister, Sachregister.

Der Autor: Dr. phil. Dipl.-Päd. Stephan Pietrowicz, M. A., geb. 1955 in Münster in Westfalen.

Verlag Karl Alber, Freiburg/München